高等院校人文素质教育课程规划教材

大学生心理健康(第 2 版)

张大均　吴明霞　主　编

清华大学出版社
北　京

内 容 简 介

本书秉持"助人自助"心理健康教育理念,帮助大学生解决心理问题,注重其健康心理素质的提升。精选出与当代大学生学习、生活、成长等息息相关的促进心理健康的主题,内容既涉及大学生中普遍存在亟待解决的人际关系、挫折应对、网络成瘾、职业选择、学习适应、婚恋与性等心理问题,也涉及影响大学生自身发展、幸福(如生命意义)和闲暇娱乐等发展性心理问题的解决。结构体例遵循"客观诊断—科学分析—教会应对—培养素质"的基本目标,将各章内容设计为"身边的故事""判断鉴别""心理论坛""策略训练"和"反思体验",逻辑上环环相扣彼此衔接,功能上优化整合,具有便学便教,开卷有益特色。

本书是一本融科学性、实用性和可读性为一体的大学生心理健康图书,可作为高校开设大学生心理健康教育的教材,也可作为青年心理健康的自助读物,适合高校学生、青少年、高等教育管理者以及相关工作者阅读和参考。

本书封面贴有清华大学出版社防伪标签,无标签者不得销售。
版权所有,侵权必究。举报:010-62782989,beiqinquan@tup.tsinghua.edu.cn。

图书在版编目(CIP)数据

大学生心理健康/张大均,吴明霞主编. —2版. —北京:清华大学出版社,2019(2025.7重印)
高等院校人文素质教育课程规划教材
ISBN 978-7-302-51907-2

Ⅰ.①大… Ⅱ.①张… ②吴… Ⅲ.①大学生—心理健康—健康教育—高等学校—教材 Ⅳ.①G444

中国版本图书馆 CIP 数据核字(2018)第 288146 号

责任编辑:桑任松
装帧设计:杨玉兰
责任校对:周剑云
责任印制:曹婉颖

出版发行:清华大学出版社
网　　址:https://www.tup.com.cn,https://www.wqxuetang.com
地　　址:北京清华大学学研大厦 A 座　　邮　编:100084
社 总 机:010-83470000　　邮　购:010-62786544
投稿与读者服务:010-62776969,c-service@tup.tsinghua.edu.cn
质量反馈:010-62772015,zhiliang@tup.tsinghua.edu.cn
课件下载:https://www.tup.com.cn,010-62791865

印 装 者:三河市少明印务有限公司
经　　销:全国新华书店
开　　本:185mm×260mm　　印　张:17.25　　字　数:416 千字
版　　次:2007 年 9 月第 1 版　2019 年 3 月第 2 版　印　次:2025 年 7 月第 15 次印刷
定　　价:49.00 元

产品编号:078074-01

Preface 前言

在长期对大学生心理健康教育及心理素质培养的科学研究中，面对当代大学生日益突出的心理问题，我们一直在思考和探索：哪些事情是他们郁闷、困惑、迷惘的根源？哪些事情是他们快乐或成功的源泉？哪些事情能促使他们思考、成长和健康？教育者应该怎样帮助他们化解内心的矛盾与冲突、引导他们健康发展？在长期面向大学生开展心理咨询、开设"大学生心理健康教育"课程的过程中，我们有机会直接了解大学生的内心世界，有条件尝试针对当代大学生的心理问题开展以培养大学生健康心理素质、维护心理健康，促进积极发展为根本目标的"心理健康教育"的科学研究和实践探索。本书就是以上述理论与实践探索为基础编写的。

在我国大学生心理健康教育日显重要，有关大学生心理健康的书籍不断涌现，在一定程度上推动了大学生心理健康教育的开展。自"九五"以来，我们一方面积极致力于我国青少年心理健康问题及其教育对策的探索，另一方面及时将研究成果转化为教育资源并运用于教育实践，编写出版了青少年学生(大、中、小、幼)心理健康教育系列教材或读物。这本《大学生心理健康》就是以我们承担的多项国家、部委相关科研项目的探索为依据，在总结借鉴国内外相关教材优点的基础上，秉承指导大学生积极适应、促进大学生主动发展，引导大学生健康成才的理念而编写的。

本书是在第一版的基础上修订的，在修订中力求体现如下原则。

(1) 秉持积极心理学思想，突出教育性和发展性。考虑到本书的读者主要是普通大学生，因此，我们在编写中遵循积极心理学的思想，无论是目标的设置还是途径、策略的提出和实施，都始终强调大学生心理健康教育的教育性和发展性功能，十分重视学生健康、积极心理素质的培养。

(2) 相对淡化理论知识，突出实用性。大学生健康心理教育的主要目的不是传播心理学理论知识，而是帮助大学生解决心理问题，指导其适应大学生活，促进其健康发展。因此，本书中尽量减少专业化的心理学理论知识的陈述和分析，而是针对某一心理问题，突出实用性，如在策略训练中介绍操作性强的方法、技巧、策略，每个主题的呈现以学生身边的故事引入，辅以自我检测，创设生动的情境和活动设计以调动学生积极参与。主题明确、语言精练、深入浅出、生活化的语言等都体现了本书注重实用的特点。

(3) 强化学生主体，突出助人自助。大学生是大学心理健康教育的主体，大学生心理健康教育的效果主要取决于大学生主体性发挥的程度。因此，本书特别强调如何有效地调动学生的积极性和能动性，引导大学生在健康心理素质训练参与活动中学会自我认识、自我评价、自我调控、自我发展，达到助人自助的目的。

基于以上原则，本书此次修订将第一版 11 个主题整合为 9 个主题，分别涉及生命价值、自我成长、学习与创新、人际关系、婚恋与性爱、闲暇与网络、职业准备、情感管理、压力与挫折等心理问题的调适和心理素质培养的系统探讨。这些内容不仅有利于大学生适应大学生活、健康成长，提升心理素质，成为优秀人才，而且对大学生成功走向社会、实现人生梦想，追求幸福生活亦有指导意义。

本书此次修订虽仍然遵循"客观诊断—科学分析—教会应对—培养素质"的认识逻辑，但对各个板块从内容到呈现形式都进行了重新整合、更新和充实：①"身边的故

事",以大学生中发生过的真实事例或有较大社会效应的事件为引子,揭示该章主题;②"判断鉴别",运用心理自测,指导大学生对自己某一方面的心理状况进行分析;③"心理论坛",针对该主题进行心理学观点、方法的分析探讨;④"策略训练",针对主题和"判断鉴别"发现的问题提出应对策略并进行训练;⑤"反思体验",引导学生领悟所学策略方法,自觉将其转化为个体的心理能力,以备能运用到今后应对解决类似心理问题之中。修订后这五大板块在逻辑上更加环环相扣、内容上更加贴近生活、功能上更加优化有效。

本书此次由西南大学张大均、吴明霞组织,负责全书的框架结构设计,指导具体写作、进行统稿审稿等。参加本版各章具体修订的人如下:第一章,安晓鹏;第二章,汤芙蓉;第三章,沈子超;第四章,陈敏;第五章,郎敏;第六章,杨兴鹏、朱雨纯;第七章,谢超;第八章,吴明霞、杨济丹、刘利敏;第九章,沈子超、张佳佳。

编写一本科学实用且可读性强的大学生心理健康教育教材是我们的追求,本次修订虽有出版社的支持和全体修订者的通力合作,但由于当代大学生心理问题的复杂性和修订者水平等原因,书中难免会有疏漏和不当之处,我们真诚希望大学生朋友及同行专家提出宝贵的批评意见,以便进一步完善。本书编写中参考、借鉴了国内外该领域的许多论著和教材,除在相应的地方已注明外,在此谨向原作者表示衷心的感谢!

编　者

目 录

第一章　生命价值 1
第一节　生命的意义 1
一、身边的故事 1
二、判断鉴别 1
三、心理论坛 2
四、策略训练 3
五、反思体验 8
第二节　人生价值 8
一、身边的故事 9
二、判断鉴别 9
三、心理论坛 10
四、策略训练 11
五、反思体验 15
第三节　社会责任 15
一、身边的故事 16
二、判断鉴别 16
三、心理论坛 17
四、策略训练 18
五、反思体验 26

第二章　自我成长 27
第一节　自我认识 27
一、身边的故事 27
二、判断鉴别 27
三、心理论坛 28
四、策略训练 29
五、反思体验 36
第二节　自我成就 36
一、身边的故事 36
二、判断鉴别 37
三、心理论坛 37
四、策略训练 38
五、反思体验 46
第三节　自我和谐 47
一、身边的故事 47
二、判断鉴别 47
三、心理论坛 48
四、策略训练 49
五、反思体验 56

第三章　学习与创新 57
第一节　时间管理 57
一、身边的故事 57
二、判断鉴别 57
三、心理论坛 58
四、策略训练 59
五、反思体验 64
第二节　学会学习 64
一、身边的故事 64
二、判断鉴别 65
三、心理论坛 66
四、策略训练 66
五、反思体验 71
第三节　创新精神 71
一、身边的故事 71
二、判断鉴别 72
三、心理论坛 72
四、策略训练 74
五、反思体验 79
第四节　创新能力 79
一、身边的故事 80
二、判断鉴别 80
三、心理论坛 80
四、策略训练 82
五、反思体验 90

第四章　人际关系 92
第一节　宿舍人际关系 92
一、身边的故事 92
二、判断鉴别 93

目录 Contents

  三、心理论坛 93
  四、策略训练 95
  五、反思体验 100
 第二节　班级人际关系 101
  一、身边的故事 101
  二、判断鉴别 101
  三、心理论坛 102
  四、策略训练 104
  五、反思体验 108
 第三节　职场人际关系 109
  一、身边的故事 109
  二、心理论坛 109
  三、策略训练 111
  四、反思体验 115

第五章　婚恋与性爱 116

 第一节　爱中成长 116
  一、身边的故事 116
  二、判断鉴别 117
  三、心理论坛 117
  四、策略训练 119
  五、反思体验 130
 第二节　健康性爱 130
  一、身边的故事 131
  二、判断鉴别 131
  三、心理论坛 131
  四、策略训练 132
  五、反思体验 138
 第三节　经营婚姻 138
  一、身边的故事 139
  二、判断鉴别 139
  三、心理论坛 139
  四、策略训练 140
  五、反思体验 147

第六章　闲暇与网络 148

 第一节　认识休闲 148
  一、身边的故事 148
  二、判断鉴别 149
  三、心理论坛 150
  四、策略训练 150
  五、反思体验 155
 第二节　学会独处 155
  一、身边的故事 156
  二、判断鉴别 156
  三、心理论坛 157
  四、策略训练 158
  五、反思体验 160
 第三节　网络与休闲 161
  一、身边的故事 161
  二、判断鉴别 161
  三、心理论坛 162
  四、策略训练 163
  五、反思体验 167
 第四节　网络文明 168
  一、身边的故事 168
  二、判断鉴别 169
  三、心理论坛 169
  四、策略训练 170
  五、反思体验 174

第七章　职业准备 176

 第一节　职业规划 176
  一、身边的故事 176
  二、判断鉴别 176
  三、心理论坛 177
  四、策略训练 178
  五、反思体验 194
 第二节　成功求职 194
  一、身边的故事 195
  二、判断鉴别 195
  三、心理论坛 195
  四、策略训练 196
  五、反思体验 200
 第三节　职业适应 200
  一、身边的故事 201
  二、判断鉴别 201

Contents 目录

  三、心理论坛..................202
  四、策略训练..................203
  五、反思体验..................210

第八章　情感管理..................212

 第一节　认识情感..................212
  一、身边的故事..................212
  二、判断鉴别..................212
  三、心理论坛..................213
  四、策略训练..................214
 第二节　表达情感..................219
  一、身边的故事..................220
  二、判断鉴别..................220
  三、心理论坛..................221
  四、策略训练..................223
  五、反思体验..................227
 第三节　调控情感..................228
  一、身边的故事..................228
  二、判断鉴别..................228
  三、心理论坛..................229
  四、策略训练..................230
  五、反思体验..................235

第九章　压力与挫折..................237

 第一节　压力应对..................237
  一、身边的故事..................237
  二、判断鉴别..................238
  三、心理论坛..................238
  四、策略训练..................240
  五、反思体验..................243
 第二节　认识挫折..................244
  一、身边的故事..................244
  二、判断鉴别..................244
  三、心理论坛..................245
  四、策略训练..................247
  五、反思体验..................250
 第三节　承受挫折..................250
  一、身边的故事..................250
  二、判断鉴别..................251
  三、心理论坛..................252
  四、策略训练..................253
  五、反思体验..................261

参考文献..................262

第一章 生命价值

每个人都拥有生命，但并非每个人都珍惜生命、懂得生命的真谛。很多人都在追问生命的价值所在。水珠投进海洋，生命就会无限，把有限的生命投入到自己的使命中，实现内心的渴望、履行应负的职责，这样的一生才会充实而圆满。

第一节 生命的意义

未知生，焉知死？

——《论语》

人如果知道了为什么而活，那他就可以面对任何生活。

——尼采

人最宝贵的是生命，生命对于每个人只有一次，在这有限的生命中，每个人都有自己的人生之路。活着时我们追求幸福和充实，到了生命的尽头，我们希望享有内心的圆满和恬然，赋予生命意义才不会虚度人生。

一、身边的故事

凌志军，人民日报社资深记者，当今中国时政作家的代表性人物。2007年凌志军刚完成新书《中国的新革命》便晕厥过去。他一醒来就得到了医生告知的"肺癌脑转移"的事实，无法手术，只能全身化疗，那一瞬间，他走路都走不了，看东西也看不了，满脑子都是死到临头的想法。在经历了癌症患者都会经历的恐惧、急躁、怨天尤人后，凌志军理性、乐观地选择了适合自己的治疗方式，从起居和饮食习惯开始彻底改变自己的生活，告别忙碌的工作，安排好吃、喝、拉、撒、睡；每天步行五公里、日光浴、深呼吸、身心合一等。2012年，凌志军从一位"活不过三个月"的重病患者好转起来，并将他的经历撰写成《重生手记》。

[摘自：凌志军. https://baike.baidu.com/item/凌志军/81411? fr=aladin]

【想一想】

面对死亡，凌志军的应对有哪些值得我们借鉴的地方？

人生短暂，光阴如梭，你如何看待你的生命与所处世界的关系？

二、判断鉴别

面对生活你是什么态度？请仔细阅读每道题，选择符合你的答案。

	符合	不符合
1. 我对未来充满希望和热情	符合	不符合
2. 当事情变糟时，我知道不会一直这样，心情就会好转	符合	不符合

续表

3. 我不能想象今后的十年中，我的生活会是什么样子	符合	不符合
4. 我预料我最关心的事情能够成功	符合	不符合
5. 我运气不佳，也不相信会有好运	符合	不符合
6. 我过去的经历已为我的将来打下良好基础	符合	不符合
7. 当我展望未来时，我预想会比现在幸福	符合	不符合
8. 我从未得到我想得到的东西	符合	不符合
9. 将来我不可能获得真正满意的生活	符合	不符合
10. 对我来说，前途渺茫，捉摸不定	符合	不符合
11. 我想，将来好的时候会多于坏的时候	符合	不符合
12. 追求自己想要的东西是徒劳的，因为很少有可能得到它	符合	不符合

[摘自：中国心理卫生评定手册]

【评分与评价】

3、5、8、9、10、12 选"符合"得 1 分，选"不符合"得 0 分；1、2、4、6、7、11 选"符合"得 0 分，选"不符合"得 1 分。

得分小于或等于 6 分，表明你对生活充满希望和信心；

得分为 7～12 分，表明你对生活有轻度无望感；

得分为 13～20 分，表明你对生活有重度无望感，甚至有自杀意愿，建议立即寻求心理援助。

三、心理论坛

《论语》有云："未知生，焉知死。"死亡作为生的结果，是确定无疑的。在科技发达之前的很长一段时间里，宗教帮助人类理解生和死：在世的劳作和辛苦，会在死后和来世得到回报。但是，随着自然科学的发展，宗教轮回的观念渐渐衰落，死亡似乎就是终结。那么，应该怎样理解我们的生命存在呢？

人类和其他动物的区别就在于我们会思考和内省。动物不用纠缠生命的意义是什么，而人类的喜怒哀乐和意义感紧密连接，获得意义感，才有存在感。一些人感到无聊、沮丧、抑郁、无所事事，靠不断追求越来越强烈的感官刺激而获得存在感，这多半和存在的意义感缺失有关。事实上，感官刺激的快乐再强烈，也依然是本能和生理层面的，这并不能消除意义感缺失所带来的影响。

可以说，对生命意义的追寻，是人类的社会本能。我们需要对自己的生命负责，用自己的理解和自己的方式，赋予自己的生命以意义。抽象的生命意义并不存在，生命的意义因人而异，因时而异。每个人都具有特定的人生存在状态。心理学家弗兰克尔认为：存在本身就有价值和意义。"生命的意义在于每个人、每一天、每一刻都是不同的，所以重要的不是生命意义的普遍性，而是在特定时刻每个人特殊的生命体验。"在弗兰克尔回忆集中营生活的《活出生命的意义》一书中提到：即使饥寒交迫，环境残酷，随时面临死亡的威胁，但集中营中的人仍然可以通过自己的方式，例如念诗、唱歌、看风景、做祈祷等，

来选择快乐,选择给自己的集中营生活赋予生活的意义。

人本主义心理学家马斯洛认为,生命意义在于达成自我实现的过程中。在努力实现自己的追求、完善自己的过程中,个体获得更加丰富的生命意义。好比如果你是苹果,你的自我实现就是做这个世界上最好的苹果之一。在追求自我实现的过程中,就会体验到完满、幸福而又有意义的人生。

积极心理学家斯蒂格将生命意义分为"拥有意义"和"追寻意义"两个维度。拥有意义是指我们对自己活得是否有意义的感受程度(强调结果),追寻意义则是个体对意义的积极寻找程度(强调过程)。人生的最大意义在于体验过程而不在于得到结果。我们只有积极地寻找生命意义,才能在这个过程中获得真正的快乐与满足,也才能真正拥有"有意义的人生"。

可见,只要我们想要去追寻意义,就能在我们的信念中、工作中,在我们所爱的人和事中,在我们体验到的世界上的真、善、美中,发现生命的意义。甚至在痛苦与绝望中,我们也仍旧有机会发现生命最深刻的意义,即挫折和苦难的意义。

四、策略训练

追寻生命意义、享有幸福快乐的人生是我们的内在需要,没有意义的生命不可忍受,所以我们需要直面人生境遇,承担起生命赋予我们的责任。

策略一　赋予生命意义、享有幸福生活

(一)挖掘生命的内在渴望

我们从小很现实,强调短期效益,小学成绩好是为了考初中,初中为了高中,高中为了大学,到大学为了什么?我们开始有点含糊,那就考研吧!

——洪晃

你知道什么是沮丧吗?那就是当你花了一生的时间爬梯子并最终达到顶端的时候,却发现梯子架上面并不是你想上的那堵墙。

——约瑟夫·坎贝尔

有时候人生的不快乐并非拥有的太少,而是发现自己苦苦追寻得来的东西不是自己真正想要的、最该珍惜的。很多人走完了人生道路,却从未问过自己内心渴望的东西究竟是什么。在少数问过自己这个问题的人当中,很多人也没有得出一个明确、清晰的答案。一个人若能够挖掘出自己内心真正的渴望,并能主动舍弃那些可有可无、并不触及生命意义的东西,那他的人生必能收获更多的充实与愉悦。

【做一做】游戏——"我的五样"

取一张纸、一支笔,写下你生命中最重要的五样东西。你尽可以天马行空地想象,只要把内心最珍贵的五样东西写出来就行,不必考虑顺序。

然而遗憾的是,你的生活发生了意外,你要在这最宝贵的五样东西中舍去一样,请你把其中的某一样抹去。

生活又发生了重大变故,你必须再放弃一样。现在只剩下三样宝贵的东西了,但又一

次不幸的遭遇迫使你还得放弃一样。

最后,你的生活滑到了前所未有的低谷,你必须作出一生中最艰难的选择,只能留下一样,其余全部放弃。至此,你的纸上只剩下你最宝贵的一样东西。你涂掉了四样,它们同样是你看重的东西,被涂掉的顺序就是你心目中划分的主次台阶。

人生的决定必有取舍,有取舍就会有痛苦,世上没有万全之策,你不可能占尽便宜。当你明确了什么是生命中最重要的东西,依次明晰了重要事项的次序,剩下的就是按图索骥,以实际行动来实现自己的人生愿望。

【读且思】

(1) What is your greatest passion in life?

(2) Are you doing it now?

(3) If not, why not? What is preventing you from doing it now?

(4) To achieve this objective, make a plan and make sure you have all the resources you need and I think you will get there.

——Philip Beck

[摘自:尼克·胡哲.https://baike.baidu.com/item/尼克·胡哲/1202p852?fromtitle=尼克·胡哲 fromid=2604102&fr=aladdin]

(二)珍惜拥有,感恩生活

尼克·胡哲生于澳洲,天生没有四肢,这种罕见的现象医学上取名"海豹肢症",但不可思议的是:骑马、打鼓、游泳、足球,尼克样样皆能,在他看来人生没有难成的事。他拥有两个大学学位,是企业总监,更于 2005 年获得"杰出澳洲青年奖"。他为人乐观幽默、坚毅不屈,善于鼓励身边的人。这些年,他用演讲和书籍,影响和启迪着面临困境的人去重燃生活的热望。现在的尼克·胡哲已经结婚生子,生活幸福。

天生身体不健全的尼克·胡哲之所以活得美好而充满意义,是因为他从残缺的生命中积极发现自己拥有的、珍惜已经拥有的,勇敢和坚持改变他可以改变的、并且努力追求他认为重要的,他的生活才会有满足感。

遭遇不幸的生命尚且可以活得美好而充满意义,从自己残缺的生命中积极发现自己拥有的东西,发现享有的幸福。平常人拥有的更多,但遗憾的是,似乎我们拥有的越多,我们想要的就越多,想要的越多就越不珍惜已经拥有的,一味地追求更多和抱怨拥有的太少,幸福总离我们很遥远。珍惜自己的拥有吧,用心体会它们带来的心灵富足和喜悦。

越是缺乏感恩,我们已经拥有的东西就越是没有价值。心理学研究证实,感恩与幸福感有着莫大的关系,你可以选择对自己拥有的一切保持一颗感恩的心,从而给自己带来幸福;你也可以选择对自己拥有的一切习以为常,认为它理所当然,把幸福拒于心灵门外。

保持一颗感恩的心,可以从这三个方面开始。

(1) 通过言语或行动把我们的感恩之情表达出来,向关爱、帮助你的人表示感谢。

(2) 每天向生活赋予你的东西表示由衷的感谢。

(3) 写感恩日记,记下我们每天值得感恩的人和事,这将是一笔丰厚的心灵财富。

第一章　生命价值

【做一做】活动——"珍惜我所拥有的"

(1) 列举出你所拥有的生理资源，有了生理基础，你的人生就有了各种可能。

(2) 列举出你已具备的能力，有了这些能力，你可以有实现梦想的可能。

(3) 列举出你所拥有的好的关系，有了这些关系，你的生活将变得更有意义。

(4) 列举出生活带给你的各种重要经历，包括各种顺境和逆境，有了这些经历，你的人生将变得更加丰满。

(5) 列举出你迄今为止各种深刻的情感体验，无论是好的还是坏的，有了这些体验，你的人生就有了深度。

(6) 停止不满和抱怨，识别出你自身的好和外界的好，通过言语或行动把你的感恩之情表达出来，向关爱、帮助你的人表示感谢；向生活表达感谢，因为它赋予你各种人生体验；向你自己表达感谢，因为你是那么努力地成长。

(三)微笑面对，选择快乐

生活就是一面镜子，你笑，它也笑；你哭，它也哭。

——萨克雷

当你因为痛苦、烦恼而无法对生活展颜时，你可以这样思考。
我改变不了环境，但我可以改变自己；
我改变不了事实，但我可以改变态度；
我改变不了过去，但我可以改变现在；
我不能控制他人，但我可以掌握自己；
我不能选择容貌，但我可以展现微笑；
我不能预知明天，但我可以把握今天；
我不能样样顺利，但我可以事事尽心；
我不能延伸生命的长度，但我可以拓展生命的宽度。

学说三句话

"算了吧！"——生活中有许多事，可能你付出再多努力都无法达到目的，因为人的目标的实现要受各种条件的限制，只要自己努力过、争取过，结果已经不很重要了。

"不要紧！"——不管发生什么事，没有过不去的坎。上天在关上一扇门时，必定会打开一扇窗，那么现在要做的就是寻找那扇窗。

"会过去的！"——不管雨下得多么大，连续下了多少天，你都要对天晴充满信心，因为一切都会过去的。不论何时，以积极的心态去面对生活，坚信总有雨过天晴之时。

[摘自：www.gmw.cn. 2005]

(四)对人对己，宽容以待

世界上最宽阔的是海洋，比海洋宽阔的是天空，比天空更宽阔的是人的胸怀。

——雨果

1. 不要拿自己的错误惩罚自己

生活中有很多烦恼都源于自己同自己过不去，由于自己的一些过错终日陷入无尽的自责、哀怨、痛悔中，觉得如果自己曾做了或没做某事该多好。原谅自己的过失，把"如果"改为"下次"吧！

"如果我那时再努力些就好了。"——"下次我会努力把事情做好！"
"如果我当时坚持下去就好了。"——"下次我会坚持到底！"
"如果我那时不那样对待他(她)就好了。"——"下次我会好好对待心爱的人！"

泰戈尔说："如果错过太阳时你流泪，那么你也要错过群星了。"人生苦短，何必执着于过去的遗憾，你只需用行动和希望来代替无尽的悔恨和自我折磨。

2. 不要拿自己的错误惩罚别人

为掩饰伤疤、维护自尊，把自己的过错归咎于别人或迁怒于别人，这样只会导致更多的指责和埋怨。谁也不想做"替罪羊""出气筒"，伤害我们身边真正关心自己的人，只会让生活更加不幸福。要敢于承担自己的过错，得到别人的宽恕和谅解，做出弥补和改进。

3. 不要拿别人的错误惩罚自己

康德说："生气是拿别人的错误惩罚自己。"人生旅途中总会遇到伤害自己的人和事，这已对自己造成伤害，若再对此耿耿于怀，沉浸在痛苦、愤怒中不能自拔，就是反复伤害自己。人非圣贤，孰能无过，学会宽容别人的过错就是让自己保持快乐的心情，原谅别人就是善待自己，我们控制不了别人的行为，但我们完全可以控制自己的态度，一笑而过，轻描淡写，做自己心情的主人。

【做一做】练习——宽恕法

"宽恕法"包括三个步骤。

步骤一，建立四个经验掣：确定清楚需要处理的问题(比如朋友做了一件不恰当的事，你觉得需要跟这个朋友维持或改善关系，但又放不下那件事情)，放松下来，然后引导自己回忆曾经有过的四种情况。

(1) 一件绝对不能接受的事情；
(2) 一件本来不能接受的事情，但后来发现也许不是绝对不能接受的；
(3) 一件本来不能接受的事情，但后来发现可以接受，并且愿意去做出改变来接受；
(4) 一件本来不能接受的事情，后来改变了，而且带来了很好的效果。

引导自己按上述方式逐一找出这样的经验，用四张白纸分别代表这四种经验，按次序排列在地上。

步骤二，改变信念系统：引导自己思考有关的信念、价值观和规条。必须在原有的信念、价值观和规条方面有所松动，这个技巧才会有效。其步骤如下。

(1) 引导自己站入"第一次经验"，充分回忆那件绝对不能接受的事情，待内心充满那份感觉时，再完全静止站立 10~15 秒，此过程中要越来越大力地吸气。然后从刚才的位置站出来。重复整个程序一次，之后打破状态。

(2) 引导自己站入"第二次经验"，充分回忆那件不能接受但后来发现可以接受的事情，待内心充满那份感觉时，再完全静止站立 10～15 秒，此过程中要越来越大力地吸气。然后从刚才的位置站出来。重复整个程序一次，之后打破状态。

(3) 用同样的方式完成第三、第四次经验。每次之后打破状态。

(4) 引导自己将这四次经验的效果连贯起来，做法如下：先站在第一张纸上，待那份感觉充分出现时站上第二张纸，待第二次的经验感觉出现时站上第三张纸，直到站上第四张纸，之后打破状态。若有需要，重复这个步骤。

(5) 引导自己想着那件需要处理的事，踏上第一张纸，在每张纸上停留 15～20 秒，或者自己决定在每张纸上停留的时间，依次从第一张纸逐一经过第二、第三张纸后到达第四张纸。若有需要，重复一次。

步骤三，打破状态，测试效果。

策略二　把死亡当作生命的导师

(一)以死启生，活在当下

> 著名的人本心理学家马斯洛在心脏病突发被抢救过来后说道："面对死亡又暂时从死亡中解脱，使世间的一切事物显得如此珍贵，如此神圣，如此美丽。我现在比任何时候都更强烈地热爱这一切，更渴望拥抱这一切，更迫不及待地要投身于这一切……死亡及其突然降临的可能性，使我们更有可能去爱，去热烈地爱。"
>
> [摘自：那些在雷火里无从拯救的灵魂. http://jn2008.bokee.com/13p632p0.html]

【想一想】

假如你罹患绝症马上就要死去，你有哪些遗憾？请你列举在下面。

_____；
_____；
_____。

假如无论因为何种原因，你确定知道自己只能再活三天，你会怎样度过？

我会_____；
我会_____；
我会_____。

深刻地思考死亡，教会我们珍惜当下的生活、抓住当前的时光，从现在开始享受生命的每一天。

(1) 幸福源自内心，而非外界。从今天开始让生活中的每个细节充满快乐与温暖。
(2) 每天都以良好的心态去适应外在的一切，停止不满和抱怨。
(3) 每天坚持锻炼身体，健康是实现生命意义的基础。
(4) 每天拿出一段时间来充实思想，阅读一些丰富心灵的书籍。
(5) 培养博爱的心，坚持每天为别人做一件好事。
(6) 把精力集中在今天度过的每一秒上，解决好今天的问题，就是为明天做好准备。
(7) 用欣赏的眼光去看待一切，体验生活中的真、善、美。

(二)直面死亡，临终关怀

直面死亡，升华自己对生命意义的体验，莫过于照顾临终者，因为他让你对死亡做了一次深度的观照和反省。在照顾临终者时，你会深刻地理解到，什么是人生最重要的问题。学习帮助临终者，就是开始对自己的生命负责任、对临终不畏惧。

临终关怀提供的是一种特殊服务，满足临终者在人生最后岁月中的生理、心理和社会需要，尤其是解除其对疼痛及死亡的恐惧和不安，使其正确认识生命的价值，适应角色的转换，在充满人性和温情的氛围中，安详、舒适且有尊严地离开人世。

临终关怀不仅可帮助临终者有尊严地迎接死亡，还可对我们进行死亡教育，让我们以一颗坦然的心来面对死亡、接受死亡，以更饱满的热情、珍惜的态度投入到现实生活中，赋予生命丰富的意义。临终关怀需要注意以下几个方面的问题。

(1) 建立信任而轻松的气氛。
(2) 倾听、鼓励临终者自由地表达想法和感受。
(3) 向临终者表达无条件的爱。手的触摸、眼睛的注视、按摩或抱在怀里均可给予临终者莫大的安慰。
(4) 帮助临终者完成未了之事。
(5) 帮助临终者道别。临终者就像站在即将起航的船上，船已离岸，除了离开，别无选择，听到亲人们说再见，才能安心离开。
(6) 帮助临终者安详离世。带去鲜花、亲友的相片、孩子的图画、音乐等，让临终者在安详、温馨的环境中毫无牵挂地离世。

五、反思体验

请阅读下面的故事并思考：它带给你什么感想？你该如何珍惜每一天？

> 晚年的林语堂在香港生活，有一次圣诞节前夕与女儿去商场购物，坐在轮椅上，他看到商场里一个个鲜活的生命在面前来来往往，看到琳琅满目的节日饰品装点着这个美丽的世界。突然，他失声痛哭起来，因为他明白自己将不久于人世，而生活又是多么美好啊！到了生命的尽头，很多人生出对生命的特别渴求，这是正享受着生命的人常常无法体验到的。

[摘自：获得太多与拥有太少. 生活潮，2006(14)]

第二节　人生价值

你若要欣赏自己的价值，你就得给世界创造价值。
——歌德

生命的长短以时间来计算，生命的价值以贡献来计算。
——裴多菲

每个人来到世上都面临着"人的一生该如何度过"这个问题，不同的人会有不同的人生选择、不一样的人生道路，但实现自我、体现人生的价值是我们毕生的追求。

第一章 生命价值

一、身边的故事

> 秦玥飞，是美国耶鲁大学毕业生，也是中国湘西山村里的一名大学生"村官"。有人说他"打坏了一手人生赢家的好牌"，也有人说，他才是随心而动、让人生更自由的典范。2011年大学毕业时，秦玥飞选择回祖国农村服务，担任湖南衡山福田铺乡白云村村官，仅仅一年，无钱无背景的他，帮村民引进80万元现金，建起了新敬老院等多个公共项目。村民亲昵地称他"耶鲁哥"。在他的号召下，30多名哈佛大学、澳大利亚国立大学、清华、复旦的名校学子，把"家"安在了贫困山村，并一起发起黑土麦田公益计划。2017年感动中国颁奖词说："在殿堂和田垄之间，你选择后者。脚踏泥泞，俯首躬行，在荆棘和贫穷中拓荒，洒下的汗水是青春，埋下的种子叫理想。守在悉心耕耘的大地，静待收获的时节。"
>
> [摘自：秦玥飞. https://baike.baidu.com/item/秦玥飞/4080214?fr=aladdin]

【想一想】

秦玥飞的人生经历给你什么样的启示？人生的价值通过什么来体现？你的人生价值取向是什么？

二、判断鉴别

下面的题目能够帮助你了解自己的人生价值取向。仔细阅读每道题，选择符合你的答案。

1. 个人利益应该符合党和国家的利益	符合	不符合
2. 个人的事再大也是小事，国家的事再小也是大事	符合	不符合
3. 人生应该最大限度地追求权力、地位和荣誉	符合	不符合
4. 人生的价值应当看他贡献什么，而不应当看他取得什么	符合	不符合
5. 人生应该正当地索取，积极地奉献	符合	不符合
6. 人生苦短，及时行乐	符合	不符合
7. 大利大干，小利小干，无利不干	符合	不符合
8. 人生的价值重在为社会创造物质和精神财富	符合	不符合
9. 人不为己，天诛地灭	符合	不符合
10. 倘若用天平来衡量人生价值，贡献应是最重的砝码	符合	不符合
11. 个人价值的实现应融入社会价值的创造中	符合	不符合
12. 主观为自己，客观为别人	符合	不符合

【评分与评价】

选择3、6、7、9得-1分；选择1、5、11、12得0分；选择2、4、8、10得1分。
分数为负值表示人生价值是个人取向的，关注于个人的利益、权势和享乐；
分数为0表示个人与社会价值的统一，将个人价值的实现融入为社会作出贡献当中；
分数为正值表示人生价值是社会取向的，人生致力于为他人和社会做奉献。

三、心理论坛

一个人的存在和活动能够满足自身和社会的需要，这就是人生价值。它包括自我价值和社会价值两个方面，前者是指社会对于个人需要的尊重和满足，是实现人生价值的条件和前提；后者指个人对于社会的责任和贡献，是实现人生价值的手段和目的。个体通过自己的活动，获得相应的报酬和社会的认可，实现自身的价值，同时通过履行社会职责，为他人、为社会作出贡献，体现自己的社会价值。人生价值是社会对个人的尊重与满足和个人对社会的责任与贡献两者的完美统一。

1. 个人价值只有在为社会创造价值的过程中才能实现

人生价值是个人价值与社会价值的统一。这是因为人类社会的发展离不开个人的价值创造，并且个人享用着社会赋予的物质和文明，有责任和义务为社会的发展和他人的幸福贡献出自己的一分力量。作为个人来说，则需要满足自己的生存和发展需求，充分体现出个体的存在价值。当个体眼光长远、胸怀社会和他人时，目标和作为就围绕着为社会带来福利这个初衷而进行，从而体现出他存在的社会价值。并且个体在为社会和他人付出心血和汗水的同时，个体的能力、品质和成就获得了社会和他人的认可与尊重，个体的潜能得到了发挥，成为自己想要并且应该成为的人，个人价值也就得到了体现，最终达到自我价值与社会价值的完美统一。

2. 自觉抵制拜金主义、个人主义和享乐主义

有个故事说，一个人想得到一块土地，地主就对他说："清早，你从这里往外跑，跑一段就做个标记，在天黑前赶回来，做标记的土地都归你。"那人拼命地跑，太阳快落山了还不知足，最后终于赶回来了，但已筋疲力尽，摔了个跟头就再也没起来。有人就地挖了个坑把他埋了，牧师给这个人做祈祷时看着这一方小小的坟地说："一个人要多少土地呢？就这么大。"那些穷尽一生聚敛巨额财富的人最后会发现在巨富中享乐和死去根本不能铸就一个完满的人生。

[摘自：文豪托尔斯泰讲的故事. http://www.tesoon.com]

我们需要一定的物质财富来维持生存和发展，需要关注自身素质的提高和利益的获取以实现自我，也需要在学习和工作之余的休闲娱乐中享受人生的乐趣。但是如果把这些作为人生的终极目标，沦为金钱、地位和享乐的奴隶而不是掌控它们的主人，人生价值的实现将被利欲熏心、狗苟蝇营所阻碍。

3. 人生价值观为我们导航指向

人生价值观反映了我们人生中最看重的东西是什么，它从根本上指明了应当做什么和怎么做，影响着整个生命的进程。在选择人生道路、生活方式时，恰当的人生价值观可以帮助我们做出理性的取舍。在追求人生理想的过程中遭受挫折，甚至对目标产生怀疑和动摇的时候，人生价值观可以给我们提供支持和鼓励，使我们坚信自己的追求是内心真正的渴望，相信自己能够经历风雨见彩虹。当我们迷失人生的航向感到茫然无助时，人生价值观可以为我们指引方向，引导我们找回失去的自我。因此，恰当的人生价值取向犹如船帆使我们励志前行，犹如灯塔为我们引航导向。

第一章 生命价值

四、策略训练

每个人都希望享有成功而完满的人生，那就需要了解怎样树立恰当的人生价值观和充分实现自己的人生价值。

策略一 确立正确的人生价值观

(一)统一个人价值和社会价值

比尔·盖茨曾很有感触地说："我最激动的是有一年到印度去做慈善捐赠的时候，在乡下见到一些医生，他们看到我就非常兴奋地来感谢我，理由是因为有了微软的技术，他们能够做远端治疗了，能够救治很多本来救不活的病人。"比尔·盖茨说到这里时热泪盈眶，虽然他身价不菲、成就卓著，但他觉得这才证明他真的帮助世界做了一些事情，这一刻他最深刻地体验到了自己的人生价值。

[摘自：https://max.book118.com/html/2018/0713/8003007063001115.shtm]

社会高度评价比尔·盖茨，不仅因为他是了不起的企业家，也不仅因为他拥有雄厚的技术和财富，而更是因为在他对事业的追求中，这些技术和财富极大地推动了社会的发展，提高了世界人民的生活质量。我国的一些企业家，在获取丰厚个人财富的同时，也开始有意识地服务和回馈社会，也是个人价值和社会价值合二为一的体现。历史上那些伟人和身边高尚的普通人之所以名垂青史、感动你我，也是因为他们为他人、为社会付出了心血和汗水，而他们自己的人生也因此变得丰富而充满意义。

对于我们来说也是如此。即使我们大多数人可能在平凡的岗位上工作，也同样能够在平凡的岗位上演绎出非凡的精彩。事实上，只要勤恳工作，认真生活，在体现我们自身个人价值的时候，也自然会为社会和他人创造价值。

(二)过犹不及，操之有度

1. 人生追求务实而不急功近利

心理学家曾做过一个"延迟满足"的实验：找了一批四岁的孩子，给每人一块糖，告诉他们若能等主持人回来再吃这块糖，就能吃到第二块糖。在之后的观察中发现，有的孩子只等了一会儿便把糖塞进了嘴里；有的孩子很有耐心、很有办法，想出利用做游戏、讲故事等方式拖延时间，分散注意力，最终坚持到主持人回来，得到了第二块糖。后来对这批孩子的跟踪调查发现，在 14 岁时，晚吃糖的孩子成绩比早吃糖的孩子平均分高出 120 分，而且进入工作岗位后意志更坚强，经得起困难和挫折，更容易取得成功。

[摘自：延迟满足实验. https://baike.baidu.com/item/延迟满足实验/2p28144?fr=aladdin]

这个实验说明，人生要取得大的成绩就不能急功近利，不能为当前名利所诱惑。欧美科学界流行一句话：一心想得诺贝尔奖的，得不到诺贝尔奖。在北大学生中流行一种说法：不要急于满口袋，先要满脑袋，满脑袋的人最终也会满口袋。美国一所著名的经管学院曾做过一个调查，结果发现，虽然大多数学生在入学时都想追逐名利，但在拥有最多名利的校友中，有 90%是入学时追逐理想而非追逐名利的人。

追求切实可行的目标，只要是在合理合法的范围之内，无论是求财、求官，都无可厚非，因为从政也可以造福人民，赚钱也能够有益社会。但是如果不择手段只想谋取权力和金钱，结果往往适得其反。北宋程颐曾说："君子未尝不欲利，但专以利为心，则有害。惟仁义，则不求利而未尝不利也。"因此对于功利不必过于执着。朱熹认为："义利，只是个头尾。君子之于事，见得是合如此处，处得其宜，则自无不利矣。"

2. 己欲立而立人，己欲达而达人

为了个人的成功和发展，一些学生在学习上唯恐别人抢先一步，学习资料一人独揽，学习心得一人独享；工作上为了职位高低、评优评干而明争暗斗、诋毁中伤也不鲜见；在学生内部分成一个个"小利益集团"的现象也存在。

每个人都渴望实现自我，享有成功的人生，但不能局限于自身价值的实现，而不顾及他人。近代思想家严复曾说过："两利为利，独利必不利。"梁启超进一步指出："善能利己者，必先利其群，而后己之利亦从进焉。"个人主义并不利于个人的发展，个人在追求自己人生成功的同时也需要携手他人共同进步。

南京航空航天大学学生胡铃心，通过培养自己的创新能力、广泛阅读专业领域书籍和勤奋刻苦地钻研，先后获得"挑战杯"全国大学生课外学术科技作品竞赛特等奖、"挑战杯"中国大学生创业计划竞赛金奖、"飞向未来——国际太空探索创新竞赛"一等奖等多项殊荣。他成功的同时还带动更多的同学一起进步：2005年成功策划了南航首届"挑战学子论坛"，2006年策划并主持了南航首届"科创之星高峰论坛"，以启发、鼓舞同学。在他的影响和带动下，同宿舍的同学个个学习优秀、表现出色，他带领的创新团队成员也是成就不凡、出类拔萃。

[摘自：胡铃心. 科研者倾心为国. http://www.people.com.cn]

3. 追求高品质生活，但不沉溺于奢侈和享乐

如今某些大学生不但穿着讲究，吃喝还要讲究品位。生日庆典、节日狂欢、友人来访、请客聚餐，称得上是三天一小宴、五天一大宴。大学校园周围的酒店、餐馆永远生意红火，人满为患。大学生们讲排场、摆阔气、斗酷、比帅早已屡见不鲜。一些来自贫寒家庭的学生们也不甘寂寞，照样追求奢侈享受，尽管父母终日劳作，家庭开支仍然入不敷出，但上大学的"少爷""小姐"的催款信还是不断地飞往家中……

在这个追求时尚、彰显个性的时代，我们都期待高品质的生活。衣食住行讲品位、求格调，休闲娱乐讲档次、求新颖，本来无可指责，但是不顾实际的经济状况，纯粹为了攀比摆阔、纵欲求乐而进行的奢侈、糊涂消费却只会让父母不堪重负，也腐蚀了自己人生奋斗的意志。有节制的物质追求、无止境的精神修养才能铸就高品质的人生。

4. 多元价值，不违伦理和法律

2016年1月10日凌晨，某网站一主播在线直播男女性爱的不雅视频。有关部门接到举报，网警介入。当晚，该网站发表声明称，管理员已第一时间将直播封停，并向警方报案，已将涉事主播的身份信息交给警方。次日，该市网信办负责人约谈网站负责人，要求立即停播栏目，对网站进行全面清理、整顿。

不久，该网站女主播与男同伴一起前往某大学女生宿舍，携带摄像头混进女生宿舍，

第一章 生命价值

并对女生宿舍进行全程直播。对此，该大学发布声明称，女主播侵犯了学生隐私权，其个人和网友的不良言行给师生造成了严重心理伤害。随后，涉事女主播通过微博和直播平台两次致歉。

[摘自：网红女主播幕后故事. http://sh.sina.com.cn/news/s/2016-04-02/detail-ifxqxcnp8448022-p3.shtml. 2016]

当今时代让我们见证了人生的种种可能性，草根阶层一夜成名，选秀活动这个青春梦工场疯狂打造着一批又一批新星。自助偶像、口水泛滥、媒体造势、反讽恶搞充斥生活。而且一种现象的勃兴并没有一种固定的答案，这正是价值多元化的社会所具有的特征。一时间似乎对各种人生追求失去了评价的标准，似乎"存在即合理"，各种价值取向良莠混杂，让人难以辨别和取舍。

近几年兴起了网络直播，很多人将主播、网红作为职业，抖音等 App 的流行，使每个普通人都有了一夜成名的可能性。但这也造成一些人为了博眼球，吸粉丝，不惜刻意追求怪异，或者以"性"为卖点。以至于现在提起"网红"，许多人总会不自觉地联想到"低俗"二字。

据《人民日报》报道，在面对"长大以后你想做什么"的问题时，一位小学三年级女生回答："我未来的理想是当网红。"这种现象不得不令人深思。尽管多元价值充斥社会，我们仍应推崇将个人价值的实现融入社会、承担责任的价值观，实现个人成就和社会价值的双赢发展，而不是盲目、疯狂地追求一夜成名或大把钞票。

策略二 人生价值的实现

(一)确立适宜而明确的人生目标

确立人生目标，首先应该对自己的能力、性格、兴趣、优点与不足有正确的认识。好高骛远容易导致受挫和失败，妄自菲薄、定的目标太低又缺乏奋斗的动力和激情，因此要制定一个经过自己努力可以达到的目标。目标要避免空洞和模糊，应将远大的目标分解为具体的小目标，以便于操作和执行。

【做一做】练习——确立人生目标的六步定位法

准备 4~5 张小纸片(提示：在考虑目标时，应尽量全面，避免从一个方面考虑，如不仅要考虑事业，还要考虑家庭、人际、业余生活等方面)。

第一步：寻找终生目标。在第 1 张纸上写下自己的终生目标。要无拘无束，想什么就写什么。比如：事业成功、家庭幸福……

第二步：思考如何度过今后三年。在第 2 张纸上写下今后三年要做的事，所写的东西要较之第 1 张纸片具体。如第 1 张纸上你若写了过幸福的生活，那么在这张纸上你就得将其分解为较为具体、细致的目标。

第三步：半年内最重要的事。在第 3 张纸上写下在这半年内都应该做哪些最重要的、最迫切的事，比第 2 张纸更具体，是自己需要也是能够立刻做的。

第四步：浏览前三步。浏览一下前三步的答案，看它们之间是否具备一种逐步具体化、延伸性的逻辑关系。如果不具备这种逻辑，就需要重新来做。

第五步：目标分类。请把 3 张纸片都拿起来，将上面的目标分别归类，如分为事业目标、婚恋目标、身心素质目标等。

第六步：确立不同时期的目标。请按类别将 3 张纸片上的目标按同类关系以及同性质的关系连成一条线，就成了你的短期、中期、长期的目标了。然后，结合个人情况，根据短期目标制订切实可行的月计划、周计划、日计划。

[摘自：六步人生定位法教你寻找人生目标.http://www.sina.com.cn，2006]

(二)计划周详而清晰

如果缺乏计划和安排，光阴就会在不经意间溜走，人生目标仍然是空中楼阁，心中怅然而无收获，因此必须对要做的事情进行合理安排，对时间进行管理规划。

(1) 根据每个阶段要实现的目标制订出年、月、周、日计划。
(2) 计划表上按轻重缓急列出要做的事情。
(3) 计划表应简单明了，限定计划表上的项目。
(4) 定期检查计划表的执行情况，评估计划表的合理性。
(5) 制定出计划完成与否的自我奖惩办法。
(6) 可以将计划表公开，请周围的人一起监督计划的执行和调整。

(三)行动积极，习惯优秀

寓言作家克雷洛夫说："彼岸的现实、彼岸的理想，中间隔着湍急的河流，行动就是架在河上的桥梁。"只有积极地行动起来才能实现人生价值。如果你还只是停留在对美好未来的憧憬中、对远大理想的空谈中，那么就在此时此刻行动起来吧！

1) 播种行为

播下一个行动，你将收获一种习惯；播下一种习惯，你将收获一种性格；播下一种性格，你将收获一种命运。

——心理学家威廉·詹姆斯

2) 把优秀变成习惯

使我们的优秀行为习以为常，变成我们的第二天性，让我们习惯性地去创造性思考，习惯性地去认真做事情，习惯性地对别人友好。

——俞敏洪

3) 模仿榜样

选出你最崇拜的人物，记下你崇拜他们的原因，并以此为榜样养成自己的好习惯，经过锻炼，你所崇拜的人所具有的品质可以成为你拥有的品质，成为你的行为习惯。同时注意另外一些人沾染的使人讨厌的恶习，并引以为戒。这样我们就能收获成功的命运。

——伯克希尔哈萨维公司总裁沃伦·巴菲特

(四)坚定意志，永不言弃

在实现人生价值和目标的过程中，一旦面临挫折和失败，不要沉溺于沮丧、绝望和无所作为之中，要有一颗永不放弃的坚定心，切忌半途而废。

他已拍了 80 多部影片，据不完全统计，拥有"铁杆"影迷 2.9 亿多。他就是享誉全球的影星成龙，但他的成功是历经磨砺而获得的。他小时候家里穷，很早就出来做武行谋生；拍戏时因长相不够英俊，被女演员看不起，不愿跟他做拍档，编剧拒绝给他写剧本，

第一章 生命价值

他当时觉得自己很可怜，躲在厕所抱头痛哭。他曾花 16 个小时飞到美国见一个导演，面谈了不到五分钟就被打发回去。后来他在美国发展了两年，失败了，回到中国发展自己的市场，只拍成龙式电影：动作、喜剧、健康。现在，好莱坞都在学他的动作片，新一代的著名导演、演员都是他的影迷。历经无数次挫折，他获得了奥斯卡终身成就奖，但他一直对自己讲："你们越是给我挫折，我越是努力，我是一个永远不会放弃的人！"

[摘自：成龙. https:baike.baidu.com/item/成龙/71648?fr=aladolin]

(五)终身学习，完善自我

当今社会，知识更新正在无限加速，过时的知识储备、陈旧而缺乏创造力的思维方式会让人落后于时代的发展步伐，最终被社会淘汰。因此实现人生价值须"活到老，学到老"，让学习成为一项终身事业。

(1) 树立终身学习意识，养成良好的自学习惯。
(2) 掌握多种学习渠道，如公共图书馆、广播、电视、讲座、网络等。
(3) 涉猎多种学科知识，打破专业局限。
(4) 在学习的过程中不断改进自己的思维方式，养成批判性和创造性的思维。
(5) 制订远期、近期、当前的学习目标和学习计划表，坚决贯彻执行。

五、反思体验

请阅读下面的文字，并思考问题：①你如何看待下面故事中人物对人生的看法？②该如何在有限的人生中体现自己价值？

有人问放羊娃："你放羊做什么啊？"放羊娃答道："卖钱。"

"卖了钱做什么啊？"回答说，"盖房子"。

"那盖了房子呢？""娶老婆。"

"娶了老婆呢？""生娃娃。"

"生了娃娃让他做什么呢？""去放羊。"

有一些人关于人生的看法是这样的。他们说："我考上大学为了什么？找一份好工作。有了好工作又怎样？找一个好老婆。然后呢？生孩子，让他也读书，考大学，找工作，娶媳妇……生命轮回，周而复始，人生哪有什么价值可言呢？"

第三节 社 会 责 任

天下兴亡，匹夫有责。

——顾炎武

有了责任心，生活就有了真正的含义和灵魂。

——列夫·托尔斯泰

作为社会的一员、中华民族的一分子，我们每个人都应当承担起自己的社会责任，为社会的持续快速发展、中华民族的伟大复兴贡献出自己的力量。

一、身边的故事

2002年暑假,徐本禹坐车前往贵州大方县猫场镇狗吊岩村支教,这里水电不通、消息闭塞、贫穷落后,1997年才有了建在山上岩洞里的小学。2003年他放弃读研的机会,为了孩子们再次回到了这里。2004年,徐本禹被评为"感动中国"人物。"感动中国"这样评价他:"如果眼泪是一种财富,徐本禹就是一个富有的人。在过去的一年里,他让人们泪流满面。从繁华城市走进大山深处,他用一个刚毕业大学生稚嫩的肩膀,扛住了倾颓的教室,扛住了贫穷和孤独,扛起了本来不属于他的责任……"

2006年11月,徐本禹离开武汉,赴津巴布韦,踏上非洲支教之旅,在津巴布韦大学为当地学生传播汉语言。2018年,徐本禹任秭归县委副书记,致力于当地的脱贫攻坚工作。徐本禹的事迹不仅充分体现了当代大学生理想信念坚定、价值取向正确、积极进取、奋发成才、勇于战胜困难、乐于奉献社会的精神风貌,也体现了高等学校自觉履行社会责任、积极服务经济社会发展的良好社会形象。

[摘自:徐本禹. https://baike.baidu.com/item/徐本禹/12p6343? fr=aladdin]

【想一想】你认为什么是社会责任感?徐本禹是怎样体现自己的社会责任感的?

二、判断鉴别

下面的题目能帮你了解自己的社会责任感。请仔细阅读题目,然后选出符合你的答案。

(1) 新疆农业大学学生吴斌揭露小偷,遭到报复,拳打脚踢之后被刀捅伤。你认为( )。

    A. 太傻了

    B. 精神可嘉,但不值得

    C. 他做了自己该做的事,但是勇敢挺身而出时方法应该更机智

(2) 李某大学毕业两年了,找了几份工作都不满意,由于家境富裕,干脆待在家里。你认为( )。

    A. 父母有钱,他们也养活得起,这样做没什么不可以

    B. 不赞成,但可以接受他的做法

    C. 不赞成,成年人应该自力更生,对自己的生活负责

(3) 班上组织活动需要选出一个替大家做事的人,你会( )。

    A. 不关我的事,谁爱做谁做去

    B. 实在推不掉我就去

    C. 主动向老师、同学推荐自己

(4) 对于学校组织的社会实践活动,你会( )。

    A. 觉得没意思

    B. 不得已偶尔参加

    C. 经常主动参加

(5) 你认为"推进社会和谐发展、国家繁荣富强"是( )。

A. 大人物的事情，我一个学生做不了什么

B. 发展自己就行了，哪顾得上社会和国家

C. 每个人都应该而且能够贡献自己的一分力量

(6) 你对于社会发展及有关的国计民生问题(　　)。

A. 几乎没有关注过

B. 偶尔看点相关消息

C. 经常通过电视、报纸、网络等途径关注

(7) 如果你看到有人离开教室没有关灯或者离开盥洗室时没关水龙头，你会(　　)。

A. 与我无关，随它去

B. 见到那人批评一顿

C. 主动关掉

(8) 你认为"国家兴亡，匹夫有责""振兴中华，责无旁贷"这种说法(　　)。

A. 唱高调，没有任何实际意义

B. 个人对于国家太渺小，意义不大

C. 意义重大，个人可以通过小事、身边事为国家尽责

(9) 现在高校里出现了一些"陪读妈妈"照料孩子的饮食起居，你认为这样的大学生(　　)。

A. 接受父母的照料天经地义、无可厚非

B. 只要父母愿意，照顾就照顾吧

C. 缺乏对自己负责的意识和能力

(10) 现在倡导大学毕业生"支援西部建设""到祖国最需要的地方去"，你会(　　)。

A. "穷乡僻壤"，谁爱去谁去，反正我不去

B. 对自己有利益好处就去

C. 到祖国最需要的岗位去实现自我

【结果与评价】选择C越多，表示你的社会责任感越强。

三、心理论坛

(一)当代大学生的社会责任

我们对他人、对社会所承担的职责、义务和使命就是社会责任。社会是人类生活的共同体，社会的发展与进步是全社会成员推动的结果，每个成员对社会的发展都负有不可推卸的责任；同时，人只有在承担对他人和社会的责任中，才能体现自身的价值和尊严。社会责任也是一个国家文化和价值的体现，更是国家软实力的体现。

社会赋予当代大学生的社会责任主要有以下四个方面。

(1) 对自己负责，自立、自理，对自己的思想、言论、行为负责。

(2) 对他人负责，尊重和维护他人的权利。

(3) 对社会负责，按照社会道德准则和个体责任平衡个人和社会，积极投身于社会实践，推动社会发展、进步。

(4) 对国家和民族负责，把人生价值、个人理想与国家、民族的前途命运紧密联系在一起，达到自我实现与祖国富强、民族进步的完美统一。

(二)社会责任感对于生命价值的重要性

社会责任感是社会个人或者群体在一定社会历史条件下形成的一种自觉意识，是指为了建设美好社会而自觉承担相应的责任和义务的意识。

1. 社会责任感是"社会人"的应有之意

作为社会大家庭的成员，每个人都肩负着不可推卸的社会责任，我们需要自觉、有效地履行自己的社会职责和民族使命。我们的社会责任包括以下四个方面。

(1) 自觉遵守社会的法律法规和道德规范。

(2) 关心、同情并尽力帮助他人。

(3) 积极关注社会发展及有关的国计民生问题。

(4) 自觉地把个人的工作、事业与社会的发展联系起来，尽职尽责，服务社会、发展国家。作为社会主义的公民，每个青年人都应该自觉承担起自己的社会责任。

2. 社会责任感是公民意识的体现

对于个体而言，公民意识是社会责任意识的重要体现。公民意识是公民对于公民角色及其价值理想的自觉反映，包括公民对自身的社会地位、社会权利、社会责任和社会基本规范的感知、情绪、信念、观点和思想以及由此而来的自觉、自律和自我体验。我们要"加强公民意识教育"，这是因为，个人既是"自然的个人"，又是"社会的个人"，我们都处在社会关系中，个人的自由和权利，同他人的自由和权利联系在一起，在承认个人的权利的同时，也要承认他人的权利，尊重和履行对他人、集体、社会、国家的义务。

3. 社会责任感是生命价值感的升华

生命的意义在于完成自我实现的过程，这个过程通过满足从低到高，不同层次的心理需要而逐渐接近自我实现。由此，心理学家马斯洛将人的需要分成生理需要、安全需要、归属与爱的需要、尊重的需要和自我实现的需要五个层次。归属和爱的需要是我们社会交往的体现，而尊重需要的达成，则有赖于我们自身能够发挥社会价值，获取某种社会认可。这两个需要的达成，往往需要参与社会事务，承担社会责任。而一旦能够参与、帮助、影响社区、社会的面貌，我们会体会到比单纯的个人成功更大的价值感。无独有偶，心理学家埃里克森也认为，当人处在社会人状态的时候，如果他家庭幸福、事业成功，那么关心、服务社会的动力和行为会增长，并在其中体会到人生繁盛之感。

四、策略训练

策略一 心理断乳，自食其力

(一)学会自理

小刘是独生女，家境一般，到大学后她想赚大钱，结果被皮包公司诈骗，每月要还2000元的贷款。但她不愿意节省生活开支，说自己必须吃零食、用好的手机，否则没法活。她说每个月除了还贷款，吃东西至少要花三四千。她不愿意出去兼职挣钱，觉得自己是女孩子，不能做脏活干累活，省力又钱多的工作才愿意去做。家人和老师都为此感到非常烦恼。

小周大学二年级了，他嫌专业学习太苦、太累，工作来钱太慢，还要上班下班，朝九晚五，他接受不了自己要做"平凡人"的现实。他不去上课，在宿舍里打游戏或者上网闲聊。后来他发现主播很火，听了不少主播致富的报道，便开始幻想自己要做游戏主播挣大钱，于是天天吵着让父母给他三四万配置最好的电脑好发展主播大业。

这是大学校园里的典型三族："巨婴族""幻想族"和"啃老族"。这些学生，奢侈浪费，花钱大手大脚；依赖性强，缺乏独立生活的能力；没有承担力，面对问题选择逃避和退缩。

一个对自己的现在和未来都不能担当的人是根本不可能为他人、为社会承担责任和作出贡献的。大学生应该承担起自己的责任，独立自主地生活是走向成人所必需的一步。

(1) 学会自己料理饮食起居，与同学交流生活经验，乐于向别人请教和学习。

(2) 养成良好的生活习惯，作息安排科学，饮食搭配合理，卫生习惯良好。

(3) 塑造理性消费观，"有钱要花在刀刃上"，消费不是为了追求奢侈浮华和比阔。

(4) 有意识地控制自己的消费习惯，可分"想要"和"需要"两个不同的支出区分开记账，每月矫正，逐渐压缩开支。

(5) 根据自己每个月的收入制定一个有操作性的预算。这份预算应该包括生活需要、学习需要、交往需要和"备用开支"，还可动用零存整取的定期存款，强制每月定期存入一部分生活费。比如一个月有 500 元收入，一种可能的预算是这样的：50%的钱用来吃饭，10%的钱用来读书，10%的钱用来交际活动，20%的钱用来作为临时备用；10%的钱存起来。

(6) 提高个人理财能力、合理使用信用卡。信用卡方便、快捷，但不成熟的消费心理很容易导致大笔透支。为了控制消费额，可使用母子银行卡，让父母通过小金额、多批次的存款来控制自己的消费，或通过即时的账户发生额和余额查询来监控自己的日常开支；利用银行与电信部门联合推出的账户信息即时通，通过发送手机短信监控自己的账户收支；通过设定专用商户进行消费制约。有意识地锁定银行卡账户的部分金额，将其设计成不能取现，只能在部分与学习、工作密切相关的场所，如食堂、图书馆、计算机房、医院、校园超市等指定的专用商户消费。

(二)学会自立

大学生处于成人前期，需要具备成人意识，从依赖父母的心理状态中独立出来，不能总是"坐、等、要"，指望他人来为自己安排、处理一切，而是要独立自主地安排生活、学习和工作，自己判断、鉴别和解决面临的新问题，承担起自己的责任。

西南大学学生邓姓兄弟俩承包了养猪场，靠养猪挣钱来供自己读书、给父亲治病。养猪 4 个多月，除去所有开销，赚得近万元纯利润。

[摘自：大学生兄弟课余开养猪场挣学费. http://www.scol.com.cn，2007]

小张从高中就开始有意识增加自己的独立能力。高考之后的暑假里，他经人介绍到一个企业帮忙做公关活动，结束后他收到了第一笔兼职费用。后来，他发现很多企业、单位都有公关活动的需求，并且常常外包给公司之外的团队执行。他觉得这是一个机会。上大学后，他组成了一个 3 人小团队，专门为企业、公司做策划、进行中小型公关活动。到大三的时候，小张成立了自己的公司，生意越做越好。

陶行知在《自立歌》中说："滴自己的汗，吃自己的饭，自己的事自己干，靠人靠天靠祖上，不算是好汉。"目前，越来越多的大学生通过社会实践和辛勤劳动学会了自立。

策略二 仁爱有智，利他助人

(一)见义勇为，更需见义智为

绍兴文理学院学生钱伟平在公交车上四度阻止数名小偷行窃，遭小偷围殴报复，无一人伸手援助。他周围曾有两名男子以"观赏"的姿态窃语："看，小偷偷东西呢。"公交车过道本来很窄，众人纷纷闪避，给小偷们腾出了围殴空间。事后有人对钱伟平说："你太傻了"，却没有人拨打110报警。

[摘自：大学生提醒防窃贼，遭小偷围攻无人助. 今日早报，2007]

冷眼旁观灾难或罪恶事件的发生，漠视他人的痛苦和困境，这与人们担心、惧怕自己的生命和经济利益受到损害有关，更是社会责任缺失的恶果。"旁观者"都指望别人站出来，施与援救，而淡化了自己应负的责任。如果每个人都自私地选择明哲保身，只会导致人情冷漠、麻木，社会风气败坏，社会正义得不到弘扬。

钱伟平的义举昭示了强烈的社会责任感。社会要和谐、正气，大众要温情、互助，就需要我们"该出手时就出手"，履行自己的职责。

见义勇为和直面强暴都勇气可嘉，但是我们在履行社会责任的时候，要勇敢、有担当，更要有智慧和谋略，没有必要做无谓的牺牲。

零下 4℃的寒夜里，一名男子不慎掉进灌渠，河水很快没过了他的胸部。危急之际，路过此处的大学生王子卓，脱下自己的外套给男子披上，用自己的裤子、秋裤等做成绳子，试图救援但没有成功。为防止男子呛水，王子卓只穿着一件卫衣、一条短裤，顺着护堤斜坡滑入水中。尽管当时就被冻僵了，但他紧紧拉住了落水男子。几分钟后，十几名同学赶到，将两人拉上岸。令人吃惊的是，王子卓根本不会游泳，被问到为何下水救人，他说："这是一条命啊！"

[摘自：零下4℃大学生跳灌渠救人 十几位同学参与救援.中华网.http://news.china.com/socialgd/10000169/20171227/31877754.html]

王子卓的义举折射出人性的温情暖意。社会要和谐、正气，大众要温情、互助，就需要我们"该出手时就出手"，传达善意。更为可贵的是，他在履行社会责任的时候，也注意保护好自己，并没有冲动之下跳进水中。帮助危难之中的人，既要有仁爱之心，也须注意智慧和策略，没有必要做无谓的牺牲。

智勇双全才是履行职责、应对不正之风的良策。面临自身安全威胁的时候，应更加注意保护自己。比如目击手持凶器的歹徒，可拨打报警电话，不能轻易挺身而出，有条件的也可以隐蔽跟踪，为公安机关提供有用的线索；遇到有人落水和山林失火，自己不会游泳或者无力灭火时，最好大声呼叫，联系同伴，请周围的人帮忙。

第一章　生命价值

(二)授人以鱼，更要授人以渔

老张曾资助过一贫困学生直到其大学毕业，该生毕业后没有找到工作，吃住在他家，要求他帮忙帮到家，找份工作。因为解决不了该生的工作问题，老张感到无可奈何。

十多年前，孙俪偶然看到电视上播出某贫困生的故事，她被感动了，决定要捐助该同学。之后，孙俪为他承担每年的学费和每月的生活费。十多年后，该同学快大学毕业了。孙俪听说他在学校花钱大方，不断向孙俪要钱目的是为了换好手机、交手机话费以及支付谈恋爱的花费。孙俪知道后停止了对他的捐助。没想到该生在网上表达了被停止捐助的愤怒。网友戏称这个故事为"上演了现实版农夫与蛇"。

(摘自：影侠网，2017，http://www.yx-w.com/yingshixingwen/30828.html)

爱心被践踏、同情被滥用的背后固然有人心的贪婪和丑恶，但作为资助者，对这样的后果也负有责任，资助者应怎样反省和调整自己的助人行为呢？

老子曾说："授人以鱼，不如授人以渔"，一条鱼只能解一时之饥，要想永远有鱼吃，就要传授钓鱼的方法。当我们出于责任心帮助他人的时候，如果只是予人钱财，只能缓解一时之困，无界限、无节制地替人"排忧解难"，还可能让受助者视他人或者社会的救助为当然，不思进取、好逸恶劳，把资助当作依赖，甚至盲目攀比，滋长了对方的懒惰和贪婪，导致爱心被践踏、同情被滥用。

所以，要想真正帮助处于困境中的人，就不能仅仅扮演"施舍者"的角色。一条鱼只能解一时之饥，要想永远有鱼吃，就要传授钓鱼的方法。助人以物质，更要助人以精神。真正的帮助，在于激发受助者对自己的信心，发现自身有价值、可以成长的部分。在这方面，林清玄曾提到一次有意思的经历。

一天，林清玄路过一家羊肉馆，老板是一位陌生的中年人，他跑过来热情地跟他打招呼。原来，20年前林清玄在一家报馆做记者写社会新闻。一天，警察抓到一个小偷，林清玄前去采访。警察介绍，这个小偷犯案千件却是首次被捉，一些被偷的人家，几星期后才发现失窃。小偷长相斯文、目光锐利，他拍着胸脯对警察说："大丈夫敢做敢当，凡是我做的我都承认。"警方拿出一叠失窃案的照片让他指认，他一看屋子被翻得凌乱不堪，说："这不是我做的，我的手法没这么粗。"林清玄心生敬意，写了一篇特稿，欣赏地感慨："像心思如此细密、手法这么灵巧高明、风格这样突出的小偷，如此专业，斯文又有气魄，真是罕见。如果不做小偷，做任何一行都会有成就吧！"。站在林清玄面前的羊肉馆老板，正是当年的那个小偷。老板诚挚地说："林先生写的那篇特稿，打破了我生活的盲点，使我做起正当事。"

[摘自：一句话的力量. https://wenku.baidu.com/view/09f06p4cc1c708a12p4a4434.html]

林清玄并无意专门帮助这个小偷，也没有特意去"献爱心"，但客观的理解和评价小偷的能力和优势，却唤醒了小偷对自己全新的认识，激发了他努力工作，做一个有用的"社会人"的信念。因而，如果我们在"授人以鱼"的时候，还能注意到激发对方的内在动力，那真是善莫大焉。

简单来说，帮助他人应做到以下几个方面。

(1) 同情不可滥施。通过实际调查，帮助那些真正需要帮助的人。

(2) 爱心不可欺骗。不光给被资助者钱、物，还要关心自己的资助是否都用在了恰当的地方。

(3) 救助应有底线。古话云"救急不救穷"，帮助受助者渡过难关，鼓励其以后自食其力。

策略三　心装天下事、关爱全社会

(一)关注社会

作为社会大家庭的一员，每个个体都要关注他所处的社会环境，了解时事动态和国计民生。"两耳不闻窗外事，一心只读圣贤书"的人由于远离或者漠视社会现实，不了解社会和他人的需要，极易导致社会责任感的缺失。因此要成为一个具有历史使命感和社会责任感的人，就要密切关注社会，积极参与社会活动。

1. 多渠道了解社会现实

经常看报纸、杂志、网络上的时事要闻；经常和朋友、老师一起讨论社会上发生的重大事件。

2. 深入调查、体验社会生活

清华大学二年级学生李强利用寒假回山西太原老家的机会，8 天之内对 3 个村、4 个乡、2 个县的农村现状进行了调查，以札记形式写成35万字的调查报告《乡村八记》。他的调查之一《二姨家的年收支明细账》以半个版面的篇幅在《人民日报》刊出，引起社会广泛关注。

[摘自：清华学子《乡村八记》震撼总理. 南方都市报，2005]

北京第二外国语学院学生朱夏楠利用假期走近乞丐，与多个乞丐交流，一同乞讨，了解到弱势群体的生活苦难，她在调查报告里写出了心里的沉重和无限的感慨，第一次深深意识到大学生肩负的重大责任。

[摘自：中国大学生，2006]

大学生深入社会调查，了解与自己完全不同的人群的生活方式、心理状态和生存状况，用自己的实际行动，生动地诠释了当代大学生勇于承担社会责任的良好风貌。

(二)关爱社会

1. 从身边小事做起

担负民族责任，并非只有做出丰功伟绩才能昭示责任感，也并非只有伟人才能推动社会、民族发展。古语有云"勿以善小而不为，勿以恶小而为之"，从平凡生活中的点点滴滴做起，你的责任感就体现在每一个细小而又充满爱心的言行中。

美国小女孩凯瑟琳 5 岁时，有一天看电视，了解到每年有 80 多万个非洲孩子死于疟疾，而疟疾主要靠蚊子传播。因此，凯瑟琳决心向非洲捐赠蚊帐！凯瑟琳觉得只凭自己一己之力远远不够，就开始募捐。后来，她和朋友们精心制作了上百张卡片，寄给福布斯富

第一章 生命价值

豪排行榜上的人们,向他们募捐。凯瑟琳在一张证书上认真地写道:"亲爱的比尔·盖茨先生:没有蚊帐,非洲的小孩会因为疟疾死掉,他们需要钱,可是钱在您那儿……"

受到凯瑟琳的感悟,比尔与梅琳达·盖茨基金会"为"只要蚊帐"组织捐献了 300 万美元。美国前总统克林顿请来联合国基金会、联合国难民事务高级专员办事处代表,以及 NBA 前主席 David Stern 等各路大腕儿发挥各自的影响力,各方达成协议:向坦桑尼亚、苏丹、乌干达、肯尼亚等非洲国家 27 处难民营的 63 万多名难民,长期捐赠防疟疾蚊帐。

[摘自:一个 7 岁女孩,拯救了数百万生命,打动了无数人的心. http://www.sohu.com/a/1203583p1_454705]

一个小女孩,因为善良,因为积极坚决的行动,拯救了上百万非洲儿童的生命。其中体会到的充实感、价值感,是金钱和地位所远远不能比拟的。

而我们大学生,只要有心,可以做的事实很多:义务献血;在公交车上给人让座;帮助盲人、老人或者小孩过街;为迷路的人带路。事情虽小,但是"勿以善小而不为",每个人都愿意多做这样的小事,便是对整个社会的负责任。

2. 积极投身社会实践

34 名中国农大学生考虑到农民当前所需,决定以"民间"形式自发地为他们编写一套科普丛书。他们通过多种途径搜集资料、考证数据、联系采访,并到打工子弟学校寻求指导,最终完成了这套名为"乡土乡亲"的科普丛书。他们说:"我们找到了一条正确的道路,知道了如何把自己所学的知识和社会责任联系起来。"

[摘自:用农家语言贴近"乡土乡亲",中国农大学子自发为农民编书. 人民日报,2005]

大连市贫困大学生参加回报社会系列实践活动,担任家教、福利院义工、养老院护理人员,还做过社区居委会工作、福彩投注站工作以及汽车销售等。这让他们体会到社会责任体现在平凡的岗位上。

[摘自:大连日报,2006]

湖南师大成立"调研中国行动组",在西部地区通过问卷、访谈、实地考察等形式,了解和收集当地的民族文化、信息条件、教育状况等社会生活方面的资料,还举办了为山区孩子赠送书籍以及为留守儿童传递写给在外父母的书信等公益活动。

[摘自:http://www.sina.com.cn,2006]

大学生在课余和假期积极参与社会实践活动,不但可以满足自身价值被社会认可的需要,还可以锻炼履行责任的能力,让责任感不断得到强化和升华。

作为新时代的大学生,可以投身到以下社会实践中:到山区义务支教,到社区福利院、孤儿院做义工,到社区委员会工作,为贫困儿童筹集书本和援助基金,帮助农民工维护合法权益,支援西部建设。

策略四 爱我中华，履行民族责任

(一)维护民族自尊

1. 严以律己，不做有损民族尊严的事

2018 年某日，"两名男子在南京抗日碉堡遗址前身穿仿制'二战'日本军服"的照片曝光，引起广大网友的强烈愤慨和严厉谴责。警方高度重视，迅速开展调查。警方已将涉案违法行为人抓获，并依法对涉案违法行为人予以行政拘留。近年来此类事件时有发生，2017 年 8 月，四名男子身着"二战"日军军装，在抗日遗址上海四行仓库合影；2016 年南京大屠杀死难者国家公祭日前夕，两名青年在大屠杀发生地扮日本武士拍照；2015 年成都漫展上，几名年轻人身着旧日军军服入场……。这类人被称作"精日"分子。

[摘自："精日"分子究竟是怎样的一撮人，http://baijiahao.baidu.com/s?id=1593476078639308903&wfr=spider&for=pc，2018，有删改]

青年人是国家未来的希望。如果我们自己都不能自爱自尊，将民族尊严置于一边，而简单认为只是在做游戏，"玩玩而已"，那怎么能指望我们的民族和国家受到尊重呢？甚至于一些人在心理上以其他"优秀民族"自居，则更加不堪！如果民族和国家被轻视、贬低、排挤，最终这些负面的力量反弹回来，受害的难道不是我们自己吗？

2. 爱国需理性

2004 年 10 月 21 日，某大学学生游行引起了社会关注。事情缘于一韩国女生在该校 BBS 上出售衣服，随后有人回帖抵制日货、韩货。该女生指责中国人没品位、穷，并炫耀韩国人的富裕、时尚，引起在线中国学生的愤怒，有人言辞激烈地予以反击。某同学给该女生发了条辱骂信息，受到该女生及其同伴的威胁："我给某校领导打个电话，能直接让你退学，现在对留学生是很重视的。"该同学担心退学，自愿挨揍并请客吃饭。在场的中国学生被激怒了，与学校交涉未果后，大批学生在校园内游行。

[摘自：中国当代民族主义愤青调查：爱国还是误国. http://wells.osall.com]

【想一想】

(1) 抵制日货、韩货就真正维护了我们的民族尊严了吗？
(2) 当民族尊严受损的时候，通过激愤言辞甚至谩骂侮辱就能够维护民族尊严吗？
(3) 为了保存自我利益，可以做有损民族尊严的事情吗？

为了维护民族尊严，谩骂他国在网上比比皆是，叫嚣抵制日货、韩货一波未平一波又起，更有人要求以强硬的对抗来解决国家问题。

叫嚣谩骂、盲目排外、武力摆平非但体现不出民族尊严，还会损害我们的民族形象，恶化国际关系，阻碍国家发展。

民族尊严是一个国家的灵魂，丧失民族尊严就是丧失了民族的自尊和内在精神。到底什么样的行为才能体现民族尊严？这是 21 世纪的大学生特别需要思考的问题。

在很长的时间里，犹太人没有自己的国家，他们分布在世界的各个角落，却始终保持

着强烈的民族自尊心和凝聚力。德国大诗人海涅也是犹太人。他的诗充满爱国激情，但是有些人因为他是犹太人而对他抱有成见。有一天，在一个晚会上，有个不怀好意的家伙对他说："告诉你一件奇怪的事情，我发现了一个小岛，这个岛上竟然没有犹太人和驴子！"海涅看了他一眼，不动声色地说："看来，只有你我一起去那个岛上，才能弥补这个缺陷！"

[摘自：爱国教育.民族尊严不可辱. http://www.ruiwen.com/wenxue/gushihui/75795.html]

自爱者，人方爱之。现在国家在飞速发展，在言论和思想方面也提供了更加多元的选择。但这种多元化不应该包括对民族和国家的背弃。

不论面对什么情况，都要维护民族尊严；民族尊严也不是通过谩骂、侮辱和过激行为来维护的，维护民族尊严需要规范自己的言行，不做有损国格、人格的事情；在别人无视甚至践踏我们民族尊严的时候，应以不卑不亢的态度、理性的行为坚决予以反击。

(二)履行民族责任

一个有责任、有担当的青年只有将自己的前途和命运与祖国强盛、人民幸福紧密相连，努力将自己的青春和智慧奉献给祖国和人民，生命才有意义，人生才有价值。

北大学生莫锋毅然放弃了和深圳疾病预防控制中心达成的就业协议，他表示："能到西部去做一名白衣战士，传播知识、播撒文明、奉献爱心，是我人生中一件非常幸福的事情。"

中国青年政治学院的华伟是学青少年教育的，他说："我希望通过我的努力，鼓励、帮助更多的西部孩子成长、成才，用他们的智慧建设自己的家园！"

中国政法大学的徐彩峰表示："我们这一代年轻人比起父辈少了很多吃苦的机会，只有经过磨难，才会知道生活的甘甜。我想拥有了服务西部这样一段经历，经过这样一种锻炼，培养起自己吃苦耐劳的品质。"表达了他当志愿者的决心。

[摘自：作为当代大学生应当承担什么样的历史使命. http://www.docin.com/p-74p260117.html]

"到祖国最需要我们的地方去，是当代大学生的责任""把青春和智慧贡献给我们的时代，是我们每一位大学生应尽的义务"，这是很多服务西部志愿者的心声。

2002年秋，谷振丰作为一名国防生走进了清华园。出类拔萃的他毕业时选择了酒泉卫星发射中心，尽管这里地处西北戈壁，基础设施没法和大城市相比，但它是载人航天的主战场，在我国航天事业中发挥着重要作用。2006年"全国大学生优秀事迹报告会"在湖南大学举行。"位卑未敢忘忧国，祖国的需要就是我的选择。"他的报告深深打动了在场的学生。

[摘自：谷振丰.一个国防生的光荣与梦想. http://www.people.com.cn]

梁启超曾说："今日之责任不在他人，而全在我少年。少年智则国智，少年富则国富，少年强则国强，少年独立则国独立，少年自由则国自由，少年进步则国进步。"担负民族责任，需脚踏实地，从平凡生活中的点点滴滴做起；要志存高远，矢志不移，乐于奉献，到祖国最需要的地方去。

五、反思体验

请阅读下面的故事并思考：作为国家建设未来主要的参与者，我们应该怎样履行自己的社会责任？

中国捐款最多的女富豪何巧女女士出生于浙江武义，毕业于北京林业大学园林学院，目前担任北京东方园林投资控股有限公司董事长。2017年《胡润女富豪榜》显示，何巧女的身价达到265亿元，排在榜单的第11位。富了以后的何巧女并不喜欢张扬，她为人谦逊低调，从来没听说过她炫富或者做出什么出格的事情，就连捐款也非常低调。2017年10月，何巧女捐出约96亿元用于保护中国和其他地方的濒危野生动物资源，约占她全部身家的1/3。由于她非常低调，此事发生后差不多3个月，才开始被国内媒体所注意。

[摘自：本是寒门卖花女，豪掷千金无人知.
https://baijiahao.baidu.com/s?id=15p0804336141454651 & wfr=spider & for=pc]

第二章 自我成长

一个人只有一条路不能选择，那就是放弃的路；只有一条路不能拒绝，那就是成长的路。成长的路上要带一面"镜子"，它可以打开认识自我之窗；成长的路上要树立路标，它可以达成成就自我之愿；成长之路的终点就是人生的最高境界——与天地万物、自我和谐为一体。

第一节 自我认识

知人者智，自知者明。

——老子

把认识自己作为自己的任务，这是世界上最困难的课程。

——塞万提斯

一、身边的故事

小 A 以优异的成绩考入大学，且选择了热门的经济学专业，学了以后才发现自己的兴趣根本不在于此，完全没有学习的热情，成绩也不尽如人意。原以为自己有很强的管理协调能力，但是在组织班级、社团活动时，总有部分同学不配合，小 A 渐渐失去了信心，觉得自己做什么都失败，未来也没有方向。他学习非常勤奋刻苦，只是成绩达不到自己的要求。他做事情认真、负责，人际交往能力也不错，但却没有实现他当优秀干部的愿望，对于同学、老师的劝解、忠告他也听不进去，陷入沮丧、痛苦之中难以自拔。

【想一想】

是什么原因导致小 A 陷入了困境之中？他怎样才能走出当前的困境？

由于对兴趣和能力缺乏正确的自我认识，才使小 A 在学习和工作中都不如意；由于他缺乏积极的自我认识，才导致他遇到挫折而一蹶不振，看不到自己的优势和前途。因此，正确而积极的自我认识在我们的成长和发展中至关重要。

二、判断鉴别

下面请使用 WAI 技法(二十问法)来帮助你认识自己。WAI 技法(WAI technique)是指对"我是谁"(Who am I，WAI)这样的问题自问自答，因其形式上是自由书写20种回答，故也被称为二十句测验(Twenty Statements Test)。

(1) 写出 20 句"我是怎样的人"，要求尽量选择一些能反映个人风格的语句。

① 我是一个(　　　　　　)的人。

② 我是一个(　　　　　　)的人。

……

(2) 将陈述的 20 项内容做下列归类：

① 身体状况(你的体貌特征，如年龄、身高、体形、外貌等)。

编号：

② 情绪状况(你常持有的情绪情感，如乐观开朗、振奋人心、烦恼沮丧等)。

编号：

③ 才智状况(你的智力、能力情况：聪明、灵活、迟钝、能干等)。

编号：

④ 社会关系状况(与他人的关系、如何和别人应对进退、对他人常持有的态度、原则，如：乐于助人的、爱交朋友的、坦诚的、孤独的等)。

⑤ 其他。

编号：

解释和说明：分类是为了了解自己对自己各方面的关注和了解程度，某一类项目多，说明你对这方面关注和了解多；某一类项目少或没有，说明你对这方面关注和了解少或根本就没关注、不了解。健全的自我意识应能较为全面地关注和了解自己。

(3) 评估你对自己的陈述是积极的还是消极的。在你列出的每句话的后面加上正号(+)或负号(-)。正号表示"这句话表达了你对自己肯定满意的态度"，负号的意义则相反，表示"这句话表达了你对自己不满意、否定的态度"。看看你的正号与负号的数量各是多少。如果你正号的数量大于负号的，说明你的自我接纳状况良好。相反，你的负号将近一半甚至超过一半，这显示你不能很好地接纳自己，你的自尊程度较低，这时你需要自我反省，寻找问题的根源，比如是否过低地评价了自己？是什么原因使你成为这样？有没有改善的可能？

三、心理论坛

(一)自我认识的内涵

自我认识就是自己对自己的认知，它是自我意识的一部分，它使个人认识到自己的身心特点、自己和他人及自然界的关系、个人在不断变化的条件下什么是自己。自我认识主要涉及"我是一个什么样的人""我为什么是这样一个人"等问题。包括以下三方面。

(1) 生理自我。即自己的性别、年龄、相貌、身材、健康状况、体能等生理因素决定的生理特征。生理自我受遗传影响很大，很难改变。

(2) 社会自我。即个人如何被他人看待和承认，主要涉及个人的社会关系、社会角色、社会地位，是个体在社会实践中形成的对自身的定位。

(3) 心理自我。我们所感知到的内部心理品质，代表了自己的主观体验，包括我们感知到的自己的能力、态度、情绪、兴趣、动机、愿望、气质和性格等。个体对自我心理的认识越充分，越能调整好自身的状态，改变不适应的行为。

(二)自我认识与心理健康的关系

自我认识和心理健康有很大关系。能够真实地认识自己的人，不歪曲自己的知觉来迎合别人的愿望，更能按自己的本性，过自己想要的生活。善于自我认识的人，由于对自己的认识全面、充分，能表现恰当的行为，为社会和他人所接纳，消极、负面的情绪较少；

相反，不能正确自我认识的人，常表现出和自身实际不相符合的行为，在社会生活中有较多不适应，个人也由于认识和实际的不一致体验到心理的矛盾和冲突。

自我认识与个人的成功和幸福都有很大的关系。日本的管理之神松下幸之助就曾总结过自己的成功经验。"我有三个缺点，都被我变成了优点：第一是因为家里穷，知道奋斗才能成功；第二是没文化，懂得要自学；第三是身体不好，懂得要依靠别人，三个弱点就变成三个优势。"善于自我认识的人，能够清楚地知道自己的优点和缺点，从而找到自己成功的方向。

(三) 自我认识的偏差

认识自我并不容易。我们对自己的认识未必总是客观真实的，在自我认识过程中常常会有意无意地出现一些偏差，以下就是自我认识过程中常犯的一些错误。

(1) 选择性知觉：预先有某种心理或认识上的倾向，然后只选择某些信息去感知。比如自恋的人往往会选择自己积极、成功方面的信息进行夸大；相反，处于抑郁状态的人往往会选择自己负面、失败的信息进行认识。

(2) 以偏概全：认为一样行，什么都行；一样不行，什么都不行。比如成绩好就认为其他方面都应该比别人要好，或者由于外表的原因，认为自己处处不如人。

(3) 简单归因：归因过于单一，例如，看到别人取得好成绩就认为别人是天生聪明，自己不如别人，其实没有看到别人的努力过程；相反，看到别人失败，简单地认为是能力差，觉得自己一定比别人强。

(4) 夸大评价：过高或过低地估计某方面的影响。比如和某个同学闹了矛盾，就认为和那个同学好的人都对自己有看法；做了一件错事，便认为会长时间给人留下坏印象。

(5) 黑白二分：用全和无的观点看问题。认为要么是对，要么是错；要么是好，要么是坏，对自己和他人的评价过于简单和极端。

(四) 良好自我认识的体现

(1) 认识全面。即能认识到自己更多的方面，这将随个人社会生活的拓展而拓宽。

(2) 认识客观准确。即对自己的认识没有扭曲，不过分夸大，也不贬低自己。

(3) 具有发展性。由于人在不断发展，对自我的认识不能一成不变，必须用发展的眼光看问题。

四、策略训练

策略一　内省检视、客观积极

(一) 客观检视自我，提高内省能力

我们的行为可以为自己提供客观认识自我的标准。

(1) 从活动的结果来认识自己。事实能说明一切，在某方面活动的实际结果，往往能给我们在某方面做一个客观公正的评价。

(2) 从以往成败的经验来认识自己。以往的成败经验通过多次实践结果来反映我们在某方面的特点，因此，通过反思这些经验，能获得客观的自我认识。

(3) 分析自己在生活中的表现。对自己不能肯定的某方面的才能和特点，找机会表现一下，从实践中得到验证。

富兰克林有一个习惯，每天晚上都把一天的情形重新回想一遍。他发现自己有13个严重的错误，下面是其中的三项：浪费时间、为小事烦恼、和别人争论冲突。他还发现，除非他能够减少这一类错误，否则不可能有什么成就。所以他一个礼拜选出一项缺点来搏斗，然后把每一天的输赢做成记录。在下个礼拜，他另外挑出一个坏习惯，准备齐全，再接下去做另一场战斗。富兰克林每个礼拜改掉一个坏习惯的战斗持续了两年多。难怪他成为美国历史上最受人敬爱也最具影响力的人之一。

[摘自：富兰克林的小故事3篇. http://www.xiaogushi.com,Article/waiguomingren/00401038.html]

富兰克林之所以成就极其伟大，就在于坚持不懈的内省，尤其是认识到自己的不足，然后加以弥补和改善。美国心理学加德纳在他的多元智力结构理论中提出了一项新的智能——内省智能，内省智能是指自我认识和善于自知之明并据此做出适当行为的能力。简而言之，它是指知道自己的强项和弱项，知道自己的需要和才能。内省智能强的人能反观自我，意识到自己的内在状态，如情绪、意向、动机、脾气和欲求，以及具有自律、自知和自尊的能力。

那么，我们如何提高内省智能呢？

(1) 学会独处静思。只有会独处的人才能与自己相处，只有暂时抛开纷繁的外界干扰与自己相处，才能获得内心的静谧安宁，进而觉察自己内在的意向、情绪和需求。

(2) 坚持每天自我反思。孔子曰"吾日三省吾身"。每天睡前用一小段时间来思考当天的事情或者写日记。每天反省、检查自己，对一天的行为进行总结，分析自己的得失。

(3) 坚持定期自我总结。事情发生的当时和之后，认识常常会有所不同。隔一段时间进行总结，往往能获得新的自我认识。因此，不妨每周、每月、每学期和每年都进行总结。主要是分析这段时间以来的重要事件，从而发现自己的成败、进步以及不足。

(二)培养积极的视角

1976年，美国一大学委员会对100万名高中生进行了一项调查，发现：70%的学生认为自己的领导才能高出平均水平，60%的学生认为自己的运动能力高出平均水平，85%的学生认为自己与他人相处的能力高出平均水平。在这些人当中，有25%的人认为自己属于最出色的1%的那部分。

另有调查发现，90%的商务经理认为他们的成绩比其他经理突出，86%的人认为他们比同事更有道德，94%的大学教授认为他们所做的工作要高于平均业绩水平。面对疾病(如癌症、艾滋病)时，人们对自己和他人的评价也表现出了同样的趋势。

[摘自：乔纳森·布朗. 自我[M]. 陈浩莺等译. 北京：人民邮电出版社，2006]

心理学研究发现，和正确的自我认识一样，积极的自我认识也有益于心理健康。心理学家在研究积极错觉时发现，有积极自我认识的人具有如下特点。

对未来的看法更积极，有更多的生活幸福感；

对自己和他人有更高的评价，有更满意的人际关系；

更可能从事具有挑战性和创造性的工作，并取得更高的成就；

第二章 自我成长

在面对压力、困境和危险时，更可能采取积极的应对措施，并获得好的结果。

(三)警惕"习得性无助"的反应

将一只跳蚤放进没有盖子的杯子内，结果跳蚤轻而易举地跳出了杯子。紧接着，用一块玻璃盖住杯子，于是，跳蚤每次往上跳时，都因撞到这块玻璃而跳不出去。过了一些时候，把这块玻璃拿掉，结果跳蚤再也不愿意跳了，自然也就没有跳出杯子。

[摘自：跳蚤实验. http://www.ttpsy.com/shiti/st-1-813074.html]

跳蚤的失败在于它受到以往经验的束缚，没能看到外界条件的改变。本来可以主动地逃避，却绝望地等待痛苦的来临，这就是习得性无助。"习得性无助"指人在最初的某个情境中获得无助感，那么在以后的情境中仍不能从这种关系中摆脱出来，从而将无助感扩散到生活中的各个领域。这种扩散了的无助感会导致个体的抑郁并对生活不抱希望。这种感受抑制了人改造与影响环境的能力，强化了顺从甚至屈从的内在信念。一旦形成这样的信念，个体会由于认为自己无能为力而不做任何努力和尝试。

您是否也有这样的情况呢？经历多次失败后，变得无助、沮丧，再也不做新的尝试？如何改变这种状态呢？

(1) 检查自己的归因方式。习得性无助的人，往往在归因方式上存在问题。归因是指人们对行为结果的原因解释。人们对成败的归因有三个维度：内外/外在、稳定/不稳定、可控/不可控。习得性无助的人倾向于将自己的成功归因于运气(外在、不稳定、不可控的因素)，而将失败归因于能力(内在、稳定、不可控的因素)，导致即使获得成功也没有成就感，一旦失败则认为永远都会如此。将成败归因于内在、可改变、可掌控的因素(如努力)则能激励个体保持持续的动力。

(2) 先行动起来。习得性无助的人往往是被自己的各种消极想法阻碍，而不敢采取任何行动，一事无成反过来又强化了其消极观念。打破恶性循环除了改变观念之外，还可以改变行动。先不做过多思考，鼓起勇气进行尝试，先从一个小目标小步骤出发，每达成一个小目标及时给自己奖励，逐步获取信心，进而改变无助观念。

策略二 以人为镜、反观自己

夫以铜为镜，可以正衣冠；以古为镜，可以知兴替；以人为镜，可以明得失。

——唐太宗

(一)借助他人来认识自我

"当局者迷，旁观者清"，原因是"不识庐山真面目，只缘身在此山中"。有时站在他人角度能更好地认识自己。

(1) 重视关系密切者对自己的评价。
(2) 重视大多数人异口同声的评价。
(3) 重视逆耳但有理的评价。
(4) 重视他人言语、态度前后发生很大变化的情况。

【做一做】

以相互熟悉的六七个人组成一组，按如下要求进行。

(1) 在纸片上描述你对各个组员的评价以及对自己的认识。
(2) 将纸片按姓名收集起来。
(3) 每个组员获得另一组员的资料，并读出纸片上描述的内容。
(4) 被描述者对别人的描述进行评价，可以询问这些看法体现在生活的哪些事件中。
(5) 被描述者对自我进行评价，其他组员对被描述者的自述表达各自的看法。
(6) 小组活动结束后，每个组员得到对自己描述的资料，并按下表进行整理。

自己和别人描述相同或相近的词 A	只是别人用到，但自己不确定的词 B
只是自己用到的词 C	

表格中，A 中的词代表自我认识和他人评价一致。A 中的词越多，表明个体自我认识越正确，心理成熟度越高。一般来说，A 中词多的人，善于表达自我，能在适当的时候有分寸地展示自己，善于沟通，人缘好，受到周围人的喜欢、尊重与信赖。

B、C 中的词代表自我认识和他人评价存在差异。造成这种差异的原因很多，既可能是对自身认识不足或出现偏差，也可能是评价者评价不准确，还有可能是自己不善于在人前恰当地表现自己以致被误解等。但是，如果 B、C 中的词很多，则需要对这些词认真分析，找出原因，这将有助于更好地认识自己。

(二) 参考更需主见

有位画家将自己颇为得意的一幅画拿到画廊展出，他在旁边放了一支笔并附上要求：请在画的欠佳处标记号。晚上，取回画时，他发现整个画都被涂满了记号。画家又摹了一张同样的画，这次要求不同：请在最欣赏的地方标记号。当他再取画的时候，画面上又被涂满了记号，原先被指责的地方都换成了赞美的标记。

[摘自：试着换个角度再看问题. http://www.mofangge.com/html/qDetail/01/c2/201011/dxhrc20164078.html]

【想一想】

这位画家该如何认识和评价画呢？对于这种情况你有何感想？

为了更好地认识自我，我们需要参考他人的评价和意见。但他人的评价未必都是恰当的，我们需要有自己的判断。听什么就信什么的人，难以获得正确的自我认识。

邹忌修八尺有余，而形貌昳丽。朝服衣冠，窥镜，谓其妻曰："我孰与城北徐公美？"其妻曰："君美甚，徐公何能及君也。"

城北徐公，齐国之美丽者也。忌不自信，而复问其妾曰："吾孰与徐公美？"妾曰："徐公何能及君也。"

旦日，客从外来，与坐谈。问之曰："吾与徐公孰美？"客曰："徐公不若君之美也。"

明日，徐公来，熟视之，自以为不如。窥镜而自视，又弗如远甚。暮寝而思之曰："吾妻之美我者，私我也。妾之美我者，畏我也。客之美我者，欲有求于我也。"

邹忌自我认识的过程告诉我们：对待他人的评价也要有自己的分析和判断，要善于分析他人的评价信息，从信息获取的条件、对方的特点和与自己的关系等方面分析他人对自己评价的客观性、准确性。

(三)兼听则明，偏听则暗

邹忌入朝见威王曰："臣诚知不如徐公美。臣之妻私臣；臣之妾畏臣；臣之客欲有求于臣，皆以美于徐公。今齐，地方千里，百二十城。宫妇左右，莫不私王；朝廷之臣，莫不畏王；四境之内，莫不有求于王。由此观之，王之蔽甚矣。"王曰："善。"乃下令："群臣吏民，能面刺寡人之过者，受上赏。上书谏寡人者，受中赏。能谤议于市朝，闻寡人之耳者，受下赏。"

令初下，群臣进谏，门庭若市。数月之后，时时而间进。期年之后，虽欲言，无可进者。燕赵韩魏闻之，皆朝于齐，此所谓战胜于朝廷。

如果完全听信一人的评价之言，难免有失偏颇，齐威王正是通过广开言路的方式，获得了对自己以及国家政治方面的正确认识，使国家强大起来。如果我们也能广泛听取多人的批评意见，就能获得对自己全面、准确的认识。

(四)别人是以你看待自己的方式看待你

科研人员进行了一项"伤痕实验"。他们向参与实验的志愿者宣称，该实验旨在观察人们对身体有缺陷的陌生人做何反应，尤其是面部有伤痕的人。每位志愿者都被安排在没有镜子的小房间里，由专业化妆师在其左脸做出一道血肉模糊、触目惊心的伤痕。志愿者用一面小镜子照了照化妆的效果后，镜子就被拿走了。关键的是最后一步，化妆师表示需要在伤痕表面再涂一层粉末，以防止它被不小心擦掉。实际上，化妆师用纸巾偷偷抹掉了化妆的痕迹。对此毫不知情的志愿者，被派往各医院的候诊室，他们的任务就是观察人们对其面部伤痕的反应。返回的志愿者竟无一例外地叙述了相同的感受——人们对他们粗鲁无理、不友好，而且总是盯着他们的脸看！可实际上，他们的脸与往常并无二致。

[摘自：Kleck, R. E., & Strenta, A. Perceptions of the impact of negatively valued physical characteristics on social interaction. Journal of Personality and Social Psychology. 1980, 39(5), 861]

人们关于自身错误的、片面的认识，竟然如此深刻地影响和改变了他们对外界的感知。如我们所知，他们的脸上是干干净净的，没有丝毫的疤痕。之所以产生这样的感受，是因为他们将"疤痕"牢牢地装在了心里。

在我们每个人心中，纵然没有心理学家为我们设置的"疤痕"，但或多或少都会有一些这样或那样的"疤痕"。可怕的是，这些心中的"疤痕"都会通过自己对外界和他人的言行，毫无遮掩地展现出来。原来，一个人内心怎样看待自己，在外界就能感受到怎样的眼光。如此看来，一个人若是长期抱怨自己的处境冷漠、不公、缺少阳光，或许真正出问题的，正是他自己的内心世界，是他对自我的认知出了偏差。这个时候，需要改变的，正是自己的内心；而内心的世界一旦改善，身外的处境必然随之好转。毕竟，在这个世界上，只有你自己，才能决定别人看你的眼光。

一个从容的人，感受到的多是平和的眼光；

一个自卑的人，感受到的多是歧视的眼光；

一个和善的人，感受到的多是友好的眼光；

一个叛逆的人，感受到的多是挑剔的眼光；

……

策略三 多方比较，全面认识

无论你有多痛苦，总有人比你更痛苦；无论你有多了不起，总有人比你更了不起。

——约翰·库提斯

(一) 人比人，激励人

他人可以给我们提供一个参照的标准，与他人比较可以让我们更客观地认识自我，并且激发出超越自我的动力。与他人做比较有以下几种方式。

1. 向上比较

和比自己优秀的人比较，可以认识到自己的不足，激励自己努力进取，改进和提高自己，但是要避免导致不满、气愤和自卑等负面情绪。

2. 向下比较

和不如自己或比自己境况差的人比较，可以提升自我评价，体验到愉快、满足和成就感，但要避免导致自我感觉过分良好、不思进取等负面影响。

3. 相似比较

和自己相似的人比较是我们最常用的比较方式，也最能影响我们对自己的看法。相似比较同样也能产生积极和消极的情绪。一般来说，处在胜利一方，能体验到强烈的自尊、自豪；处在失败一方，则羞愧、内疚。相似比较中要多方面比较，要既能看到自己的长处，也能看到自己的短处。

俗话说"人比人，气死人"，这不是对于比较本身的否定，而是警示比较的方式要恰当，否则不当的比较很可能会导致盲目攀比、狂妄自大或者自暴自弃。要视具体情况综合运用以上比较方式，可以遵循下面的原则："事稍拂逆，便思不如我的人，则怨尤自消；心稍怠荒，便思胜似我的人，则精神自奋。"(《菜根谭》)原因是"常思某人境界不及我，某人命运不及我，则可以自足矣；常思某人德业胜于我，某人学问胜于我，则可以自惭矣。"(《围炉夜话》)

(二) 己比己，完善己

1. 现在我与过去我比较

拿破仑曾说："我最大的敌人就是我自己。"人最大的对手是自己，战胜了自己就是对自己的最好肯定。人与人相比的时候，没有永远的胜利者，也没有永远的失败者，但是关注自己的进步，挑战自己，战胜自己，就是永远的胜利者。无论处在什么位置，比过去进步了，这就是成功。

(1) 为自己的每一点进步而欣喜，并追求每一点进步。经常告诉自己：只要每天进步一点点，时间长了就会进一大步。

(2) 对于只看到自己成功的人，成功时要分析自己在整个过程中还不够完善的地方。不回避失败，冷静下来，认真分析，从失败中总结经验、吸取教训，避免类似的错误再次出现。另外，扩大自己的活动范围，从与更多人的比较中认识自己。

(3) 对只看到自己短处的人，在面对成功时不要压抑自身的感受，要充分享受成功带来的喜悦；面对失败时，要就事论事，不要把失败扩大到整个生活的方方面面，同时也可以总结出整个过程中成功的方面。多参加活动，创造更多展示自己才能的机会。

2. 现实我与理想我的比较

理想我是个人想要达到的完美形象，是我们追求的目标，是自我发展的动力和方向。现实我是对现实中自我的各种特征的认识。二者之间总是存在一定的差距，合理的差距可以促使人不断奋进，向理想我靠近；若差距过大则会引起沮丧甚至绝望，哀叹"心比天高，命比纸薄"。现实我与理想我越一致，个人越能体验到自我价值的实现。可以从以下两方面来协调二者。

(1) 使现实我向理想我靠拢。首先要悦纳现实我，对现实自我要有积极的评价，然后制订切实可行的计划对现实我进行不断的调节和改造，允许自己有一个逐步改善、进步的过程。

(2) 对理想我进行调节，使理想我能够包容现实我。拒绝完美主义，完美主义常常导致个人的理想我与现实我剧烈冲突，二者之间差距大，甚至根本无法企及，使个体对自己感到失望、无助。理想我要建立在现实条件的基础之上，包括客观的外在条件(如经济基础、社会支持等)和个人的主体条件(能力、个性等)，要"跳一跳，够得到"。

【做一做】目的：协助作自我反省、促进协调整合自我。

步骤如下：

(1) 预备三张纸，首先在第一张纸上描述"理想的我"，时间约为 10 分钟。然后将写好的第一张纸搁置一旁，暂时不看。接着照此类推，在第二张和第三张纸上分别具体描述"别人眼中的我"和"真正的我"，每一次，大概10分钟时间。

(2) 完成后，将三张纸放置在桌上，对三个"我"作出检核，主要是看看三个"我"是否协调和谐。若否，则差异何在，并尝试找出原因何在。请你留意另外一个重点："理想的我"和"真正的我"是否协调一致？透过此重点，你往往可以发现两者之间的差异，甚至矛盾之点。同时，往往会发觉自己一些对人生所产生的深层感受和渴求。

(3) 为了获得更积极的效果，你应当努力探索，看看如何可以使三个"我"更加协调一致，制定促进三个"我"协调统一的方案。有了具体的计划，你会较易在生活中落实并作出改进。一个心理健康的人，三个"我"是协调和谐的。当一个人自己和他人眼中的"我"没有太大的差距，个人理想也没有脱离现实，就是一个自我形象明确而健康的人。但当三个"我"不协调时，我们就该问自己：别人为何不了解我？我是否表里一致？不过，我们不必期望自己的三个"我"百分之百协调一致，因为那是不实际的期望，只会导致负面的影响。

(4) 进行上述思考后，请填写以下汇总表。

三个"我"协调一致吗?(汇兑表)

三个"我"	开始时	调整后
理想的我		
别人眼中的我		
真正的我		

五、反思体验

美国心理学家约翰和哈里提出了关于自我认知的窗口理论,称为"乔韩窗口理论"。该理论认为每个人的自我都有四部分:A. 公开的自我;B. 盲目的自我;C. 秘密的自我;D. 未知的自我。

通过下面的表格思考:我们可以通过什么途径来扩大 A 部分,缩小 B、C、D,以更好地认识自我?

他人 \ 自我	认识到	未认识到
认识到	A. 公开的我	B. 盲目的我
未认识到	C. 秘密的我	D. 未知的我

一个人的 A 部分越大,自我认识就越客观准确,心理也就越和谐;B 部分较大表示对自我的认识存在偏差,可能夸大了自己的优点和缺点,盲目自负或自卑;C 部分较大暗示怕别人看清楚自己,进而否定自己,总是按照别人对自己的预期评价来表现自己,心理负荷很大;D 部分的存在使我们无法全面地认识自我。

第二节 自我成就

不为失败找理由,只为成功找方法。

失败是什么?是更走近成功一步;成功是什么?就是走过了所有通向失败的路,只剩下一条路,那就是成功的路。

人生之灯因热情而点燃,人生之舟因拼搏而前行。聆听自我内在的呼声、发挥自身无穷的潜力,有成就自我之志者,事竟成。

一、身边的故事

1965 年,一位韩国学生到剑桥大学主修心理学,他常到学校的咖啡厅或茶座听一些成功人士聊天。这些人幽默风趣,举重若轻,把自己的成功都看得很自然和顺理成章。他才发现,国内一些成功人士普遍把自己的创业艰辛夸大了。他将题为"成功并不像你想象的那么难"的毕业论文提交给现代经济心理学的创始人威尔·布雷登教授。教授读后,大为惊喜,写信给他的剑桥校友——当时的韩国总统朴正熙,"我不敢说这部著作对你有多大的帮助,但我敢肯定它比你的任何一个政令都能产生震动"。后来这本书果然伴随着韩国的经济起飞了。它鼓舞了许多人,从一个新的角度告诉人们,成功与"劳其筋骨,饿其体

肤""三更灯火五更鸡""头悬梁，锥刺股"没有必然的联系，只要你对某一事业感兴趣，长久地坚持下去就会成功，因为你具备的时间和智慧够你圆满做完一件事情。后来，这位青年也获得了成功，成为韩国泛业汽车公司的总裁。

[摘自：成功并不像你想象的那么难.http://www.sohu.com/a/118136045-532051]

只要一个人热情而坚定地拥抱生活，最终会发现成就自我是水到渠成的事。

你想过自己以后会有怎样的人生吗？你知道如何打造成功的人生吗？

二、判断鉴别

下面的测试可以帮助你了解自己的成功品质，请认真阅读下面每一项，从 A～E 这几个分数等级中选择适合自己的等级：A 表示非常不符合；B 表示有些不符合；C 表示不能确定；D 表示有些符合；E 表示非常符合。

1. 我通常能发挥自己的最大优势做好工作	A	B	C	D	E
2. 我通常都是积极主动地承担任务	A	B	C	D	E
3. 我做事目标明确	A	B	C	D	E
4. 我喜欢做那些我不知道自己能否胜任的事	A	B	C	D	E
5. 我喜欢关注那些优秀人士	A	B	C	D	E
6. 我觉得自己的生活很充实	A	B	C	D	E
7. 不到最后关头我决不放弃目标	A	B	C	D	E
8. 我觉得自己还有很大的潜能可以开发出来	A	B	C	D	E

【评分与评价】

各题 A、B、C、D、E 分别为 1、2、3、4、5 分，将各题分数相加就得到总分。总分高于 32 分，表示具有非常好的成功品质；总分在 24～31 分，表示成功品质较好；总分低于 24 分，为了成就自我需要对自己做些改进。

三、心理论坛

1. 每个人都有天生的优势

成功心理学发现，每个正常人都有其独特的优势。才干、知识和技能合在一起就构成了一个人的优势。才干是先天的，而技能和知识能通过学习和实践获得。一个人需要识别自己的主导才干，然后有针对性地获得相应的知识和技能，继而将它们转化为优势。最重要的是，每个人需要知道自己的优势是什么，之后要做的则是将自己的生活、工作和事业发展都建立在这个优势之上，这样方能成功。盖洛普曾做过上万个成功企业家的研究，通过案例分析发现，尽管其路径各异，但成功者有一个共同点，就是扬长避短。有的观点鼓励人们不遗余力地去纠错补缺，然而当人们把主要精力和时间用于弥补缺点时，就无暇顾及增强和发挥优势，它会消耗大量的心理能量，使人越来越难以保持热情。因此成就自我的两大原则就是：最大限度地发挥优势，而不是克服弱点；通过学习和实践获得成功品质以形成和保持自身的优势。

2. 每个人身上都蕴藏着巨大的潜能

心理学家威廉·詹姆斯认为："普通人只用了潜力的极小部分，与我们应该成为的人相比，我们只苏醒了一半。我们的热情受到打击，我们的蓝图没能展开，我们只运用了我们头脑和身体资源的极小一部分。人往往都活在自己所设的限制中，我们拥有各式各样的资源，却常常不能成功地运用它们。"成就自我就是要最大限度地开发个人潜能，让自己走向力所能及的高度。

3. 每个人都有属于自己的成功

马斯洛在《一流菜汤与二流绘画》中写道：如果一个家庭主妇认真仔细地做出了自己认为最好的菜汤，那么此时她已经做到了自我实现。如果一个一流的画家草草画了一幅二流的画，这时相比一流的菜汤，这个画家就没有做到自我实现。因此并非只有干出一番轰轰烈烈大事业的人才算成功，真正的成功应是多元化的，每个人都有属于自己的成功，那就是做最好的自己。

四、策略训练

策略一　发挥优势

"天生其人必有才，天生其才必有用。"每个人都与别人不同，都具有个别性和特殊性，谁经营好自己，谁就能成就自我。

(一)长取胜，短取败

他是 NBA 全明星首发，"地表最强一米七五"，为无数普通人点亮了篮球梦想，他就是小托马斯。小托马斯从小就痴迷于篮球，但是命运并没有让他轻松地走向成功。到了参加 NBA 选秀的年龄时，他只有 1.75 米的个头。这几乎是一道难以逾越的鸿沟。要知道，NBA 是世界最高级别的篮球职业联赛，是巨人的世界！1.9 米的身高也是矮的，内线的高个都有 2.2 米。小托马斯连他们的肩膀都不到，但是他并没有放弃。他开始寻求改变。他发现，他的脚步更为灵活、速度更快、反应更灵敏。同时，矮个子赋予他低重心，他可以有更强的活动能力。他面对人高马大的对手时，不跟对手拼身体对抗。他利用令人眼花缭乱的运球晃过对方，然后进行攻击。这是一个重大突破。他回避了自己的瘦小，发扬了自己的优势，在 NBA 中打下了自己的一片天地。

[摘自：无愧"地表最强一米七五".http://www.news.youth.cn/jsxw/201704/t20170413_p475015_2.html]

扬长避短让小托马斯获得了属于自己的成功，而且还激励了很多拥有梦想的年轻人。"骏马行千里，耕地不如牛，坚车能载重，渡河不如舟"。判断一个人是不是成功，最主要是看他是否最大限度地发挥了自己的优势。

"现代管理之父"彼得·德鲁克在《有效的管理者》中提出，组织或个人应该千方百计地创造条件，把精力、金钱和时间都用在发挥人的优点上，而让人的缺点不要干扰优点的发挥，也就是做到扬长避短。

我们的坏习惯必须改掉，因为它妨碍我们取得绩效。但我们在某一方面的缺点和不足，却并不一定要花大力气把它提高到普通水平。因为，那样做的话，改善的很可能不是

第二章 自我成长

你某一方面的能力，而是使你失去自我！我们应该保证自己的弱点不至于阻碍通往成功的道路，将最短的那块木板修得更加牢靠，我们人生的木桶才可以承载更多养分。

【做一做】识别你的优势

(1) 当你看到别人在做哪类事时，你心里也会产生热切的召唤感——"我也想做这事儿"？
(2) 如果你可以成为某一方面的专家，你觉得最可能在哪个领域？
(3) 你在做哪类事情时几乎是自发地、无师自通地就能将其拿下？
(4) 你在做哪类事情时不是一步一步，而是行云流水般地一气呵成？

优势识别器

优势识别器是盖洛普咨询公司运用成功心理学原理研制的一种发现自我优势的网络测评系统，帮助发现和开发个体能做得最好的事。它从 34 个主题(如适应性、信念、自信、战略等)来测量个体的主导才干。可登录以下网址进行测试：http://www.gallup.com.cn 或 http://www.strengthsfinder.com。

(二)找到适合自己的位置

一个人的长处和短处可以相互转化，短处用对了地方会变成长处，长处用错了地方就可能变成短处。每个人都有适合自己的位置，只有找对了位置，才可能获得成功。

人的缺点用对了地方，就能变成优点。

清朝军事家杨时斋的军营中就有这样的情况。书上记载："既如聋者，宜给左右使唤；哑者，令其传递密信；跛者，令其守放炮坐；瞽者，让其伏地远听。"的确，聋者因耳塞少听可免泄军情；哑者守口如瓶可免添词造语；跛者艰于行走而善坐；瞽者目弱而耳聪。这些身有残疾的人，用到了合适的位置就成了宝贝。

[摘自：学公用人之"短". http://www.gmw.cn/03pindao/2004-06109/content-41080.htm]

现代社会也有这样的例子。

美国柯达公司在制造感光材料时，需要有人在暗室工作。但视力正常的人一进入暗室，犹如司机驾驶着失控的车辆一样不知所措。针对这种情况有人建议：盲人习惯于在黑暗中生活，如果让盲人来干这种工作，一定能提高工作效率。于是，柯达公司经理下令：将暗室的工作人员全部换成盲人。柯达公司巧用盲人这一行动不仅提高了劳动生产率，给公司增加了利润，而且给公众留下了不拘一格"重用人才"的良好印象。

[摘自：善于用人"短"变"长". http://xuewen.cnki.net/CJFD-CCLL201213004.html]

因此，无论你是怎样的一个人，由于你的独特性，总有适合你的事情。"吹毛求疵"的人是好的质量监督员，"谨小慎微"的人是称职的安全生产监督员，"眼尖嘴利"的人是优秀的纪律监督员，"斤斤计较"的人是最合适的仓库验收员，"抛头露面"的人是搞公关的最佳人选。所有看似的缺点，只要放到了合适的地方，就是最大的优点。

诺贝尔化学奖的获得者奥托·瓦拉赫在上中学时，他的父母曾为他选择了文学之路，只上了一个学期，教师就在他的评语中下了结论：瓦拉赫很用功，但过分拘泥，这样的人即使有完善的道德，也绝不会在文学上有所成就。后来父母又让他改学油画，谁知瓦拉赫既不关心构图，又不会调色，对艺术的理解力也很差。可是，化学教师却认为瓦拉赫做事一丝不苟，具备做化学试验应有的品格，建议他试学化学。这一次，瓦拉赫智慧的火花被点燃了，其化学成绩在同学中遥遥领先，并最终获得了诺贝尔化学奖。这就是著名的"瓦拉赫效应"。

[摘自：郑小兰. 改变一生的60个心理学效应. 中国青年出版社，2009.11]

如果瓦拉赫在他的成长之路上没有及时进行调整，很可能会表现平平。正是找准了自身的定位，才让他实现了自己的价值。如果优点没有放在合适的位置，就不能发挥它应有的价值。每个人都各具特色，只要发挥自己的特色，找到适合自己的位置，就能获得成功，切莫将自己明珠投暗。

怎样找准自己的位置？①不要被假象所迷惑，发现自己的独特之处，选择自己的人生之路。②不要埋没了自己，从实际出发，找准自己的位置。③不要盲从，每个人都是不一样的，适合别人的不一定适合自己。④不要被偏见所左右，不为偏见买单。

策略二　找准方向

(一)选择自己热爱的事业

如果你们和我有任何不同的话，那就是我每天起床后都有机会做我最爱做的事，天天如此。如果你们想从我这里学什么，这就是我对你们的最好忠告。

——巴菲特

我有许多赚钱的方法，也不需要赚钱了，但我为什么还在做目前的工作(成功学演讲)呢？因为我认为很有意义，这是我最喜欢的工作。

——安东尼·罗宾

做自己热爱的事业，才能在学习和工作中充满激情与想象力，充分发挥出自己的潜能。你可以不必强迫自己，就能够全身心地投入其中，并且体会到无穷的乐趣和成就感，甚至为它废寝忘食也乐在其中。这时候，你不是为工作而工作，而是在享受工作了。

尹雄从同济大学桥梁工程专业毕业后，被分配到重庆一所大学任教。他十分喜欢音乐，一次偶然的机会，他在报纸上看到一则吉他培训广告，他决定去报名。没想到这个不经意的决定改变了他的人生。热爱音乐的他毅然辞职，从吉他培训起步，最后创办了北京巨人学校。他颇感慨地说："一定要从兴趣出发来选择，不要局限于所学专业。如果你喜欢做这个事，没日没夜地干也会开心；如果不喜欢，每天工作几个小时也会很难受。"2005年岁末，他被搜狐网公众选民评为"中国十大杰出民办教育家"，"巨人"品牌也荣膺"国内十大教育品牌"之一。

[摘自：有关成功人士的职业生涯规划. http://www.3gus.com/zhiyeGuiHuaShu/4p543-2.html]

【想一想】选你所"爱"

(1) 你最向往成为哪个领域的杰出人物？

(2) 什么事情让你可以自发地全身心投入，即使有困难也感到其乐无穷？

(3) 你做什么事情最能体会到由衷的喜悦和成就感？

(4) 你的人生中最快乐和自豪的时刻与做什么事情有关？

当我们在做出选择时，不要完全被父母的期望、社会的价值观和朋友的影响所左右。应该让自己多接触不同领域的人士、多尝试不同领域的活动，以找到自己的最爱。

(二)树立长远的眼光

在"世界首富与大学生的对话"中，有大学生问比尔·盖茨："我认为您是世界上最成功的人。您成功的要素是什么？"他答道："关于成功的因素，这是许多方面的结合。关键之一是我们的看法是对的，即我们深信微处理器。当时很多大公司不太了解软件的重要性和在不同类型的软件上使用软件的标准的重要性。许多大公司可以抓住机会走在微软前面，但它们没有去做。我们的观点比较长远。"

[摘自：https://wenku.baidu.com/riew/c2de1410650e52ea5518p8a8.html]

2006年度哈佛15杰之一的迈克尔是个酷爱整洁的人，进入哈佛后，他请来清洁工打扫宿舍。不久，其他同学前来咨询，希望顺便也帮他们打扫，很快他就成了宿舍楼的清洁卫生代理。他意识到为大学生服务的市场并不完善，发展保姆式服务是社会发展的趋势。2004年，Dormaid公司已具雏形，2005年，Dormaid投资7000美元，业务范围从打扫宿舍扩展到洗衣。2006年，Dormaid进驻美国10个州的23所大学。短短两年半的时间，Dormaid已发展成为颇具规模的公司，营业额高达百万美金。

[摘自：美国名校清洁工年赚14万. http://news.163.com/11/0514/08/740IDOVC00014AED.html]

教田径的老师会告诉你："跳远的时候，眼睛要看着远处，你才会跳得更远。"凯瑟琳·罗甘说："远见告诉我们可能会得到什么东西，远见召唤我们去行动。心中有了一幅宏图，我们就从一个成就走向另一个成就，把身边的各种资源作为跳板，跳向更高、更好的境界。这样，我们就拥有了创造无可衡量的价值的基础。"眼光长远，透过当前看到未来，敏锐地发现社会、人生走势，这样才能把握住成功的契机。

(三)有所为，有所不为

做对的事比把事情做对更重要。意大利经济学家帕雷托提出80/20的法则：产出和投入、报酬和努力之间存在着无法解释的不平衡。若以数学方式测量这个不平衡，得到的基准线是一个80/20关系：产出或报酬的80%取决于20%的投入或努力。80/20法则给人的启示就是：认出哪些是导致80%(或其他数字)产出的20%投入，做重要的且有效果的事情，而不是事无巨细、面面俱到。

鼓励特殊表现，而非赞美全面的平均努力；

寻求捷径，而非全程参与；

在几件事情上要求卓越，不必事事都有好的表现；

只做我们最能胜任且最能从中得到乐趣的事；

从生活的深层去探索，找出那些关键的20%能达到80%的好处；

平静，少做一些，锁定少数能以80/20法则完成的目标，不必苦苦追求所有机会。

[摘自：https://wenku.baidu.com/riew/ebaf573610661ed9ad51f387.html]

策略三 挖掘潜能

任何限制，都是从自己的内心开始的。

(一)愿望要强烈

一天母亲赶在女儿睡醒之前去买菜，没想到女儿提前睡醒了，到处找妈妈，最后跑到阳台上去找，正好看见母亲回来，就大声叫妈妈。母亲怕女儿掉下来，就喊："女儿，千万不能往下跳。"结果女儿没听到母亲说什么，也没看懂手势，以为母亲让她跳，就跳了下来。这时，母亲在几秒钟之内竟然跑了100多米，把女儿接住了。后来让母亲尝试再接同样的重物，却一次也没有成功，又找到日本跑得最快的选手来试，仍然做不到。

[摘自：人之所以能，是因为相信能！
https://baijiahao.baidu.com/s?id=1576583271633400331&wfr=spider&for=pc]

曾经身无分文的陈安之应聘到世界潜能大师安东尼•罗宾的公司工作，那时约有85位应征者，结果他是唯一被录取的，而且只有21岁。他当时觉得很不可思议，这么多有智慧、有经验的人竟然没有被录取。后来他问公司的总经理："为什么你录取我呢？"总经理说："因为只有你一个人看起来很想要成功，而且只有你一个人决定你一定要成功，其他的人都只是有兴趣要成功而已。"

[摘自：安东尼•罗宾公司为什么录取我？http://www.success001.com/articde/anzhi/luqu.htm]

正是拯救女儿的强烈愿望让一个母亲发挥出了生命中的最大潜能。正是强烈的成功愿望让陈安之找到了人生发展平台。如果你的成就动机足够强烈，便能寻找到做事的方法，如果你有充分的理由，便能超越任何极限。

怎样充分调动我们潜意识中的巨大能量呢？可以尝试以下几种方法。

(1) 运用视觉的力量。你可以把你渴望得到的东西的图片贴在"梦想本"上或墙壁上经常看。例如，你的目标是考上某校研究生，你就可以找来这所学校的图片，把它们贴在房间里、课桌上、笔记本里等那些你经常可以看见的地方。

(2) 运用听觉的力量。把你的核心目标每天大声地念几遍。谎言重复一千遍也会变成真理，只要你每天不断重复你的目标，你的潜意识就会自动帮助你达成目标。美国钢铁大王戴尔•卡耐基就是运用这种方法成为亿万富翁的。

(3) 运用想象的力量。在潜意识中有一个公式：想象+逼真+重复=事实。在我们的脑海中只要你能够不断地重复这个逼真的想象，最后你所想象的事物都会被你的潜意识认为是事实。你不妨在脑海中视觉化地看到你成功时的情景，最好还伴有声音，你可以想象在你身边有掌声、喝彩、别人对你的祝贺及音乐节奏等。总之，想象越逼真，效果就越好。

(4) 听潜意识录音带或CD。这种录音带是由世界潜能大师安东尼•罗宾发明的一种高科技专利产品。它把无数积极正面的词句融合在音乐中，让你在欣赏美妙动听的音乐的时候，不知不觉地把这些积极正面的词句输入到你的潜意识之中，改变你的信念，改变你的人生。

[摘自：运用潜意识的力量考取北大. https://wenku.baidu.com/view/duGe3700abc30c225901pe76.html]

第二章 自我成长

(二)置之"死地"而后生

秦末赵王被秦军围困在巨鹿,请求楚怀王救援。项羽主动请缨,他先派部将英有蒲将军率领两万人做先锋,渡过漳水,切断秦军运粮通道,然后率领主力渡河。渡过河后,项羽命令将士每人带足三天的干粮,把军队里做饭的锅碗全砸了,渡河的船只全部凿沉,连营帐都烧了,并对将士们说:"咱们这次打仗,有进无退,三天之内,一定要把秦兵打退。"项羽破釜沉舟的行为对将士起了很大的鼓舞作用。楚军把秦军包围起来,个个士气振奋,越打越勇,经过九次激烈战斗,最后彻底瓦解了秦军。正是在置之死地而后生、无路可退的情况下,项羽和将士们发挥出了自己最大的战斗潜力,最终大获全胜。

[摘自:巨鹿之战的故事. http://www.gs5000.cn/zheli/2348p.html]

在追求目标的过程中,如果有后路可退,往往不能全力以赴,只有勇敢挑战自我,破釜沉舟,背水一战,方能充分激发出自己的无穷潜力。有时候,不逼自己一下,不知道自己有多优秀。

约翰·库提斯刚出生时,医生说他活不过当天,可当父母含泪为他准备好后事后,却发现他居然还活着。后来,医生又下了无数次"死亡判决书",但他活到了现在,还成功地战胜了癌症,直面死亡让他激发出无限的生存潜能。由于双腿畸形,17岁时他做了腿部切除手术,成了一个只有上半身的人。除了紧紧拥抱生命,他已无路可退,这反而让他发挥出了最大的潜能去不断地创造奇迹,战胜了痛苦、恐惧、屈辱、嘲弄,最终成为世界上最著名的励志大师,而且自由自在地周游世界。他说:"如果我可以做到,那么你也可以做到!请记住别对自己说不可能!"

[摘自:半个身子的强者——约翰·库提斯. http://page.renren.com/601402258/note/8477p5856]

(三)突破自我设限

1796年的一天,在德国哥廷根大学,一个19岁的青年吃完晚饭,开始做导师单独布置给他的每天例行的两道数学题。像往常一样,前两道题目顺利地完成了。但青年发现今天导师给他多布置了一道题。这道题非常难解,让青年绞尽脑汁,直到窗口露出一丝曙光时,他终于做出了这道难题!见到导师时,青年内疚地对导师说:"您给我布置的第三道题我做了整整一个通宵,我辜负了您对我的栽培……。"导师当即惊呆了。他激动地对青年说:"你知不知道,你解开了一道有两千多年历史的数学难题,牛顿也没有解出来,阿基米德没有解出来,你竟然一个晚上就解出来了!你真是天才啊!我最近正在研究这道难题,昨天给你布置题目时,不小心把写有这个题目的小纸条夹在了给你的题目里。"后来,每当这个青年回忆这件事时,总是说:"如果有人告诉我,这是一道有两千多年历史的数学难题,我可能就无法解开它。"这个青年就是数学王子高斯。

[摘自:无知者无畏——"数学王子"高斯的故事. http://mall.cnki.net/magazine/artide/sxxu201211015.html,有删改]

如果当时的高斯知道这是一道千年难题,他可能无法解开它。他可能会想:几千年来那么多聪慧努力的人都未能解决的问题,自己肯定也是不行的,于是可能不愿尝试,不愿坚持,与成功失之交臂。这就是自我设限。自我设限像是自己在心里设立的一堵高墙,要

么设在起点，要么设在终点。这堵高墙不仅经常暗示你：这太困难，我做不到；还给你贴上各种标签：我做不到是因为我是个 XXX 的人……这会渐渐让你失去挑战新事物的信心和勇气，阻碍你的成长。因此，在面对新挑战的时候，要勇于尝试，没有努力过，怎么知道自己就不行呢？

策略四　打造成功品质

(一)积极主动

在当今社会，消极被动的人常常错失良机、无所作为，只有积极主动的人才能在瞬息万变的竞争环境中获得成功，只有善于展示自己的人，才能在事业上获得真正的成功。我们不要被动等待别人吩咐和安排，而要主动去了解自己想做什么，规划它们，然后全力以赴地去实现。

1. 主动把握

等待的方法有两种，一种是什么事也不做地空等，另一种是一边等，一边把事情向前推动。

——屠格涅夫

一个著名的公司要招聘一名业务经理，丰厚的薪水和各项福利待遇吸引了数百名求职者前来应聘，经过一番初试和复试，剩下了 10 名求职者。主考官对这 10 名求职者说："你们回去好好准备一下，一个星期之后，本公司的总裁将亲自面试你们。"一个星期之后，10 名做了准备的求职者如约而至。结果，一个其貌不扬的求职者被留用下来，总裁问这名求职者："知道你为什么会被留用吗？其实，你不是这 10 名求职者中最优秀的。他们做了充分的准备，比如时髦的服装、娴熟的面试技巧，但都不像你所做的准备这样务实。你用了一种超常规的方式，对本公司产品的市场情况及别家公司同类产品的情况做了深入的调查与分析，并提交了一份市场调查报告。你没被本公司聘用之前，就做了这么多工作，不用你又用谁呢？"

[摘自：五十个小故事及启示. http://www.docin.com/p-271236557.html]

有两种人永远与机遇不沾边：只做别人交代的事的人，从不做好别人交代的事的人。所以当机遇尚未出现时，我们应该主动为自己创造机遇，积极主动地尝试做不同的事情。机遇往往一去不复返，机遇来临时就要全力以赴，抓住契机发展自我，切忌瞻前顾后、优柔寡断。

2. 主动展示

如果你想成为一个不平凡的人，就要学会怎样推销自己。

——拿破仑·希尔

那些把你展示自己的才华当成是你显摆的人，一定不会活得很好，他们在用他们的自我设限拉低你，让你成为和他们一样在沉默中死亡却美其名曰谦虚的人而已。

——七芊

知名专栏作家七芊在《大学生活该如何度过》访谈节目中谈到，她的第一份实习工作

第二章　自我成长

是毛遂自荐获得的，在当地非常有名的报社。当时联系这家报社时，打了十几个广告部门人员的电话全部都以各式各样的理由被拒绝了。她后来做了简历，亲自拿着自己之前发表过文章的杂志、获过的奖项，去找主编，表达了自己非常想要来这里实习的愿望，结果一个星期之后就收到了第一份实习offer。之后她的很多实习工作也都顺利地拿到了offer，它们中很多本来都是企业并不招人的。大学毕业之前，她做过主持人、编辑、作家、翻译、外语教师、记者等工作。基本上把自己想尝试的岗位都尝试了一遍。她的简历可以写出三页纸，自己对自己的大学生活也很满意。

[摘自：七芊. 大学生活该如何度过. http://www.culture.ifeng.com/a/20170p14/51999216_0.shtml]

社会上存在三类人：只肯做不愿说的人，不肯做只会说的人，既肯做又能说的人。想想看，在这个竞争激烈的时代里，哪类人更容易脱颖而出呢？如果你到现在还觉得怀才不遇、壮志未酬，那么，千万不要埋怨没有"伯乐"来赏识、器重你，因为只有那些能够积极推销和表达自己的、有进取心的人才能出类拔萃、一展宏图。我们不但要恪尽职守，更需要主动献计献策；主动请缨，承担任务和责任，向别人推销自己、展示自己。要把握住转瞬即逝的机会，是金子就自己发光，是千里马就主动向伯乐展示。

(二)持之以恒

有志之人立长志，无志之人常立志。

——佚名

胜利在最后五分钟。

——拿破仑

成功的路上难免有困难和挫折，但认准的目标需要坚持。能否在困境中继续前行，常常是成功和失败的分水岭。很多时候，越是到了困难时，就越是接近成功。成功只属于少数人，困难却是用来淘汰多数人的。因此，困难时要对自己说："再坚持一会吧，可能成功就在前面一点点。"

[摘自：http://www.sohu.com/a/1p0p11306_771136]

(三)分享与协作

比尔·盖茨说："虽然每个人的步伐会有快、有慢，作为个体行为这无可厚非，但在一个团队中必须保持步调一致。你的步子不能走得太快，走得太快反倒没用，走得太慢也不行，我们需要团队一致。"

[摘自：论管理的力量来自协作. http://www.doc88.com/p-p089711813345.html]

俞敏洪说："当你有六个苹果时，千万不要把它们都吃掉，因为你全都吃掉就只吃到了一种味道。若你拿出五个给别人吃，尽管表面上你失去了五个苹果，实际上你得到的更多。当别人有了别的水果的时候，也会和你分享，最后你可能就得到了六种不同的水果，六种不同的味道，六个人的友谊和好感。一定要学会用你拥有的东西去换取对你来说更加重要和丰富的东西，在人与人之间学会交换和分享。"

[摘自：俞敏洪. 成功人生五箴言. http://www.people.com.cn/GB/paper2086/13110/1176088.html]

分享体现出"舍"与"得"的智慧，付出的越多，得到的也越多。在资源共享过程中，团队每个成员都在收获，都在进步，团队的整体实力将大大提升。这是独占者和独享者无法体会到的成长与快乐。

尺有所短，寸有所长，个人的成功离不开与他人的优势互补。强与弱是就整体而言的。单从某个局部来看，强者会有其薄弱之处，弱者也会有强的一面。结合所有资源和优势，并懂得团队合作，取长补短，兼顾互利，共同发展，便会形成强大的整体优势，同舟共济走向成功。以下几条可供借鉴。

(1) 在学习过程中，实行资源共享，把好的思路、想法和结果与别人分享。
(2) 在读书之余积极参加各种社团工作，在与他人分工合作、互助互惠、分享成果的过程中，体会团队精神的重要性。
(3) 掌握团体沟通的技巧，互相尊重、互相信任，协调利益冲突和个人矛盾。

(四)行动力

比尔·盖茨曾给一位年轻人写信说："你这懒惰行为，所谓没有时间等等，都只是一种借口而已，你总是用种种漂亮的借口来为自己辩解，我看你最根本的一条就是不肯努力，不肯下工夫，你的理论就是每一个人都会把他能干的事情干好的。如果有哪一个人没有干好自己的事情，就表明他不胜任做这件事情。你没有写文章就表明你不能够写，而不是你不愿意写。你没有这方面的爱好就表明你没有这方面的才干。这就是你的理论体系，如果你这个理论体系能为大众普遍接受的话，它将会产生多大的负面作用啊。"

[摘自：徐海华. 比尔·盖茨给青少年的9个人生哲理[M]，群言出版社，2004]

志向高远固然重要，但要实现它，却需要一步一个脚印，踏实认真地努力。眼睛可以眺望高空，但是双脚却必须踏在地上，智大才疏是阻碍我们成功的最大障碍。很多人空有理想，但是不愿行动、不敢行动，受制于懒惰，受困于对失败的担忧，缺乏足够的行动力。

W.Clement Stone 建立了价值数亿美元的保险业帝国，他要求所有的雇员每天开始工作前必须一遍遍背诵这句话："现在开始！"一旦你觉得变得懒散而且又想起必须要做的事情，停下来大声说，"现在开始！现在开始！现在开始！"你可以把这句话作为你的电脑屏保，也可以写在你的桌子上。

五、反思体验

兔子是历届小动物运动会的短跑冠军，可是不会游泳。一次兔子被狼追到河边，差点被抓住。动物管理局为了小动物的全面发展，将小兔子送进游泳培训班，同班的还有小狗、小龟和小松鼠等。小狗，小龟学会游泳，又多了一种本领，心里很高兴；小兔子和小松鼠花了好长时间都没学会，很苦恼。培训班教练野鸭说："我两条腿都能游，你们四条腿还不能游？成功的 90%来自汗水。加油！嘎嘎！"评论家青蛙大发感慨："兔子擅长的是奔跑！为什么只是针对弱点训练而不发展特长呢？"思想家仙鹤说："生存需要的本领不止一种呀！兔子学不了游泳就学打洞，松鼠学不了游泳就学爬树嘛。"

[摘自：寓言故事. https://wenku.baidu.com/view/aod387202e60ddccda38376baf1ffc4ffe47e2d4.html]

这个寓言故事诠释了一个什么哲理？同时请思考下列问题。

(1) 自己的优势在哪些方面，自己如何来发挥自身的优势，把它们写下来作为自己的发展规划。

(2) 你如何找到自己的发展方向？为了实现自己的目标，你怎样培养自己的成功品质？

第三节　自　我　和　谐

幸福就是肉体无痛苦，灵魂无纷扰。

——伊壁鸠鲁

让生活失去色彩的，不是伤痛，而是内心世界的困惑；让脸上失去笑容的，不是磨难，而是禁闭内心的缄默……

——央视"心理访谈"节目宣传语

一、身边的故事

"智者永，忍者寿，长者随心所欲。曾经的红衣少年，如今的白发先生，留得十年寒窗苦，牛棚杂忆密辛多。心有良知璞玉，笔下道德文章。一介布衣，言有物，行有格，贫贱不移宠辱不惊。"这就是国学大师季羡林的人生写照。可是季老曾郑重宣布，要把戴在他头上的"国学大师""学界(术)泰斗""国宝"三项桂冠一一摘除。他认为，一个人到了老了，不要在荣誉和鲜花中度日，而要在常人、常情、常态中生活。不断地治学、不断地思考、不断地超越，就是最好的生活。

据拜访过季羡林的人介绍，不管你是什么身份的客人，告辞后，他总要送出房间、送出家门、送到你离开他的视线为止。他的着装朴素，为人憨厚，咋一看就像一个北京小胡同里走的老大爷。他做北京大学副校长期间，碰上新生入学报到，北大校园里人来人往、熙熙攘攘。突然有一新生向他求助，希望帮助看管一下行李，这一看就是一小时。他回忆："那个学生当时没有叫我老大爷，而是叫我老师傅。"

季老 95 岁生日时，温家宝总理看望他。他和总理饶有兴趣地探讨了"和谐"这个话题。季羡林说："有个问题我考虑很久，我们讲和谐，不仅要人与人和谐，人与自然和谐，还要人内心和谐。"

[摘自：谈季老. http://whdxxd.blog.sohu.com/1p126072.html]

无论是治学还是做人，季老用自己的一生探索着和谐、追寻着和谐、践行着和谐，最终达到内心和谐完满的状态。面对社会有强烈的忧患意识和责任感，坚毅的气节和情操；面对他人有仁爱和恕道，尊重他人和人格平等观念；面对自我有坚守和反省，终达"致虚极，守静笃"。

二、判断鉴别

你的自我和谐程度如何？请在符合自己的数字上画"√"。字母 A 到 E 代表不同的符

合程度：A 表示完全不符合；B 表示比较不符合；C 表示不确定；D 表示比较符合；E 表示完全符合。

1. 我能处理好和周围人的关系	A	B	C	D	E
2. 不被人理解时我会非常生气	A	B	C	D	E
3. 我常从他人的角度来思考问题	A	B	C	D	E
4. 有时我做事情不会变通	A	B	C	D	E
5. 我会努力和别人沟通	A	B	C	D	E
6. 我不能容忍和自己相反的意见	A	B	C	D	E
7. 我的生活自理能力很强	A	B	C	D	E
8. 大事上我希望有人能帮我拿主意	A	B	C	D	E
9. 在某些事情上我会和多数人的看法不同	A	B	C	D	E
10. 我害怕和别人不一样	A	B	C	D	E
11. 自己的事情我喜欢自己去完成	A	B	C	D	E
12. 我会为多数人的意见改变自己的观点	A	B	C	D	E

【评分与评价】

奇数题 A、B、C、D、E 分别为 1、2、3、4、5 分，偶数题则分别为 5、4、3、2、1 分，将各题分数相加，得出总分。44 分以上，自我和谐较好；32～44 分，自我和谐一般；32 分以下，自我和谐程度较低。

三、心理论坛

中国古代非常注重和谐，从"天(自然)—人""人—人""人—我"等关系中总结了人生的智慧。中国哲学三大支柱儒、道、释各有侧重地发展和丰富了"和"的思想体系。

儒家"和"的出发点是个群关系、人我关系，追求人与人之间的和谐，旨在实现人与社会的和谐。孔子将"和而不同"作为理想人格的标准；孟子则强调"天时不如地利，地利不如人和"。

道家"和"的出发点是主客关系、物我关系，追求的是人与自然的和谐，非常重视顺应自然，遵循自然规律，与自然和谐相处，以达到"天地与我并生，万物与我为一"的境界。老子提出"万物负阴而抱阳，冲气以为和"；庄子提出"与人和者，谓之人乐；与天和者，谓之天乐"。

禅宗"和"的出发点是理欲关系、身心关系，追求的是人自身内部的和谐。它倡导内外无著、任运自在、返观心源、自性解脱，形成了独特的哲学理论与修行解脱观，突出自我解脱，突出人性、人格、人的价值、人的自我觉悟，突出了人的内在世界的和谐与平衡。

宋明理学"和"是对儒、道、释三大和谐论辩证地综合，是对和谐思想理论体系的建构。宋明理学或从物我和谐推及人我和谐，或从人我和谐推及物我和谐，十分看重人与自然的和谐，认为这是全部人生和谐的现实基础，是人生修养的终极目标与境界。其和谐思想集中体现在乐在物我一体，乐在人我一体，是个人与宇宙万物、人类社会的交融合一、协调发展。

[摘自：管向群. 中国传统和谐思想探源. 光明日报，2005]

西方也有和谐的思想。哲学家戴维·巴肯认为，人有两种伟大的渴望，即交流和力量。交流的渴望也就是容纳的渴望，"即成为组成部分、接近、结合、被允许、被陪伴的渴望"。力量的渴望也就是独立自主的渴望，"即个体体验自己的独特性、自我选择个人的方向、实现个体完整性的渴望"。心理学家罗伯特·凯根在《发展的自我》中写道，人的自我发展的最高水平是"个人间的平衡阶段"，也就是把独立的自我融入亲密的人际关系中。马斯洛所描述的自我实现的人的特征中也包含独立与亲密的融合。这些都是强调人发展中自身的和谐。

存在差别的各个成分可以相互协调地联系在一起，我与自己、我与他人、我与自然、我与社会等人际关系系统中相互融合，这就是和谐。自我和谐就是把独特的自我融入周围的世界中，即个人与宇宙万物、人类社会的交融合一、协调发展。主要体现在人对待自身、对待社会和自然的态度上。自我和谐强调个人自己的独特和价值，是既要做自己，又要处理好和周围世界的关系。

《自我和谐与幸福人生》中对自我和谐的人有这样的描述：

自我和谐的人，无论自己处于何种境况，都能找到适当的定位，并以自己的努力去应对人生。"穷则独善其身，达则兼济天下。"这是中国儒家文化所推崇的人生境界，也就是一个人自我内心的和谐与安宁。自我和谐的人在身处困境时不会悲观失望、怨天尤人；在生活比较顺利、平稳的时候不会饱食终日、无所事事且内心空虚；而在有了身份和地位之后也不会颐指气使、得意忘形。自我和谐的人，当他不得志的时候，可以平静地面对，并积极挖掘自身的资源，善待身边的人，做眼前必须做的事，过好生活的每一天，这就是独善其身；而当他的人生有所发展，事业有所成就、衣食无忧的时候，可以把眼光放开一些，对社会多一份担当；而当他的发展到了相当辉煌的时候，他能去关注国计民生，成为推动社会发展的中坚力量，这便是"达则兼济天下"。

[摘自：自我和谐与幸福人生. http://www.5s71.com/News/?366.html]

四、策略训练

策略一　建立和谐的心态

(一)拥有平常心

莫听穿林打叶声，何妨吟啸且徐行。
竹杖芒鞋轻胜马，谁怕？一蓑烟雨任平生。
料峭春风吹酒醒，微冷，山头斜照却相迎。
回首向来萧瑟处，归去，也无风雨也无晴。

——(宋)苏轼《定风波·莫听穿林打叶声》

此词作于苏轼黄州之贬后的第三个春天。它通过野外途中偶遇风雨这一生活中的小

事，传达出一种醒醉全无、无喜无悲、胜败两忘的人生哲学和处世态度。

得之不喜、失之不忧、宠辱不惊、去留无意。这样才可能心境平和、淡泊自然。宠辱不惊，去留无意说起来容易，做起来却十分困难。我们大多数人都是凡夫俗子，世界的多彩多姿令我们怦然心动，名利皆你我所欲，又怎能不忧不惧、不喜不悲呢？

或许，首先，要明确自己的生存价值，由来功名输勋烈，心中无私天地宽。若心中无过多的私欲，又怎会患得患失呢？其次，认清自己所走的路，不要过分在意得失，不要过分看重成败，不要过分在乎别人对你的看法。只要自己努力过，只要自己曾经奋斗过，做自己喜欢做的事，按自己的路去走，外界的评说又算得了什么呢？最后，学会释然，适时清扫心灵污垢，便会让脚步轻盈，心在路上，永远不会疲惫。

《论语》中说"富而不骄易，穷而不谄难"，在困顿中有一颗平常心，更是不容易。孔子最得意的学生是颜回。颜回很穷困，但是他却始终有一颗平常心。孔子曾非常得意地赞叹："贤哉，回也！一箪食，一瓢饮，在陋巷，人不堪其忧，回也不改其乐。贤哉，回也！"无论处在何种境况下都始终有一颗平常心，是很高的人生境界。如果你做到了，就能宠辱不惊、举重若轻。

(二)顺其自然，为所当为

"森田疗法"的创始人森田正马年轻时患有神经症，他每天脑海里都出现与考试有关的东西，还有更加恐怖的东西——死亡。他担心自己考不好，就每天拼命学习，而这样学习又会危害身体，最终可能造成自己死去。每天他都被这些思想折磨得睡不着觉，痛不欲生。一天晚上，森田还像以往一样睡不着，他拼命地想让自己睡着，因为第二天有场重要的考试，可是就是睡不着。翻来覆去之后，森田突然坐起来，打开灯，面对着一大堆要复习的书，沉思了很久做出了一个决定：既然睡不着，我就不睡，我复习。于是，森田看起书，一直看到天亮，没有一丝睡意，第二天就去考试。结果不但没有影响反而让森田考出了好成绩。自那后，森田对很多事情都是秉着"顺其自然"的态度做事，就是这样森田把自己的神经症给治好了，不再有强迫的思维和对死的恐怖了，同时因为学习成绩突飞猛进，考入了理想的大学。

[摘自：森田正马的故事.http://www.blog.sina.com, s/blog_46152fce0102v7w2.html]

在实际生活中，我们或多或少会遇到一些让自己困惑或不能左右的事。如果我们越想克服或者想改变，就会使自己内心的冲突加剧，苦恼加倍。但如果我们顺其自然，怀有一种既来之则安之的心态，接受现实，予以平常心对待，事情往往会迎刃而解，或者转化为不那么困难的状态。

需要注意的是"顺其自然"不是放任自流，无所事事，而是对自己既定的事情去接受，然后靠自身的力量做自己该做的事情，为所当为。在生活中总会发生一些让你痛苦和不愿意接受的事情，无论多么痛苦，都应该去承受，去感受，让内心接受这份痛苦，带着它去投入到生活中，做应该做的事，这样在不知不觉中就能得到改善。

(三)辩证看问题

和谐思想承认两极的存在，但不走两极，而取中路。

1. 辩证地看有无

《老子》中写道:"三十辐共一毂,当其无,有车之用。埏埴以为器,当其无,有器之用。凿户牖以为室,当其无,有室之用。故有之以为利,无之以为用。"大意是说,辐条环绕着车毂,在空虚处,车子得以运转,成就了车的功用。黏土烧制出来的器皿,在空虚处可以装东西,成就了器皿的功用。开凿门窗建筑的房屋,室内的空虚处,成就了房屋住人的功能。因此,实体"有"给人带来物质功利是由于空虚处的"无"起着重要的作用。

打个比方,一个碗的价值在于能装东西,碗壁是它的实在部分,称为"有";碗壁所构筑的空间是空的,称为"无"。碗壁构筑了碗的空间,而这个空间又真正体现碗能被使用的价值。只有碗壁没有碗的空间,就只是一个碗形的石块,失去了碗的价值;同样没有了碗壁,就什么都没有了。碗壁的"有"和碗空间的"无"相互存在,才真正构筑了碗。

人生的幸福就像上面的碗一样,也是"有"和"无"共同构筑的。比如名誉、地位和财富这些东西,它们能为我们的心灵构筑幸福的空间。可是当心灵的空间完全被物质占据的时候,却没有了空间来安置幸福。

2. 辩证地看得失

宽广在于能容纳很多东西,它不在于外形大小,而取决于还未被占据空间的大小。就像房子一样,宽敞不在于外观的大小,而在于有多少能供我们使用的空间。也许我们原本有很大的一栋房子,但若只一味往里面装东西,很快房子就会变成仓库,到后来连自己都无容身之地,即使有重要的东西,哪里还装得进去呢?我们总是在房子中留有空间,为此,我们需要放弃一些东西。也许正是这种放弃,才有了宽敞舒适的家。

生活中我们常会失去一些东西,但也许正是失去了一些,才释放出空间来接纳另一些。这样看来,失去未必是坏事,反而是另一种获得。

策略二　融入社会

(一)直面现实社会

一位大学生在网上写道:"随着时间的流逝,曾经充满个性的有思想的新青年也都已褪去青涩迈向成熟,但成熟到底是什么呢?是更接近于现实?还是向现实妥协?我想,在将来或许我也会属于后者,会丢掉那些幼稚单纯或者愤世嫉俗的部分,成为一个遵守社会规范的人,因为要生存。但我现在都可以很清楚地感觉到,单纯为了生存而活着的自己,是不快乐的。因为在大学阶段获得的思想自由和精神追求,瞬间就被社会现实生生泯灭,又重新回到了没有自我的状态。感觉就像在与世界为敌,自己只是沧海一粟,很快就会被淹没。所以,虽然固执地坚持着与周围格格不入的这份孤傲,但总会时不时地回头看看身边的人是怎么看待我的。所以,我常常是痛苦的,纠结的。我与这个社会格格不入,到底是我错了?还是社会错了?"

[摘自:我为何与这个社会格格不入.http://www.jianshu.com/p/65p5b40aba8a]

我们刚进入社会的时候,面对现实社会的压力、矛盾、阴暗甚至是丑恶,往往无所适从,在坚持自我和妥协忍让之间矛盾重重,感到如果屈从社会现实,就会失去自我,如果

对抗社会现实又可能会遭到排斥。于是一些人开始慢慢逃避社会，还有一些人变得愤愤不平，以尖锐的态度抨击社会，这都不利于融入社会。

比尔·盖茨曾说："如果你认为这个世界正在变得更好，你就会愿意把各种进步传播给更多的人，传播到更多的地方。当然，这不意味着你要无视我们所面临的问题，而是意味着你相信这些问题终将得到解决。"只有直面社会现实，既看到社会的需求、发展和正能量，又能接受社会的不完美，既保持自己的初心，又能顺应现实作出积极的调整，方能适应社会，同时维持内心的和谐。

(二)转换角度看问题

有人问三个砌砖工人："你们在做什么？"第一个工人说："我正在砌砖。"第二个工人说："我正在赚钱。"第三个工人却说："我正在建造世界上最富有特色的房子。"后来前两个工人还是普普通通的砌砖工人，而第三个工人却成了有名的建筑师。

[摘自：心态决定命运小故事. https://www.sohu.com/a/73457347_414671]

人们通过这个故事，想要讽刺前两种人胸无大志，所以一事无成，而赞美第三种人有远大的理想，能够成就大业。但是这个世界需要好的建筑师，同样也需要好的砌砖工人。这个世界有伟大的建筑师，同样也会有不平凡的砌砖工人。伟大的工作需要人来做，平凡的工作也同样需要有人来做。无论我们处在社会的什么位置，是枢纽也好，是一颗螺丝钉也罢，关键是要看到自己的存在对这个社会的价值。不好高骛远，也不妄自菲薄，是一棵大树就撑起一片天，是一棵小草就绿一块地，即使平凡但是决不平庸。

(三)以出世的态度做人，以入世的态度做事

朱光潜先生说过："以出世的态度做人，以入世的态度做事。"南怀瑾先生也认为，世间人在追求事业的过程中，难免会很执着。因为执着会带来痛苦，让人活得很累，所以要以超脱出世之心做积极入世之事。参透一切苦厄，把身外之物看淡，豁达、潇洒、了无牵挂，无忧而有喜。这就是"出世"的思想，是指从总体上看，要把世事看淡。但若只停留在这一层面上，那就只是消极避世了，不利于社会和个人的发展。世事纷纭，烦事扰攘，我们要以超然的心态对待。做事谋生，积极主动，我们要用有限的人生铸造辉煌。

古语云："必出世者，方能入世，不则世缘易坠；必入世者，方能出世，不则空趣难持。"身处于社会中，容易迷失自我，若不经历体验，只是人云亦云随大流，往往会迷恋一点以至于不能自拔。而入世与出世在一定程度上是对立的两方面，人们往往会从这一层面走向那一层面。只有将这两个方面都体验、参透了，而后做出的选择和判断才是正确而致胜的。一个人若想入世，干出一番事业，实现如孔子所言的"齐家、治国、平天下"的抱负，最好还是要有出世的思想和体验。

策略三　融入自然

(一)用心感受自然

1. 感受自然的变化

叔本华在《幸福之路》中写道："不管我们怎样认为，我们总是大地的造物，就像动

植物一样,我们的生命是大地的一部分,我们也从它那儿汲取乳汁。大地生命的节奏是缓慢的。对它来说,秋冬同春夏一样重要,休息同运动一样重要。儿童比成人更应该同大地生命的起伏节奏保持某种联系……"

当我们时常去切身感受自然的变化,感受自然的温度、呼吸、色彩,感受自然的脉搏跳动时,我们的心灵才能真正融入自然,感受到"天人合一"的和谐。"天地不言,自有大美",你可曾领略到这种大美吗?天空收容每一片云彩,不论其美丑,所以天空宽阔无边。大地拥抱每一寸土地,不论其贫富,所以大地广袤无垠。海洋接纳每一条河流,不论其大小,所以海洋广阔无边。欣赏着大自然的美,赞美大自然,回归于大自然,让人感觉到一身轻松,把眼里的风光都尽收眼底。欣赏大自然美景的同时,让人感觉到了大自然的绝妙美好,找到了天地万物相融合的感觉。

2. 领悟自然的升华

万科董事长王石是一名登山爱好者,在他的登山日志《生命在高处》中写道:"在具有神秘魅力的探险后面,呈现出的坚韧不拔和无拘无束的流浪生活,是对我们天生的舒展和安逸的解药。""山就在那里,可以一次两次地去登,但生命只有一次。其实生命的承诺就是对自己的承诺。'活着回来'是对生命欲望的恪守,是源于对生命的热爱和对大自然的敬仰,对土地产生的引力。"

[摘自:王石.生命在高处.http://finance.sina.com.cn/roll/20040415/1314720137.shtml]

身临其境,用心感受,自然能使人得到精神上的升华。孔子看到奔腾的河水,发出"逝者如斯夫,不舍昼夜"的感慨,是自然的瞬息万变,让他感到人世的变迁,因而更加惜时。苏轼被贬黄洲时发出"哀吾生之须臾,羡长江之无穷"的感慨,是自然的雄阔壮立,使他认识到人生短暂,何必难为自己?才会有他积极乐观豁达的生活态度;嵇康喜爱竹林,喜爱竹林中悠闲的雅士生活,是自然的清高秀丽,使他拥有竹子般正直的性格,不愿与世同流合污。我们从自然中感受到的力量,吸收到的精华,能使我们的涵养进一步提升,使我们的信念更加坚定,使我们的生命更加圆满。

(二)敬畏自然,行有所止

不敬畏自然,便多以征服为荣,多以改造为勇,多以攫取为应当,多以破坏为必然。然而,从历史看,自然从未被征服,只是让人学会了顺从。明代学者方孝孺有言:"凡善怕者,必身有所正,言有所规,行有所止,偶有逾矩,亦不出大格。"可谓一语道破人的特性。人不知敬畏,则天不怕、地不怕,结局往往就是自作自受、自取灭亡。有敬畏心,则必守道而多思,"常行于所当行,常止于所不可不止"。对于自然来说,人们只有心存敬畏,才能行有所止。否则,对自然为所欲为,行无所止,不知生态环境会被糟蹋成什么样子,更不知自然将给予人类怎样的惩罚。

[摘自:敬畏自然行存所止.http://opinion.people.com.cn/2013/0715/c1003-22194180.html]

严春友在《敬畏自然》一文中写道:人们常常把人与自然对立起来,宣称要征服自然。殊不知在大自然面前,人类永远只是一个天真幼稚的孩童,只是大自然机体上普通的一部分。周国平也认为:"人,栖居在大地上,来自泥土,也归于泥土,大地是人的永恒

家园。如果有一种装置把人与大地隔绝开来,切断了人的来路和归宿,这样的装置无论多么奢华,算是什么家园呢?人,栖居在天空下,仰望苍穹,因惊奇而探究宇宙之奥秘,因敬畏而感悟造物之伟大,于是有科学和信仰,此人所以为万物之灵。如果高楼蔽天,俗务缠身,人不再仰望苍穹,这样的人无论多么有钱,算是什么万物之灵呢?人是自然之子,在自然的规定范围内,可制作,可创造,可施展聪明才智。但是,自然的规律不可违背。人不可背离土地,不可遮蔽天空,不可忤逆自然之道。老子曰:"人法地,地法天,天法道,道法自然。"此之谓也。

(三)民胞物与,天人合一

苏东坡有《(前)赤壁赋》云:"惟江上之清风,与山间之明月,耳得之而为声,目遇之而成色。取之不尽,用之不竭。是造物主之无尽藏也,而我与子之所共适。"季羡林深信苏子讲得句句在理,然而到今天,江风还清吗?山月还明否?"令人吃惊的是,虽然有人已经注意到了这个现象;但没有提高到与人类生存前途挂钩的水平,仍然是头痛治头、脚痛治脚。还有人幻想用西方的'科学'来解救这一危机。我认为,这是不太可能的"。季羡林最后的结论是:"西方科学优秀之处,必须继承;以东方的'民胞物与''天人合一'的思想济西方'科学'之穷。人类前途,庶几有望。"

"天人合一" 有两层意思:一是天人一致。宇宙自然是大天地,人则是一个小天地。二是天人相应,或天人相通。是说人和自然在本质上是相通的,故一切人事均应顺乎自然规律,达到人与自然和谐。"民胞物与"选自宋代张载的《西铭》:"民吾同胞,物吾与也。"泛指爱人和一切物类。天地犹如父母,人与万物都是天地所生,人民都是我的兄弟,万物都是我的朋友。这充分肯定了人与自然界的统一。人是自然界所产生的,是自然界的一部分,人可以认识自然并加以改变调整,但不应破坏自然。如果破坏了自然,人类迟早会受到自然界的惩罚。

策略四 做真实的自己

人本主义心理学家罗杰斯发现,人越是能按真实的自己生活,就越能感受到生活的价值和意义,体验到幸福感。

(一)不忘初心,方得始终

俞敏洪说:"不管你在什么年龄,什么年代,不管你失恋了还是失业了,不管你是被人坑了,还是被人害了,请记住,永远要坚持自己的梦想,不忘初心。梦想永远是伟大的,梦想永远是高远的,梦想一定比你现实的生活更加灿烂,只有你坚持梦想你的脚步才会前行,只有你不忘初心,你才不会犯大的错误。什么叫初心?是我们人生开始时希望我们变成一个什么样的人的最初心情。有的政府官员锒铛入狱,是因为他们忘了初心,他们当公务员的第一天都希望自己为人民服务,但是面对财富,面对女色,他们忘了自己怎么要为人民服务;有的商人也进了监狱,为什么?因为他们忘了做企业是为自己更是为社会做贡献,他们官商勾结,以劣充好,都是因为忘了初心。哪怕做一件简单的事情,你也不要忘了初心,孝敬父母是初心,善待自己是初心,忠诚朋友是初心,希望国家美好是初心,所有这些初心要存于心里。"

[摘自:大学毕业生不能忘记的五件事情.http://www.dxsbb.com/news/2013.html]

《华严经》有云:"不忘初心,方得始终。"不忘最初的理想,执着追求,人生才得善始而终。"不忘初心"是指不要忘记自己最初的心愿。在纷扰变化的世界中,有的人已经走得太远、太久,以至于忘记了当初为什么出发。不忘初心,并不是指固执地相信自己,更不是指顽固不化。而是在人生路上始终坚守自己的本真,不因他人诱导、诋毁而放弃,不因欲望驱使而迷失,"我就是我,不一样的烟火"。

(二)倾听自己内心的需要

一位刚过 30 岁的年轻人,因为生活找不到方向,因而写信给一位百岁老人,诉说自己的苦衷,希望得到一些建议。信中说,他自己从小就喜欢写作,对文字有特殊的喜好,可是他现在却当了一名医生,他对医生这个职业一点也不感兴趣,仍想改行从事写作,但是他现在已经 30 岁了,担心自己年纪太大,为时已晚。老人接到信后,立刻给这位医生回了一封信,信中说:"做你喜欢做的事,哪怕你现在已经 80 岁。"这位医生接到信后,受到了很大的鼓舞,当机立断放弃了行医,拿起了笔杆,后来他竟成了大名鼎鼎的作家,他就是日本的著名作家渡边淳一,而那位名叫摩西的百岁老人曾是美国弗吉尼亚州一位普通的农妇。这位农妇 76 岁时因患关节炎放弃了农活开始画画,80 岁时在纽约举办了个人画展引起轰动;101 岁辞世时留下了 1600 幅作品。正是这位老人的一句话点醒了这渡边淳一,从此世界上多了一名一流作家,少了一名三流医生。

[摘自:做你喜欢做的事.http://www.blog.sina.com.cn/s/blog_4b1p24f5010007gl.html]

按自己内心最真实的想法来生活,这就需要常常倾听内心的声音。在现实中,常常由于父母、亲人的期望,他人的言论以及社会的偏见等的干扰,使我们没有从自己内心的需要出发和行事,这常导致遗憾和痛苦。那么如何倾听内心的真实需要呢?

古人说:"非淡薄无以明志,非宁静无以致远。"人只有在心思宁静的情况下,才能倾听到自己内心深处的需要。这里有一个倾听内心需要的步骤。

(1) 找一个安静舒适的环境,让自己的心情能放松下来。

(2) 把所有的人、事、物都暂时抛开,无论是好人、坏人、好事、坏事,都从心中彻彻底底地清除,给自己一个纯净的心理空间。

(3) 只从自己的需要出发,如"我想……""我希望能……"等。

(4) 把这些需要的想法和现实结合起来,尽力在现实中达成自己的想法。

(三)敢于做出选择

人生的成功往往就是在关键时刻打破世俗,做出自己的选择。每一种选择未必能获得所有人的认同。面对他人的不理解甚至嘲讽、挖苦以及前行中的种种困难,需要莫大的勇气去面对。但丁有句话:"走自己的路,让别人去说吧!"

有的人为了社会的赞许或者优越的物质生活的需要,选择了并不喜欢的职业,从事着不能给自己带来快乐和希望的工作;有的人为了少奋斗十年、二十年,和自己并不喜欢的人结婚、生子,物质生活是丰富了,但情感生活却极度可怜;也有的人为了家庭、子女,维持着自己并不喜欢的生活。在许多人眼里,这些人也许是富足的、体面的、令人尊重的,可他们本人又有几个觉得真正快乐呢?

认识自己本不容易,坚持做自己就更难了。在流俗的标准下坚持做自己不容易,在强权和压力下做自己很难，在世界的种种诱惑下还做自己更难，而因为情感和爱等还能做自己那就更难得了。

五、反思体验

"你也曾青春似我，我也会快意如你；谁敢喊：虽千万人，吾往矣；谁又将两亿年握在手里。"这位和李敖有交往的少年天才，年纪轻轻，却写了很多的书。而他对生命的态度更让世人震撼。

13岁被发现患有纵隔恶性肿瘤，经历了"一次手术、两次胸穿、三次骨穿、四次化疗、五次转院、六次病危、七次吐血、八个月头顶空空、九死一生"，却说"十分快活！"他就是少年作家吴子尤。在生死边缘，他说："只有在病房，才能体现一个真我。"子尤曾经写信给朋友："这15年3个月26天我过得极为丰富而充实，所有的苦都见识了，肉体之苦，精神之苦，人情之苦与非人情之苦，所有的乐也都经历了，我是全世界最幸福的人……"

子尤说："偏偏我又生了这么大的病，这真是上帝送给我的最好的礼物！作家多，但得病又写病的作家少；病人多，但病人是作家的少。我经历了生病，在这过程中写出了无数文字……因为我的生、死、爱、痛所有人都会经历，能有记录与分享这种体验的机会是多么难得呀！"

[摘自：子尤. 谁的青春有我狂[M]. 少年儿童出版社，2005]

在许多人眼里，生病是痛苦和不幸的，然而在子尤看来则是幸福的，因为这让他对人生有了更深的感悟。子尤始终是笑对生死的，这一切源于他有着和谐的内心世界。内心的和谐让他在病痛、生死前，依然从容、豁达，演绎精彩。子尤的青春很短暂，但他可以说"谁的青春有我狂？"

年轻的你，如何让自己的青春既丰富多彩又和谐安宁？

第三章　学习与创新

"玉不琢，不成器；人不学，不成义"，在这个知识经济时代，"知识就是力量"。而科学的学习方法，是我们高效、稳固地获得知识的基础；已有的知识提供给我们的力量，可以让我们发现和创造新的知识，产生更强大的力量，以推动社会进步、人类发展。

第一节　时间管理

时间，每天得到的都是 24 个小时，可是一天的时间给勤勉的人带来智慧和力量，给懒散的人留下悔恨。

——鲁迅

如果你有许多时间不经意地流失了，那么学会管理时间就显得非常重要了。当你习惯了这种时间"运营"的方法，你就会发现你可以支配的时间增加了。

一、身边的故事

几位同学这样看待时间。同学 A："时间有的是，不用着急"；同学 B："我的作业什么时候完成都行，只要准时交差就可以了"；同学 C："我对什么感兴趣就做什么，其余的事情无论多么重要或紧急都先拖着"；同学 D："平时觉得时间多，做事情比较散漫，往往到最后才感到时间不够用。"

法拉第中年以后，把全部精力都投入到科学研究中，拒绝参加一切与科学无关的活动，甚至辞去皇家学院主席的职务。居里夫人为了不使来访者拖延拜访的时间，会客室里从来不放座椅。

[摘自：文达教育. https://tieba.baidu.com/p/5362902331?red_tag=0333100086]

每个人都有每天 24 个小时、每周 168 个小时，为什么有的人能够获得巨大的成就，难道他们的时间比我们的要额外多些吗？——不，杰出人士和普通人之间的差异不在于时间的量，而在于时间的质。要想提高时间的质，关键在于时间管理。

二、判断鉴别

你的时间管理得如何呢？下面的小测试可以帮助你大致了解你的时间管理能力。请将代表频率的数字填在每道题前的括号里。1 表示"从不"；2 表示"偶尔"；3 表示"时常"；4 表示"总是"。

（　　）1. 考试前我必须抱佛脚。
（　　）2. 我能够按时交课后作业。
（　　）3. 我觉得自己每天都有充足的睡眠。
（　　）4. 我计划好了每周与朋友们玩耍的时间，并且通常可以按原计划行事。
（　　）5. 当需要完成一篇论文时，我总是拖延到最后几天才开始写。
（　　）6. 我经常因为时间紧而取消其他活动项目。
（　　）7. 我通常可以按时完成学习任务。
（　　）8. 我觉得自己经常因为不能完成老师布置的任务而找各种借口。
（　　）9. 我对自己目前的时间规划很满意。
（　　）10. 我心头总有事情悬着，但就是没有时间去完成它。

【评分与评价】

分数 A：将 1、5、6、8 和 10 题前括号里的数字相加，就得到分数 A。

分数 B：将 2、3、4、7 和 9 题前括号里的数字相加，就得到分数 B。

如果分数 B 大于分数 A，你可能经常拖延任务；如果分数 B 小于分数 A，说明你能够很好地管理自己的时间；如果两个分数相等，说明也许你还没养成时间管理的习惯。

你的时间利用如何呢？黑格尔称时间"犹如流逝的江河，一切东西都被置于其中席卷而去"。时间具有不可逆性、瞬逝性的特点，一旦我们提高了管理时间的能力，就能利用好每一分钟。

三、心理论坛

时间管理就是为了实现目标而对时间进行计划、安排、控制、使用、反馈等活动。时间管理包括三方面内容：一是时间价值感，即我们对时间的功能和价值的稳定的态度和观念；二是时间监控观，即我们利用和运筹时间的能力和观念；三是时间效能感，即对自己驾驭时间的信念和预期，反映了我们对时间管理的信心以及对时间管理行为能力的估计。

时间管理对我们的积极意义体现在以下几方面。

首先，良好的时间管理能力有助于提高学习效率。高效率的学习能使我们学习到更多的知识和技能，对学业有促进作用。

其次，善于驾驭时间的学生，有更强的自信心和自尊心，会促使自己不断进取，为实现理想而做充足的准备。

再次，良好的时间管理能力有利于维护身心健康和生活质量。善于管理时间的同学能给自己留出较多的时间来休息、娱乐和放松，或者锻炼身体等，这些都有益于身心健康。

当今社会迅速发展，科学技术不断更新，新知识、新技术不断涌现，毕生学习观已成为社会对我们的要求，而善于驾驭时间的同学能够抽出更多的时间去"充电"，这有利于同学们不断发展，在激烈的竞争中保持优势。

你爱生命吗？那么别浪费时间，因为生命就是由时间构成的。

——本杰明·富兰克林

四、策略训练

策略一 确立目标，有的放矢

教育家夸美纽斯曾这样说过："一切功课都应该仔细分成阶段，务必使先学的能为后学的开辟道路，指示途径。"人的每一项成功或每进一步，目标都是至关重要的因素。没有明确的目标，成长就会停滞。所以，我们既要有长远目标，也要学习将此目标变小，分配到每个学期、每个月和每一天。

(一)分层设立目标

长期向着一个目标前进并不是件容易的事。有的同学对将来怎么样信誓旦旦，但一具体到怎么做的问题上，就会泄气三分。那么，我们确定目标之后该怎么做呢？

首先将目标分层。目标分为远期、中期和短期三个层次，如学年目标、本学期目标、每日目标等。设置三个层次的目标，按照目标行事，并定期对其进行评估。

将大目标分割成多个中目标，中目标再分割成许多个小目标。简单的小目标容易实现，当每个小目标都实现了，中目标也就实现了，而随着中目标逐渐实现，大目标的实现也就不远了，总而言之，大目标的实现是基于小目标的积累。下面是一个简单的样表，请你尝试着分别为自己的短、中、长期目标做一个整体规划。

	目　标	主　要　的	次　要　的
长期			
中期			
短期			

(二)分割目标

完成上一步后，我们明确了短、中、长期三个层次的目标，现在需要弄清楚每周和每日我们应该完成哪些具体任务。

1. 预定周计划表

填入所有正在进行中的活动，所从事的学习活动、计划时间、实际开始时间和实际结束时间，这是微观的处理方式，所以要写得详细些，并考虑以下三个问题。

(1) 能不能好好利用时间来获得最佳的效果？
(2) 有没有在指定的时间内完成学习计划？
(3) 能指出有哪些地方可以做更妥善的处理吗？

每周时间安排表

星　期	所从事的学习活动	计划时间	实际开始时间	实际结束时间
一	1.			
	2.			
	3.			

续表

星　期	所从事的学习活动	计划时间	实际开始时间	实际结束时间
二	1.			
	2.			
	3.			
……	1.			
	2.			
	3.			

通过"每周时间安排表",我们可以预定一周内所需完成的任务以及截止时间,在着手行动时选出适合的空余时间将表格中列出的重要学习任务完成即可。在具体做每一件事时,记录起始时间和结束时间,以便在事后与计划时间进行对比,看能否做到按计划完成任务。它就如同一面镜子,能让我们看到自己在学习时间安排上做得是否到位,是否能按预定的时间完成任务。

在此过程中"灵活安排"也很重要。一架飞机飞行时90%的时间都会偏离航道,但总是能够到达目的地,这是因为飞机每时每刻都清楚其目的地并随时做出调整。我们谁也无法准确地预期未来的一周内会有什么临时变更,在"每周时间安排表"的基础上我们还需要根据实际情况对每天的时间进行细致安排。

2. 预定日计划表

预定日计划表要求我们将每天不同层次重要性的事情以下表的形式列出来。与预定周计划表所不同的是,在这里我们需要将事情分得更细。既有前期安排中截至今天必须完成的任务,也有当天老师布置的任务,还需要将社交活动、休闲娱乐等一一列出。此外,还要分清事情的轻重缓急(见"策略二"),按照事情的不同性质与自己的学习风格来合理安排时间顺序。

每日时间表

　　月　　日　　星期

前期安排中截至今天必须完成的任务	每日时间顺序安排
其他需要做的事情	
今天老师布置的任务	

要有生活目标,一个月的目标,一个星期的目标,一天的目标,一个小时的目标,一分钟的目标,还得为大目标牺牲小目标。

——列夫·托尔斯泰

策略二 做正确的事情

校园生活丰富多彩,除了学业外,同学们可参加的活动很多,因而分清事情的轻重缓急就显得格外重要了。研究发现,很多处于领导地位的人每天都会列出一张"要做事情"的清单,并按照事情的重要程度逐个处理每天的事务。在我们的学习中同样可以这样操作,具体的方法有:重点分配法和性质分配法。

(一)重点分配法

重点分配法是依据事情价值的大小来分配时间量的方法,也就是说要区分事情的轻重缓急,把时间和精力投入到有较大意义的事情中,保证重点任务首先完成。

从左边的时间矩阵可以看出:
1. 重要又紧急,不得不做;
2. 重要但不紧急,可从重要性角度来考虑;
3. 紧急但不重要,可抽出一定时间来处理;
4. 既不紧急又不重要,可以自由安排。

(1) 根据上述原理,将每天的事情按"四象限"矩阵形式列出,看看自己是否明确事情的轻重缓急。重点在于考虑为什么会落入这个象限,是急迫感使然,还是出于重要性的考虑?如果是前者,那么当重要性消失后你便会滑落到第三象限;如果是后者,当急迫感消失后你会移到第二象限。知道了方法后,再确立一个标准,优先做的事:既紧急又重要的学习任务;可延缓的事:重要但不紧急的学习任务;可不做的事:紧急但不重要和不紧急又不重要的事。利用方法对应标准来进行大体上的划分。

(2) 进一步明确各象限中的任务。在我们生活中很难将所有的事情都清楚地划分成四个象限。每个象限之间是连续的,有些部分互相重叠。在众多的事情中必定有一件是我们必须最先完成的,也就是说第一象限里还有第一象限,而第二象限里同样也还有第一象限。因此,我们还需明确各象限中学习任务的轻重缓急,并逐项完成它们。

时间管理的"帕瑞托原则"认为,20%的目标具有80%的价值,而剩余的80%的目标只有20%的价值。因此我们对不同价值的任务分配以不同的时间,如把80%的课余学习时间分配给20%最重要、最需要完成的学习任务上,把20%的时间分配给80%的一般任务。

(二)性质分配法

性质分配法是按事情的性质来分配时间,将时间划分为硬性时间和弹性时间。前者是每天必需的常规性课堂学习时间、睡眠时间、休息时间等,后者则是可调节使用的学习时间、社交活动时间、休闲娱乐时间等。性质分配法的优点在于,我们完全可以利用这种"弹性"原则,在高质量地完成某项任务的基础上,将"挤"出的时间分配给其他任务,

因此可以让时间得到"扩展"和"增值"。

该如何操作呢?请你将所从事过的活动以下表的形式记录下来,每天就像写日记一样坚持完成这项工作,并观察自己在相同的弹性任务上所节余的时间量是否增多。如果在完成相同学习任务时所耗的时间没有显著减少或有所增加,说明自己需继续努力来提高学习效率。

所从事的弹性活动	计划时间	实际开始时间	实际结束时间	可节余的时间
1.				
2.				
3.				

前苏联昆虫学家柳比谢夫从 26 岁就开始实行自己的"时间统计法"。每天都要进行核算,日清月结,年终总核算并订出下年的计划。他有许多个"五年计划",并且过了五年要把自己的时间支出和事业成就作一番对比研究,从中找出得失,吸取教训,直到他去世的那一天。56 年如一日,从不让时间白白流逝,所以他的一生取得了很大成就,发表了 70 余部科学著述,而且每篇论文都有时间的"成本核算"。请看看他《论生物学中运用数字的前景》一书的"成本核算"。这是他写在手稿的最后一页上的记录:

准备提纲(翻阅其他手稿和参考文献)14 小时 30 分。

写作 29 小时 15 分。

共费 43 小时 45 分。共 8 天,1921 年 10 月 12 日到 19 日。

[摘自: https://baijiabao.baidu.com/s?id=161522568462pp71234&wfr=spider&for=pc]

凡是较有成就的科学工作者,毫无例外地都是利用时间的能手,也都是决心在大量的时间中投入大量的劳动的人。

——华罗庚

策略三 集中精力,捍卫时间

有效的时间管理,需要较长时间将注意力集中在某项工作上,在计划内完成任务。因为,在信息加工过程中,只有得到注意的信息才能够进入我们的记忆,得到进一步加工。因此,要提高学习效果,就必须集中注意力。

(1) 抓重点:人的注意力资源是有限的,我们不可能对所有呈现给自己的信息都加以注意和记忆,所以在学习过程中必须对信息进行筛选,选择相对重要的信息加以注意。

(2) 保持状态:每当我们要专注于一项工作的时候,需要花费大约 10 分钟时间进入状态。当被打扰之后,又要花费 10 多分钟才能重新进入状态。因此,一旦进入了状态就需要保持,避免被打扰,因为这种状态能让我们全神贯注于大量的工作以及与工作相关的经验之中。

(3) 锁定当前目标:知道并明确自己当前的任务,能够使我们保持学习的倾向。

(4) 自我监控:随时提醒和监控自己是否完成任务,如果还没有的话,就要提醒自己将注意力保持在当前的学习材料上。除了做眼前工作外不考虑其他任何事情,如玩手机、开电脑。如果有这个念头,最好在工作的时候断开互联网连接。

(5) 自我奖励：要告诉自己，把这部分内容学习好之后就可以好好玩一下，这样可能会使自己的注意力能够暂时集中。

(6) 习惯记笔记：记笔记法可以用来保持注意力。无论听课还是自习，我们都可以边听课(或看书)边记笔记，这样既有利于知识的记忆，同时也可以使自己的注意力高度集中。

很难说什么是不可能的。因为昨天的幻想，即是今天的希望、明天的现实。

——罗伯特·戈达德

策略四　善用"生物钟"

大脑是人体高级神经活动的中枢，根据大脑的生理特点和活动规律科学用脑，可以使大脑保持最佳状态。人的生命活动中存在着"生物钟"，生理和心理都有一个波动变化的周期。因此在充分利用时间的情况下，还需要根据生物钟进行时间搭配。

请阅读下面四道题，在符合自己的题目前划上"√"。

A. 我在清晨头脑清醒，大脑思维活跃，反应敏捷，记忆和思维效率高。
B. 觉得自己在上午和傍晚这两段时间思维较活跃，学习效率最高。
C. 我一到夜间，大脑即转入高度兴奋状态，而且特别清醒，注意力集中。
D. 对于学习时间段，我没有特别的偏爱，在上午、中午和晚上学习效果差不多。

"生物钟"因人而异，根据学习者对不同学习时间的偏好，可以将其分为四个类型：选 A 的同学属于百灵鸟型；选 B 的同学属于麻雀型；选 C 的同学属于夜猫子型；选 D 的同学则属于混合型。

百灵鸟型学习者在 6～9 时的效率最高；麻雀型学习者在 9～11 时和 16～18 时这两个时间段学习效率最高；夜猫子型学习者的记忆效率则在 22 时达到顶峰；而混合型学习者在一天的各时段均会有较好的学习效果，如下图所示。

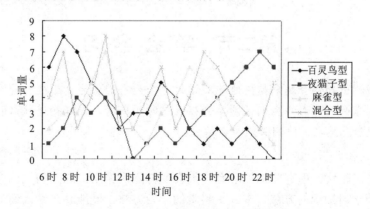

不同类型学习者的单词记忆效率

[摘自：曹立人. CreativeEducationStudies. 创新教育研究，2016，4(4). 168-172]

要充分了解大脑的工作机制，有效率地去学习，根据自己的"生物钟"合理安排学习时间，利用好时间这一有限资源去充实自己的人生，为自己的成功铺路。

策略五　用好零碎时间

读书是毛主席的一项特殊爱好，他毕生珍惜时间，博览群书。几十年来，毛主席一直很忙，可他为了读书，把一切可以利用的时间都用上了。有时在游泳下水之前活动身体的几分钟里，他还要看上几句名人的诗词。宋代淳熙本的《昭明文选》和其他书刊，就是利用这些零碎时间断断续续看完的。

[摘自. 古今中外名人高效率读书方法. https://www.cnblogs.com/svennee/p/40p0018.html]

仔细想象，我们就会发现还有很大空间来提高时间利用率。如在校公交车上、等待上课时，等等。这部分时间都可用于对上一课主要内容的回忆，用于记忆几个单词，用于思考未解决的问题。也许在短期内你不会有很大的收获，但成年累月将会有惊人的成效。

五、反思体验

请阅读下面这段文字，并思考问题。

(1)　什么是你生命中的"大石块"呢？

(2)　你能充分利用时间吗？

时间管理专家为同学们做了个小测验。他拿出一个 1 加仑的广口瓶放在桌上，然后取出一堆拳头大小的石块，一块块放进瓶子里，直到石头高出瓶口再也放不下了。他问："瓶子满了吗？"所有的学生都回答："满了。"专家一笑，从桌下取出一桶更小的砾石倒了进去，敲击玻璃壁使砾石填满了石块间的缝隙，问："现在瓶子满了吗？"学生有些明白了："可能还没有。"专家说："很好。"他又伸手从桌下拿出一桶沙子，慢慢倒进玻璃瓶，沙子填满了石块的所有间隙。他又一次问学生："瓶子满了吗？"学生们大声说："没满。"专家点点头，拿过一壶水倒进玻璃瓶，直到水面与瓶口齐平。

[摘自：林洋. 人生的瓶子[J]. 中学政史地(初中适用). 2017(2): 1-1]

第二节　学会学习

我们能推测出知识会越来越快地陈旧过时，今天人们认为"正确"的东西，明天将成为"错误"的东西……大学生们必须学会摆脱过时的概念，并且知道什么时候如何去代替这些过时的概念。总之，他们必须学会学习。

——阿尔温·托夫勒

在知识经济时代，现有的知识总有一天会变得陈旧无用，陈旧的知识会被淘汰，真正重要的是掌握学习知识的方法。掌握了科学的学习方法，既能高效纳入新的知识，又可把吸收、储存于大脑的零散知识组织起来，建构起系统化的知识结构，将知识灵活运用于生活和工作。

一、身边的故事

小张是某大学经济学专业本科生，他学习刻苦，成绩优秀，而同学小李学习成绩却一

直不理想。以下是他们对各自学习活动的陈述。

小李:"我很喜欢自己的专业,也很想学好它,但从来没有课前预习的习惯,看专业书就像看小说一样,蜻蜓点水、停留于'字面意义'。上课听课效果不错,所以不怎么记笔记,课后很容易把重要知识点给忘了,而且在学习过程中不善于寻找重点和难点,找不到学习上的突破口,眉毛胡子一把抓,读完看后不知所云。至于复习,我常常死记硬背,效率不高,虽然可以应付考试,但不能做到活学活用。"

小张:"学习时,我会带着问题进行阅读,使自己更能集中注意力。我经常在自认为重要的内容下面画线,也会反复读课堂笔记和参考资料,使自己能记住它们。通常我会根据自己的理解将教材和笔记的内容综合在一起,这样,复习时就可以把教材和笔记中的重要内容整理成提纲或网络图,反思和检查自己在哪些方面还存在问题,然后重点复习这些内容。"

两位同学在学习成绩上存在差距,并非因为小张智力更高,也不是小李缺乏学习动力,关键在于谁运用了正确的学习策略。

二、判断鉴别

阅读下列题目,并在你认为最符合自己实际的字母上打"√"。选 A 表示一点也不符合;选 B 表示有点符合;选 C 表示不确定;选 D 表示较符合;选 E 表示非常符合。

1. 我上课时经常开小差或打瞌睡	A	B	C	D	E
2. 我不知道怎样找出文中重要的信息	A	B	C	D	E
3. 我经常把错误的内容记到笔记上	A	B	C	D	E
4. 我没有在 24 小时内复习我做的笔记	A	B	C	D	E
5. 阅读中我抓不住细节信息,难以把握文章主旨	A	B	C	D	E
6. 我不能保持长时间学习,经常注意力分散	A	B	C	D	E
7. 我看完整章内容时,不能记住前面所读的内容	A	B	C	D	E
8. 我在学习时很少关掉收音机或电视	A	B	C	D	E
9. 我需要提高记笔记的能力	A	B	C	D	E
10. 我需要提高自己的阅读理解水平	A	B	C	D	E
11. 在课后,有时看不懂做得笔记	A	B	C	D	E
12. 我需要提高学习时的注意力	A	B	C	D	E

[摘自: Cook Counseling Center's (CCC) Study Skills Inventory. http://www.ucc.vt.edu]

【评分与评价】

第 1、6、8、12 题测试注意力;第 2、5、7、10 题测试阅读理解能力;第 3、4、9、11 题测记笔记能力。选 A 得 0 分,选 B 得 1 分,选 C 得 2 分,选 D 得 3 分,选 E 得 4 分。

如果你以上三部分的平均得分均在 2 分以上,说明你需要通过学习相应的学习策略来提高这些能力。通过以上测试,你的学习水平如何?

三、心理论坛

谈及学习策略，有些同学可能会说："学习不就是上课听老师讲，课后背背？"其实，这里所谈的学习策略不同于人们认识的一般学习方法，它有着更深层次的意义。

学习策略是学习过程中信息加工的方式或方法和调控技能的综合，前者指学习者编码、分析、保持、提取信息的一系列方式或方法；后者则是学习者在学习过程中使用的控制和调节信息加工行为的方式或方法。因此，学习策略是指学习过程中，学习者为了达到有效学习的目的而采用的规则、方法、技巧及其调控方法的总和，它能够根据学习情境因素的变化，对学习活动和学习方法的选择与使用进行调控。

根据学校学习的不同环节(时段)，可将学习策略分为学习准备策略、课堂学习策略和课后巩固策略三类。学习准备的策略具体包括制订学习计划的策略、学习心理准备的策略和课前预习的策略；课堂学习的策略包括陈述性知识学习的策略、程序性知识学习的策略和听课策略；课后巩固的策略具体包括课后复习的策略和运用与反思的策略。每一种具体策略又包括一些下位的策略。如听课的策略又包括选择性注意策略、自我调控策略和学习资源管理策略等。

四、策略训练

策略一　学会预习

"凡事预则立，不预则废。"要在听课时强化目的性、增强自觉性、提高听课的效率，一个很重要的方法就是做好课前预习。

(一)学会阅读

预习主要是对新课内容的阅读，只要掌握一定的阅读策略，即使面对复杂的内容，我们也能获得很好的预习效果。SQ3R 策略系统是常见的学习教材的阅读领会策略，其步骤如下。

1. 浏览

浏览(Survey)全书，大致了解材料的主要内容。此过程包括以下三个方面。

(1) 看书名、章节标题、作者信息，做好学习新材料的思想准备。

(2) 查阅每个标题和副标题，在深入阅读之前在头脑中确定材料的整体架构。

(3) 浏览前言和后记以了解作者写作的背景和意图，并通过纵览抓住材料的核心观点，这可以帮助我们在后续阅读中提炼观点。

2. 提问

提问(Question)的简单做法是将标题转换成自己尽可能想出的几个问题，然后通过阅读寻找问题的答案。这样可以激发我们的好奇心，从而增强对新学材料的理解。例如，标题是"学习策略"，可以这样提问：什么是学习策略？学习策略有哪些种类？学习策略的作用是什么？我们怎样掌握学习策略？

3. 阅读

阅读(Read)可以填充我们头脑中建立起的框架。通过细读章节可以回答上一步提出的问题，这里所谓"细读"不是逐字逐句逐行地读，而要积极地寻找答案，抓住实质内容。在这个过程中，我们也可能会提出一些疑问，将这些问题记录下来。

4. 陈述

陈述(Recite)是指读完第一部分后，合上书尝试简要回答上面提出的问题，最好能用自己的语言举例说明。如果不能清晰地陈述答案，那么重复阅读再尝试陈述。进行这一步时最好能结合记笔记法，摘记一些短语作为陈述提示。完成第一部分后，按以上三个步骤学习后续的章节，直至完成整本书的阅读。

5. 复习

复习(Review)是指按以上步骤通读全书后，察看笔记，鸟瞰全部观点以及它们之间的关系，然后合上笔记尝试回忆主要观点及每一主要观点之下的次级观点。

(二)学做笔记

预习笔记有两种：一种是做在笔记簿上，一种是做在书上。

1. 笔记簿笔记

在笔记簿上做的预习笔记既可以边读边做，也可以在阅读教材后再做整理。整理的内容包括本章节内容的重点、难点部分的摘抄及心得体会。我们可以按以下三个步骤进行操作。

(1) 准备一个活页式的笔记本，笔记本要稍微大一点，以便有足够的空间做记录和画图表；

(2) 在每一页上注明分类标志、编号和日期，最好做单面记录，便于拆分和归类；

(3) 将每一页分成两栏，比较宽的一栏为主栏，记录要点、思想、概念图等；较窄的一栏为回忆栏，将主栏的内容以关键词、短语和问题的形式记录在回忆栏中。

科目： 日期：	标题　　　　主讲人：　　　　页码：
注记： 关键词 词组 问题 (注明这些文本或其他来源的链接信息)	记录/在这里标记 标明要点 捕获主要思想 轮廓或概念图 (用文字、图形或其他能快速记下这些信息的方式记录，避免完整、详尽地记录)
复习和研究时写标记的地方：	

2. 书页笔记

在书上做的预习笔记要边读边进行，以在教材上圈点勾划为主。例如，在预习英语课文时，所圈点、勾画的应是教材的段落层次、每部分的要点，以及一些生僻的词句。同

时，也可以在书面的空白处做眉批，写上自己的看法和体会，以及自己没读懂的问题。

我的箴言始终是：无日不动笔；如果我有时让艺术之神瞌睡，也只为要使它醒后更兴奋。

——贝多芬《致韦该勒书》

策略二　学会听课

听课是学习过程的中心环节，课堂上所要学习的知识多数是老师以语言的形式呈现的，因此学会听课十分重要。在本策略中，主要介绍如何集中注意力和怎样做课堂笔记。

(一)集中注意力

把兵力分散开，被敌人各个围歼，是败军之将。这与我们的学习一样，学会上课时将注意力集中起来，这是一个成功者的品质。集中注意力要做到以下几点。

1. 排除外界干扰

毛泽东年轻时曾经给自己立下这样的训练科目——到城门洞里、车水马龙处读书。

[摘自：伟人的故事．http://dushu.qq.com/read.html?bid=46002p&cid=5]

毛泽东这样做就是为了训练自己的抗干扰能力。这种抗拒环境干扰的能力需要通过训练获得。我们可以在环境嘈杂的地方学习(如坐在人流量大的路边)，多几次这样的训练，当我们进入要阅读和学习的科目时，就可以做到对周围的一切置若罔闻。

2. 排除内心干扰

在课堂上，为什么有的同学能够始终注意力集中而有的同学却做不到呢？这是因为心里有各种各样浮光掠影的东西在干扰。针对这种情况，我们可以做放松练习，让内心各种情绪的干扰随同身体的放松被排除。我们可以按以下三个步骤进行。

(1) 身体坐端正，将身体放松下来。

(2) 先从脚开始，使脚部肌肉绷紧，然后松弛，同时暗示它休息，随后命令脚脖子、小腿、大腿，一直到躯干部休息。

(3) 再从躯干开始到颈部，到头部、脸部全部放松。

这种放松训练的技术，需要反复练习才能较好地掌握。但一旦掌握了，它就能使我们在短短的几分钟内，进入轻松、平静的状态。

3. 不在难点上停留

听课过程中，出现任何不理解的环节，不要在此停留，可以简要记录下来，继续跟上老师讲课的进度。如果后面大部分内容我们都能理解，前面的难点也会慢慢理解。

积极提问。如果老师的讲解仍无法帮助我们解决预习中的问题，就要积极向老师提问，尽可能在课堂上把所有问题弄清楚。一个个疑难问题的产生和解决，会使学习深化。

好问的人，只做了五分钟的愚人；耻于发问的人，终身为愚人。学习是劳动，是充满思想的劳动。

——乌申斯基

(二)做好课堂笔记

阅读下面四位同学对自己课堂笔记情况的描述，在对比中学习正确的课堂笔记策略。

同学 A："我爱好整洁，所以也很注重笔记的工整。由于速度慢，常把老师讲的下个内容漏掉。"

同学 B："我先是随便记，不讲究字迹美观，课后移到正式的笔记簿上，这样有利于复习。笔记要记得宽松一些，留些空间课下补充一下自己的疑问或相关知识。"

同学 C："我的上课笔记做得很全面，下课后同学常借我的笔记去看。但我感觉把所有时间都花在记笔记上了，没有去用心领会老师讲的内容。"

同学 D："我经常将专用名词用英文、关键词或特殊符号代替，这样提高了速度，还能对老师提出的一些问题进行思考。我所记一般是老师讲课重点，比如老师重复的和着重强调的知识。"

同学 A 和同学 C 的方法显然是不可取的，而同学 B 和同学 D 所描述的正是我们需要学习的方法。记笔记是高效率听课的一个必要手段，但不是听课的全部，我们还需要勤于思考：老师讲的几个问题前后有什么逻辑关系？我解决问题的思路与老师的思路何者更好？我在哪些方面需要提高呢？笔记在这个过程中起辅助我们进行梳理和思考的作用。

我们通常需要在课后对笔记加以完善，对上述问题思考的总结也反映在这个过程中。

(1) 检查笔记中的每一个细节，确保其完整和无误。对任何有缺失和有疑问的地方，应该及时找老师或同学核对并补充完整。

(2) 回想课上老师所讲的内容，找出预习过程中忽视的问题和理解有偏差的问题，并把它们在笔记本上相应的地方记录下来。用颜色笔或荧光笔标出重点和重要的概念、结论。

(3) 对教材做进一步的归纳、总结和提炼。把学习心得与预习笔记中的有关内容进行整合，并记录到听课笔记预留的空白处，同时注意与笔记位置上或逻辑上的对应。

(4) 在上述步骤中，如果遇到困难，与同学讨论仍无法解决，应该尽快去找老师请教。

策略三　学会复习

不学自知，不问自晓，古今行事，未之有也。

——王充

重复是学习之母。

——狄慈根

学而时习之，不亦说乎？

——孔子

(一)科学复习

以下三种复习方法哪种更好？

A. 课后直接浏览教材和笔记，弄懂疑难问题，巩固老师讲的知识。
B. 先尝试回忆学习的主要内容，不懂的问题再参考笔记和教材。

C. 直接翻书和笔记，既在头脑中形成一个总体框架，又要有意识地记忆重点知识。此外，还可查阅其他相关书籍，作为所学内容的补充。

这三项都是正确的复习方法，方法 A 是同学们较普遍使用的方法；方法 B 是尝试回忆法，根据许多优秀同学的学习经验，此方法效果更好；方法 C 的优点在于，能够使我们的知识面更广、更巩固。

基于上述分析，对刚学的知识我们可以采用尝试回忆法及时复习。具体步骤如下。

(1) 课后先不看书，独立地把课上学的知识点回忆一遍，并思考以下几个问题：课上探讨了哪几个问题？哪些问题还不太清楚？我的思考方法与老师的有什么不同？不妨拿出一张纸，把回忆出的要点或线索以及不明白的问题在纸上简要地写下来。

(2) 核对笔记，看看自己的回忆中有没有遗漏知识点，有没有出错，对不懂的问题有针对性地看书或请教同学和老师。

(3) 通读一遍教材和笔记，然后合上书本，再根据笔记页面左侧的关键词进行回忆。

(4) 查阅相关书籍或论文，补充所学内容，扩大知识面。

需要注意的是，大脑长时间地从事某一项单纯的活动，神经系统就会出现"抑制"，这时记忆效果很差；由于消退、干扰等原因，学习过的知识会随着时间的推移而出现不同程度的遗忘。

根据这个特点，我们可以将复习与学习新材料相结合，或将不同课程交叉复习；同时要注意不同复习应间隔休息。这样可以克服"抑制"和遗忘，使复习效果达到最佳。

德国心理学家艾宾浩斯对遗忘现象的研究实验表明，遗忘的规律是先快后慢，特别是识记后 48 小时以内遗忘率最高，以后逐渐减慢，到后来相当长的时间几乎不再遗忘。根据他的研究，学习后的 10 小时内复习 10 分钟，比 5~10 天后复习 1 小时的效果更好，并且以后还要经常复习，但各次复习的时间间隔可以逐渐拉长，每次复习的时间也可以逐渐缩短。

[摘自：赫尔曼·艾宾浩斯. 记忆的奥秘[M]. 北京理工大学出版社，2013]

(二)纲要法

纲要法是复习和掌握教材纲目的方法。我们可以用词语或句子来制作主题的纲要，也可以用符号、图式等形式来表达纲要。可做成小卡片或者利用手机 App 进行制作，以方便复习。

1. 主题纲要法

主题通常是学习材料的各级标题，有时也需要自己进行提炼。列出纲要时需要注意：以简要的词语写下主要和次要的观点，每一具体的细节都包括在高一级的类别中。

使用主题纲要法可分为以下四个步骤。

(1) 复习教材，再次思考这节课的主要学习目标。

(2) 勾画或摘录出要点。

(3) 考虑文中知识间的关系，可用数字表达它们之间的层次结构。

(4) 记住提纲，在大脑中回忆具体知识。

2. 符号纲要法

符号纲要法也就是制作关系图，它用层次网络和流程图来呈现知识间的关系，所以比主题纲要法更直观形象。层次网络法是用来表达不同性质关系的，它由节点和连线组成，节点排列分层，连线具有不同的性质。流程图着重说明某个过程之间要素是如何联系的，它具有方向性和时间顺序，对于呈现有程序性的知识有其独特优势。

【试一试】

将本章内容分别以主题纲要法和符号纲要法呈现出来。

五、反思体验

请阅读下面这段文字，并思考问题。

(1) 你读书时能对内容进行分析和比较吗？
(2) 你能对所读内容进行归纳吗？

华罗庚提倡学习要有两个过程：一个是"由薄到厚"的过程，另一个就是"由厚到薄"的过程。前者指的是学习要积少成多，循序渐进，这仅仅是第一步。重要的是第二步，即在"由薄到厚"的基础上，必须再反过来，"由厚到薄"。如何将"厚"书读"薄"呢？华罗庚的体会是：在对书中每一个问题都经过细嚼慢咽、真正懂得之后，就需要进一步把全书各部分内容串联起来理解，加以融会贯通，从而弄清楚什么是书中的主要问题以及各个问题之间的关系。这样，我们就能抓住统领全书的基本线索，掌握全书的精神实质。

[摘自：冯克勤. 让华罗庚教授的教育思想发扬光大[J]. 高等数学研究，2006(6)]

第三节　创新精神

异想天开给生活增加了一分不平凡的色彩，这是每个青年和善感的人所必需的。

——巴乌斯托夫斯基

要解放头脑、双手、脚、空间、时间，充分得到自由的生活，从自由的生活中捕捉思维的火花。

——陶行知

如果说创新活动是一棵树，那么创新精神就是种子，而创新产品就是果实。要得到理想的果实，首先就必须有一颗充满生命力的种子。

一、身边的故事

北京师范大学心理系 2003 级学生吴莹莹在十年的时间里锐意创新取得了 100 项发

明！其中，"OPEN 书系快速检索装帧技术" "速查字典及其检索方法"以及"动态计数印章"已获得国家专利，同时有更多的作品还在不断完善和申请国家与国际专利。

吴莹莹发明"OPEN 书系"，从灵感的产生到不断完善，是一个历时九年的漫长过程。其间，她经历了无数次失败但从未向困难低头；她进行的研究和试验也曾获得过成功，但并没有满足于暂时的成果，而是继续致力于自己的研究，终于获得了更好的成果。

[摘自：吴莹莹. https://baike.baidu.com/item/%E5%P0%B4%E8%BP%E8%8E%BP/10936141?fr=aladdin]

吴莹莹之所以能够取得这样的成绩不在于她有多聪明，而在于她不向困难低头、不断突破，正因为有这样的创新精神，她才能够百尺竿头，更进一步，取得累累硕果。

二、判断鉴别

下面是一个关于创新精神的小测验，请根据你的实际情况，对下面各项进行选择。

A 表示经常如此；B 表示有时如此；C 表示从来没有。

1. 我能够发现生活中不方便的地方	A	B	C
2. 我观察事物比较仔细	A	B	C
3. 我能够对司空见惯的事物提出新的看法	A	B	C
4. 对某些问题有新发现时，我积极试验，验证设想	A	B	C
5. 对权威的说法我有自己的见解	A	B	C
6. 我头脑里会涌现新的方法、新的设想	A	B	C
7. 我把学习和琢磨问题当成一种乐趣	A	B	C
8. 我喜欢从不同角度思考问题	A	B	C
9. 用新思路解决难题时，我体会到美的享受	A	B	C
10. 我喜欢那些能挑战自己的知识和能力的工作	A	B	C
11. 我习惯探索解决问题的多种可能性	A	B	C
12. 我会突破常规，试用多种方法解决问题	A	B	C
13. 我能够很好地吸收他人的观点	A	B	C

【评分与评价】

以上题目，选 A 得 3 分，选 B 得 1 分，选 C 得 0 分。将所有题目的分数相加。如果你的总分在 28~39 分，说明你具备较高的创新精神；如果总分在 18~28 分，说明你具备基本的创新精神；如果你的总分低于 18 分，你需要加倍努力，以提升自己的创新精神。

三、心理论坛

创新精神对于创新就像农业中的种苗和蜂巢里的蜂王一样，没有它，创新就是无本之木，无花之果。可以说创新精神是一切创新的基础。那么究竟什么是创新精神呢？

让我们先来看一个"创新先锋"的故事吧。

施正荣，1988 年留学澳大利亚新南威尔斯大学，1991 年以优秀的多晶硅薄膜太阳能电池技术获博士学位，曾主持第二代多晶硅太阳薄膜电池的开发研究，在国际杂志和专业

会议上发表文章 150 余篇,个人持有 10 多项太阳能电池技术发明专利,是国际太阳能电池领域的一流科学家。

2001 年回国后,他创建了尚德太阳能电力有限公司,四年里产能扩大了 30 倍。通过持续的技术创新,尚德公司于 2004 年被 Photon International 评为全球前 10 位太阳能电池制造商,并于 2006 年年底进入前四强。应该说,太阳能电池成就了施正荣的辉煌,施正荣则给太阳能电池的研究带来了灵气。因其杰出的创业创新成就,施正荣受到政府多次表彰和国家领导人的亲切接见。

当年,施正荣的博士论文研究的是如何将硅薄膜生长在玻璃上,这是世界难题。课题组都在琢磨如何避免在薄膜生长过程中使固态的玻璃由于软化而变形,可是玻璃的熔点低,改来改去始终不行。他却在思考另一个问题:玻璃本来就是液体凝固成的,为什么一定要用固态玻璃做实验呢?研究就此柳暗花明,仅用两年半他就完成了博士论文。

施正荣强调:技术是最重要的核心竞争力,创新则是灵魂。企业的率先发展,首先应该是理念的率先,否则不可能有创新行为。要保持在国际同行业中的竞争优势,创新必不可少。

[摘自:施正荣. https://baike.baidu.com/item/%E6%9P6%BD%E6%AD%A3%E8%8D%A3/2446160?fr=aladdin]

创新精神对于施正荣而言,似乎是骨子里的东西。他那种不盲从的性格,渐渐演变成以独特、开放的视角去看问题的思维方式。"阻碍人、束缚人的往往是人自己,突破自我才是取胜之道。"这是施正荣常挂在嘴边的一句话。这句话点出了创新精神的本质,即在现有的基础上寻求突破的一种精神。这种精神集中表现在意识、思维和个性上。

1. 创新意识

正如施正荣所说:"企业的率先发展,首先应该是理念的率先,否则不可能有创新行为。"一个人要培养创新精神首先就要有创新意识,它反映的是一个人对于创新的认识水平和自觉、主动水平。创新意识主要包括以下三点。

(1) 对创新的意义、性质等的认知,它是创新意识的基础。

(2) 对创新的渴望、需求,是内在动力,产生推动、促进作用。

(3) 一个人不仅想创新,而且喜欢创新,能够在创新中感受到美的享受,虽多次遭遇挫折却依然乐此不疲。

2. 创新思维

"玻璃本来就是液体凝固成的,为什么一定要用固态玻璃做实验呢?"这个看似简单的想法成就了施正荣飞跃式的发明。这就是创新思维的重要性。凡是能够提供新颖的、独特的、有价值的产品的思维,都是创新思维,它包括一切发现新事物、揭示新规律、创立新理论、创造新方法、创作新作品、发明新技术、研制新产品、解决新问题的思维活动过程。其特征如下。

(1) 流畅性。能够在单位时间内产生多种创新性观念。

(2) 变通性。思维在单位时间内产生新观念所分类型的多少,表明思维的发散程度。

(3) 独创性。思维所产生的新观念稀有、新奇的程度,越罕见,越具有独创性。

(4) 精密性。思维严谨、缜密、系统、全面的程度。

3. 创新个性

施正荣之所以成为"创新先锋"就是因为"骨子里的那种不盲从的性格",这就是我们成为创新之人所必备的创新个性。这种充满好奇、想象、挑战、冒险的个性,可以引领我们走向创新成功。

除此以外,具有创新精神的人还有以下特点。

(1) 勤奋敬业。古话说"一勤天下无难事",创新比常规的事更复杂、更艰难,因而更费时费力,所以必须勤奋、敬业,热爱自己的学习或工作,以此为荣、以此为乐,全身心投入。

(2) 团结合作。现代创新活动涉及的因素很多,需要与他人合作才能攻关、完成,团结合作必不可少。

(3) 责任感、使命感。对改变不合理的事物、改变现状、推动社会前进富有责任感。

创新精神融于我们生活的方方面面,小至生活小技巧,大至科学研究的突破,培养创新精神,是我们个人以及世界未来更好发展的必要条件。

四、策略训练

策略一　培养创新动机,体会创新美感

Where there is a will, there is a way.

强烈的创新动机与一定的创新目标和行为联系起来,能够为创新行为打下坚实的动力基础。因此,可以说,世界上不存在"创新的天才",只存在"天天想创新的人才"!

网络巨子、亚洲首富孙正义早年在美国留学时,不想依赖父母的汇款生活,于是他一面学习,一面盘算着创业之路。他决心以爱迪生为榜样搞发明创造。为此,他专门准备了一本"新发明设想笔记本",要求自己每天都要提出一个新发明构想。一年下来,已提出了几百个发明构想。后来他从这些"发明设想"中选出带有声音合成装置的"电子翻译机"做进一步研究。1977 年,电子翻译机被日本夏普公司看中,孙正义得到了 1 亿日元的技术转让费,这时,他还是个 19 岁的大学生。

[摘自: 孙正义. https://baike.baidu.com/item/%E5%AD%PP%E6%AD%A3%E4%BP%8P]

心理学家斯滕伯格说过:"虽然有创意的人喜欢听人夸自己的成就,但他们最大的动机是内在的,是他们对工作的成就感。所有有创意的人做的绝大多数都是他们有兴趣、喜欢的事,同样地,几乎不可能看到一个伟大的作品是出自一个恨这个工作的人之手。"

许多重大创新与创造,并非直接由其本身的实用性而产生,而是由于它本身的美而产生的。

一位刚过 30 岁的人,写信给一位百岁老人,诉说自己的苦衷。说自己从小就喜欢写作,可阴差阳错,却当了医生,而他对自己的职业一点也不感兴趣,想改行干写作,又担心年纪太大,为时已晚。老人接到信后,立刻给这位医生回信说:"做你喜欢做的事,哪怕你现在已经 80 岁。"

医生接到信后受到鼓舞,当机立断放弃行医拿起笔杆,后来竟成了大名鼎鼎的作家,

他就是日本的渡边淳一。而那位名叫摩西的百岁老人曾是美国弗吉尼亚州一位普通农妇，76岁时因患关节炎放弃农活开始画画；80岁在纽约举办个人画展，引起轰动；101岁辞世留下1600幅作品。

[摘自：过哲峰. 做你想做的事[J]. 冶金企业文化，2006(1)：63]

什么动力也比不上"热爱"的力量，渡边淳一和摩西正是因为做了自己热爱的事，才不枉度一生。在热爱它的人眼里，枯燥的事情也是美的，这种美体现在创新过程中。

杨振宁说过："进行科学创造，并不仅仅因为它是有用的，特别是当代理论物理对自然的探索，离实际应用还有相当远的距离，那么支配人们献身于科学的原因是什么？正是自然的美、科学的美。"

著名科学家狄拉克也曾指出："对数学美的欣赏支配着我们的全部工作。这是我们的一种信条，相信描述自然界基本规律的方程都必定有显著的数学美。"

[摘自：张武升. 冲破创新人才培养的"壁垒". http://www.aisixiang.com/data/102444.html]

【想一想】

自己感兴趣的领域是＿＿＿＿＿＿＿＿＿＿＿＿＿＿＿＿＿＿＿＿＿＿＿＿。
该领域的发展潜力是＿＿＿＿＿＿＿＿＿＿＿＿＿＿＿＿＿＿＿＿＿＿＿＿。
这一领域最吸引你的地方是＿＿＿＿＿＿＿＿＿＿＿＿＿＿＿＿＿＿＿＿。
这一领域的前沿问题是＿＿＿＿＿＿＿＿＿＿＿＿＿＿＿＿＿＿＿＿＿＿。
你的研究目标是＿＿＿＿＿＿＿＿＿＿＿＿＿＿＿＿＿＿＿＿＿＿＿＿＿。
你的研究规划是＿＿＿＿＿＿＿＿＿＿＿＿＿＿＿＿＿＿＿＿＿＿＿＿＿。

策略二　养成创新个性

(一)保有好奇心

我没有特别的天赋，我只有强烈的好奇心。

——爱因斯坦

爱因斯坦在幼年时曾惊讶罗盘的指针永远指向北方，唤起了对科学研究的好奇心。

爱迪生小时候某次抬头看到鸟在空中自由飞翔，对这一常人司空见惯的现象他十分惊奇，"鸟能飞，人能不能飞呢？"

牛顿看到苹果从树上落下，惊讶不已："为什么苹果不往天上飞？"

好奇心使人们萌生科学幼苗。正是好奇心驱使他们去探索和研究，才有日后的发现、发明和创造。但好奇心是最经不起时光考验的东西，随着我们知识、经验的增加，年龄的增长，我们对世间万物会越来越习以为常而丧失了最可宝贵的好奇的眼光。保持好奇心可以采用以下方法。

(1) 常常问为什么。
(2) 同儿童交流，观察他们是如何看待这个世界上我们司空见惯的人和事的。
(3) 阅读童话故事或者几本有趣的故事书。

(4) 换个角度看待自己平时最不喜欢的人和事。

(二)尝试挑战和冒险

从事科学创造需要无私的奉献精神，也需要韧性和毅力，但在有些时候，尤为需要一种勇往直前的冒险精神，激励我们义无反顾地接受挑战。

——居里夫人

自信和大胆的决断往往是成功人士的优秀品质，如果要等所有的条件都具备了再去做，那只能永远等待下去了，因为这种情况根本就不存在。建功立业的秘诀之一是：时机到了就立即行动！

(三)培养坚持性

我们每日思索，但常会有问题难以找到答案，创新过程中失败多于成功。

发明电磁感应定律的法拉第说："每 10 个有希望的初步结论中，能实现的不到 1 个。"

[摘自：科普中国. http://www.xinhuanet.com/science/2017-0p/19/c_136621355.html]

通过发现电子而证明了原子可分性的汤姆逊明确表示："我坚持奋战 55 年，致力于科学的发展，用一个词可以道出我最艰辛的工作特点，这个词就是失败。"

[摘自：包子送. https://www.juzimi.com/ju/13728]

1. 磨炼创新意志

我们都知道电话是贝尔发明的，但还有一位发明家莱斯曾为研制电话做过贡献。

莱斯研究过传声装置，能用电流传送音乐。可惜这套装置不能用来传送话音，无法用来与远处的人交谈。莱斯的装置之所以不实用，重要原因是这一装置的螺丝钉往里少拧了二分之一圈——大约 5 丝米。贝尔在莱斯研究的基础上，一方面采取了新措施(例如使用连续的直流电，解决了传送短促多变讲话声的问题)，另一方面将莱斯装置上的那颗螺丝钉往里拧了二分之一圈。莱斯的疏忽被贝尔纠正了，奇迹也随之出现：不能通话的莱斯装置终于成了实用的电话机。

贝尔的改进使莱斯瞠目结舌、感慨万千，他说："在离成功 5 丝米的地方我灰心了，我将终生记住这个教训。"

[摘自：张大均. 大学生心理健康教育[J]. 西南师范大学出版社，2004 年版]

爱迪生在得知贝尔研制电话成功的消息后很有感触地说："科学上，5 丝米与 5 英里所付出的努力是一样的。"成功的发明有时候产生于失败后再"坚持一下"的努力当中。我们在付出 5 英里的努力时，也不要忘记"5 丝米"的努力，这样才能避免因半途而废而导致的"遗憾的失败"。

2. 克服制约创造的心理障碍

马云大学毕业后，当了 6 年半的英语老师。期间，他成立了杭州首家外文翻译社，用业余时间接了一些外贸单位的翻译活。钱没挣到多少，倒是闯出了一点名气。1995 年，

第三章　学习与创新

"杭州英语最棒"的马云受浙江省交通厅委托到美国催讨一笔债务。结果是钱没要到一分，倒发现了一个"宝库"——在西雅图，对计算机一窍不通的马云第一次上了互联网。刚刚学会上网，他竟然就想到了为他的翻译社做网上广告，上午10点他把广告发送上网，中午12点前他就收到了6个email，分别来自美国，德国和日本，说这是他们看到的有关中国的第一个网页。"这里有大大的生意可做！"马云当时就意识到互联网是一座金矿。

后来涉足电子商务领域，找了很多人合作，却不被人理解，被说成是疯子、傻子，但马云仍然相信自己的判断，终于在艰难中成立了阿里巴巴。并推出了阿里作为平台，认证有价值的帖子，把这些信息推荐给卖家，特别是海外卖家，然后通过佣金收费这样以销售诚信为核心的模式。在公关安排的六家媒体的采访中，三家媒体直接缺席，两家听不懂中途离席，剩下一家坚持听下去却也无法理解马云的想法。尽管面临着他人这样的态度，马云的想法如今依然成为现实并成为我们每个人生活中不可或缺的一部分。

[摘自：赵建. 马云传[M]. 中国画报出版社，2008]

未来对于每个人都是不确定的，不同的是，有些人迈出了第一步，怀揣对未来的恐惧前行；有些人却逃避恐惧，或选择嘲讽与调侃。马云属于前者。哲学家萨特说过："英雄是自己使自己成为英雄，懦夫是自己使自己成为懦夫。"这句话可以这样诠释：一些人在失败面前永不低头，敢于也善于开发和运用自己的创造力，因而会成为发明者或创造者；有些人则惧怕创造力潜能的释放，逃避创造过程中遇到的困难，因而会成为失败者或半途而废者。

【想一想】在创新过程中遇到失败，你是否会产生以下想法？

(1) 我智力不高、知识浅薄，不是搞创新创造的材料。
(2) 别人会看我笑话，我还是不去异想天开了吧。
(3) 我没有受过专业训练，是个外行。
(4) 已经规定了的事情，是不可能改变的。
(5) 我没有这方面的能力，肯定不行。
(6) 我这个想法太不成熟，还是等我考虑成熟了再提出来吧。
(7) 要是失败了怎么办，还是不做为妙。
(8) 用新办法做这个事情太费力，不如还是用老办法。
(9) 别人一提出反对意见，我就觉得底气不足，不能再坚持下去了。
(10) 要是不能一鸣惊人，我就不做这件事情。

上面10道题，如果有7道符合，说明你在生活和学习中常常自我设限，阻碍了自己的进步和创新实践。以下描述的是那些善于创新的人的特点，可以结合自己的特征进行反思。

策略三　突破定势、大胆想象

重要的不是获得知识，而是发展思维能力，教育无非是一切已学过的东西都忘掉后所剩下的东西。

——劳厄

(一)突破思维定式

生活中我们会总结出一套独特的经验并养成一种独特的习惯,形成一种比较固定的思维套路和模式,即思维定式。对于处理和解决日常例行事务,定式能让人少走弯路;但面对新情况、新问题,就有很大的局限性,有时甚至会成为创新的桎梏,阻碍人向更高、更深、更宽广的未知领域开拓,束缚人的梦想。

思维定式是我们头脑中的框框、思维的枷锁。思维的枷锁有很多种。

(1) 从众。随大流,别人怎么做我也怎么做。

(2) 盲信权威。权威说的就一定是好的、正确的。

(3) 固守经验。以前这样做过,这次也这样。

(4) 迷信书本。书上讲的不可能是错的。

(5) 自我中心。别人与我看待问题、处理事情的方式不一样,那一定是他们错了。

(6) 标准答案。每件事都有唯一正确的答案。

创新并不复杂,生活中一个好点子、学习中一个好思路就是一次创新。但每一个创新一定是一次思维定式的突破,突破思维定式,是创新者必备的思维素质。

【做一做】

(1) 把10枚硬币放在同样的3个玻璃杯中,并使每个杯子里的硬币都为奇数。

(2) 玻璃瓶里装着橘子水,瓶口塞着软木塞,既不准打碎瓶子,弄碎软木塞,又不准拔出软木塞,怎样才能喝到瓶里的橘子水?

(3) 有10只玻璃杯排成一行,左边5只装有汽水,右边5只是空杯,现规定只能挪动两只杯子,使这排杯子变成实杯与空杯相互交替排列,如何移动两只杯子?

(4) 有一棵树,树下面有一头牛被一根2米长的绳子牢牢地拴住鼻子,牛的主人把饲料放在离树恰好5米之外就走开了。牛很快就将饲料吃了个精光。牛是怎么吃到饲料的?

参考答案:

(1) 在一个杯子里放1个,把另外两个一个套进另一个里面,把剩下的九个放进去。

(2) 把塞子推进去。

(3) 左数起把第2个杯里的汽水倒进第7个空杯里,把第4个杯里的汽水倒进第9个空杯里。

(4) 牛被绳子拴住了鼻子,但并没有拴在树上,可以随便走动,当然可以吃到饲料。

(二)开发想象力

有些人看到事物的现状,而问为什么会是这样。我幻想着事物从未有过的面目,并要问,为什么不是这样。

——乔治·肖伯纳

想象是思维的翅膀,没有翅膀创新思维就无法飞翔。没有想象,一粒沙子就只是一粒沙子,一朵花就只是一朵花;但若有了想象,就可从一粒沙子中看到一个世界,从一朵花中看到天堂。想象力可以通过以下方法来开发。

(1) 看电影和小说时,看到一定程度就暂停,想象或推断接下来的情节。

(2) 在纸上随意画出一个图形，发挥想象说出它是什么，在做什么？要变成什么？

(3) 用"假如……，那么……"造 20 个句子。

想象的技术不仅可以用于思维训练中，也可以用在生活中的任何地方。

(1) 如果你和同学发生了矛盾，想象出多种办法解决这个冲突。

(2) 如果你考前会紧张，那么花几分钟时间想象草地、微风、花香、宁静的湖水。

(3) 在头脑中绘制学校的地图。

(4) 生动、详细地想象五年后某天早上醒来，你会做什么？心情如何？和谁生活在一起。

时代发展，社会变迁，我们进入了一个科技高度发达的新世纪，谷歌百度的翻译能灵活翻译我们人类的各种语言，微软小冰、天猫精灵如同真实的人类般可与我们交流自如，特斯拉汽车无须司机便能到达目的地。人类唯一战胜阿尔法狗那个寒夜，疲惫的李世石早早睡下。世界在慌乱中恢复矜持，以为人工智能，不过是一场虚惊。然而在长夜中，阿尔法狗又和自己下了一百万盘棋。是的，一百万盘。 第二天太阳升起，阿尔法狗已变成完全不同的存在，可李世石依旧是李世石。人类的经验和知识不断被人工智能所吸收，并得以比人类更好地运用。然而，想象力却将一直是人类与 AI 本质上的区别，想象力让我们改变现在，创造未来，帮助人类飞到那些不曾到达过的地方。

五、反思体验

在以创新为首要推动力的 IT 业，坚持创新者并不多见。那些实现突破性创新的公司，总会被接踵而来的低成本复制者所包围，迅速败下阵来。而 Google 却能一直保持活力，这是为什么呢？

自 2003 年以来，Google 一直在内部实行"70-20-10 原则"：将 70%的力量投入核心业务，20%的力量投入相关业务，10%的力量放在探索业务。在这一精力划分体系下，每名工程师都有自己 20%的时间根据自己的爱好进行项目尝试。虽然并非所有人都创意无穷，但只是帮助那些有想法的工程师，已经可以让 Google 的管理者省去不少微观协调的力气。

这一制度更大的价值在于，这种自下而上的创意生成方式效率极高。传统的创新管理模式中，通常由某一个超级大脑设想好一套完整的创新方案，然后布置给很多人分头完成，最后整合到一起——这样的想法从一开始就过于复杂，而且操作过程中的沟通成本也很高。但如果是某个人独立实现其想法，就免去了很多沟通成本。

[摘自：Google 的斯坦福基因. https://www.douban.com/group/topic/33624pp21]

第四节　创　新　能　力

良好方法能使我们更好地发挥天赋的才能，而笨拙的方法则可能阻碍才能的发挥。

——贝尔纳

如果把创新活动比喻成过河的话，那么创新能力就是过河的桥或船，借助于它们我们才能达到目的。

一、身边的故事

被盗时可以自动报警的智能手机、能够根据人的需要自动调节的轮椅、能够钻到管道中进行清洁工作的机器人、可根据光线变化自动调节的窗帘机……这些充满智慧的科技发明都是 2006 年东南大学本科生学术科技创新成果展示会上,大学生们展示的最新科技创新成果。据统计,东大本科生 3 年来从事的各类科技创新项目就有近 3000 项。其中一些成果荣获全国大学生科技竞赛特等奖、一等奖或金奖。该校已有许多学生科技创新成果被企业看中,实现了转化,还有部分项目正在申请专利。

[摘自:本科生三年拿出三千项目. 扬子晚报,2007]

创意来源于生活实践,每一件作品都取材于生活实践,依靠所学的知识在实践中解决问题,再用于生活实践。只有在生活中敏锐地发现问题,创造性地解决问题,我们的创新能力才能得到真正的提高。

二、判断鉴别

请根据实际情况完成下面的小测验,看自己是否具有创新的潜能。A 表示经常如此;B 表示有时如此;C 表示极少如此。

1. 在游戏或其他放松活动中,我会突发奇想,尝试新的规则	A	B	C
2. 在思维疲劳的时候,我知道该怎样放松自己,让思想自由驰骋	A	B	C
3. 当产生新想法时,我喜欢与别人交流,从中会再受启发	A	B	C
4. 我认为网络资源、图书资料等能提供很多对生活有价值的信息	A	B	C
5. 不满意的日用品,我会动手组合、拆分或尝试其他方法改进一下	A	B	C
6. 遇到生活难题,我喜欢改变一贯思维、行为模式,尝试新方法	A	B	C
7. 在做出重要决定前,我喜欢扮演、想象可能出现的情况	A	B	C
8. 我喜欢阅读不同的书,与不同的人交往	A	B	C

【评分与评价】以上题目,选 A 得 2 分,B 得 1 分,选 C 得 0 分。

11~16 分之间,说明你充满活力,善于发现和利用资源,很具有创新潜能;

6~10 分之间,说明你可能会低估一些东西和活动存在的价值,但仍具有一定的创新潜能;

总分低于 6 分,不要泄气,放松自我,在生活体验中发展自己,相信有一天你会发现创新原来如此简单!

三、心理论坛

做一个小测试,请你用三条线穿过下面四个点。

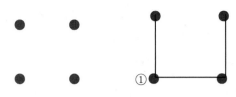 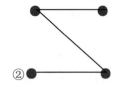

如果你连线方式是①②，表明你的创新能力较弱；如果连线方式是③，说明你有一定的创新能力；如果连线方式是④和⑤，说明你有较强的创新能力。

当你看到一个四点组成的盒子时，你的大脑倾向于"待"在这个盒子内，你采取的连线方式可能是①和②。而真正创造性的解决方法总是摆脱常规的束缚，创造性的大脑必须首先寻找常规外的解决方法。有些人可能会选择方式③，而有较强创新能力的人甚至选择④和⑤。对一个问题寻求常规外的解决方法需要一定的努力才能达到，这个过程需要我们经过思考、酝酿、顿悟和验证四个阶段。

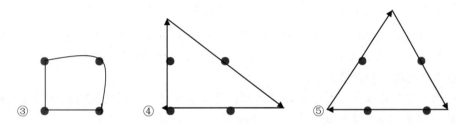

这四个阶段与创造性解决问题的四个阶段"发现问题——分析问题——提出设想——评价验证"基本一致。创新能力就体现在这四个阶段里。

1. 思考阶段

在此阶段，你已明确自己所要解决的问题，需要做好充分准备，然后围绕这个问题收集资料信息，并使之概括化和系统化，形成自己的知识，了解问题的性质，澄清疑难的关键等，同时开始尝试和寻找初步的解决方法。但往往这些方法行不通，问题的解决出现僵持状态。

2. 酝酿阶段

这一阶段包括分析问题与提出初步设想的过程。主要是对资料进行整理和加工，对问题做各种探讨性分析。创造所要解决的问题用常规的办法一般解不出来，常常要经过艰苦的分析思考，这种思考活动有时常会因过于困难而停止，实际上它仍可在人的潜意识中断断续续地进行，在睡梦中也不曾中断。在这个阶段，人们通常会交替使用创造性思维的各种形式，如直觉思维、发散思维、联想思维、想象思维等。

3. 豁朗阶段

豁朗阶段也称顿悟阶段。经过潜伏阶段的酝酿之后，渐渐会形成清晰而明确的解答，出现灵感、产生顿悟，新思想脱颖而出。灵感是智慧的闪电，使人顿时有"柳暗花明又一村"般光明愉悦、豁然开朗的感受。这个阶段摆脱了旧经验、旧观念的束缚，产生出新观念、新思想、新设想、新假说，是思维的飞跃和突破，是量变到质变，是整个创造过程中的关键时刻。

灵感的出现往往不期而至、突如其来。灵感什么时候出现、怎样出现、由什么事物刺激而产生，都难以预知。灵感闪现后，人脑处于极度兴奋状态。阿基米德在澡盆里突然想出鉴别皇冠金含量的方法时，竟忘了穿衣而赤身裸体地跑到大街上欢呼。灵感是直觉，而非逻辑思维，凯库勒看到环形蛇突然联想到苯分子的结构，就未经过有意识的逻辑思考。

4. 验证阶段

当完整的设想形成后，通常要进行评价、论证。论证过程需要修改、补充，得出比较成熟的结论。最后还要经过实践验证、扩大运用，以检验理论是否科学、合理及严密。

四、策略训练

策略一 充分准备、提出问题

(一) 储备知识，扩展视野

坐井观天，就会夜郎自大。视野开阔，博学多识，就会萌发新思维。

米兰·昆德拉，捷克小说家。他作过曲，画过画，写过诗和剧本，搞过音乐并从事电影教学，广泛阅读世界文艺名著。他的《生命不能承受之轻》，借用了音乐的四重奏结构，具有浓郁的理论和抒情色彩。

罗纳德·罗斯是医生、科学家、音乐家、作曲家和诗人，因发现疟疾传播方式而获得1902年诺贝尔生理学和医学奖。

地质学家李四光不仅散文写得好，旧体诗写得也好，即便是地质学的论文，同样写得"有声有色"。他的音乐造诣相当深厚，尤好小提琴。他在巴黎作的一首小提琴曲《行路难》，是中国人创作的第一首小提琴曲。

[摘自：米兰·昆德拉. https://baike.baidu.com/item/%E7%B1%B3%E5%85%B0%C2%B7%E6%98%86%E5%BE%B7%E6%8B%89p11792p3?fr=aladdin]

互联网是世界上最大的信息资源库，无所不包。利用网络往往能提取最大的信息量。

"海纳百川，有容乃大。"要与不同学科、不同专业的同学交流，兼收并蓄，集思广益，融会贯通，拓宽知识面，完善知识结构。

"读万卷书，行万里路"，阅历丰富，见多识广，则底蕴浓厚，视野广阔，易于创新。那么怎样丰富自己的阅历呢？

平时做一些兼职，放假时参加社会公益活动、做义工、参加社团当志愿者、打工，尽可能多地接触社会。

和不同阶层、不同职业、不同岗位的人打交道。扩大眼界，增长见识，积累经验，丰盈心灵，充实人生底蕴。

【做一做】

广泛阅读，特别要看那些远离我们专业的文章。不断问自己：对于同一问题，如果在自己的专业中，它是怎么样的？而在这本书里，它又是怎么样的？如果把这两个专业联系起来会怎样？

(二)处处留心，发现问题

提出一个问题往往比解决一个问题更重要，因为解决一个问题也许是一个科学上的实验技巧而已。而提出新的问题，新的可能性，以及从新的角度看旧的问题，都需要有创造性的想象力，标志着科学的真正进步。

——爱因斯坦

在许多人的观念里，创新始于宏伟目标而终于备受瞩目的结果。但实际上，细节才是创新之源，管理大师彼得·杜拉克说："行之有效的创新一开始可能并不起眼。"老子曾说过："天下难事，必做于易；天下大事，必做于细。"要想创新，就必须留心细节。

每个人在生活中都会遇到诸多不便。例如：

刚上完课的老师说："哎呀，真烦，又是一身粉笔末！"

用钥匙开门，却常常忘记取下。

笔放在文具盒里受到颠簸，墨水会洒出来。

下雨天打着雨伞，裤脚却容易弄湿等。

这些问题虽然很小，但和生活息息相关。如果我们留心观察生活，始终保持一颗慧心、一双慧眼，多思考生活中的不便，就能找到许多创新的主题。

生活垃圾的污染为人们所关注，绝大多数家庭都是各种垃圾混装，造成垃圾间的化学反应，形成二次污染，给垃圾的分类处理带来了极大难度。对垃圾及时准确地分类能为垃圾的回收利用提供很大的便利，这个我们大家都能想到，但到底怎么解决这个问题呢？

经过反复实验改造，小 A 制作出了家用分类垃圾桶。

家用分类垃圾桶结构图

最初他只是简单地分成三个桶分类放置垃圾，三桶各自独立，分别配置桶盖和弹盖踏脚。考虑到三桶独立，均需在桶盖及踏脚处配备相应的两个传动装置，内部结构复杂烦琐，小 A 便对弹盖装置进行改造，将踏脚改成翻盖按钮。实验后发现手摁桶盖极不卫生，在书桌抽屉的启示下，又将分类小桶改制成通过踩下踏脚，使桶弹开呈倾斜状由侧面投掷垃圾。这样既简化了内部构造，使用起来也方便卫生。

[摘自：朱五路. 家用分类垃圾桶. 发明与创新(学生版)，2006]

小 A 的发明是在不断提出现有垃圾桶的缺点并改进这些缺点的过程中实现的。例如，现有垃圾桶只能混装，会导致二次污染；三桶独立，结构复杂；手摁桶盖极不卫生。心理学家吉尔福特说："科学家成功与否，很大程度上取决于他提出问题的能力。"

我们可以通过以下方法提高创造性发问的技巧。

1. 缺点列举法、希望点列举法

对现有的事物，如果我们能指出它的缺点，再针对这些缺点加以改良，创意就会油然而生。同时，就某项物品或事物积极地幻想，希望它还能有什么优点，不管是否可行都列出，因为今日不可行不代表未来也不可行。

【试一试】

(1) 欧洲人喜欢喝茶,但他们的鼻子较大,当茶水少于半杯时,鼻子便碰到杯沿上,若想喝完茶水,必须仰起脖子,既不方便,也有失绅士风度。怎么办?

(2) 浙江临安是优质山核桃的主产地,但"山核桃好吃壳难咬",这该怎么办呢?

(3) 刚开始学开车的人经常搞混刹车和油门,引发交通事故,有没有办法解决?

(4) 离开家后忘记关窗,家中窗子被风击碎,晾的衣服被雨淋湿,有什么办法解决吗?

2. 检核表法

用一览表对需要解决的问题逐项进行核对、设问,从各个角度启发创造性设想,以促进创造和发明,或解决学习和生活中的问题。请参考第一个实例,完成下面的表格。

方　　法	实　　例
用途—移植法(有无他用或可否改进产生新用途)	电吹风:将其改进成被褥烘干器和干鞋器
借用—引入法(能否引入其他创造性设想)	圆珠笔:
改变—改变法(能否改变形状、颜色、味道等属性)	服　装:
扩大—扩大法(能否扩大使用范围,延长使用寿命等)	计算机:
缩小—微缩法(可否缩小体积,减轻重量,缩短时间等)	钱　包:
颠倒—逆反法(可否颠倒过来)	吸尘器:
更换—系列创新法(可否更换型号或变换顺序)	电　脑:
组合—组合技法(可否与其他发明组合在一起)	手表与MP3:
代用—材料替换法(有无代用品)	列举某物效果更佳的代用品:

3. 6W2H法

我国著名教育家陶行知先生提出6W2H法,分别指示如下。

(1) why　　为什么需要创新?　(2) what　　对象是什么?　　(3) where　从什么地方着手?
(4) who　　谁来承担任务?　　(5) when　什么时候完成?　　(6) how　　怎样实施?
(7) which　选哪一个?　　　　(8) how much　达到怎样的水平?

这种方法通过连续提问题,构成设想方案的制约条件,设法满足这些条件,便可获得创新方案,他把这种提问模式叫作教人聪明的"八大贤人"。为此,他写了下面这首小诗。

"我有几位好朋友,曾把万事指导我,你若想问真姓名,名字不同都姓何:何事、何故、何人、何如、何时、何地、何去,还有一个西洋名,姓名颠倒叫几何。若向八贤常请教,虽是笨人不会错。"

【试一试】

某商店生意清淡,请你运用6W2H法给店主出出主意,改变现状。

why　　　　为什么设此店,有无需求?
what　　　 批发零售、百货专营、维修服务、增加服务项目。
where　　　离车站近、离居民区也近、为旅客服务、增加旅客上车前后所需商品。
who　　　　谁是顾客、旅客、居民?未把旅客当作主要顾客,增加为旅客服务项目。
when　　　 何时购物?旅客寄存行李、办理托运。

how　　　　怎样招徕更多旅客？此店不醒目，增设路标、购物指示牌。
how much　　改进需多少投入？能得多少效益？本店有无投资能力？

俗话说："书读百遍，其义自见。"实际上我们可以把这句话借用到创新上来："设问百遍，创意自现。"你说是不是这样？

【做一做】

随时关注。随时关注自己要解决的问题的一些相关信息，仔细观察，认真体悟生活。
随意寻找。应用各种创新技法，随时寻找创新的灵感。
随手记录。随手记下自己好的想法，这些有可能就是解决问题的好办法。
抓紧检验。一旦有了好的灵感，抓紧时间进行试验或检验，争取尽早地解决问题。

策略二　扩展思维模式

(一)逆向思维训练

逆向思维，即从反面探索问题和解决问题的思维。例如，"司马光砸缸""人离水"与"水离人"，这就是相反方向的思维。

某处有这样一项法律：被判死刑的人有一次拈阄的机会来决定生死。一秀才被人陷害打入死牢。陷害他的人买通制阄人，使两签上的字均为"死"。秀才的朋友探知此消息，认为秀才必死无疑。但秀才一听喜形于色，道："我有救了。"执行之日，果然得活。

请问秀才采取了什么办法死里逃生？

当要拈阄时，秀才随便抓一个往口里一丢，说："我认命了，看余下的是什么吧？"

[摘自：吴甘霖. 思路决定财路[M]. 北京：东方出版社，2005]

有时我们做一件事情，从正面着手解决不了，这时逆向思考往往能使我们独辟蹊径，在别人没有注意到的地方有所发现，使我们在多种解决问题的途径中获得最佳方案。

(二)发散思维训练

在创造和解决问题的思考过程中，从已有的信息出发，尽可能地向各个方向扩展，不受已知或现存方式、方法、规则和范畴的约束，求得多种不同的解决办法，衍生出各种不同的结果。这是多向的、立体的和开放型的思维。

【试一试】

(1) 列举某类特征的各种物品，例如举出 30 个圆形的物体。
(2) 对某些问题设想出多个答案，例如鸵鸟为什么不能飞？
(3) 物体用途联想，例如举出铅笔的 50 种用途。
(4) 问题解决办法，例如怎样才可以把掉到沸水里的硬币捞出来？

(三)聚合思维训练

聚合思维与发散思维相对应，是一种有方向、有范围、有条理的收敛性思维方式。

1. 求同法

求同法是形式逻辑思维中寻求因果关系的一种方法。

以前许多地方甲状腺肿大盛行，人们不知道是何原因，后经多方面调查比较发现，这些地区的共同情况是土壤和水流中缺碘，居民的饮食和饮水中也缺碘。验证发现，缺碘是引起甲状腺肿大的原因。

[摘自：https://baijiahao.baihao.com/s?id=160777127583p203075&wfr=spider&for=pc]

2. 求异法

求异法是从两个或多个场合的差异中寻找原因的方法，如果某种现象在第一种场合出现，在另一种场合不出现，而这两个场合只有一个条件不同，那么这个条件就是这一现象的原因，寻求这一条件的方法就叫求异法。

某山区，有人发现了一个"怪洞"，狗、猫、老鼠等动物走进去，很快就会倒地而死，而人与马、牛在洞内却不受影响，用求同法分析，得出共同条件，凡头部靠近地面的动物就会死亡。

[摘自：求异法．http://jiaoyu.huangye88.com/xinxi/24661861.html]

3. 共变法

所谓共变法就是当某一因素发生变化时，另一因素也随之发生变化。由此可推知，这两个因素之间可能存在着因果关系，前一因素是后一因素变化的原因。

在其他条件不变的情况下，气温变化能引起水银体积的变化，气温升高，水银体积增大，温度降低，水银体积则缩小，温度变化与水银体积变化之间存在着共变关系，而温度变化是引起水银体积变化的原因。这就是制造温度计的根据。

4. 排除法

排除法的思考过程是这样的：先考察某个复合现象，找出引起这个复合现象的复合原因，其中有些具体现象的具体原因确定了，而另一些现象的原因不能确定，然后把已经确定了原因的现象一一排除，那么剩余的部分就可能有因果关系。

在诊断疾病时常用剩余法对病人进行诊断。病人的某些症状可能标志着某些疾病，当"被标志"的几种病一一排除，最后剩下不能排除的疾病就是这个病人患的病症。

[摘自：https://baijiahao.baidu.com/s?id=16077712758839203075&wfr=spider&for=pc]

(四)侧向思维训练

几年前起，几乎每个家庭都有电冰箱了，已经持续了很长一段时间了。这种高度成熟的产品竞争激烈，利润率很低，很多厂商显得束手无策，而日本人却异军突起，发明创造了一种与19英寸电视机外形尺寸一般大小的微型冰箱。

当微型冰箱投入市场后，人们发现除了可以在办公室使用外，还可安装在野营车娱乐车上。于是，全家人外出旅游，舒适条件全部具备。微型冰箱改变了一些人的生活方式，也改变了它进入市场初期默默无闻的命运。

[摘自：张来顺．管理学基础[M]．湖南师范大学出版社，2011]

微型电冰箱与家用冰箱在工作原理上没有区别,其差别只是产品所处的环境不同。日本人把冰箱的使用方向由家居转换到了办公室、汽车、旅游等其他侧翼方向,有意识地改变了产品的使用环境,引导和开发了人们的潜在的消费需求,从而达到了创造需求、开发新市场的目的。

策略三　寻求支持、营造氛围

在酝酿阶段,遇到的问题经过艰苦的分析和思考,却因无法找到适宜的方法,表面上看来停滞不前,实际上它仍在潜意识中进行着。在此阶段,我们要营造良好的氛围,把灵感激发出来。良好的创新空间是培养创新欲念的摇篮,它就像催化剂一样,能够加快思想交流,激发灵感与热情。营造创新空间包括"硬件环境"和"软件环境"的建设。任何活动的进行都离不开社会环境和心理环境。每个人都会受到周围环境气氛的影响。触景生情,触类旁通,使问题得到解决。

(一)构建宽松物理环境

设施完善,环境优雅、舒适、温馨,使人心情舒畅,轻松愉快,容易迸发思维火花。

Google 创造了 21 世纪以来最大的商业奇迹,而这一奇迹离不开它为员工创造的良好设施与环境。总部风景优美,提供免费的三餐、医疗;办公区设有供随时取用的各种美食饮料,并设有台球桌、桌上足球、按摩椅,以及专门为童心未泯的工程师准备的玩具和记载员工异想天开的白板等;公司甚至允许员工带狗上班,或付每 2 小时 25 英镑的钱给专门带狗散步的人员,他们会替员工照顾宠物。

[摘自:传说中的美国 google. http://blog.sina.com.cn/s/blog_642fdecf0101pvi3.html]

宽松的物质环境是创新的助推器,这种环境使每个人身心都处于惬意、自然、愉悦、和谐的状态,使创新成为可能。

(二)构建宽松心理环境

俗话说"三个臭皮匠,顶个诸葛亮""众人拾柴火焰高"。集体探讨有助于灵感的产生,有助于自己想法的改善。当我们难以独自攻关时,就可以寻求集体的力量。

不同的思维类型、不同的专业、不同的人格特征的人对问题的思考角度也不同,相异的思维方式孕育着创新的思路。因此,我们可以根据所要解决问题的性质和自己的思维特点,组建合适的智囊团。在组建智囊团前,需要考虑好以下三个问题。

(1) 所需解决的问题是什么?
(2) 我所想到的思路是什么?
(3) 最善于解决此类问题的有哪几位?

组建好自己的团队后,接下来要做的是组织大家进行讨论。讨论的场所可以是寝室、教室、校园内的开阔广场,也可以通过微信群、QQ 群、zoom 会议等网络形式开展。集体讨论过程中不可忽视来自任何人的建议,所有的主意都将被记录下来,讨论结束后才予以评价。讨论的具体步骤如下。

(1) 选择一位主持人和一位记录员(也可以是同一个人)。

(2) 建立讨论活动的规则。规则包括：主持人控制讨论进程；承认每个人作出的贡献；确保没有侮辱、贬低或者评价其他人的观点；声明没有一个答案是错误的；记录每一个回答；设定发言时间限制，到时立即终止发言。

(3) 通过集体讨论来界定问题，确保每个人对将要探讨的问题都有清晰的了解。

(4) 进行集体自由讨论。记录员记录下所有的回应，讨论结束前不要评价或批评任何回答。

(5) 集体讨论结束后，检查记录结果，开始对各种回应进行评价，以精简记录清单。要求：寻找所有重复或相似的答案；将相似的聚集在一起；剔除明确不合适的回应。

(6) 精简记录清单后，继续运用小组讨论的方式，讨论剩余的回应内容。

【试一试】

根据以下问题，请你组织几位同学进行集体讨论。

近些年发生的保姆虐童事件、"红黄蓝"幼儿园事件让人感到心寒和沉痛，请你分析和思考：出现这样的事件的原因有哪些？可着手改变的关键点在哪里？可以采取哪些方法进行改善和预防？

策略四 产生顿悟、出现灵感

伟大发明的种子其实都一直漂浮在我们四周，但是它们只会在已经准备好接纳它的心灵中生根。

——约瑟夫·亨利

许多科学家、文学家都谈到过灵感和顿悟在创造性思维中的作用。

高斯在谈到他求证数年未解的一个数学问题的一段经历时说："终于在两年以前我成功了，……像闪电一样，谜一下解开了。我自己也说不清楚是什么导线把我原先的知识和使我成功的东西连接了起来。"

科学家彭加勒在紧张地进行一段时间的数学研究之后，就到乡间去旅行，他说："我的脚刚踏上刹车板，突然意识到一种设想……，我用来定义富克斯函数的变换方法同非欧几何的变换方法是完全一样的。"

[摘自：思维的一般概念. http://www.docin.com/p-738835110.html]

灵感并不是神秘莫测的东西，它是长期积累、艰苦探索和创造性思维中必然性与偶然性的统一，是创造性思维过程中的认识飞跃的奇特心理现象。可通过以下方法获得。

(一)模仿原型

善于观察周围发生的一切，从某种事物的性能或某一动植物的特性中得到启发。

鲁班小时候跟师傅上山砍柴，不小心被芭茅草拉破了手，仔细观察芭茅草，原来草叶口上有许多排列整齐的小齿，于是他发明了木工用的锯子。

下雨天，有时雨水顺着雨衣流进鞋子。有同学发明了一种充气雨衣，雨衣下面是一个气圈，充气后雨衣张开，雨水便不会灌进鞋子了。

[摘自：模仿与联想. http://www.docin.com/p-104577113.html]

第三章 学习与创新

从芭茅草割破了手指到锯子的诞生,是一整个创造过程,芭茅草便是引起创造性思维的"原型"。现在我们知道了什么是"原型启发"及其对创新的作用,请问充气雨衣的原型是什么呢?

原型启发也被称作模仿思维法,但简单生硬地照搬是不行的,还要有创新。由于具有启发作用的原型与所要解决的问题之间有着相似之处,加上创造性思维活动,就形成新的构想方案。上面充气雨衣的构想,就是从芭蕾舞旋转长裙和游泳圈两个原型得来的。

(二)搁置和暂停

有学者在研究"智慧玩具"的实验中,看到有些被试过分固执地使用一种处理方法,虽然总是失败,但还不放弃。这时,实验者请被试将"智慧玩具"放在一边搁置一段时间再来摆弄它时,几乎立刻就能解决。

[摘自:http://www.iacore.com.cn]

长期用一个思路去研究问题,思维定势易使思路闭塞和思想僵化。我们可以暂时把问题搁置一边,过几天或数周后,那时旧的联想、思路可能有所遗忘,新的思路可能产生。这是由于定势被打破后,新观点的来到就成为可能。

不过,只是搁置暂停本身并不能带来灵感,灵感是大脑所拥有的一种神奇思维方式。灵感如同大脑思维反应场中潜藏着的巨大"思维核能",犹如一座时而潜伏、时而活跃的"创新思维火山"。但灵感的瞬间爆发是以长期的艰苦探索、思考酝酿为基础的。只有不断努力,积极探索,"灵感火山"才可能爆发。

记者问门捷列夫:"是什么灵感让您发现元素周期律的?"

门捷列夫回答道:"这个问题我大约考虑了近二十年,而你却认为,坐着不动,突然成功了!事情并不是这样的!"

[摘自:麦冬. 经典思维50法:比智慧更圣安的是思维[M]. 内蒙古人民出版社,2006]

(三)畅快地玩

游戏是生活的伴侣,是组织愉快、幸福生活的手段,游戏的过程正是创造力发生的非同一般的过程。

——夸美纽斯

在遇到瓶颈期的时候,学会玩,利用玩来放松心弦、扫除困顿、情感宣泄、想象奔放、思绪驰骋,在这个轻松、自在的过程中,我们思维的火把重新点燃,到达"有心栽花花不开,无心插柳柳成荫"的境界。

1. 角色扮演

角色扮演就是设身处地,扮演一个在真实生活中不属于自己的角色行为,尝试和体验另一种生活方式和行为模式,扩展生活知觉,促进行为的弹性和适应性。

自然界的生物可以成为我们假想的自我:鸟儿在天空中,他们是怎么样的感受呢?水中的小鱼又在想些什么?这些都可以成为我们扮演的对象。

现实和虚拟中的人物也是我们模仿的对象。我们可以将自己想象成一部热播电视剧、一出戏、某篇小说中的人物，也可以模仿身边的人的言行、自己的家庭场景等。

一些目之所不及的东西，如电子、分子、细菌等，也可以拿来扮演扮演，毕竟异想天开能给生活增加一分不平凡的色彩。

【做一做】

假想自己是辣椒、茄子、西红柿、萝卜、白菜、菠菜中的一种，以表演的形式结合自己的身体部位讲述每种蔬菜的食用部位、味道口感及营养价值。

2. 翻译感觉

每种感官都有属于自己的语言，假如能够将一种感觉用另一感觉来表示，将特别有趣。请仿照下面的例子，将一种感觉中的形象翻译到另外一种感觉之中。

> the voice of your eyes is deeper than all roses
> nobody, not ever the rain,
> has such small hards.

[摘自：卡明斯的诗. 我从来没有去过的地方]

P. J.哈维两盘专辑的变化很大。前者 P. J.哈维单纯的声音配着单纯的鼓点，纤细的歌声像走在钢丝上，有一种凄绝的美，尖细的声音让你担心她会从钢丝上跌落下来。一首首歌都跟耳边絮语似的，犹如杨花白雪，漫天飞舞，柔软地铺满一地，却只是虚幻。后一盘专辑如嘶鸣般的呼喊，像是风助火势，歌声变得像风雨中的鸟飞翔那样惬意。但有时也像淋在雨中的花，一朵朵被雨水蹂躏得变湿变软，飘零一地，花容失色，却不甘心地从地上借风吹起，梦想着像鸟一样飞上天空。

[摘自：肖复兴. 你是我惟一从未讲过的故事. 文化月刊，2005(6)]

(四) 随时捕捉和记录

爱因斯坦有一次在朋友家里吃饭时，与主人讨论问题，忽然间来了灵感，他提起笔，在口袋里找纸，一时没有找到，于是就在主人家的新桌布上写下了公式。

施特劳斯在一个优美的环境中休息，突然灵感火花涌现，当时他没有带纸，急中生智的施特劳斯迅速脱下衬衣，挥笔在衣袖上谱成一曲，这就是后来举世闻名的圆舞曲《蓝色多瑙河》。

英国文学史上著名女作家艾米莉·勃朗特年轻的时候，除了写作小说外，还要承担繁重的家务。她在厨房劳动的时候，每次都随身携带铅笔和纸张，一有空隙，就立刻把脑子里涌现出来的想法写下来，再继续做饭。

[摘自：别雪君. 物理学发现中灵感的特征与类型[J]. 华中农业大学学报，1997, 16(5): 422~426]

五、反思体验

阅读下面的案例，分析故事中都用了哪些创新方法和思维方式？

六十多年前的达特茅斯会议，提出了 Artificial Intelligence 的课题，目的是让逐渐成熟的计算机能够代替人类解决一些感知、认知乃至决策的问题。最初的方法是通过专家编制

规则，人工教授机器下棋、认字乃至语音识别。在今天的我们看来，这样的方法是很不合理的——人类的视听器官虽然很发达，却并没有能力总结提炼其中的规律，却又让这样的人类来教人工智能学习。于是，人工智能的美好憧憬中迎来了残酷的现实，学者们发现解决问题还非常遥远。但有些思维灵活的学者们发现，既然靠人指导不行，那从数据里统计规律，用总结的规律来培养人工智能。在这样数据+统计的方法论下，诸如人脸识别、手写识别等一些较为简单的问题迅速取得了重大进展。而随着大数据时代的来临，近几年人工智能的发展更是飞速前进，部分达到实用水平，迈入我们的生活，给我们提供了便利。

制造晶体管的原料是锗，全世界都在研究如何才能把锗提炼得更纯。新力公司的江崎博士也孜孜不倦地探索，尽管十分小心地操作，但总不可避免地混进一些杂质。于是他想：既然绝对提纯不可能达到，倒不如干脆采取相反的做法，故意一点点地添入少量杂质，看一看能提炼出什么样的晶体。照此方法，他进行了一连串的实验。结果，当他们把锗的纯度故意降到一半时，一种极为优异的半导体晶体诞生了，为此，江崎荣获了诺贝尔奖。

[摘自：组合创新法. http://www.tecsun.com.cn]

第四章 人际关系

All peoples will come to live together in a peace guaranteed by the binding force of mutual respect and love.

——艾森·豪威尔

学习如何与人相处是大学生人生课堂的一门必修课,对于每一位同学来说,学会与人相处都伴随着宿舍人际、班级人际及职场人际的始终。

第一节 宿舍人际关系

居不必无恶邻,会不必无损友,惟在自恃者两得之。
剖去胸中荆棘以便人我往来,是天下第一快活世界。

——(明)陈继儒《小窗幽记》

大学宿舍人际关系是社会人际关系的缩影,是大学生思想、行为及情感的晴雨表。

一、身边的故事

进入大学以来,小涛能力出众,被老师委以重任……就在小涛暗自高兴时,室友却慢慢地疏远了他。每当小涛回到宿舍,室友的谈话就戛然而止,问缘由,说:"你是名人,我们哪能和你聊天啊。"小涛主动搭话,他们也总拿酸溜溜的话来刺激他。现在,室友们无视他的存在,几乎不和他说话,为此,小涛痛苦不已。

【想一想】

室友为什么这样对待小涛?
小涛怎样才能既获得好成绩又让室友不疏远他?

寝室 8 个人,小浩是寝室长。大家制定了值日表,可总有两个同学不打开水、不扫地,也不注意个人卫生。小浩想着帮他们多干点也没什么,但时间长了,就觉得心里不平衡。大家同在一个屋檐下,为什么他们就坐享其成呢?"

【想一想】

帮寝室长分析一下,室友为什么不做分内的事?
想个办法,怎样让不值日的室友愿意做自己的分内之事?

小涛被孤立,一方面源于室友的嫉妒和不服气,不把他看成集体中的一员,排挤他;另一方面由于小涛不能很好地融入宿舍这个小集体,不能站在室友的角度去考虑问题。寝室长为难,一方面由于他缺乏管理艺术和技巧;另一方面由于室友养成了不良行为习惯,缺乏在小集体中生活应有的规范和约束。

宿舍人际关系一直是困扰大学生的重要问题，一位学者说："当前很多大学新生不能处好宿舍人际关系，导致郁闷感、孤寂感，甚至发展成宿舍焦虑症。"

二、判断鉴别

我们生活在同一个屋檐下，宿舍就是我们的家。"家"里的人际关系处得怎样？请在符合你的宿舍情况的题号前打"√"。

( ) 1. 宿舍里常常发生联手排挤某个人的现象。
( ) 2. 即使室友们都在宿舍，也经常处于鸦雀无声的状态。
( ) 3. 经常有作息时间争论战，比如何时关灯等。
( ) 4. 有的室友的行为经常引起大家不满。
( ) 5. 为了明哲保身，大家通常都不会指出室友的错误做法。
( ) 6. 宿舍分为两三个小团体，团体之间互不理睬甚至有较大冲突。
( ) 7. 有恃强凌弱现象，而且比较严重。
( ) 8. 通常大家的做法都是"各家自扫门前雪"。

如果你打"√"的命中率超过 3 个，说明你处在一种关系不良的宿舍人际关系中，会对大家的身心造成不良影响，必须寻求方法改善了。

三、心理论坛

(一)宿舍人际关系的负面影响

宿舍人际关系是大学生在校期间与室友们在宿舍里互动形成的心理关系。能否处理好宿舍人际关系是衡量大学生人际交往能力大小、心理素质高低及为人处事是否得体的一杆标尺。除去睡眠时间，大学生每天在宿舍待 5.5 小时左右，与室友的接触与交往比与其他任何人的时间都长。因此，与室友的关系融洽与否，直接决定了一天的大多数时间里心情是否愉快。

宿舍人际关系不良会严重影响心理健康，表现在如下几个方面。

首先，易使宿舍成员感到孤独。"踏着铃声进出课堂，宿舍里面不声不响，互联网上倾诉衷肠。"有的同学说："到大学后，总觉得每个人脸上都蒙着面纱，谁也猜不透别人在想什么，也不敢轻易在别人面前袒露自己，甚至在寝室也要隐藏自己，感到很孤独。"宿舍人际关系不良使一些同学感到同学之间人情冷漠，彼此之间缺乏交流、信任，使宿舍成员倍感孤独。

其次，易造成心理障碍，产生心理疾病。因为一些琐事宿舍里爆发争吵，争吵后就是持续的冷战。虽然住在同一个宿舍，低头不见抬头见，但相互之间连招呼都不打，更不要说交流，人和人之间距离好远，就会觉得特别孤单。宿舍人际关系不良使一些同学产生严重的人际挫折感和自卑心理，甚至会产生社交恐惧症。严重的人际纠纷造成的持久精神痛苦还可能引发神经症或精神疾病。

再次，易产生冲突甚至造成悲剧。复旦大学学生林森浩因生活琐事对室友黄洋不满，怀恨在心，将至少 30 毫升(超致人死亡剂量 10 倍以上)的二甲基亚硝胺注入饮水机，直接导致黄洋的死亡。无独有偶，南京一名男大学生遭宿舍同学虐待，摧残手段近乎变态！辱骂、殴打、逼跳脱衣舞等。起因是该男生太懦弱，宿舍同学看不起他。可见，宿舍人际交往非常密切，而近距离交往容易带来各种误会、大小摩擦，处理不好，则容易酿成悲剧。

最后，不和谐的宿舍关系可能会导致宿舍成员长期处于郁闷、沮丧、孤独等不良情绪当中，长此以往，必会使身体健康受到影响，引发多种生理疾病。此外，如果寝室矛盾无法调和，可能会出现肢体冲突，使宿舍成员遭受身体上的伤害，严重时可能会导致一些骇人听闻的悲剧与惨案。

(二)良好宿舍人际的作用

不良宿舍人际关系严重影响身心健康，而好的宿舍人际关系却会促进大学生身心健康发展。宿舍是大学生的"第一社会、第二家庭、第三课堂"。它是一个小型社会，是大学生的"新家"，又是一个无形的课堂，可以教给我们书本中没有但对身心健康至关重要的知识。

山东交通学院有一个寝室被网友们称为"最牛寝室"，寝室里六个男生，不论是原本就成绩好的"学霸"，还是在年级中并不突出的"学渣"，全部考研成功。那么他们是如何取得这样好的成绩的呢？他们的一句话也许可以为我们揭晓答案。"舍友的支持是我不断前进的动力，舍友之间的帮助让我顺利解决各种困难。"这是六个男生在接受采访时所说的。也正是室友间的互相支持，让他们都能实现自己的梦想。在日常生活中，六个男生也十分注意与室友间的相处。当产生分歧时，六个人便让大家都信服的人制定一条"寝室公约"，大家自觉遵守，解决矛盾；当有人泄气想要放弃时，室友们也互相打气鼓励。就这样，他们完成了一项壮举。

[摘自：山东最牛宿舍六男生全部考研成功. http://edu.163.com/13/0510/18/8UHJHCBQ00294JNM.html]

好的宿舍人际关系对大学生促进作用如下。

首先，能够稳定情绪、补偿情感缺失。新同学由于人际关系的变换，会感到特别不安和孤独。他们和同住一宿舍的人最先熟悉起来，随着宿舍成员之间友谊的加深，可以逐渐代替对亲人、中学伙伴的思念，稳定了情绪。

其次，能够锻炼意志、培养良好的行为习惯。同住一个寝室的舍友，一言一行会潜移默化地影响和改变自己的看法和行为，如果在大学住宿期间养成了乐于助人、生活简朴的良好习惯，它将让你终身受益。

最后，能够对成长起导向作用。宿舍文化氛围在无形中引导着成员追求的目标、方向和实践内容。如果整个寝室有着积极向上的好氛围，它将会促进成长，帮助大家获取成功和幸福体验。

(三)宿舍人际关系的特点

宿舍人际关系之所以能对成员产生这样大的影响，是跟宿舍人际关系的以下特点有关。

第一，宿舍里人和人之间时空充分接近，矛盾相对集中。每个同学的一切在时空充分接近的宿舍里显现出来，从而使宿舍成员之间不可避免地产生矛盾和紧张。例如，迟睡或

早起的学生与入睡困难的学生之间等。

第二，小群体约定俗成的规范不易保持。在一个宿舍中，有的同学喜欢不打招呼就用别人的东西，还有些同学喜欢开着灯睡觉。虽然都是小事，但日积月累就会产生矛盾和冲突。

第三，学生对宿舍成员有较高的预期。古话说"远亲不如近邻"，许多远离家乡的大学生都将宿舍当成了第二个"家"。但因为文化环境与社会经验等的差异，在这个"家"中矛盾在所难免。

第四，能够为学生提供良好的交流环境。成员之间空间距离的缩小，使同一宿舍的学生能够进行更加充分的交流，最初的矛盾与分歧得以在沟通中得到解决，成员之间更容易获得密切的关系。

第五，无论是环境还是感情都更加单纯。大学生之间的人际往来目的单纯，相比于社会成员来说，"人情"与"面子"更少被提及。感情的纯粹，使宿舍成员更容易获得比旁人真诚的友谊，也使人际联系更加密切。

四、策略训练

策略一 提前规范宿舍公约

如果我们不注重集体礼仪和规范，就会造成很多不愉快。为避免日后矛盾，我们可以先明确宿舍公约。

(一)协商作息时间

晚睡的一方动静太大，影响正常休息的同学。这样的矛盾在没有熄灯制度的寝室尤为突出。更有甚者，为了报复自己头天晚上受到的"不公正待遇"，第二天起床时会故意将脸盆、凳子弄得乒乓响……

只有大家协调一致、共同遵守，才能减少争执，消除摩擦，维持正常的生活秩序。对于统一作息时间，我们该怎么做呢？

【小调查】

(1) 有没有室友是"夜猫子"型(夜里12点以后睡觉)的？有没有室友是早睡型(晚上10:30以前睡觉)的？有没有人喜欢开着灯睡觉？

(2) 室友中，有没有睡觉时对声音和灯光很敏感的？你们会怎么协调？

(3) 现在宿舍里有一致的作息时间吗？大概是什么时候？

(4) 是否需要讨论来形成统一的作息规定？如需要该如何进行最好？

(5) 如果熄灯后，室友已入睡，但你还有事要做，你会怎么处理你的言行？

每个宿舍都有其特殊性，作息时间也是各有差异，可以参考以下方法来做：

(1) 宿舍全体成员应当尽量统一起居时间，减小作息差距。

(2) 给他或她直接提意见，但注意不能当着众人的面，以免使对方难堪、丢面子。

(3) 如你是"夜猫子"，可以和室友一起提前洗漱，待他们休息后，尽量减少声响和灯光对室友的影响，这样就不会影响到室友休息。

(4) 如果有人违反了作息制度，可以安排其打扫宿舍卫生 3 天等。

(二)协作做好宿舍卫生

地上铺满瓜子壳、废纸制成的"地毯"，踩上去会发出声响；想要寻找一把扫帚，却发现它已掩埋在垃圾里；无奈深呼吸一口，才发觉空气也弥漫着一股异味……爱干净的同学或寝室长一旦意识到自己已经成为寝室里唯一的"清洁工"，心头的不快就累积起来了。

宿舍每位成员该做的杂务，不仅仅指做好自己的事，也包括做好集体的事。协商并在宿舍公约中对宿舍卫生进行约定，相互协作做好宿舍卫生，才能营造良好的宿舍人际环境。

【小调查】

(1) 你认为你的宿舍卫生情况怎样？一星期打扫几次寝室卫生合适？
(2) 寝室里是否讨论过制定值日表的问题？是否已制定了值日表？
(3) 现在宿舍成员按值日表履行吗？如果有人没有履行规定，会怎么"惩罚"？

我们须尽力做好属于自己的那份杂务，不要指望别人来"帮助"你，要养成凡事亲力亲为的好习惯。对于没有履行值日义务的室友，我们也可以进行如下适当的"惩罚"。

(1) 罚扫一个星期的地。
(2) 交一定数额的罚款，作为寝室费，以备买公共物品之需。
(3) 在宿舍讨论会上对这一星期的卫生情况进行总结，大家公开说出不满和需要改进的地方并进行自我教育和反省。

策略二 细节决定关系

在一个小集体里，我们只有注重生活上的细节，才能与人和谐相处。

(一)不搞小"团体"

小陈与寝室同学小刘关系比较好，在别人眼中是一对同进同出的好兄弟。可在小陈看来，有个"好兄弟"有时反倒成了烦恼。一来失去了和寝室里其他同学相处的机会，他已经感觉到寝室里其他同学的不满。二来小刘让他少了太多私人空间：小陈爱睡懒觉，却总被小刘拖起来跑步；小陈跟老乡聚会或是找高中同学玩，小刘也总喜欢跟去。

与同宿舍中某一个人太过于亲近，无论干什么事都喜欢和某一个人在一起，这不利于建立和谐的宿舍人际关系。在宿舍里，对每个人要尽量保持平衡，掌握与室友相处的最佳距离。只有像刺猬一样保持适度距离，我们才可以相互"取暖"而不刺伤对方。

吃饭、外出、上课的路上等，不长期固定和某一两位室友独来独往。

不要长期和某一位室友"咬耳朵"、说悄悄话。

寝室里，保证和每一个室友都说话，并且每人的话量相当。

(二)不逞口舌之快

"我最讨厌的是每次发生争论，不管什么话题，他总要把我彻底驳倒才罢休。在'卧谈会'上，他也总喜欢争辩，大多情况下，他会在'寝室辩论'中取得全胜，但最终大家都闹得不欢而散，好好的氛围和话题，都给他搅和了。"

在嘴巴上占便宜的人给人感觉太好胜，让人难以相处。爱争论的同学不妨这样做：

待室友说完再说。

说话时心平气和。

不说脏话和侮辱对方的话。

就事论事。

话音不要太高，以免室友觉得你在与之争吵。

(三)不触犯室友隐私

两女生一直不和，其中一名女生偷录另一名女生跟男友的聊天语音并发到群里，造成冲突。

"我好生气，她怎么能那样！乱翻我东西，也不和我说一声，一点都不尊重人，她还喜欢打听别人的隐私，太'八卦'了！"

宿友相处，注意以下两点：①未经同意，切不可擅自乱翻其物品，不要随随便便，以为是熟人就忽略了细节。②同住一个宿舍，有时难免知道舍友的某些隐私，我们要守口如瓶，将舍友的秘密告诉他人不仅是对舍友的不尊重，也是不道德的。

(四)不拒绝小惠，报之以感谢

即使没有什么可以回赠，大方地、自然地接受礼物，等于是回赠。

——亨特

有的同学从来不吃别人的东西，无论怎样她(他)都不接纳其他同学的礼物、食物或其他的好意。慢慢地，就会给人"疏远""僵硬""不好接近"的感觉。

接受别人的邀请或好意，从某种意义上说，也是对他人的尊重。有的时候，我们会因为不想"欠人"或者不想被"控制"而拒绝别人的好意，但这样做，也错失与人交流、情感联结的机会。所以不妨这样做：

如果室友的"分享"是你能够"回请"的，也就是说，并不是十分贵重，那么大方地接受，并在将来，把你有的礼物或者食物分享给对方，这就是有来有往的交流。

互惠互利不仅体现在当下的物质回报上，更体现在过后的心理的支持上。接受别人的礼物，真诚地说声谢谢，在过后别人需要的时候，报之以心理的关怀支持，这同样是人际关系的润滑剂。

(五)别人有难要帮，自己有事要求

除了"爱"之外，"帮助"是世界上最美的动词。

——苏特纳

"我有一室友，人挺好，别人有事，她会主动帮助，可当她有事，总是怕麻烦别人，如果有人帮了她，她会感激不尽，客气到不行，搞得我们都不舒服。"

帮助他人会给我们带来心理上的自豪感和满足感，获得帮助会带来被关怀和关注的感受，帮与被帮都能加深感情。良好的人际关系是以互相帮助为前提的。

如：当室友生病了，我们送他去医院、照顾他。室友生活费紧张，我们可以每人借一点给他，帮他渡过难关。当我们因事不能在规定时间里打开水，可以让室友帮忙。室友出去逛街，可以要求帮着带点生活用品。

【做一做】请你为我做件事——体验帮和被帮的感觉

(1) 宿舍成员分号，单双号搭配组成二人小组，分别扮演施方与受方，由受方请他做件事，例如"请你为我唱首歌"等可行合宜的事，接受帮助后，受方必须表示感谢。

(2) 角色轮流。

(3) 讨论施与受的经验。当你帮助别人时感受如何？当你接受别人帮助时感受如何？如何向他人表达谢意？

(六) 积极参加宿舍集体活动

一位同学说："我们宿舍有一个同学从来不参加宿舍活动，总是一个人独来独往，也不知道她是清高不屑和我们一起呢，还是别的。反正她不愿意和我们在一起，她老是这样，我们还不愿意搭理她呢。"

宿舍活动不单纯是一种活动，更是舍友之间的感情联结，应积极参与配合。

(1) 舍友们决定一起去干什么，只要是正当的，我们就需要尊重大多数同学的选择。

(2) 确实不能参加，可以把自己的想法和意见提出来，不要勉强参与，免得让舍友觉得你在应付了事，婉转而直接地拒绝是一门艺术，需要我们不断思考和改进。

(七) 理解和尊重人际边界

"我无法容忍她的小家子气，她的任何东西都不许别人碰，更别想借她的自行车。我这人大大咧咧，难以跟这种人相处，可每天又要必须去面对，真难受！"

每个人出生于不同的家庭，每个家庭有不同的规矩和养育方式，这使我们每个人在人与人关系的"边界"的界定上是不一样的。有的人与人的边界清晰欠缺弹性，与人的距离远，有的人边界模糊，与人的距离非常近。这些来自个人过去成长经历所养成的个人特点，本来无可厚非，但在集体生活的情况下，可能会因为误解而带来冲突和不快。因此，宿舍成员如何做到在保持自身边界的同时理解并尊重他人的边界就显得尤为重要。

那么，我们应该如何妥善地处理各种不同的"边界"呢？

(1) 来自不同文化，生活经历各不相同的人，其对边界的定义也存在很大的差别。因此，当对方已经清楚说明了自己的边界时，我们要做的就是尊重对方的边界，不用自己的价值观要求对方，甚至"绑架"对方的想法；

(2) 如果我们感觉到自己的边界受到了别人的冒犯或侵犯，这时沟通无疑是最好的解决方式。当矛盾产生时，一定要冷静地将自己的"不舒服""被冒犯"的感觉表达出来，明确告知对方自己的边界所在，耐心沟通，这样问题才能得到更好的解决。切忌爆发脾气，责骂对方，这样只会将问题恶化。

策略三 化解冲突

舍友之间对抗、不理解、怀疑、敌意、拒绝、破坏等冲突虽然隐藏在宿舍内部，相对而言不公开，但对于我们的身心健康影响很大。该怎么应对这些冲突呢？

（1） A 在宿舍下棋，输了几盘心里不痛快。如果你是 A，接下来会怎么办呢？

这里介绍几个调节情绪的妙招。

① 转移法。在发脾气前，赶快离开那个环境或努力使自己想一些与此事无关但比较愉快的事情。

② 深呼吸法。当情绪激动时，可通过身体的放松来缓解。你可以深吸气，然后慢慢呼气，这个过程能使肌肉很快放松。

③ 理智控制法。当你愤怒时，先从 1 数到 10 然后再说话；假如怒火中烧，那就数到 100 吧。

④ 自我暗示法。暗示自己："不要对别人有太高的期望""事情要慢慢地来"。

⑤ 倾诉法。找一个会倾听的好朋友，请他/她倾听和理解你的情绪。

（2） A 在宿舍下棋，输了几盘心里不痛快。边上看棋的 B 会怎么说？

a. "烂棋！"

b. "你会不会下棋啊，怎么能走这一步呢，你看输惨了吧。"

c. "兄弟，别往心里去啊，胜败乃兵家常事嘛，老哥还是很看好你的哦！"

选择 c 说明你掌握了化解人际冲突的重要方法——幽默法。

幽默可以使境况转危为安。当宿舍里开始冲突时，我们可以这样说：

"哥们，我好像闻到一股火药味啊，赶紧掐断啊，要不然我们都要身负重伤啦。"

"姐妹们，我不希望寝室发生第三次世界大战哦！"

（3） A 在宿舍下棋，输了几盘心里不痛快。边上看棋的 B 说了句："烂棋……"

如果你是 A，接下来你会有什么反应？

a. "我下棋，碍着你啥事，真是多嘴，我气来真的要揍你。"

b. "烂棋，怎么了？烂棋，我愿意，不行啊。"

c. "好了，好了，我还有很多事要做，我先走一步了。"

如果你选择的是 c，恭喜你！你是个很会处理宿舍人际关系的人。因为你选择了化解人际冲突的另一种方法——回避法。

回避往往可以避开宿舍人际矛盾，不过有时候冲突不会因回避而消失，还有可能使问题沉积，延续爆发时间。所以有时我们还要运用其他更适宜的方法。

（4） A 在宿舍下棋，输了几盘心里不痛快。边上看棋的 B 说了句"烂棋"，A 感到面子上过不去，就说："我下棋，碍着你啥事，真是多嘴，我气来真的要揍你。"

如果你是 B，这时你会怎么做或怎么说？

a. "你揍揍看呀，我还怕你了不是？"

b. "吆，棋艺不精，还怪起别人来了，我就要说，就要扫你面子，怎么的？"

c. "好了，对不起，算我说错了，行吧？"

毋庸置疑 c 是最佳选择！c 是解决冲突的另一重要方法——示弱法和承认错误法。

人们每每遇事总爱"雄起"和对抗，很少想到"示弱"和承认自己的错误，暂时的退

让能维护自己和他人的利益,在不失原则的基础上,给了自己和他人一次避免冲突的台阶和机会。例如,我们可以这样说:

"好了,好了,这次算你赢啦。"

"我让你啦。"

而真诚地承认自己的确是做得不好,却需要更大的心理强度和反思能力。

(5) A 在宿舍下棋,输了几盘心里不痛快。边上看棋的 B 说了句"烂棋",A 感到面子上过不去,就说:"我下棋,碍着你啥事,真是多嘴,我气来真的要揍你。"B 也不甘示弱说:"呛,棋艺不精,还怪起别人来了。我就要说,就要扫你面子,怎么的?"

请问这种情况下结果会怎样?

a. 气愤之下 A 给了 B 一耳光,两人扭打在一起。

b. A 狠狠地瞪了 B 一眼,从此以后两人形同陌路。

c. "我们是不是不要再在这件事上浪费口舌,以免伤了咱们兄弟和气啊?"

怎样处理才能把这一场即将发生的冲突"扼死在摇篮"里,想必我们会选 c。c 是化解人际冲突的又一重要方法——求和法。

宿舍成员朝夕相处,避免不了磕磕碰碰,但一个善于处理关系的人会主动求和,使宿舍气氛融洽、和谐。例如我们可以这样说:

"好吧,你就把这个拿走吧,待会儿我再做一个。"

"好吧,你先用我的水吧,我少用点儿就行了。"

五、反思体验

邀请室友扮演下列情景剧,并思考问题。

(1) 你认为结果会怎样?

(2) 运用所学的方法试着处理此"风波"。

一个电话引起的风波

罗佳:高洁……高洁……,还打呐?

高洁:干吗呀,有事吗?

罗佳:你都打多长时间了,都 1 个小时了。

高洁:我们还没聊完呢。

罗佳:吵着我们睡觉了。

高洁:睡觉?

罗佳:啊,没看我翻过来调过去,半天没睡着了。

高洁:睡不着是吗?你睡不着关我什么事啊?

罗佳:你打电话影响宿舍同学睡觉,你自己知不知道啊?

高洁:我已经这么小声了,别的同学怎么没反应啊?

罗佳:都一连几个晚上了,昨天说完你,十二点睡的,今天又一点了已经,太过分了。

高洁:有什么过分的,就你事儿多吧。

第四章 人际关系

罗佳：你要再想打电话，抱着电话出去打去。
高洁：凭什么让我出去啊？
罗佳：这宿舍又不是你一个人的。
高洁：对啊，不是我一个人的，也不是你一个人的吧，为什么让我出去呢？
罗佳：可是你这样让我们大家都没办法好好休息啊，你能不能站在别人的角度上思考一下问题啊！
……

第二节　班级人际关系

一个人在其人生道路上如果不注意结识新交，就会很快感到孤单。人应该不断地充实自己对别人的友谊。

——赛·约翰逊

只有你真正关心他人，才能赢得他人的注意、帮助与合作，连最忙碌的重要人物也不例外。

——戴尔·卡耐基

班级人际关系是指班级中同学之间在相互交往过程中形成的比较稳定的心理关系。班级人际关系如何，不仅影响班集体的形成和发展，更影响大学生个体社会化和个性的发展。

一、身边的故事

"进入大学后，我当选了班干部，有时候大家迟到，便会记名字报告给老师，可是他们总觉得我是为了巴结老师，可是这本来就是我的工作啊。便觉得他们表面上和你好，其实心里在骂你。我一直都想用真心对待她们，但是做不到，她们就像小孩似的，动不动就不理我，总让我以她们为中心。大家还觉得我自私。我很苦恼……"

"感觉上了大学之后，大家就各玩各的了。即使在同一个班里上课，也没有多大的凝聚力，就好像一帮陌生人一样。大家上完课之后就散了，也没有什么更多的交流。同学之间就好像隔着一道透明的墙，看得见对方但又摸不着。突然离开高中班级那种和谐热闹的氛围，还挺不习惯的。"

像一幕大型心理剧，演员就是每个班级成员："我"是班干部，难以与各色班级成员相处；"我们"缺乏交流，变成"最熟悉的陌生人"。班级人际关系，到底该怎样相处？

二、判断鉴别

测一测自己在班级人际交往中属于哪种交往类型？请结合实际情况，对下面各项进行选择。

	是	否
1. 我对同学的帮助是真心实意的，不会背后害人	是	否
2. 我经常拿不定主意，就去问同学的意见	是	否

续表

3. 我是一个心直口快、性格爽朗的人	是	否
4. 我经常批评别人	是	否
5. 在同学眼里，我是一个"雪中送炭"之人	是	否
6. 我喜欢接受别人的东西，不喜欢送别人东西	是	否
7. 我是一个积极进取、对前途乐观的人	是	否
8. 我经常觉得自己生活无目标	是	否
9. 同学送礼物给我，我经常会考虑他有什么目的	是	否
10. 我尊重同学们，相信他们	是	否
11. 我喜欢在背后议论他人，打听同学的隐私	是	否
12. 别人都说我看起来神采奕奕、精力充沛、自信	是	否
13. 烦心的事我很少和班级同学说起	是	否
14. 班级同学经常向我倾诉心里话	是	否
15. 我答应同学的事，就会尽力去办到	是	否
16. 有人说我"是一个当面一套，背后一套的人"	是	否

【评分与评价】

1、3、5、7、10、12、14、15 题选"是"得 1 分，选"否"得 0 分；2、4、6、8、9、11、13、16 题选"是"得-1 分，选"否"得 0 分。得分在 4 分以上，是人缘型的人；得分在-3～3 分之间属于中间型；得分在-4 分以下，是嫌弃型的人。如果你的得分是负分，下面的内容能帮你！

三、心理论坛

班级是由班干部和班级成员共同构成的正式群体。其中，班级成员之间的差异，交往的动机和态度，班干部的态度和能力，班级目标和班级制度等均会对班级人际关系产生影响。

(一)班级成员对班级人际关系的影响

每个班级成员都是班级的重要组成部分，班级成员对班级人际关系有以下影响。

1. 班级成员之间的差异对班级人际关系的影响

每个班级成员都有不同的成长背景、人格特质和价值取向，这些差异可能会成为班级成员之间交流的阻碍，影响班级人际关系的和谐。但如果能够利用这些不同，进而主动与其他成员交流互动，增强对彼此的了解，那么这些差异不仅能够为班级注入新鲜的生命力，还可以成为改善班级人际关系的转折点，为营造和谐的班级氛围创造条件。

2. 班级成员的交往动机和交往态度对班级人际关系的影响

每个人都有自己的交往动机和对人际交往的理解，恰当的交往动机(如为了结交更多的朋友等)能够促进班级成员与其他学生之间的良性互动，但不恰当或是不单纯的动机(如为了"人情"或满足自己的虚荣心等)只会使成员之间的关系"降至冰点"。

如果每个班级成员都意识到交流互动的必要性，那么就会自觉地与其他人交往；如果

认为人际交往是不必要，可有可无的，那么他们就不会重视与他人的沟通，长此以往，必会损害班级人际关系。因此，每个人形成正确的社交态度，是改善班级人际关系的重要途径之一。

(二)班干部对班级人际关系的影响

班干部是在班级中做好学生工作的主力军，其素质和领导作风在班级人际关系中占有非常重要的地位。班干部对班级人际关系的影响主要包括以下两个方面。

1. 班干部的作风对班级人际关系的影响

如果班干部本身具备较强的亲和力，并且愿意多与班级成员沟通；同时明白自身的表率作用，愿意改善班委人际关系，与其他人良性互动为班级成员做出榜样，那么这个班级内部的人际交往可能会更加顺利；如果班干部的工作只停留在"管理"的层面上，只知约束同学而不懂得与班级成员沟通，缺乏良性互动，那么班级人际关系的改善将会十分困难。

2. 班干部的能力对班级人际关系的影响

除领导作风之外，班干部是否有能力根据班级情况，灵活地选择合适的方式引导班级成员之间和谐友善地交流，同样是班干部影响班级人际关系的重要因素之一。

如果班干部愿意不断地总结经验，反复实践，提高自身的领导能力，那么当班级内出现矛盾，或当班级成员之间来往并不密切时，就可以选择合适的引导方式来解决问题，进而改善班级人际关系；但是，如果班干部能力有限，缺乏管理经验，领导方式单一僵化，那么面对随时可能产生变化的人际交往，就不能及时或恰当地处理，可能会导致班级人际关系的进一步恶化。

(三)班级目标对班级人际关系的影响

班级目标是由班级成员选定的存在和行动的理由，因此无论是班级目标本身，还是选定班级目标的过程，都会对班级成员的行为，班级作用的发挥，和班级成员对班级的依赖性产生深远影响。

1. 班级目标的合理性对班级人际关系的影响

恰当的班级目标会使班级成员更有为之努力的动力，当班级成员能够团结起来，共同为实现班级目标而奋斗时，班级的凝聚力会大大增加，同学之间的联系也更加紧密，班级人际关系更加和谐；如果班级目标不合理，那么首先就会导致班级成员的不满，在实现班级目标的过程中也更容易产生分歧，长此以往，矛盾不断扩大，成员离心，不仅会离班级目标越来越远，同时会对班级人际关系产生极大的损害。

2. 班级目标的选定过程对班级人际关系的影响

班级目标应由班级成员共同选定，因此，班级中的沟通与交流是十分重要的。同学之间交流与沟通的过程本身也是加深对彼此的了解，增进友谊的过程。不仅如此，了解每一个班级成员之后选定的班级目标，也能在最大程度上调动起学生的积极性，其积极影响参照上一点中恰当目标的影响；若是选定过程中缺乏班级成员之间的沟通，不仅同学之间少

了一个相互了解的机会,同时有很大的可能性选定一个并不恰当的班级目标,其消极影响参照不合理目标的影响。

(四)班级制度对班级人际关系的影响

班级制度是规范班级成员行为的重要准则,其对班级人际关系的影响与班级目标类似,同样可以分为两个方面。

1. 班级制度的合理性对班级人际关系的影响

如果班级制度是根据班级实际制定的,并且为大多数同学所接受,那么在制度的约束下,班级内的不良现象就会逐渐减少,同学之间的摩擦与矛盾也会被淡化,班级内部将会更加和谐;但是,如果班级制度缺乏合理性,并不适合班级的实际情况,让大部分班级成员都接受不了,那么不仅不能起到约束作用,反而会激化班级矛盾,损害班级人际关系。

2. 班级制度的制定过程对班级人际关系的影响

如果能在制定过程中为同学们留出足够的讨论时间,那么无论是制度的合理性,还是班级成员之间的沟通了解都得到了保证;如果班级制度由班干部或老师直接制定,则有很大的可能性导致制度不合理,不被班级成员所接受,班级内的矛盾与分歧在所难免。

四、策略训练

策略一 改变认知,转变心态

小城说,刚升入大学时曾和几位同学关系不错,交往也很愉快,后来却发现他们"原形毕露,露出狐狸尾巴":有的竞选班委靠关系拉票,有的在班里销售电信卡赚同学的钱,相互间钩心斗角,一点都不直率、真诚。小城看不惯他们的所作所为,不愿与他们交往,他们有事找小城帮忙,小城也予以回绝。

如果你是小城,你认为其他同学的所作所为是"原形毕露,露出狐狸尾巴"吗?

同学中,每个人的个性、生活习惯、家庭背景等都有差异,不满他人时,请从另一个角度想一想。

消极的角度	积极的角度
"班里同学没啥品位,难找知己啊!"	"同学身上还有其他好品质值得我学习!"
"班里竞选班委,关我什么事。"	"这是一次锻炼自己突破自我的机会。"
"要是世界上有个地方只有我一个人就好了。"	"拥有'关系'是快乐的事。"
"他们这么热情是对我有所企图吧?"	"尊重地回应对方,是我应该做的。"
"同桌与身后的同学说笑,肯定在笑我!"	"不一定是在笑我,可能是其他高兴的事情。"
"他的奖学金肯定是走后门得来的。"	"恭喜你,兄弟,别忘请客哦!"
"他好优秀,我才比不上他呢。"	"跟我自己比,只要我努力,就会有进步。"
"这人怎么不搭理我,有什么了不起!"	"也许他正在想什么问题呢。"

第四章 人际关系

策略二 对症下药——打破人际交往困惑

班里有个女生令小张十分厌恶,因为那个女生总是阴沉着一张脸,拒人于千里之外的样子。每次走近那个女生,小张总会绕道而行,生怕沾上"晦气"。可有一天,小张看到那个女生在给留守儿童写信制作卡片,听同学说这个女生一直在帮助贫困地区的儿童得到更多书籍和学习的机会,这一面是小张未曾见到的,她发现也许自己并不了解这个女生。

生活中,当遇到一个不那么熟悉的人时,通常会根据她/他的外在言行举止产生或好或坏的第一印象。当发现这个人的另一面时,我们又会感到陌生与迷茫。这是因为我们并不了解这个人的全部,或太过于看重其某一个缺点或优点所致。

我们了解多少班上的同学?尤其是那些我们不熟悉的同学,我们了解了他们多少呢?他们的无心之错,我们宽容了多少?优点我们发现了多少?陌生感,我们消除了多少?冲突,我们化解了多少?大家一起来,去认识集体中的每一位同学。

(一)了解同学——同学往事知多少

【做一做】

请班中一位同学做组织者,安排一次班级聚会。

写下班级中你最不熟悉的、最反感的、你认为最默默无闻的同学的名字。

向他/她问好,并邀请对方谈论其生活经历、家庭背景和个性特征。

20 来年不同的生活经历形成了同学之间不同的性格、为人处事的态度和方法的差异,当我们理解了对方过去的经历,也许能够理解对方现在的状态和特点,这样,我们就有可能尊重那些与自己格格不入的同学。

最好的人也有很多坏处,最坏的人也有很多好处,我们最好不说人长短。

——斯蒂文森

【做一做】找寻优点

(1) 找一位自己不太喜欢的同班同学接触并观察。
(2) 每天记下这位同学的一个优点。
(3) 十天后,找两位同班同学接触并观察,依次类推发现他们的优点。
(4) 逐渐扩大接触范围,发现人人有优点,扩大我们在班里的人际交往圈。

(二)淡化缺点,保持好奇心

相信大家都听说过司马迁《史记》中"管鲍之交"的故事。管仲和鲍叔牙二人一起做生意,管仲家穷,拿不出钱来投资,鲍叔牙便负担起了几乎全部的本金。然而,两人赚到钱后,管却拿了比鲍更多的钱。仆人抱怨管仲不识好歹,鲍叔牙却认为其拿钱是要赡养母亲,是个孝顺的人。后来遇上了战争,管仲远远躲在了众人的后方,其他人都觉得管仲贪生怕死,只有鲍叔牙知道管仲是为了留着命照顾母亲,坚信好友拥有着高尚的品格。管仲也为好友的信任所打动,念出了"生我者父母,知我者鲍子也"的千古名句。

在这个典故中,我们不仅能够看到管鲍之间真挚的情谊和坚定不移的信任,更能领会到鲍叔牙透过现象看本质的能力。也正是这样的能力，成就了"管鲍之交"这样的传世佳话。

在日常生活中，我们同样应该有这样的认识：我们所看到的任何人的任何言行，都有其内在的心理推动力，而他们的内在心理过程，我们是不一定知道的。过于坚信自己对于他人的动机、念头、情绪、感觉、愿望的推测，可能会阻碍我们真正认识这个人。

因此，保持一颗好奇心，随时秉持谦虚的心态，抱着"不知道，但很愿意去了解"的姿态与任何人相处，会减少很多的偏见和攻击，从而保持对他人的尊重和关切。

(三)打破人际寒冰

本杰明·富兰克林有"美国最后一个通才"之称，在科学、政治、哲学、文学、实业和社会活动方面都极有建树。富兰克林在宾夕法尼亚州议会任职期间，很想得到一个州议员的合作，但是该议员却与富兰克林政见相左，充满敌意，根本不愿与其私交。经过反复考虑，富兰克林没有采用惯常的放低姿态以求得好感的做法，而是采取另一种完全不同的方法。

富兰克林得知这个议员的私人藏书中有一本珍贵的稀有图书，于是写了一封信，说自己一直在苦求此书，希望对方行个方便，把书借给自己看几天。这个议员很快就安排人把书送来，而富兰克林则在一周以后把书还了回去，并附上一封深表谢意的信。结果，当下次两人在议会大厅碰面时，该议员主动与富兰克林打招呼(这是以前从未发生过的事情)，还向富兰克林表示有什么需要帮忙的他愿意随时效劳。

[摘自：王兆春. 从"富兰克林效应"看人际关系破冰——"合理化"心理机制及其管理启示(五)，住宅与房地产，2013(7)：47-49]

生活中也是一样，想要打破人际关系之间的"寒冰"，有时候，也需要一个合适的媒介，这个媒介可以是一个人、一本书，也可以是一张能够引出故事的卡片。这样的媒介不仅可以促成人与人之间的交流，同时也可以加深彼此之间的了解，拉近心与心的距离。

在大学校园里，很多同学对班中同学的感觉是"熟悉的陌生人"，虽然经常在一起上课，但心理上没有接触和交融。通过下面的活动希望能打破班级人际"寒冰"。

【做一做】

请班中一个同学做活动组织者，做以下的事情。

(1) 发给每人一张卡片，请大家在卡片上写自我介绍，不写姓名，内容可以包括性格特点、能力、兴趣爱好、对人生最大的感触和打算、最喜欢的名言警句、对自己影响最大的人等。形式多种多样，自由发挥。如：可以用图表来表示，也可以用文字或符号等。

(2) 把卡片收集到一起，打乱顺序，班中每个同学从中抽一张。

(3) 根据抽到的卡片试着去寻找它的主人，然后与他(她)对话(时间20分钟左右)。

(4) 暂停交流，收回卡片，组织者随意从中抽出一张，念出上面的内容，并请卡片的主人给大家说说他(她)的故事。

(5) 同学们谈谈这次活动的感受和体验。

如果我们不主动出击，就难以"打破人际寒冰"，只有互相交流，才能增进人与人之间的熟悉度和心理交融程度。

(四)冰释前嫌

冲突一直是人际交往中永恒的焦点，通过以下小活动让我们一起"冰释前嫌"。

【做一做】

请班里一个同学做组织者，带领大家做下面的事情。

(1) 同学们手拉手围成一个大圆圈，记住自己左右手分别牵的人。

(2) 根据组织者的口令松开手，闭上眼睛无序走动，待组织者说"停(停止走动)！"睁开眼睛，立刻分别找到自己左右两边的人，并再度互相牵起他们的手。

(3) 大家齐心协力在没有松开牵着的手的情况下，解开因此而生成的结。

(4) 只要诚心想解开，再难解的结也总有办法开解。

(5) 生活中，班级里，同样如此，与任何同学的心结，只要诚心想化开，总能想出办法来解决。

"打破人际寒冰"后，我们一起了解同学的"往事"，发现"人人有优点"，忽略他人的"瑕疵"，最终我们会"冰释前嫌"，同学之间融洽相处。

策略三　改善班委人际关系，提高班级凝聚力

"我是大一学生，担任班长，班集体对于我们这些来自全国各地的同学来说，就像一个大家庭。可是大家庭中的成员多了，就众口难调，总是顾此失彼，如何才能协调好一个集体中所有同学的关系呢？如何把一个班的人凝聚在一起呢？这真是个难题。"

【小调查】

请在同班同学中展开小调查，随意寻找3～5个同学，采访内容包括以下几点。

(1) 班干部有没有因人际关系处不好，与同学发生冲突的情况？

(2) 什么样的班干部在同学中最有威信？

(3) 一个称职的、能和同学们处好关系的班干部应该是什么样的？

做好每件事都不容易，班干部也不例外，很多班干部很苦恼，不能和同学们处理好关系，对于此现象，我们来听听不同的声音。

班级干部面面观
"不善于从工作中积累经验、吸取教训，容易凭主观做事。"
"一嘴的官腔，还只是个班长而已，这要是当了省委书记，还得了啊！"
"刚刚当上班干部，还有激情，工作一段时间后，热情就下降了。"
"有时不管我们同不同意，班委内部就把什么都决定了，当我们是空气。"
"我是班长，你们就得按我说的做。"
"我辛辛苦苦干了，就该有回报。"
"说行就行，不行也行；说不行就不行，行也不行；不服不行！"

班干部是连接老师和同学的纽带，一个班集体是否优秀，很大程度取决于班干部称不称职，能不能带动班级成员，形成班级凝聚力。班干部要做好以下方面。

(1) 做好表率、以身作则。"表率是最权威的号召"，为人正直，表里如一，其身

正，不令而行。学生干部忠厚诚实，才会在同学心目中有威信。同时要有为大家服务的态度，也要有自我牺牲的精神，这样才有说服力。

（2）频繁接触、了解同学。最大限度地和同学保持接触，特别是在比较生疏、没有较深心理接触的情况下，要想取得同学们的信任，就必须了解他们，设身处地为他们着想。

（3）自我反省、调整心态。面对"难题"要敢于自我反省，但也不要对自己太过严苛，因为生活中最好的节目主持人也不可能让所有的观众都喜欢，最好的饭菜也不可能合所有人的胃口！调整好心态，只要自己尽了最大努力就可以。

（4）不为私利、平等相待。同学们最忌讳班干部官气十足，大家年纪、身份相同，没有高低贵贱之分，事实证明，无论什么干部，违反了这一条，都会引起大家的不满。

平等相待是社交的起码条件；谁自视太高，盛气凌人，谁就无异于自认是社交上的下流之辈。

策略四　共同制定班级目标与制度

由班级成员选中的班级目标在很大程度上决定了班级成员的行为，影响班级作用的发挥，和班级成员对班级的依赖性，班级制度则是规范班级成员行为的标准，如果这二者能照顾到大多数学生的意见，对于增强班级成员的向心力和班级的内聚力十分有利，进而促进班级人际关系的协调。

【做一做】

请班中一个同学做活动组织者，做以下的事情。

(1) 首先让同学们拿出一张完整的纸，并将其分为上下两部分。

(2) 分别在两部分上写出同学们最希望达成的班级目标，想要改善或规范的班级现象以及自身能够接受的约束范围。

(3) 给同学们提供5分钟的交流时间，让同学们能够修改完善自己的内容。

(4) 由活动组织者以不记名的方式将同学们写了内容的纸回收起来，并根据内容大致分类。

(5) 由班干部们讨论协商，最终选定被提及次数最多的班级目标和班干部们认为合理的班级制度，并整理成册，在班级内公示讨论结果。

这样由班级成员共同制定的目标和制度会使同学们更有亲切感，增强其实现或执行的动力，进而增强班级的凝聚力。并且在制定目标和制度的过程中，同学们也可以通过5分钟交流与沟通加强同学之间的了解，拉近彼此的距离，使班级人际关系得以改善。

五、反思体验

请阅读下面的文字并思考：班级同学给你留下了哪些感动？

秋季悄然而至，想想大学生活已经过了一多半了，即将步入大四的我却还在懵懂之中。抬头看着空荡荡的天空，想到遥不可及的未来，又黯然神伤。

晚上没有课，一个人走在校园里，旁边人来人往，孤寂的路灯把我的影子拉得老长。这时，我的手机铃声骤然响起，原来是班长，"你最近沉默了许多，不像你以前的风格

第四章 人际关系

哟！""心情有点不好！"那晚我们聊了很多。回到宿舍，打开桌上的台灯，柔和的灯光洒在书本上，我拿起笔，心里感慨万千，我想："只要我不懈地努力，我的未来不是梦。"

大学时光步履匆匆，踏过春夏秋冬的肩膀，让友爱穿梭于心灵的缝隙，把美丽绘进灵魂深处，你会发现每一个季节、每一个角落都有爱、有美，还有那不经意间的感动！

[摘自：大学里的感动. http://wenxue.gxu.com.cn]

第三节　职场人际关系

回想以前初入社会的处理方法，也发觉有许多不对的，那时候的我，不懂工作伦理，常常率性从事。每次想到这些，都令我惭愧。

——刘墉

一个人获得成功的因素中，85%取决于人际关系。因此，在我们的职业生涯中，决定我们成败的很大一部分因素就是职场人际关系。

一、身边的故事

小王大学毕业，进入了一家小型私企，跟在李经理的手下工作。渐渐地，小王心里便对这位经理产生了些许不满，原因在于这位李经理并不太管事，常常将任务布置下去就放手不管了，大大方方地当起了"甩手掌柜"。小王性子直率，直截了当说经理不干实事。但李经理却并没有改变，反而暗中刁难，小王困扰不已。

"曾经和一个同事搭伴做了一个月的项目，结果她背着我把我们商量的项目落实计划递交给部门上司，把所有的功劳都说成自己的，还说我懒惰、没有想法。"

"我和小徐是大学同学，关系一向很好。进公司后，小徐越来越'依赖'我，有什么项目都会来问我的主意，之后便稍作改动当成她自己的方案。我很讨厌这样，但又不知道怎么拒绝她，怕伤了我们之间的感情。最近因为与小徐走太近而被上司'提醒'了，我该怎么办？"

你有过工作经历吗？在工作中，有以上的困扰吗？除了以上困扰，还有哪些？职场人际关系与校园人际关系有什么不同？

二、心理论坛

（一）校园人际关系与职场人际关系的区别

当我们踏入职场时，就被织进了"关系网"，成了一个新的"网结"，这种"关系网"与校园人际网存在很多差异。

（1）学校里，越勤奋成绩就会越好；职场上，勤奋并不必然带来业绩，专业能力强尚需人际关系好，才可能为团队带来更多的效益。

（2）校园里，人与人交往相对单纯、简单、真诚，常有"无话不说的朋友"；职场上，人与人交往更有目的性，更重视利益关系，会考虑到自身的发展前途、工资、薪金、面子等问题,与人交往会有所保留。

(3) 学校里,你可以"童言无忌",出了错,同学、老师会原谅你;职场上,你得为你自己的错误买单。

(4) 校园中,合作不会作为学习任务的重点加以强调;职场上,更加注重团队协作,具有与人合作共事的能力,才会更好地生存。

由于这两种场所的差异,大学毕业生不适应新环境是正常现象。初涉职场,如果仍把自己当学生,就会阻碍我们尽快转变成为职场人,也无法明确自己的角色、掌握公司的规范和尺度。因此,我们要调整心态,尽快适应工作环境,完成校园人向社会人的角色转变。无论从事什么职业,学会了处理人际关系,就在成功路上走了85%的路程,在个人幸福的路上走了99%的路程了。

(二)职场硬技能和软技能

每一个职业单位都非常强调人才选拔。在人才选拔中不仅考虑其硬技能(技术技能),也越来越看重软技能。软技能,又称为非技术技能,是相对于硬技能提出的概念。指的是个人内在的和人际间的、促进技术技能和知识应用的工作技能。人际技能是软技能的核心成分,是在各级工作中最重要的技能。软技能包括很多方面。

人际技能:在工作环境中与其他人相互作用的工作行为。包括礼貌和尊重,建立关系网,有效地赞美他人,学会让步,发展友好的关系和协调意见。

沟通说服技能:获得有效沟通的能力,并认为沟通能力是个体内在的一种特质,与个体学历、教育背景、知识技能无关,沟通能力是一种双向的能力,不仅仅是把自己的观点想法向别人有效沟通,还需要察觉和理解自己和对方的内心世界,即双方的互动。

自我管理技能:自我管理技能,其目的是管理,控制和调节自己的行为。包括在遇到危机时能保持镇静,控制情绪和忍受压力。

(三)职场硬技能表现和软技能表现

职场评价非常看重员工的工作表现,工作表现包括以下两部分内容。

(1) 硬技能表现。员工对规定任务的完成情况,如完成产品的质量、数量和完成率等。其影响因素主要包括经验、能力及与工作相关的知识等。这方面表现是传统人事选拔研究和实践所关注的硬技能,企业会对员工在简历中的打字、写作、数学、阅读、能够使用软件程序等成绩进行筛选。

(2) 软技能表现。员工自愿主动执行非正式任务的活动,协助并能够和他人相互合作从而完成任务活动。软技能表现是一种心理和社会关系的人际和意志行为表现,如责任感、人际关系、合作力、帮助他人等。这些表现既能促进内部的沟通和联系,又能与外界沟通,对降低个体内部的紧张情绪,对提高组织的绩效水平都有很大的推动作用。

软技能表现强调内在的和人际间的技能对于工作的促进。软技能低的员工不仅仅使管理人员感到棘手,对整个团队来说都是一个令人头痛的难题。软技能工作表现好的员工能够良好地完成目标任务和处理各种工作关系,具有了解上级命令、及时反馈任务信息、出色的工作绩效、融洽的客户和同事关系、默契的团队协作能力等。

第四章 人际关系

三、策略训练

策略一 与上司沟通，游刃有余

一个将毕业的学生说："我今年大四，已经在单位实习了，工作环境和工作性质我都比较适应，只是适应不了所谓的上级，一个只大我两届、二三流学校的毕业生，他总是一副居高临下的样子，出于礼貌，我显得比较恭敬谦卑，但心里却很不舒服。"

如不能和上司搞好关系，我们的职场生涯将不容乐观，那么该怎么搞好与上司的关系呢？

(一)了解上司的特征

每个人都有特别的沟通方式，心理学家发现，人的沟通模式大致可以分成以下三类。

(1) 视觉型。这类型说话者的说话速度比较快，常用视觉词汇，例如"我看不出来……"等。这类上司会喜欢阅读书面数据，所以跟他沟通工作事项时，光是口头说明效果不佳，还要同时加一份书面报告，好让他能看个仔细。

(2) 听觉型。听觉型的人说话速度适中，温和而有节奏，喜欢用"听起来……"等字眼，例如："这主意听起来不错！""这听起来没啥特别的嘛！"这样的上司用口头简报的方式来沟通，效果最佳。

(3) 感觉型。这类型说话者说话速度缓慢，呼吸深长，喜欢用"感觉""觉得"等字眼。与感觉型的上司沟通时，情绪的气氛营造很重要，察言观色的功力绝不可少。

最后，如果对你的上司是哪种类型的沟通者仍不太有把握，不妨直接开口问："请问您比较希望我做口头报告，还是书面报告呢？"

(二)主动化解关系困难

小琳心直口快，同学老师都很喜欢她。可是工作后，优点成了问题。一次，小琳给主管提了意见，得罪了女主管。从此，小琳觉得女主管处处与她为难，不是说她这份打印稿弄错了，就是说她干事拖拖拉拉。试用期也从原来的三个月改成一个月，意味着这个月完了，就得走人。

小琳本想一走了之，可又舍不得这个不错的工作。后来，她与师傅们沟通，虚心讨教，认识到自己的人际态度和心态需要调整。于是，小琳主动找主管沟通，通过真诚的沟通，主管的脸色慢慢也多云转晴了，还延长了试用期。

心直口快为什么反而行不通、得罪人？假如你是小琳，你会怎么办？

小琳很快就体会到职场中的人际关系与校园的区别，通过向老同事"沟通""虚心讨教"，主动与主管沟通，获得了意想不到的好结果。

得罪上司或遇到"坏"上司时，不妨这样做。

(1) 不向他人诉苦。无论何种原因"得罪"上司，都不要向同事诉苦，这样既会引起谣言，又会引起不必要的误会。可以采取的办法是：自己清醒地理清问题的症结，找出合适的解决方式，重建与上司的关系。如果靠自己思考很难的话，则与朋友、信得过的邻居、同学或者心理咨询师讨论。

(2) 把领导当"人"看。别将上司理想化，他(她)也是一个与你一样的普通人，同样承担着各种压力，他/她也有身体欠佳、情绪不好的时候，也有犯错误、甚至无奈无助的时候，也有自己的价值观、兴趣爱好、局限或者偏见；不期待领导一定要按照自己所期待地那样回应自己，也不理想化领导，就能够接受一个不完美的人来管理自己的工作所带来的种种体验。

(3) 恰当地对待批评。承认自己的错误并表示感谢。老板们欣赏那些可以从错误中学习、成长的下属，认为这样的下属成熟、稳重，将来可以委以重任。例如，可以说：

"谢谢经理给我提出批评，以后我一定多向同事虚心请教，虚心学习。"

(4) 辩证地看待问题。据调查，60%的职场中人都对自己的老板不满，认为老板"剥削下属""不体恤下属的难处"等。实际上那些坏脾气的、看似不近情理、要求苛刻的上司是让员工快速成长、挖掘潜能、培养人才的好上司。因为只有高标准，才能出高效率，只有高要求，才有高素质。

(5) 找个恰当的机会沟通。消除与上司之间的隔阂，办法就是主动伸出"橄榄枝"，利用轻松的场合化解矛盾。如果是你错了，就要有认错的勇气，这正是所谓"该低头时就低头"。

富兰克林年轻时曾拜访一位德高望重的老前辈。那时他年轻气盛，挺胸抬头迈着大步，一进门，头就狠狠地撞在了门框上，疼得他一边不住地用手揉搓，一边看着比他的身子矮一大截的门。出来迎接他的前辈看到他这副样子，笑笑说："很痛吧！可是，这会是你今天来访问我的最大收获。一个人要想平安无事地活在世上，就必须时刻记住：该低头时就低头。这也是我要教你们的。"富兰克林把这次拜访得到的教导看成是最大的收获，并把它列为一生的生活准则之一。那以后他功勋卓越，他说正是"这一启发帮了我的大忙"。

[摘自：张健鹏，蒋光宇. 心理的锁：小故事中的大智慧. 北京：当代世界出版社，2003]

诚然，站着做人是应有的骨气，然而该低头时就低头则彰显的是立身处世的智慧。所以，在职场中得罪上司时，我们可以试着说：

"经理，昨天的事，是我不对，如果你能原谅我，下次我一定会做好的。我在这方面还缺少经验，以后我一定向您以及同事们多多学习，争取把事情越办越好。"

如果是上司错了，在与上司单独相处、气氛较好的时候，婉转地将自己的想法与对方沟通一下，这样既可达到沟通的目的，又可为他提供一个体面的台阶下。例如：

当上司在休息时间悠闲地喝着咖啡时，你可以主动说："昨天我是太冲动了点，但老板，请听一下我的解释，好吗？"

(三)有策略地向上司进言

当老板决策后，把这个任务交给我完成，可我发现老板的决策不那么好，还有更好的方案，这时我会怎么做呢？

(1) 选择恰当的时机。看他当时的心情和周围的情境是否是进言的好时候。如：

第四章　人际关系

老板刚接待一个爽快的客户，谈成了一笔大生意，这个时候就是你提出意见的好时机；

上司是足球爱好者，那就最好不要在他喜欢的足球队输了比赛后，去大谈你的"意见"。

(2) 兼顾上司的观点。首先，出发点要善意良性，不要排斥上司的观点，而是站在上司的立场上，维护上司的利益；其次，以温和的方式，充分照顾上司的自尊，易于被上司接受，效率较高。如：

"王总，您为儿童设计的娱乐场真是个好创意！如果我们能为带孩子来玩的家长也提供一个休闲娱乐的地方的话，想必就会更受人欢迎了。"

(3) 提出问题，也提出解决方案。如果我们能积极地去解决存在的棘手问题，可以使自己的能力在实践过程中得到提高，更会使老板感觉到你的存在和重要性。

(4) 限用一分钟来表达，说话太长，显得啰唆会让上司没有耐心听下去。

(5) 态度诚恳，言语适度。不能"以一个争辩者的形象出现"，注意说话的态度和敬语的运用，由于你的坦率和诚意，即使对方不完全赞同你的观点，也不会影响到他对你个人的看法。如能以幽默的方式提议，既可以缓和紧张的氛围，又可以让你的上司在笑声中接受建议，这样就更好了。如：

"老板，我有一个想法，也许它能解决这些问题。"

"张总，请允许我说一点自己的想法，可以吗？"

"老板，今天的这个'蛋糕'很大哦，如果我们能试着这样做……也许这就是您生日会上最好的礼物哦！"

策略二　学习与同事相处之道

(一)注重细节

文兰、小然和李非三位校友毕业后同在某公司工作。报到当晚，三人进行了"桃园三结义"。从此，三人几乎是如影随形，结伴上下班，中午一起吃饭，常互相打电话聊上几句……没多久，小然和李非就分别受到了部门主管的警告：这里是公司不是学校，大家最好各司其职，不允许划小圈子，搞小帮派。暗地里同事称她们为"三人班"。

三位职场新人之所以引起同事和上司的反感，是因为她们忽视了职场交往中的细节。在职场，我们应该跟周围每一位同事保持友好关系，不要对其中某一位特别亲近或特别疏远，那样不利于整个团队的运作。

除此之外，还要注意以下职场细节。

(1) 热情对待同事的朋友。外人来找同事，不管情况怎样，我们都要真诚和热情，这样即使没有起实际作用，外人也会觉得你们的同事关系很好。

(2) 把单位的好事尽快告诉同事。如单位里发物品、领奖金等，及时向同事通报一下；有些东西可以代领的，帮同事领一下，这样大家觉得你是一个合群的人，有协作精神。有什么情况要及时与同事说，这样才能在无形中得到同事的认同和接纳。

（3）在单位里，尽量让同事了解你的行踪。有事要外出，或者请假不上班，虽然批准请假的是领导，但最好跟同事说一声。即使临时出去半小时，也与同事打个招呼。互相告知，既是共同工作的需要，也是联络感情的需要，它表明双方互有的尊重与信任。

（4）主动做些杂务。几个人在同一个办公室，每天总有些杂务，如打开水、扫地、擦门窗、拿报纸等，虽是些小事，但也要积极去做，如果你是新来的，不妨主动多做些。

（5）工作之余多和同事拉家常，在职场上无话不说，并不可取；但有话不说，又与同事疏远。家人的工作、学历、年龄及性格脾气、习惯等，在工作之余都可以随便聊聊。这样可以增进了解，加深感情。信任是建立在相互了解的基础之上的。

（6）不探听同事的隐私。每个人都有自己的秘密。能说的别人自然会说，不能说的别去挖它。有时，别人不留意把心中的秘密说漏了嘴，对此，不要去探听问个究竟。

（7）与同事分享快乐。同事中有人获了奖或评上了职称，大家高兴，要他买点东西请客，你可以积极参与。冷坐一旁一声不吭，表现出一副不屑为伍或不稀罕的神态，或者别人给你东西，你却一口回绝，这些行为都让人难以与你相处。

(二)走出困境

困境一："厌倦替他做事"

阿森与阿朗是一对很要好的同事，阿森决定答应帮阿朗干点活，给他更多的时间去"谈朋友"。可是一个月下来，阿森发现自己总是替他做事。可是怎么拒绝阿朗呢，他觉得很难说出口，作为好朋友是该相互帮助的，拒绝会不会让他失去这个朋友呢？

拒绝并不必然会导致失去朋友，但是答应了又做不到，或者答应之后又反悔，甚至答应后让自己很为难，反而会得不偿失。只要拒绝得当，朋友依然是朋友，那么，怎样才能拒绝他人又保持朋友关系呢？

（1）积极地听。拒绝的话不要脱口而出，而是先仔细地倾听对方的要求。

（2）态度要和蔼。对他人的拒绝，一定记得加上"实在对不起""请您原谅"等歉语，如："不好意思，我知道你有点失望，可是我真的不能帮你了。""实在抱歉，这个晚上我的大学同学要过来，恐怕不行了。"

（3）明白清晰地说"不"，说明拒绝的理由。拒绝的态度虽应温和，但是明显不能办到的事，却应明白地说出"不"字，不能模棱两可。

（4）提出替代的方法。如果能够提出解决问题的其他办法，则问题也可迎刃而解。

（5）不可通过第三方加以拒绝。通过第三方拒绝，会显得懦弱而缺乏诚意。

困境二："她总刁难我"

"我进公司的时间不长，同事中有一个小我两岁的女孩来得比我早。初来乍到的我非常谦虚，处处向她请教。可她却态度生冷，时时刁难，处处找茬。我的熟人来玩，她表现得极不友好，还在背后说闲话。有一次她丢了100元钱，就怀疑是我或者是来我这玩的朋友偷了钱。我不知道如何与她解释和沟通。"

有些人因为误会、嫉妒或是自大，会对你产生敌意，在工作上不与你配合、在背后散布你的谣言。这将严重影响你的人际关系，你将怎样沟通、化解矛盾呢？

1. 与同事积极沟通

及时、坦诚、开诚布公地与她沟通,说出事实的原委,及时化解矛盾。交流过程中请注意以下两点。

(1) 提醒自己不要用攻击性的语言,达到澄清事实的目的就行了。

(2) 不要存有报复心理。否则,会使倾听者误会你是在宣泄情绪,反而达不到你的目的。

如果上述方式没有消除与她的矛盾,可以选个合适的时间和场合,把自己的情况和想法讲一讲,得到同事的认同和支持,但注意不要给某些人可利用的口实。

2. 注意自我反省并激励自己

在与人相处时,多几分谨慎,少说些容易引起误解的话,避免给人把柄。这样在以后的人际交往中可让自己处事更为成熟、稳妥,少些是非。

学会换位思考,看到对方的难处,你的不快也会减少几分;不要盯着对方的毛病抱怨,告诫自己一定不要去犯同样的问题;看到对方的优势和长处,谦虚地学习,这样才能更快地提高自己。

尽量把事业做得更出色,而不是把时间和精力放在无谓的人际纠纷上。随着时间的推移,世事自有公正的评判。

3. 通过"第三方"带话消除对方的敌意

以向你透露信息或是双方都能接受的人为"中间人",通过他们代为传话,以化解或是中止敌意。这可以达到两个目的:一是把自己的想法和事实告知对方,起到澄清事实真相、消除误会、沟通了解的作用;二是让对方知道,你已了解到对方的所作所为,从而起到警示作用,使对方有所收敛。

四、反思体验

请阅读下面的故事,并思考问题。

(1) 故事中员工认为上司没有原则,拿他(她)开心,你怎么看?

(2) 上司先否认又接受了该员工的设计,你认为是出于什么原因?

我刚到一家公司做产品设计。可不久发现上司总同我过不去。有一次,我设计了一个同事们都说好的新产品报了上去,没想到上司反应冷淡。他说:"设计不合本国国情,还需要修改。"于是,我就又设计了产品报上去,可他又否定了我的方案,说还是前一个好一些。设计方案通过了,可我的心却冷了。我的上司根本没有原则,纯粹拿我开心。在这种领导手下工作,岂能有所作为?可我又不想混日子,为此十分烦恼。你说我该怎么办?

第五章 婚恋与性爱

爱情是两个人之间最亲密的社会关系,是生理活动和心理活动的统一,当爱情发生时,人会不知不觉地发生变化,爱可以让人成长。

性,是本能,性的需要如同呼吸和饮食的需要一样,是生命延续的手段;性,维系着每一个家庭关系;性,使人获得愉悦和幸福;性,体现着个人和社会文明的程度。

当激情回落后,感情渐趋成熟,它来自恋情,深于恋情;它没有血缘,却因性而亲密;它让两个生命紧相连、共命运、同惦念,这就是夫妻之间的亲情。

如果我们把婚姻比作高楼,性就是地基,爱就是钢筋。没有地基的高楼不可能稳固,缺乏钢筋的楼房经不起震动,如何打好地基,构建好钢筋骨架,是值得每一个青年人思考的人生课题。

第一节 爱中成长

爱情不仅是美好、诚实、坚贞的,也是理智和慎重的,机警和严肃的,只有那样,爱情才能带来欢乐和幸福。

——苏霍姆林斯基

爱情的意义在于帮助对方提高,同时也提高自己。

——车尔尼雪夫斯基

爱情,不仅仅是青年人的事,在生命的任何阶段,都可能产生爱情。但是,青春的时候,爱情格外迷人、激烈。青春是爱的鲜花盛开的季节,然而,当青春携着爱情走来,我们不免要问:爱情到底是什么?

一、身边的故事

小 A 性格内向,不善交际,班长主动帮他,使他长期封闭的心灵一下敞开,他很快喜欢上了对方,在他"死缠烂打"的追求下,两人确立了恋爱关系。之后,小 A 要班长辞去职务,不允许她和其他男性有接触,整天缠在她身边。女友感到不可理喻,提出分手,他不同意,数次殴打女友并恐吓其室友,造成不良影响,被勒令退学。

【想一想】小 A 的爱是真爱吗?

友谊不等同于爱情,不懂尊重和理解只会扼杀爱情,控制和报复无法挽回爱。小 A "爱"女友,但他误将同学之间的关心视为爱情。此外,爱的方式是伤害、攻击和约束对方,当然最终难逃一败涂地的结局。我们每个人的一生都可能会有一次或多次恋爱,懂得什么是爱情、具备爱的能力是恋爱成功的关键。

二、判断鉴别

到底什么是爱情，你是怎么看待恋爱的呢？请仔细阅读每道题，选择符合你的答案。

	符合	不符合
1. 我爱他(她)，他(她)就应该爱我	符合	不符合
2. 只要能和对方在一起，我可以抛弃一切	符合	不符合
3. 我特别想找个异性安抚我	符合	不符合
4. 只求曾经拥有，不求天长地久	符合	不符合
5. 爱情是生活的全部	符合	不符合
6. 不谈恋爱说明自己没有魅力	符合	不符合
7. 人生就是追求快乐，谁给我快乐，我就和谁谈恋爱	符合	不符合
8. 恋爱对象多多益善	符合	不符合
9. 恋爱是你情我愿的，不需要负什么责任	符合	不符合
10. 爱一个人，就要想办法改掉他(她)身上的缺点	符合	不符合
11. 对有些人来说，同性恋是正常的	符合	不符合
12. 摆脱失恋痛苦的最好办法，是尽快找到另一个恋爱对象	符合	不符合
13. 有了男(女)朋友，也可以和别的人私密幽会	符合	不符合

【评分与评价】

选"符合"得 1 分，选"不符合"得 0 分，将得分相加，得分越高，对爱和恋爱的认识越偏激。如果得分高于 10，则反映了你对爱情、恋爱的看法可能会影响你的恋爱行为，需要好好反思。

三、心理论坛

(一)爱情三角理论

美国心理学家罗伯特·J.斯腾伯格提出了爱情三角理论(如下图)。他认为爱情存在三个要素：亲密、激情和承诺。

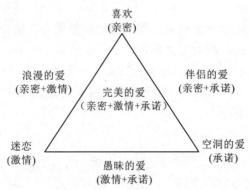

1. 爱情的三种基本要素

亲密是两人彼此分享自己的内心世界，相互接纳，感觉亲近、温馨的体验。它包括 10

个基本要素：①渴望促进 Ta 的幸福；②与 Ta 在一起体验到快乐；③对 Ta 高度关注；④在需要帮助时能指望 Ta；⑤互相理解；⑥与 Ta 分享自我和自己的占有物；⑦互相提供情感方面的支持；⑧互相尊重；⑨与 Ta 亲密地沟通交流；⑩重视 Ta 在自己生活中的价值。

激情是异性或同性之间的性吸引，性的需要是引起激情的主导形式。当我们遇见 Ta 的时候，会有怦然心动的感觉。与 Ta 在一起，我们的身体被唤起、被点燃，会强烈地渴望与 Ta 身体结合。看到 Ta 的样子、听到 Ta 的声音，都有兴奋感。

承诺包括短期和长期承诺两方面。短期承诺指的是作出爱不爱一个人的决定。长期承诺则是作出维护这一关系的承诺，包括对 Ta 的忠诚和责任心。

2. 爱情的八种不同类型

以上三种成分的不同结合，可以得到八种不同类型的爱情。

(1) 无爱(Nonlove)：三个因素都不具备。

(2) 喜欢(Liking)：只有亲密。在一起感觉舒服，但缺少激情，也不愿意与 Ta 长期相守。

(3) 痴迷的爱(Infatuated Love)：只有激情。认为对方有强烈的吸引力，除此之外，对对方了解不多，也没有想过将来。

(4) 空洞的爱(Empty Love)：只有承诺。

(5) 浪漫的爱(Romantic Love)：有亲密关系和激情体验，没有承诺。

(6) 伴侣的爱(Companionate Love)：有亲密关系和承诺，缺乏激情。

(7) 愚昧的爱(Fatuous Love)：有激情和承诺，没有亲密关系。

(8) 完美的爱(Consummate Love)：同时具备三要素。

激情是爱情的发动机，没有激情，爱情就缺少了生存和发展的原动力；亲密是爱情的加油站，没有亲密，爱情就容易枯竭；承诺是爱情的安全气囊，没有承诺，爱情就多了几分危险，时刻有崩溃的可能。

(二)真爱是什么

恋爱不等于真爱，但每个恋爱的人都渴望获得真爱。真爱不是来自两个人之间口头上的海誓山盟，而是来自生活中的点点滴滴。

1. 真爱是关心

弗洛姆说："爱是对所爱对象的生命和成长的积极关心。缺少这种积极关心，就没有爱。"爱，是想对方之所想，给对方之所需，是无私地给予和关心。关心是具体的，一点一滴的，大到关心 Ta 的前途、命运，小到给 Ta 买一条围巾等。关心需要从对方的角度出发捕捉 Ta 的心理需求，而非将自认为好的强加给对方。真正的关心是悉心观察对方所需，做到雪中送炭、锦上添花。

2. 真爱是信任

爱一个人，首先是信任 Ta，不凭感觉随意猜疑，给 Ta 一个自由的时间和空间，相信 Ta 对你的爱。不必盘问对方的每个细节，更不必跟踪调查。

3. 真爱是给予

我们常常把爱看作被爱，注重怎样被人爱，怎样使自己可爱从而获得爱。为了达到被

第五章 婚恋与性爱

爱的目的,男性渴望权力财富,女性渴求青春美貌,目的在于引起别人对自己的爱。而那些不做作、真诚主动地给予对方爱的人,在不问收获、埋头耕耘的过程中,自然而然地也就获得了爱。

4. 真爱是宽容和理解

罗杰斯说:"爱是深深的理解和接受。"宽容中包含着理解、同情与原谅,是最大限度地接纳对方。既要接纳对方的长处,也要接纳对方的短处,但要注意限度和原则,丧失自尊、没有底线的接纳和理解,是病态的,甚至是伤害。

5. 真爱是尊重

尊重意味着没有剥削和控制,在与我们的关系中,Ta 可以按自己的目标去成长和发展,而不是服务于我们的需要和构想。尊重涉及 Ta 的职业、爱好、选择、隐私、人生观、价值观和日常生活中不同于自己的观点和生活习惯等方方面面。

6. 真爱是专注

人一生可能不止爱一个人,但那是在人生不同时刻发生的事情。真爱不能同时发生在两个对象身上,爱情是专心一意的,要求感情的和谐完整。陶行知说:"爱情之酒甜而苦。两人喝,是甘露;三人喝,是酸醋;随便喝,要中毒。"

7. 真爱是理性

面对爱情每一个人都会有很多感性的情绪,但是真爱也是理性的。纯粹感性的爱情会使恋爱双方仅凭感觉行事,疯狂、冲动、不计后果,包含理性的爱情能促使恋爱双方在恋爱过程中思考、成长,引导双方付出成熟的爱,保护自己也保护对方,促使爱情走得更加长久。

8. 真爱是独立

爱情不是一味地忍让和奉献,最好的爱情,是两个人都独立,是两个人都努力把自己变成更好的人。独立不是疏远,而是指在恋爱过程中有自己的思考和行动,知道自己真正需要什么。爱是两个独立人格的平等互动,不让自己消融在对方的影子里。

四、策略训练

策略一 区别友谊与爱情

两个人的交往常常由相识、相互产生好感开始,进而有较密切的联系,之后根据交往情况决定是否确定为爱情关系。但在产生好感后、密切交往前,有可能不清楚相互之间是爱还是喜欢,有可能将友谊视为爱情而产生误会。下面的测试可以了解自己到底是喜欢还是爱。

【测试1】

下面有 13 个句子,在符合你的句子前打"√"。

(1) 当我和他(她)在一起时,我发觉好像两人都有相同的心情。
(2) 我认为他(她)非常好。

(3) 我愿意推荐他(她)去做为人尊敬的事。
(4) 依我看来,他(她)特别成熟。
(5) 我对他(她)有高度的信心。
(6) 我觉得大部分人和他(她)相处,都会对他(她)有很好的印象。
(7) 我觉得和他(她)很相似。
(8) 我愿意在班上或团体中,做什么事都投他(她)一票。
(9) 我觉得他(她)是许多人中,容易让别人尊敬的一个。
(10) 我认为他(她)是十二万分聪明的。
(11) 我觉得他(她)是我认识的所有人中,非常讨人喜欢的。
(12) 他(她)是我很想学的那种人。
(13) 我觉得他(她)非常容易赢得别人好感。

【测试2】

下面这13个句子,在符合你的句子前打"√"。

(1) 他(她)情绪很低落的时候,我觉得很重要的职责就是使他(她)快乐起来。
(2) 在所有的事件上,我都可以信赖他(她)。
(3) 我觉得要忽略他(她)的过失是一件容易的事情。
(4) 我愿意为他(她)做所有的事。
(5) 对他(她)我有一种想占为己有的想法。
(6) 若我不能和他(她)在一起,我会觉得非常不幸。
(7) 假使我孤寂,首先想到的就是要去找他(她)。
(8) 在世界上也许我关心很多事,但最重要的事就是他(她)幸福不幸福。
(9) 他(她)不管做什么,我都愿意宽恕他(她)。
(10) 我觉得他(她)的幸福是我的责任。
(11) 当我和他(她)在一起时,我发现自己什么事都不想做,只是看着他(她)就够了。
(12) 若我也能让他(她)百分之百地信赖,我觉得十分快乐。
(13) 没有他(她),我觉得难以生活下去。

测试1和测试2中符合你的情况的句子分别有多少?如果测试1中符合你的句子多于测试2,那么你对Ta喜欢的成分多于爱,你们之间是友谊而非爱情;反之则是爱情而非友谊。

法国作家缪塞的小说《弗雷热里克和贝尔讷勒塔》中,贝尔纳勒塔对自己的心上人说:"自从我爱上你以后,我觉得其他的男子全都是怪模怪样的、愚蠢的。"

[摘自:李建伟.活学活用心理学.延吉:延边大学出版社,2013.10]

"喜欢"与"爱"是一回事吗?通过上面的测试,我们看到二者有交叠的地方。心理学研究发现,爱与喜欢是两种不同性质和情绪状态的情感,虽然有许多共同之处,但爱情有依恋感、关怀感和亲密感;而喜欢只是正面的好感、崇拜,并不涉及奉献和独占的感觉。

策略二 培养爱的能力

爱是一种能力,也是一种艺术。只有掌握了爱的艺术,具备了爱的能力,才会正确地

面对和处理爱情。

——弗洛姆

(一)学会表达爱

L喜欢上一个女孩,为使自己忘掉她而专心读书,他选择了女孩不常去的教室学习。但事与愿违,思念之情一日胜似一日,使他难以静心学习。终于有一天他抓住机会,拉住女孩的手,想表达爱慕之情。此举让女孩尴尬不已,之后女孩每每见到他都故意回避,L既迷惑又痛苦。

没有勇气表达爱,会陷入深深的烦恼中;虽表达了爱,却不恰当,仍然会遭受挫折。爱需要表达,以免错失良机。但,表达爱是一种能力,在表达爱的过程中如何将自己的意思让对方理解,并接受自己,同时又要使自己在被拒绝的时候不被伤害,被拒绝之后还能使友谊继续,这真的需要技巧。因此除了勇敢地开口表达以外,还需要注意原则、方法和技巧。

1. 表达的基本原则

(1) 爱的表达必须在双方有感情基础、心意相通的基础上进行。

(2) 必须在双方都有意的情况下进行,如果是单方面有意,那么,有意的一方做出的"爱"的举动则容易被对方感觉为"骚扰"。

(3) 说出"我爱你"应该符合双方的性格和心理特征及其他各种具体情况。

(4) 表达爱有各种方式,根据情境创造性地发挥就是好的,固定的套路未必适合你。

2. 表达爱的技术

(1) 表达的途径。

① 谈心。这是最直接的方式。

② 书信。可以斟酌字句,考虑周到,以免当面谈带来难以启齿的尴尬,或是被拒绝后的难堪。

③ 他人转达。如果感到把握不那么大,可以通过他人转达意思,或进行试探。

(2) 表达的形式。

① 直抒爱意。一般来说,追求外向型的对象,宜采用直爽的方式直抒胸臆。

② 体贴关怀。对内向的人示以关怀温暖,在其心情不佳时耐心倾听,使其内心平衡与协调。

③ 满足自尊。对自尊心强的人,给以自尊心上的满足,抓住时机婉转表达心意。

(3) 表达的技巧。

① 含而不露。可借用诗、照片、书、礼卡、信、亲手做的礼物来传递爱的信息。也可用表达感受的方式暗示对方,如"我同你在一起的时候,总是感到非常愉快。""我觉得今天的时间过得特别快。"

② 含中有露。如:买两张电影票邀请他(她)一同观看;邀请他(她)一起散步、游公园;赠给对方一张自己的照片,背后题上表露爱情的诗词;赠送一束鲜花、几颗相思豆等。

③ 巧用赞美之词。如:"你对这个问题的看法,很有新意。""这种发型与你的脸型很相配,非常好看。"

(4) 勇敢接受表达结果。

表达爱之后可能有三种结果：一是对方欣然同意；二是说要考虑考虑；三是拒绝。

在后两种情况下，不能急躁，更不能对对方进行逼迫和威胁。爱情不可强求，果子未熟，摘下来也是酸的。要一如既往地交流，以诚相待，培养感情，增加了解。

【读一读】

认识李银河时，王小波在街道厂做工人，才情还未被世人所知。而李银河是《光明日报》的编辑，早已经拥有许多读者和粉丝。两人的地位、颜值、身份都相去甚远，李银河的父母并不满意这桩姻缘。甚至李银河本人，第一次见王小波时，也相当失望，竟直言王小波不大好看。王小波却对李银河一见倾心，开门见山地问："你有没有谈朋友？"李银河摇头，他说，"那你看我行不行？"漂亮的皮囊固然赏心悦目，有趣的灵魂却更为稀有。谁能拒绝如此风趣，如此深情的人呢？王小波的坦率，热烈，赤诚，很快闯入李银河的心。

他曾写下这样的情信："你做梦也想不到，我把信写到五线谱上吧？五线谱是偶然来的，你也是偶然来的。但愿我和你，是一支唱不完的歌。""咱们应当在一起，否则就太伤天害理啦。你若愿意，我就永远爱你。你若不愿意，我就永远相思。单是你的名字，就够我爱一生了。""我把我整个灵魂都给你，连同它的怪癖，耍小脾气，忽明忽暗，一千八百种坏毛病。它真讨厌，只有一点好，爱你。"

[摘自：王小波逝世21周年：一辈子很长，要跟有趣的人在一起. http://www.sohu.com/a/227912714_228180]

(二)学会拒绝爱

表达爱需要能力，拒绝爱也需要能力。拒绝爱要注意以下两个方面。

(1) 如果你认为对方的爱不值得接受或不愿意接受时，就要勇敢、坚决、毫不含糊地拒绝，如果优柔寡断或屈服于对方的穷追不舍，发展下去对双方都不利。

(2) 要采取恰当的拒绝方式，虽然每个人都有权拒绝爱，即使我们不接受对方的爱，也需要尊重他人对自己的真挚情感。这是对自己的素质和涵养的检验。处理方法简单轻率、不顾情面，甚至恶语相加，会使对方的感情和自尊心受到伤害，这些做法是很不妥当的。拒绝的形式和技巧需要发挥你的创造力，拒绝他人原则上必须以保护他人的自尊心为前提。

爱是一位伟大的导师，教会我们怎样做人。

——莫里哀

【做一做】

设想一个你不喜欢的人向你求爱的情景，在头脑中想象出至少 10 种不同的方法拒绝对方。前提是不伤害对方，使你们的友谊可持续发展。

假设你所爱的人拒绝了你的爱，在头脑中想象出对方拒绝你的方法，至少 10 种，体会一下，哪一些拒绝方法令你好过，哪些令你难过。

(三)学会发展爱

爱是一朵非常脆弱的花,它必须受到保护,必须被强化,被浇灌,唯有如此它才会茁壮。

——奥修

恋爱期间是感情升温的黄金时段,可以为两个人一生的幸福奠定基础。

阅读下面两首关于爱情的诗,谈谈你的感受。

爱情是一个光明的词
纪伯伦

爱情是一个光明的词,
被一只光明的手,
写在一张光明的纸上。

爱情是情人之间的一层面纱。

不肯原谅女人细微过失的男人,
永远不会享有她那美好的德行。

爱所给予的,只是他自己;
爱所取的,也只是取自他自己。
爱不占有,也不会为人所占。
因为爱本身是自足的。

情人只拥抱了他们之间的一种东西,
而没有真正互相拥抱。

留下一点空间,让天风在爱之间舞蹈。
彼此相爱,但不要让爱成为束缚。
让爱成为灵魂两岸之间流动的海洋。

斟满彼此的酒杯,但不要同饮一杯。
把你的面包给对方,但不要吃同一个面包。
一同唱歌、跳舞、欢乐,但要保有自我。
就好像琵琶的弦是分开的,但同奏一首曲子。

献出你们的心,但不要把自己的心交给对方保管。
要站在一起,但不要靠得太近,
因为庙宇的支柱是分开竖立的,
橡树和柏树也不在彼此的阴影下生长。

致 橡 树
舒 婷

我如果爱你——
绝不学攀缘的凌霄花,借你的高枝炫耀自己;

我如果爱你——
绝不学痴情的鸟儿，为绿荫重复单调的歌曲；
也不只像泉源，常年送来清凉的慰藉；
也不只像险峰，增加你的高度，衬托你的威仪。
甚至日光，甚至春雨，不，这些都还不够，
我必须是你近旁的一株木棉，
作为树的形象和你站在一起。
根，相握在地下；
叶，相触在云里。
每一阵风吹过，我们都互相致意，
但没有人，听懂我们的言语。
你有你的铜枝铁干，
像刀像剑也像戟；
我有我红硕的花朵，
像沉重的叹息，
又像英勇的火炬，
我们分担寒潮风雷霹雳；
我们共享雾霭流岚虹霓；
仿佛永远分离，却又终身相依，
这才是伟大的爱情，坚贞就在这里。
爱，
不仅爱你伟岸的身躯，
也爱你坚持的位置，
足下的土地。

(1) 爱是宽容和理解，是最大限度地接纳——"原谅对方的细微过失。"

(2) 爱是给予，而非索取——"爱所给予的，只是他自己；爱所取的，也只是取自他自己。""爱不占有，也不会为人所占。因为爱本身是自足的。"

(3) 爱是关心，是想对方之所想，给对方之所需——"每一阵风吹过，我们都互相致意。"

(4) 爱是尊重——"不仅爱你伟岸的身躯，也爱你坚持的位置，足下的土地。"

(5) 爱是专注——"仿佛永远分离，却又终身相依；这才是伟大的爱情，坚贞就在这里。"

(6) 爱是理性——"留下一点空间，让天风在爱之间舞蹈。彼此相爱，但不要让爱成为束缚。"

(7) 爱是独立——"献出你们的心，但不要把自己的心交给对方保管。要站在一起，但不要靠得太近。""是你近旁的一株木棉，作为树的形象和你站在一起。"

【做一做】爱情 A 计划：一天 5 分钟，每天两次

Attention——时刻关注，在对方说话时，不要打断，微笑着听对方把话说完。对方吞

吞吞吐吐时，鼓励他(她)："我在听，慢慢说吧。"

Affection——表达爱意，以关怀的态度用语言、肢体动作来表达爱意，如摸脸颊、牵手、拥抱、亲吻。身体的接触能够强化言语的功效。

Application——欣赏与感激。每个女子都担心自己会不会讨人喜欢，每个男子都害怕被人瞧不起，因此时常真诚地表达欣赏和感激，哪怕是小事，都会使爱情发展。

(四)从失恋中获得成长

F 说："我与女友从相识到相爱已四年，可是最近为一些小事争吵，她竟然提出分手。我无地自容，怎么向亲戚、朋友交代呢？"

M 无法摆脱失恋的痛苦，对生活失去希望，跳楼自杀身亡。

H 因第三者介入而失恋。他不甘心，天天去女友宿舍楼下大吵大闹，声言让女友不得好过，造成了恶劣影响。

失恋虽为人之常事，却是一生中最痛苦的心理挫折之一。失恋后可能产生以下心理或行为。

(1) 自卑，羞愧难当，心灰意冷，离群索居，自我封闭。
(2) 报复，"你看不起我，我就干给你看看"，失去理智，伤害对方。
(3) 自弃，自暴自弃或自杀，让对方受到谴责。
(4) 立刻投入另外一场恋爱以摆脱这次失恋的痛苦。
(5) 失恋不失学，失恋不失志，失恋不失德，失恋不失命。
(6) 把精力转移到其他事情上，做出成绩让对方"后悔"，"报复"对方的"小看"。

以上六种失恋的反应或应对失恋的方式，你赞成哪一种？

失恋是痛苦的，这种痛苦具有巨大的破坏"能量"，我们可以通过以下方法来释放。

1. 稳定情绪

(1) 倾诉。把苦闷向值得信赖的人(亲人、好友或心理咨询师)倾诉，这时你最需要的是他们的开解和梳理，而不是投入另外一场恋爱。

(2) 奋笔疾书。写日记或书信记录苦恼，给自己或知心朋友看。

(3) 建立新的兴趣。做些积极的事情，如运动或旅游、参加集体文体活动、到大自然中寻找慰藉。这些都将重新激活人的理性控制力，使你回归到正常生活轨道上来，烦恼也会随风而逝。

19 世纪法国作曲家柏辽兹失恋后，情绪失控，夜晚乘坐马车前往巴黎去行凶报复。但是一路上美丽的夜景使他恢复了平静，放弃了报复的念头，沉迷于乐曲的创作之中。

(4) 升华。荷麦说："为了失恋而耽误前程是一生的损失。"追求事业和理想，既可使"自我"得到更新和升华，又创造了更好的择偶条件，或可"失之东隅，收之桑榆"。

歌德曾多次失恋，但每次失恋后都凭借文学来摆脱精神痛苦，终于写出了世界名著《少年维特之烦恼》。

2. 理性梳理

人都有"理智的我"和"情绪的我"。在失恋的情况下"情绪的我"往往会压倒"理智的我",但要摆脱痛苦,则必须用"理智的我"去提醒、暗示和战胜"情绪的我",学会自我疏导。

> 失恋是非常有启发意义的,短时间内,你会以新的眼光来看这个世界。
> ——I.梅泽

(1) 对自己说积极的话语。

恋爱失败了还可以再来,爱情只是人生很重要的一部分,但不是全部;

爱情不是是非题,而是选择题;

人间自有真情在;

痛苦也是人生的一种经验,它会帮助我成熟;

他(她)失去的是一个爱他(她)的人,而我只失去了一个不爱我的人。

(2) 分手后请记得这几句话。

当爱情不在的时候,请对他(她)说声祝福,毕竟曾经爱过;

结束以后,别告诉他(她)我恨你,爱情是两个人的事,错过了大家都有责任;

人生很长,谁也无法预知明天,真爱在下一秒等着你;

活着不是为了怀念昨天,而是要追求希望,离开他(她)你可以过得更好;

分手了就做回美好的自己,一个人的世界同样精彩。

(3) 不要急于恋爱,而要花时间反思以下问题,这样才能从失恋中成长。

【想一想】

分手的根本原因是什么?

在一起是否真的适合?

我到底了解对方多少?

我爱对方什么?

如何肯定对方喜欢自己?

我对他(她)有没有足够的关心、尊重?

和他(她)在一起我成长了吗?他(她)成长了吗?

【做一做】

列举失恋的好处,以"因为我失恋了,所以我获得了……"句型为模板,写10句话。

策略三 处理恋爱困扰

在恋爱过程中,冲突经常出现,这种非常会让我们烦恼不已。没有冲突并不是什么好现象。逃避冲突也会使恋人失去处理彼此差异的机会,最终使恋情在克制的愤怒和虚假的亲密中走到尽头。然而怎么处理冲突却是需要学习的。

1. 不逃避冲突

不满的情绪压抑得越久,我们就会变得越危险。逃避冲突、回避冲突并不会让双方的

第五章　婚恋与性爱

感情变好，只会让感情像外表漂亮的毒苹果，漂亮但致命。冲突可以让我们客观地看待双方的差异，给我们机会去调整和解决，如果连这个机会都失去了维持良好的恋情几乎是不可能的。

2. 清楚定义问题

当我们情绪爆发冲突产生时，一定要弄清楚争吵的原因是什么，是觉得对方不够重视自己还是对对方行为的不满？抑或是对自己的不满或自己的情绪不佳？如果不认识冲突的原因，恋爱中的争吵就会成为一种习惯，而恋爱双方一旦明确了问题的原因，就能够找出激怒对方的真正原因，而不是浮于表面，在冲突发生的时候就能更好地处理问题。

3. 直接表达感受和需要

在恋爱关系里，暗示和拐弯抹角的沟通成功的概率非常低，直截了当地把内心的感受和需要表达出来是最有效的沟通方式。因为男性比女性利用情感信息的能力弱，再加上中国传统文化要求男性内敛、克制、自立，男性通常较难表达自己的情感需要，也不一定明白女友的暗示，所以在恋爱中女性最好直接表达自己的感受和需要。

4. 不说贬低性的语言

没有人喜欢听贬低性的语言，贬低性的语言只会引起情绪和行为上的反抗，但是在恋人关系中，贬低性语言出现的频率却不低。贬低性的语言会使恋爱双方对立起来，致使两人的关系由彼此相爱变成互相伤害，破坏两人的自尊心和亲密关系。当争吵时出现贬低性的语言，那么我们的注意力就会集中到这些不好的词汇上，而听不进其他重要的讯息，有效沟通也就变得不太可能。

5. 不把战线拉得太长

当恋爱双方发生冲突时，记住一定不要把战线拉得太长。有些情侣常常冷战，不主动处理冲突，任由自己和对方的不满情绪由时间消磨，这样的方式看起来不错，但实际上这样做往往会使恋爱双方错失了处理互相之间差异和冲突的机会，慢慢地俩人之间的不满情绪会发酵，最终影响恋爱关系。所以不管是哪种形式的冲突，我们都应该注意不要把战线拉得太长，能在 1 个小时解决的问题绝不拖到下 1 个小时，能在当天解决的问题绝不拖到第二天。

6. 不"越界"

恋人，特别是恋爱时间较长的恋人沟通时常犯的毛病是"越界"，他们通常自认为很了解自己的恋爱对象，觉得自己可以读懂 Ta 的想法和感受，然后自作聪明地替对方作决定。事实上，大部分时候我们都猜错了对方的感受也就相应地帮对方作了错误的决定。

策略四　学习爱的五种语言

L 和 Q 恋爱半年了，最近 L 老觉得 Q 不爱自己了。他不再和自己一起去图书馆、一起上自习，逛街更没有了。但 Q 觉得 L 无理取闹，因为在他看来，马上就大四了，Q 想把暑假实习的工作做好，以便能在毕业之前稳定下来，这样的话，L 找工作的压力就会小很多。况且即使这么忙，他几乎隔天就会陪 L 吃饭，周末也会陪她看电影或者做别的，Q 觉得自己很努力地在为他们的未来奋斗，女友却觉得自己不爱她，他很郁闷。

L 和 Q，一个觉得陪伴是爱，一个认为为对方服务是爱，他们说着不同的爱的语言，相互都没有感知到爱。恋爱中，如何让对方感知你的爱意，或者，如何感知到对方的爱，这种能力尤为重要。我们每个人爱的语言都是不同的，当我们用自己觉得好的方式来爱对方，而对方未必觉得就是爱。或者，一味地期待对方以自己希望的方式来爱自己，也会对爱视而不见。有的时候，感觉不到爱，并非没有爱，而是没有感知到爱。了解自己爱的语言，读懂对方爱的语言，相互尊重理解，爱才会流动。

(一) 了解双方爱的语言

一位心理学家总结出五种爱的语言。

(1) 肯定的言辞，指的是赞扬的字句、欣赏的话语。

(2) 精心的时刻，意思是"同在一起"，指的是我们把注意力放在彼此身上共同度过一段时间。

(3) 送礼物，礼物作为爱的视觉象征，与是否值钱无关，重要的是你在准备礼物的时候想到了 Ta。

(4) 服务的行动，通过替 Ta 服务，而让 Ta 高兴来表达你对 Ta 的爱。

(5) 身体接触，牵手、拥抱、亲吻、抚摸、耳鬓厮磨是爱最直接的表达，对有些人来说，身体接触是与安全感、亲密感和融合感联系在一起的。

【测一测】你的爱的语言是哪种？

下面有 30 句陈述句，在每句陈述句中，在最能说明你愿望的句子后面打"√"。

1	Ta 写的爱的纸条(或微信)让我感觉良好。	A
	我喜欢 Ta 给我的拥抱。	E
2	我喜欢与 Ta 单独待在一起。	B
	当 Ta 帮我做我的事时，我感觉到 Ta 的爱。	D
3	从 Ta 那里收到礼物，我很开心。	C
	我喜欢与 Ta 一起长途旅行。	B
4	当 Ta 帮我做事时，我感觉到 Ta 爱我。	D
	我喜欢 Ta 抚摸我。	E
5	当 Ta 搂着我时，我感受到 Ta 的爱。	E
	我知道 Ta 爱我，因为 Ta 送礼物给我，让我惊喜。	C
6	我不管去哪里，都愿意和 Ta 一起去。	B
	我喜欢牵着 Ta 的手。	E
7	我很珍惜 Ta 送给我的礼物。	C
	我喜欢听 Ta 对我说，Ta 爱我。	A
8	我喜欢 Ta 坐在我旁边。	E
	我喜欢听 Ta 告诉我说，我很帅(漂亮)。	A
9	能和 Ta 待在一起，会令我很高兴。	B
	Ta 送给我的即使是最小的礼物，对我来说都很重要。	C
10	当 Ta 告诉我以我为骄傲的时候，我感觉到 Ta 爱我。	A
	当 Ta 为我做饭吃时，我知道 Ta 爱我。	D

续表

11	不管做什么，我都喜欢和 Ta 一起做这些事。	B
	Ta 给我的支持意见让我感觉很好。	A
12	和 Ta 对我说的甜言蜜语相比，Ta 为我做的小事情对我来说更重要。	D
	我喜欢拥抱 Ta。	E
13	Ta 的赞扬对我来说意义重大。	A
	Ta 送一些我很喜欢的礼物给我，对我来说很重要。	C
14	只要是在 Ta 身边，就会让我感觉很好。	B
	我喜欢 Ta 揉我的肩部。	E
15	Ta 对我的成就做出的反应让我很受鼓舞。	A
	如果 Ta 能为了我而做他本不喜欢的事，这意义重大。	D
16	我从来没有厌倦过 Ta 的亲吻。	E
	我喜欢 Ta 对我所做的事情表示出真正的兴趣。	B
17	我可以指望 Ta 帮助我完成一些任务。	D
	当我打开 Ta 送给我的礼物时，我仍然会很兴奋。	C
18	我喜欢 Ta 称赞我的外表。	A
	我喜欢 Ta 倾听我倾述，而且不急着评论、批评或提建议。	B
19	当他 Ta 在我旁边时，我忍不住要触摸 Ta。	E
	当 Ta 有时为我跑腿时，我很感谢 Ta。	D
20	Ta 应该为 Ta 帮助我所做的一切得到奖赏。	D
	有时我会为 Ta 送给我的礼物如此用心而感到惊奇。	C
21	我喜欢 Ta 给予我 Ta 全部的注意力。	B
	保持家里的清洁是一项很重要的服务行动。	D
22	我期待看到 Ta 送生日礼物给我。	C
	我从来没有厌倦过听 Ta 告诉我，我对 Ta 有多么重要。	A
23	Ta 通过送礼物给我，让我知道 Ta 爱我。	C
	Ta 通过帮我赶工完成任务，表达了 Ta 对我的爱。	D
24	在我说话时，Ta 不会打断我，我喜欢这一点。	B
	我从来没有厌倦过收 Ta 送给我的礼物。	C
25	我累的时候，Ta 能看出来，还问我 Ta 能帮着做什么。	D
	去哪里并不重要，重要的是和 Ta 一起去这些地方。	B
26	我喜欢与 Ta 做爱。	E
	我喜欢从 Ta 那里收到礼物，得到惊喜。	C
27	Ta 鼓励的话给了我信心。	A
	我喜欢与 Ta 一起看电影。	B
28	没有什么比 Ta 送给我的礼物更好。	C
	我简直无法把自己的手从 Ta 身上收回来。	E
29	当 Ta 有其他事情要做，却来帮我，我就能感觉到爱。	D
	当 Ta 告诉我 Ta 很欣赏我的时候，让我感觉非常好。	A
30	在我和 Ta 分开一段时间后，我喜欢拥抱和亲吻 Ta。	E
	我喜欢听到 Ta 告诉我，Ta 相信我。	A

得分最高的一项，就是你的主要爱语。A=肯定的言词，B=精心的时刻，C=接受礼物，D=服务的行动，E=身体的接触。

(二)给他所需

在恋爱中，男女两性的需求是不同的，在表达爱的时候，要考虑男女的差异。女性最基本的需要主要是：①时常被关怀；②心事被倾听；③想法被尊重。因为女性有这样的需要，作为男友应该做到的是关怀、体贴、尊重、赞美、理解和安慰。

而男性的需要是：①能力被肯定；②才华被欣赏；③努力被感激，作为女友应该做到的是：信任、接纳、欣赏、感激、表扬和一定的空间。然而，因为男女两性在恋爱关系中需求的不同，也经常会以为自己的需求就是对方的需求。

需要注意的是：一方面，爱语必须是符合对方意愿的，如果强迫 Ta 接受你的爱的语言，就是骚扰了。另一方面，如果你的主要爱语是服务的行动，那么你应该是请求你的恋人为你服务，而不是要求其为你服务，对于你的请求 Ta 是否愿意满足或者有没有能力满足、在多大程度上满足，这是 Ta 的自由，我们不能因为 Ta 没有满足我们的请求就对其加以指责。

五、反思体验

给恋情买份保险有用吗？阅读下面的文字，并思考后面的问题。

近日，在蓉从事文案工作的舒先生发现，在支付宝客户端悄然上线了一款"恋爱保险"，只要在投保 3 年后结婚，就可以获赔最高近万元的礼金。舒先生在网上一搜索，发现这款支付宝出品的"恋爱保险"并不是保险市场唯一的一款，事实上这类保险很多，并且也有大量的人参保，他想着是否也和女朋友一起去买份这样的保险。

[摘自："恋爱保险"重现市场 99 元真爱能保爱情多久？
http://insurance.hexun.com/2017-02-16/188164p72.html]

【想一想】

(1) "爱情保险"为什么有如此大的市场？
(2) 恋爱需要具备哪些心理元素？
(3) "爱情保险"真能为爱情保险吗？

第二节　健康性爱

美好的性，是阳光下的火炬。

——弗洛伊德

一切无知都是令人遗憾的，但是对性这样的事无知，则是严重的危险。

——罗素

当我们的性生理成熟后，必然会对性爱充满好奇与渴望，但是性生理的成熟并不代表性心理也相应成熟。当你面对"性"的时候，必须问自己，对性了解吗？为性爱做好心理准备了吗？

一、身边的故事

小樊与小鸣在校园附近租下房子,过起了同居生活。小鸣已怀孕并堕胎两次,他们两人对未来却没有太明确的想法,未来俩人是否会结婚是否会养育孩子,也没有考虑。

20岁的H正在读大三,虽然还是一名在校学生,但却是一位孩子的母亲。H在大一时认识了男友M,后怀孕了,家人劝她打掉孩子,男友也没有留下孩子的想法。但H不想失去自己的第一个孩子,坚持生下宝宝,男友因为害怕离开了,现在孩子由父母帮忙照顾。

小伟大二时独自在外租房居住。课余时间他感觉孤独难耐,便通过网络调味人生,多次与网友发生一夜情。后因排尿困难就医发现染上了性病,痛苦不堪。

性不是独立的事件,性行为发生可能会涉及生理安全、心理感受、社会责任等多个方面;非预期的怀孕或感染性病不仅会使身体健康受到损伤,也会让人焦虑不安,影响正常的生活和学习,严重的甚至影响未来的幸福。

性爱是我们生理成熟以后的一种正常需要,树立正确的性观念,掌握科学的性知识,理智对待性行为,才能真正体验到性爱的美好。

二、判断鉴别

亲爱的朋友,你怎样看待"性"? 请仔细阅读每道题,选择符合你的答案。

1. 适当自慰对身体无害	符合	不符合
2. 只要自己快乐就好,社会怎么看,我不在乎	符合	不符合
3. 学习性知识是结婚以后的事,现在难以启齿	符合	不符合
4. 我与对方发生性关系,并不一定爱对方	符合	不符合
5. 我常有性幻想和性冲动,这真可耻	符合	不符合
6. 采取避孕措施会影响性爱质量,所以多数情况下我都不用	符合	不符合
7. 只要对方是自愿跟我发生性关系,我就可以不承担后果	符合	不符合
8. 对于性,不愿意的时候应该坚决说"No"	符合	不符合
9. 用性来证明自己的成熟和魅力不明智	符合	不符合
10. 有性的爱情才保险	符合	不符合
11. 我觉得自己的生殖器不理想,为此感到自卑	符合	不符合

【评分与评价】

1、8、9题,选"符合"得1分,选"不符合"得0分;其他题选"符合"得0分,选"不符合"得1分,将各题得分相加。

分数越高,表明对性的认识越正确。如果你的总分在5分以下,也许你对性的看法容易导致自己或他人身心受伤,需要特别注意培养健康的性爱观和学习健康的性行为知识。

三、心理论坛

饮食男女,生殖繁衍,性行为是非常自然的事。但健康的性行为却需要学习。

健康的性观念。主要包括性生理和性心理两个方面。性生理健康是指个体的性器官没有器质性病变。性心理健康是指个体具有正常的性欲,能够正确认识和理解与性有关的问

题,并且具有比较强的性适应能力,能正确处理与异性交往中产生的问题,使自身免受性问题困扰,促进自身心理健康发展。

性心理健康可以概括为以下五个方面。

(1) 能做到相互尊重和为对方的身心健康负责。

(2) 具有正常的性欲望。性欲是一个人能够获得性爱和性生活的基础和前提,所以一个性心理健康的人必须具有性欲望,否则性心理健康就无从谈起。

(3) 能从正当途径了解和学习男女性生理结构、性心理反应、生殖健康、预防性病等知识。

(4) 合理的性认知。能正确认识与性有关的性问题,不对性感到神秘或感到难以启齿。

(5) 有正常的、健康的性行为方式。能正确认识和理智调节自己的性梦、性幻想、性冲动等。

四、策略训练

策略一 摆正性爱观

健康的性爱并不是单纯的性欲,它是以恋人间的互爱为前提的,且要以自己的理智、情绪稳定、关怀等作为基础。

——恩格斯

(一)性与爱

1. 性不等于爱

Z 向相恋已久的女友提出了性要求。女友考虑了许久,婉言拒绝了他的要求。没想到的是,两个相爱的恋人却为此闹起了别扭。

不同的人对性行为可能有不同的看法,Z 觉得性是爱的一部分,女友拒绝性要求让他觉得女友不爱他。Z 把性和爱等同了,但性不等于爱,性只是爱的一部分。当 Ta 没有准备好发生性行为时,我们应该尊重 Ta 的意愿,给 Ta 时间和空间,当两人都准备好的时候,性行为是自然而然的事。

2. 不用性去交换爱

W 爱上了已有女朋友的帅班长,很想把他从其女友手中抢过来。她说:"那女孩没我性感。只要我愿意付出,我相信他会和我在一起的。"

如果那人不爱你,并且不幸的是,那人恰巧是个好色之徒,那么你就是给他一个占有你、然后轻视你的机会;如果有幸他是个正人君子,那么你的大胆奉献会让他认为你是一个轻薄之人,从而对你退避三舍,男女皆是如此。

3. 性不能保全爱

我和男友认识半年后开始同居,男友很优秀,也很幽默。刚开始男友很照顾我,我们甜甜蜜蜜地过日子,但最近我们经常吵架,男友好像喜欢上了别的女孩。一直以来,我都以为把自己交给男友的那天,我们就注定了一辈子都会相扶相携,没想到是这样的结果。

第五章 婚恋与性爱

性是爱情的生理基础,然而却不是爱的保险栓,能够使爱情长久的是双方真诚的关爱、尊重、沟通、理解、欣赏和共同成长,而不仅仅是性。

(二)性爱与学业

B 与女友相距甚远,出于对女友的眷恋,常到很远的城市去"看"她,一呆就是十天半月,导致落下许多课程,多门功课不及格,直逼学校勒令留级的警戒线。

学业是大学生价值感的主要支柱。所以,当我们将爱情视为生命的唯一时,爱情就是一株温室里的花,娇弱美丽却经不起风吹雨淋。当爱情成为我们唯一的存在价值时,我们就会失去人格的独立和魅力,也很容易失去被爱的理由。正如鲁迅说的:"不能只为了爱,而把别的人生要义都抛却了。"

(三)性爱与性礼仪

理智要比心灵为高,思想要比感情可靠。

——高尔基

礼仪是社会交往活动中自然形成的各种美的言谈举止,其核心和本质是敬人、律己。恋爱是一种特殊的人际交往,礼仪必不可少。在恋爱中注意自己的言谈举止,既能得到他人的尊重,也有利于爱情的巩固与发展。

1. 尊重他人的感受

恋爱中的人免不了有亲密接触,如接吻、拥抱等边缘性和过程性性行为。在公共场合下恋人间的性接触行为是否得体,自己的行为是否会给别人造成影响,是我们需要放在心上考虑的。

据香港《文汇报》报道,入住宿舍本是大学生体验集体生活的最佳途径,但有不少人却将宿舍当做"免费时钟酒店",更在室友面前肆无忌惮大做"真人秀"。经年来不少高校宿舍出现宿舍性行为问题,其室友深受其害,苦不堪言。

[摘自:香港高校宿舍性行为猖狂 室友被迫观看"真人秀".
http://news.163.com/10/0122/12/5TKNM8SU000120GU_mobile.html]

对此类当众亲密的行为,你是怎么看的呢?

A:一般情形,我没什么意见,但有的同学在教室这样的公共场所里卿卿我我,还弄出声音来,我对此非常反感。

B:在湖边、花园这些罗曼蒂克的地方,拥抱和亲吻还算正常,但在图书馆、食堂、教学楼边、阅览室常碰到恋人亲密的场面,跟环境太不协调,很刺眼。

C:大学毕竟是学习和静心研究学问的地方,在这个环境里,当众做一些过于亲密热辣的动作,特别是在图书馆、自习教室、严肃的集会场所和有其他同学在场的宿舍,很不合适。

尽管不同的人对公共场合的亲昵行为有不同的看法,但大多数人都持反对态度。某大学对学生"荣辱行为排行榜"的调查表明,公共场所男女的拥抱和接吻已成为最令人反感的行为之一。

(1) 懂得什么场合应有什么样的举止。行为要和所处环境协调，边缘性和过程性性行为宜选择私下场合，不在大庭广众之下(如教室、图书馆、寝室、食堂等)我行我素，全然不顾他人的感受，公共场所的性行为只会招致尴尬或引起公愤。恋爱和性行为是私密的事，把私密的事公之于众，并不是我们的社会和文化所称道的。

(2) 性是私密的事情，需要私密的环境。从医学角度看，和谐性行为需要安全、私密、舒适的环境，而大学生的性行为多数不具备这样的环境，因而常伴着恐惧、紧张、担忧怀孕及不洁感、不道德感、羞愧感和罪恶感，容易引起性反应抑制和性焦虑，导致男性阳痿、早泄和心因性功能障碍。而女性可能未采取避孕措施，因怀孕而流产，手术后，由于集体住宿担心被老师、同学发现，还要应付繁重的课业负担，身体与心理的恢复困难。而且在公众场合下的性接触行为容易损伤外生殖器，发生意外事故，特别是容易引发多种并发症。

2. 尊重恋人的感受

"有一次，我和男友在校园的草坪上玩，他突然把手伸进我的衣服里，我感到很不舒服，觉得他没有征求我的意见，不尊重我，也怕别人看到。"

恋爱中，有亲昵行为是正常的，但不经对方允许就出现的亲昵行为则会引起对方的反感，破坏双方感情的发展。在恋爱中只有懂得尊重为先，才能更好地感受恋爱的甜蜜。

(1) 亲昵行为必须符合对方的需求，不冒犯恋人。随着交往的增加，亲昵的举动是自然而然的。但单方面冲动下过早地做出亲昵动作，会使对方反感，影响感情的正常发展。当发觉自己不受尊重时，要立即告诉对方："请尊重我！"

(2) 恋爱过程中要平等相待，相互尊重。不要炫耀抬高自己，戏弄贬低对方。也不宜想方设法考验对方或摆架子，这些都可能挫伤对方的自尊心，影响双方的感情。

(3) 亲昵动作要避免粗俗。温柔的充满爱意的亲昵动作使人愉悦，粗俗粗暴的动作往往引起厌恶、疏远。

(4) 遵守社会伦理规范。性冲动不一定产生性行为，人通过大脑调节性行为，人有社会性，因此必须遵守社会行为准则、人格和尊严，尊重他人意愿和抉择，人对社会有责任和义务。

策略二　正面了解性知识

(一)搭建"性"息平台

高校非医学专业学生，对性知识的知晓度参差不齐，在性知识来源问题上，获得性知识的途径主要是国内外影视与上网，在医药卫生书籍、色情读物方面，男女生之间、来自城市与农村的学生之间有显著性差异。

[摘自：谢锦伟、高昕等. 非医学专业大学生性知识、性观念现状调查，中国性科学，2013年第6期]

要恰当地选择性知识的学习工具，不接触非法渠道的与性有关的音像制品和物品。性知识资料的选取要避免刺激性过大，或是引导取向出现偏差的部分，尽量选取那些既真实全面又恰当得体的资料。

第五章　婚恋与性爱

1. 阅读科学的性知识书籍

知乎. 知乎周刊：XXOO 那些事(总第 143 期). 浙江：浙江出版集团数字传媒有限公司，第 1 版(2016 年 12 月 1 日)

李银河. 性学入门. 上海：上海社会科学院出版社，第 1 版(2014 年 5 月 1 日)

阿尔弗雷德·C.金赛著，潘绥铭译. 金赛性学报告(男人篇&女人篇). 北京：中国青年出版社，第 1 版(2013 年 7 月 1 日)

凯莉·威尔奇(Kelly Welch)，富晓星. 性！你知道的你不知道的那些你应该知道的事. 北京：中国人民大学出版社，第 1 版(2014 年 1 月 1 日)

(1) 参加学校组织的性知识讲座、选修有关性教育的课程、观看学校展板宣传资料、观看教学录像、参与学校发起的各项性知识宣讲活动等。

(2) 主动到学校或社会心理咨询机构进行咨询。

2. 了解避孕常识

小 C 和男友国庆相约去旅行，美景在前，爱人相伴，情动之下住进了大床房。回校后两人情感更为热烈。随后，小 C 却害怕极了，大姨妈已经迟到一周没来报到，本来还乐观地想着那几天不是排卵期应该没事，结果买了验孕棒一测，中奖了！

用科学的方法阻止和破坏受孕过程中的某些环节，以避免怀孕，防止生育，这几乎已成为每个成年男性和女性性生活必需的知识。

目前避孕方法很多，主要是通过抑制卵巢排卵，或者抑制精子的正常发育，或者阻止精子和卵子结合，或者阻止受精卵着床，最终获得避孕的效果。

(1) 从避孕对象来说，可以由男性来避孕，也可以由女性来避孕。

① 男性避孕方法。避孕套是目前使用最多的一种避孕方式，只要使用正确，避孕效果较好。除了避孕套以外，男性还可以进行体外射精防止女性怀孕，但这种方式容易出现意外，避孕效果不是很理想。

② 女性避孕方法。安全期避孕法：是指在女性月经前 5～6 天和月经后 5～6 天内发生性行为不易怀孕。但这也不是万无一失的，所以为了安全起见，女性避孕的最常用方法还是服避孕药。

③ 避孕药。有短效避孕药、长效避孕药、外用避孕药等。其中应用最多的是短效避孕药，如能正确服用，避孕效果几乎达 100%；长效避孕药每月只使用 1 次，有的可 2～3 个月使用 1 次；外用避孕药为避孕药膜和避孕药膏。

④ 女用安全套。随着科学的进步，避孕套已不再是男性的专利，女用安全套已成为女性进行避孕的另一种受青睐的方法。

(2) 从避孕时机来说，可以事前避孕，也可以事后避孕(补救性避孕)。

(3) 从避孕时间长短来说，可以一次避孕，也可以长期避孕，甚至永久避孕(绝育)。

(二)了解性传播疾病的预防知识

艾娜是一名大二女生，在家时父母管教严，离开家到大学后觉得自由很多，经常网上聊天演绎激情，网下邀约炮友放纵无度，直到染上性病。当她与男朋友在一起时，又把性病传给了对方，于是引发了"帅哥"告"美眉"的"浪漫官司"。

[摘自：迷失的青春 女大学生太放纵染性病．http://health.sohu.com/20050216/n224302529.shtml]

当性冲动袭来时，想一想：防范措施做好了没有？这不仅仅是女生思考的"专利"问题，男性亦当如此。

性病(性传播疾病)是一种由性接触或类似性行为感染在性器官上的传染病，主要包括艾滋病、梅毒、淋病、尖锐湿疣、非淋病性尿道炎、生殖器疱疹和念珠菌病、阴虱病等。每一种性病由不同的病原体引起，如细菌、病毒、螺旋体、支原体、衣原体、真菌、寄生虫等。性病虽然可怕，却是可以预防的。预防需注意以下事项。

(1) 认清性病的严重危害性，自觉拒绝和克服性乱行为，避免不洁性行为，以免带来严重后果。

(2) 安全使用避孕套。使用避孕套是一种既安全又方便的防性病措施。安全、正确地使用避孕套，避免了两性生殖器的直接接触，不论对男性还是对女性，都可起到预防感染性病的作用，从而减少性病的发生、传播。

(3) 及早治疗性病。及早治疗并治愈性病可减少感染性病的危险。正规医院能提供科学、保密的检查、诊断、治疗和咨询服务，必要时可借助当地性病、艾滋病热线进行咨询。

近年来，我国青年学生艾滋病感染比率上升明显，高校的学生感染人数明显增加。

艾滋病的传播途径主要有以下几种：①性接触传播。艾滋病感染者的精液或阴道分泌物中有大量的病毒，这些病毒会侵入在性活动中细微破损的器官黏膜，进入感染者的血液中。直肠的肠壁较阴道壁更容易破损，所以危险性更大。②血液传播。输入被艾滋病毒污染的血液，或者使用被污染的注射器、针灸针、拔牙工具等都容易发生感染。③母婴传播。感染艾滋病毒的母亲在怀孕、分娩或母乳喂养过程中可使自己的孩子被感染。

艾滋病疫情在高校不容小觑，大学生应当做好以下几点保护自己。

(1) 确保安全性行为。艾滋病可以通过性行为传播，发生性行为时一定要采取防护措施，安全套不仅可以防止怀孕，对于性病和艾滋病的预防也有很大作用。安全性行为的首要方式就是使用安全套。另外，大学生应该提高防范意识，不涉足色情场所、不轻率尝试"一夜情"，任何时刻都应有保护自己的意识。

(2) 注意输血安全。不到不正规的地方献血，不用未经消毒处理的任何医用器械，不用未消毒的器具穿耳孔，文身或者美容等。

(3) 拒绝毒品。吸毒是传播艾滋病的又一个途径，很多吸毒者共用吸管或者针管，容易造成艾滋病毒的传播。

策略三　健康性行为

罗素说："爱情使我们整个生命更新，正如大旱之后的甘霖对于植物一样。没有爱的性行为，却全无这等力量。一刹欢娱过后，剩下的是疲倦、厌恶以及生命空虚之感。"

——罗素

第五章　婚恋与性爱

(一)先思后"性"、有备而"性"

最近几天对于大二的小李来说，十分煎熬。她不听室友劝阻，只身前往外地见网恋男友，回来后发现自己怀孕了，更糟糕的是男友在知道她怀孕后，竟然人间蒸发，短信电话不回，微信也拉黑了。

[摘自：西安女大学生网恋后怀孕遭男友拉黑.陕西都市报.2017-05-13]

性行为直接导致怀孕，这对于婚姻中的男女可能是一件幸福的事，但是对于十多岁的学生就是伤害了。小李最终只能选择手术拿掉孩子，但是手术风险、心理创伤都是小李需要承受的。"不在乎天长地久，只注重曾经拥有"，带来的是身心的伤害。

性交对成年人来说是自然而平常的事情，使人身心愉悦。然而无爱的性行为、没有准备的性行为、不打算承担后果的性行为和没有能力承担后果的性行为却常常适得其反，可给当事人带来巨大的心理压力，如懊悔、罪恶感、消极自我评价，或怀疑对方的品质、担心自己和对方的未来等，这些负面情绪会使性交的快乐一扫而空。因而在未做好身心和物质准备时，最好不要选择没有保护的性行为。

缺乏理性而发生性行为的悲剧，可能每天都在发生。在决定发生性行为之前，我们须思考性行为的后果以及如何自我保护。

据调查：大学生中性交的第一目的是发展爱情的占 54.7%；为追求感官快乐的占 21.3%；为组织家庭的占 6.5%；为生育后代的占 2.9%。

[摘自：转变性观念有利于生育.http://www.vodjk.com/1xjk/140214/59557.shtml]

即将发生性行为前，请你问自己以下问题。
(1) 我真正了解对方吗？
(2) 是出于自己的需要还是出于对方的压力？
(3) 如果我一定要与对方发生性关系，那么我打算采取什么避孕措施？
(4) 在发生关系后，我是否还能承受得起自尊或是来自感情的风险？
(5) 环境是舒适、安静、隐蔽的，有安全感吗？
(6) 我是放松的、愉悦的，有思想准备吗？
(7) 我是想以性关系来维持双方感情吗？
(8) 我了解事后避孕的措施吗？
(9) 如果怀孕了怎么办？

(二)寻找替代"性"

性行为并不等同于性交，性交只是性行为的一种，性行为有着更宽泛的内容，包括以下形式。
(1) 目的性性行为，即性交。
(2) 过程性性行为，指性交前的准备行为，如接吻、抚摸、爱抚或其他动作。
(3) 边缘性性行为。为表示爱慕，或仅仅是爱慕之心自然流露的表情、动作、语言。如，眉目传情、暗送秋波。

多种方式满足性欲望。春天到了花就会开,人的性生理成熟了,自然就会产生性的渴望。但性的渴望并非一定要通过性行为来满足,还有许多方式可以缓解甚至满足性的欲望及性的需要。

学会与异性交往。不要因为对性的羞涩而回避与异性的正常交往,与异性的正常交往是缓解性渴望的有效方法之一。

(1) 回避性刺激。避免过度的性刺激。如不看黄色的图书、电视,不上黄色网站,见到或接触性感的异性,不胡思乱想,努力克服性幻想。

(2) 转移注意力。如参加各种感兴趣的活动、体育锻炼等,以减轻精神紧张,让自己尽量保持心情愉悦,或者给自己安排具体的学习、工作任务来充实自己。

(3) 适当地自慰。用手抚弄自己的生殖器官满足性欲的行为,包括但不限于生殖器官的自我性刺激。这是一个正常的行为,如果说有危害的话,其危害也主要来自错误的认识,如认为自慰是"淫邪""罪恶""道德败坏"等。正是这些负面认识带来羞耻、自责和担忧影响到青年人的学习和生活。

五、反思体验

请阅读下面的材料,并思考:如何避免这样的状况?

4月24日,长沙市某区疾控中心举行了"高校疫情通报和骨干成员培训"会议。会议指出,高校云集的某区疫情严重:截止到2017年4月6日,报告现居地为该区的艾滋病病毒感染者已达到603人。至2017年4月21日,已发现报告为学生的感染者106人。

大学生成为受艾滋病影响的重点人群。近几年,学生"染艾"人数迅速增加……中国疾控中心性病、艾滋病防治中心主任吴尊友表示:"2011年到2015年,我国15~24岁大中学生艾滋病病毒感染者净年均增长率达35%,且65%的学生感染发生在18~24岁的大学期间。"如此发展下去,后果不堪设想。

[摘自:106名学生身染艾滋!何以高校成为艾滋病重灾区? http://www.sohu.com/a/20866p230_772237]

大学生艾滋病的传播以性传播为主,白岩松透露说,在2011年艾滋病确诊病例中,通过同性性传播而得病的比例为38%,异性性传播比例47%,到2015年,同性性传播比例上升为55%。在大学生中新增感染艾滋病案例中,同性性行为造成的感染占82%,男女学生比为11:1。

[摘自:白岩松走进河海大学谈防艾. 搜狐网 http://www.sohu.com/a/75361431_252634]

第三节 经营婚姻

婚姻犹如花木,只有时时浇水、施肥,才能开出绚丽的花朵。否则,便会枯萎死亡。

——鲁迅

和谐的婚姻关键在于两个人学会如何愉快地相处,不对其他事情抱有过分的期望。

——佚名

始终与爱相伴的婚姻,可以滋养人格成熟,催发事业成功,是两人的共同成长,给予

第五章　婚恋与性爱

人生无限幸福和快乐。然而，婚姻也会带来烦恼和痛苦。在这个价值多元、开放的社会里，在校大学生结婚禁令解除之时，我们该怎样面对婚姻、把握幸福呢？

一、身边的故事

某大三女生小陈和公司职员小张，奉子成婚。婚后小陈回到学校上学，但由于妊娠反应严重，只得办理休学手续安心回家养胎。后来，在医院产下一名男婴，孩子多数由婆婆和妈妈照顾。第二年，小陈打算回校上学，但想到还在吃奶的孩子，小陈犹豫了，最终她放弃回校留在家中照顾孩子。当同学开始求职工作，小陈羡慕不已。一年后，小陈不愿放弃学业而回校上课，就必须忍受与孩子分离的痛苦。

新《婚姻法》取消对在校生结婚的限制，这使大学生结婚"有法可依"，是对大学生合法权利的尊重，但它并不代表社会鼓励和提倡大学生草率、非理性地结婚。

恋爱是浪漫的，婚姻是现实的。如果现实条件不足够好，没有为婚姻做好承担责任的心理准备，不懂得经营婚姻的技巧，游戏婚姻，那么婚姻将成为爱情的终结者。

二、判断鉴别

你是怎样看待婚姻的呢？请仔细阅读下面每道题，选择符合你的答案。

1. 幸福的婚姻仅有热烈的爱情就足够了，其他都无所谓	是	否
2. 和谐的婚姻就要一方顺从另一方的意愿	是	否
3. 爱情面前不能谈钱，谈钱和经济问题肯定会影响婚姻	是	否
4. 当对方受到挫折时要鼓励并帮助她(他)，而不是奚落或埋怨	是	否
5. 幸福的婚姻需要双方的相互尊重、宽容和有效沟通	是	否
6. 夫妻双方要亲密无间，不能有什么秘密或个人空间	是	否
7. 夫妻一方不能单独与异性交往，否则肯定会影响婚姻质量	是	否
8. 培养相似的兴趣爱好有助于提升婚姻质量	是	否
9. 和谐的婚姻很多时候需要讨好对方，满足对方的要求	是	否
10. 幸福的婚姻需要不断发现并表扬对方的优点	是	否

【评分与评价】

第4、5、8、10选"是"得1分，其他题选"是"得0分，选"否"得1分。把所得分数相加，得分越高，表明对婚姻的心理准备越好，如果得分低于5分，则需要好好学习，以提高经营婚姻的能力，为建设和谐的婚姻打下基础。

三、心理论坛

婚姻的本质——爱的多元结合。婚姻至少包括三方面的关系：身体的关系、精神的关系和在共同生活中结成的人事关系。所谓婚姻，是由法律和道德规范的，包括男女双方生理的、心理的、社会的、经济的、责任的各方面的多元组合，其中最重要的是情感和义务。具体来说，婚姻具有以下特点。

1. 性的亲密结合

性不是婚姻的全部，但却是婚姻的生理基础。倘若没有男女两性生理上的亲密，婚姻关系就无法同人类的其他社会关系区分开来。和谐的性生活能最大限度地满足男女双方彼此性的欲望与需求，性生活和谐是夫妻心理满足的前提与基础。

2. 情感的亲密交融

婚姻是夫妻双方相互了解、接纳对方的心理，协调彼此的感情行为，从而达到的一种新的心理组合。只有男女双方在心理上相互沟通，达到彼此间价值观、信仰、观念、个性特点上的相互默契、相互欣赏、相互尊重、协调一致，才能达到完满的结合。

3. 义务与责任的结合

婚姻是一种由法律约束的一男一女以共同生活为目的的合法关系。彼此相互承担责任与义务，为共同的生活而相互尊重，相互合作。婚姻不单是个人行为，也是社会行为，婚姻的稳定程度关系到社会的稳定与发展。

家和万事兴，家齐国安宁。家庭和谐不仅是个人幸福、家庭稳定的基础，而且还关系到整个社会的健康、稳定。

五种心理需要保夫妻和谐

美国心理学家默里提出夫妻和谐应满足双方的五种心理需要。

(1) 尊重的需要。相互尊重和信赖是深化爱情和事业成功的基本保证，任何轻视贬低的做法都会损害对方的自尊心。

(2) 自主和表现的需要。双方按各自的思想和意志办事，尽可能发挥自己的才能，运用智慧创造出可观的劳动成果。

(3) 交往的需要。允许爱人与他人交往，不但能保证爱情的专一，还能维持双方的心理平衡。

(4) 爱好和感情的需要。每个人的爱好不同，尽可能满足对方的心理需求并为对方提供方便。感情需要以爱为中心，持久的爱能让对方得到最大的心理满足。

(5) 宣泄的需要。主动接受对方的宣泄，并进一步劝慰、疏导，排解其内心痛苦，使对方从内心矛盾中解脱出来。

四、策略训练

策略一　做好婚前准备

L 结婚两年，孩子一岁半，最近 L 莫名其妙地烦躁，老想逃离现在的生活，想一个人去一个没人认识自己的地方，没有家人也没有老公。L 怀疑自己是不愿意和老公结婚。L 说："我和老公没有心灵相通的感觉，我们的感情不是很亲近，就像是一个房间里面住着的两个人"。L 和丈夫没有家务杂事的困扰，也不用为家庭开支担心，孩子由老人帮忙照顾，没有婚姻生活实实在在的各种烦恼，但 L 和丈夫的感情却成了这样，怎么回事呢？这得从他们结婚的理由说起，他们结婚不是因为双方觉得感情具备了，准备好了，而是因为双方父母觉得他们谈恋爱的时间差不多了，可以结婚了。

在走进婚姻殿堂之前应理智、慎重地思考以下问题。

(一) 选择好终身伴侣了吗

是否选择了一个恰当的伴侣，将决定你一生的幸福，并极大地影响个人发展与事业成就。因为你将选择另一个生命与你的生命相融，与你共同驾驶命运的航船。扪心自问：

(1) 我们彼此相爱吗？
(2) 我们相互之间有心动的感觉吗？
(3) 我们彼此在性上有吸引力吗？
(4) 我们彼此之间愿意分享感觉和想法吗？
(5) 我们相互之间有亲密的感觉吗？
(6) 我们的价值观、信仰、处事方式等差异大吗？
(7) 我们对两人共同的未来生活有承诺吗？
(8) 我们都了解彼此的缺点吗？
(9) 这些缺点如果在婚姻中被放大，我们还能忍受吗？
(10) 我们能处理两人间的冲突吗？

(二) 做好婚姻生活的准备了吗

(1) 我和他(她)的生活习惯能够相互接纳吗？
(2) 是否具有一定的经济能力，现有的经济能力能维持什么水平的消费？
(3) 他(她)是否只顾工作而忽视我的存在？
(4) 当在工作中遇到了挫折，他(她)会支持我吗？
(5) 两人都工作，谁来承担家务？
(6) 了解性生理、性心理、生殖保健和避孕知识吗？
(7) 性生活是否尊重我的意愿？我是否愿意尊重他的意愿？
(8) 有了孩子，如何承担教育的责任？

婚姻与身体健康

婚姻不幸的人比婚姻幸福的人更容易有牙龈问题和蛀牙；夫妻关系紧张与胃肠溃疡有直接关系；感觉婚姻不幸的女性，一想到和丈夫吵架就会血压升高，心跳加速；而家庭和谐，夫妻恩爱，可消除不良精神状态，恢复失调的肾上腺功能，大量释放出使人愉快的物质——内啡呔；爱一个人或被一个人爱时，机体免疫力会始终保持在较高水平，体内 T 细胞含量处于最佳状态，对抵御疾病有重要作用，有利于身心健康和延年益寿。

[摘自：婚姻质量影响健康. 心理与健康. 2005, (10): 28]

策略二 经营婚姻

和谐的婚姻是一钵精心调制的靓汤，愈煲愈出营养，香浓而绵长。

——鲁·尔斯

(一) 彼此信任，相互尊重

小菊离职在家做全职太太，丈夫年轻有为，精明强干，事业如日中天。由于工作忙应酬多，小菊总疑心他有外遇，常偷翻丈夫的手机通讯录，甚至打电话去单位查岗。久而久之，夫妻恩爱全消。

夫妻间坦诚相见不等于没有隐私，保留隐私就是彼此尊重和相互信任，想要关系和谐美满，就需要尊重个人心灵空间。监视通信隐私，非但不能保住婚姻，还会将其推向绝境。

梁思成与林徽因

1931年，我从宝坻调查回来，徽因见到我时哭丧着脸说，她苦恼极了，因为她同时爱上我和金岳霖，不知怎么才好。听到这事，我感到血液凝固了，连呼吸都困难。但我也感谢徽因对我的信任和坦白。经过一夜的深思熟虑，我对徽因说："你是自由的，如果你选择了老金，我祝愿你们永远幸福。"我们为此都感动得哭了，由于我对徽因的尊重，让她最终回到了我的身边。

[摘自：刘培育. 金岳霖的回忆与回忆金岳霖[M]. 四川教育出版社，1995]

读了梁思成与林徽因的故事，你会用什么样的言行来尊重自己的伴侣呢？

【做一做】夫妻亲密有间

关心对方，但也不要事无巨细地一一过问，给对方适当的空间，要把握好"度"。

(1) 安放一张有三个抽屉的写字台：中间的属于夫妻公用，两边的各自选用，里面放各自的"家私"，并落锁给对方以充分的私有空间。

(2) 允许双方有各自不同的社交圈，有共同的朋友，也有各自的知心好友，并给爱人以展示自我的机会与发展的空间，放手让对方做自己喜欢的事(坚守原则为前提)。

(二)相互扶持，共同成长

约翰·亨利·纽曼说："唯有成长才证明生命的存在。"

米列娃心气很高，决心在物理学领域打一番天下。这点吸引了爱因斯坦，认为米列娃是他将物理学和爱情完美结合的不二人选。婚后，爱因斯坦有了工作、朋友、收入，并在物理学界崭露头角，米列娃却牺牲了她的整个生活、名誉、壮志雄心和她挚爱的物理学来支持他。当爱因斯坦和朋友沿着阿勒河热烈讨论物理问题时，她却留在家里打扫房间。她说："你知道，有了名气，给妻子的时间就不多了……你知道，我是多么渴望被爱。"

1905年，爱因斯坦发表了相对论，获得了巨大的名声和越来越多的支持者、崇拜者，也有了更多志同道合的朋友；而米列娃却越来越阴郁、沉默，龟缩在家庭的小圈子中，鲜有社会交往，一步步脱离了社会生活。两人越来越难沟通，米列娃开始不断地患各种疾病；爱因斯坦有了外遇，米列娃痛苦却无奈，16年的婚姻告终。

[摘自：丹尼斯，奥弗比. 恋爱中的爱因斯坦. 冯承天，涂泓译. 上海：上海科技教育出版社，2003]

"我与太太感情笃定，结婚至今，不管遇到什么问题，两人都会一起商量。"陈志雄说起太太陈冯富珍总是一脸幸福。婚前，两人为在一起，陈冯富珍弃文从医，每晚回家，陈志雄都要给她当家庭教师，夫妇俩一起刻苦攻读。陈冯富珍参选世卫总干事的三天时间里，陈志雄全程陪同，默默支持。2006年11月11日，在妻子当选世卫总干事的历史时

第五章 婚恋与性爱

刻,陈志雄坐在会场一角,细听太太在台上宣誓和发言,其间不时点头微笑,给妻子以莫大鼓励。

[摘自:陈冯富珍:最经典的中国式爱情]

【想一想】

爱因斯坦与米列娃,陈冯富珍与陈志雄起初都是恩爱夫妻,随着时间的推移、生活的考验,两条婚姻道路却大相径庭,这是为什么?

米列娃龟缩于家庭,落落寡合,婚前那个有才能、有活力的米列娃就这样消失了,对爱因斯坦来说,是人生的遗憾;对米列娃来说,则是人生的失败。

当米列娃牺牲自己照顾家庭的时候,却未能悉心关照自己,既没能满足自己身心的需要,也没有促进自己的成长。爱因斯坦在事业发展的过程中也未能扶持妻子共同前进,二人的心理落差越来越大。婚姻失败已成定局。而陈志雄与太太相互支持、相互提升,在自己成长的同时,携手对方一起成长。这样的婚姻想要不美好都很难。

经营婚姻最有效的方法其实是经营你自己,婚姻幸福的奥秘寓于个人成长的过程之中。通过丰富自己的生活,能够获得个人的快乐,舍此无法使自己成长。成长的能力越强,就越能使我们与伴侣建立更紧密、更有爱意、更有建设性的关系。

【做一做】

个人成长与活力是发展和保持婚姻的关键,为此我们可以从以下方面着手。

(1) 对自己的需要敏感,无论是挑战的需要、自我表达的需要、获得机会的需要,以及得到乐趣、独处、与他人在一起消磨时光的需要,等等,都要意识到。

(2) 找到创造性的方式来获得需要,保持精神上的活跃,使自己充满活力。

(3) 满足自己需要的方式必须是伴侣能接受的。如果不是这样,就要通过二人交流、探讨和有创意的办法来解决。

(4) 珍爱自己的生命活力,把活力视为精神上的美容,设法在婚姻关系中使活力得到滋养。

(5) 在某个时期,你为"太阳",而我甘心做"月亮",但太阳和月亮是轮流做的。

(6) 促进个人成长最有效的方法是提供一个体谅、接受和真诚的环境,这种亲密关系是促进婚姻中的双方成长最肥沃的土壤。

如果你的活力正在消失,你的成长正在放缓,则要睁大你的眼睛,在婚姻中反观自己,一旦你能够意识到这个问题,你就有机会认识自己、改变自己、成就婚姻。

(三)勇于表达,相互欣赏

如果你当面、背后都只说配偶的优点,那么,你就等于学会了爱,并能收获到爱。

——简妮·韦尔斯

"一个人的成功只有 15%是由于他的专业技术,而 85%则要靠人际关系和为人处世能力。"夫妻关系是最重要的一种人际关系,婚姻的成功关键在于如何处理好这种特殊的人际关系。

两个猎人上山打猎，各自打了一只兔子。甲回家后妻子很高兴，称赞他真能干，跑得飞快的兔子都能打到；乙回家后妻子埋怨他太无能，从早到晚才打一只兔子。第二天他们又出发了：甲心想打回一只兔子算什么，我要打两只甚至更多给妻子看，于是他干劲十足；乙情绪低落，上山后懒洋洋地睡大觉，他要让妻子知道，兔子不是那么好打的，弄不好连一只都打不到。

[摘自：赵化南. 相互欣赏——甜蜜爱情的秘方[J]. 心理与健康，2002(6)]

欣赏别人是一种尊重，被人欣赏是一种幸福。夫妻双方如果相互欣赏，感情升华，和谐融洽，心理才能获得平衡与满足。但夫妻间相互欣赏不是廉价的恭维，也不是违心的讨好，更不是无原则的歌颂，而是内心的赏识、喜欢、尊重与感激。这种欣赏是对对方的承认、肯定和鼓励，让对方产生心理满足感，激起自尊心和成功欲，达到优势互补，获得双赢效果。

两性心理需求排行榜

男性的三大需要：能力被肯定、才华被欣赏、努力被感激。
女性的三大需要：时常被关怀、需要被肯定、想法被尊重。

【测一测】

(1) 当她为出席某次活动盛装打扮，向你询问好看不好看时，你的反应是：
A. "没劲，这么多人参加，谁看呢？"
B. 你一句话也没说。
C. "你看起来真漂亮！"
(2) 当他给你买了一条裙子，而色彩和款式你都不喜欢，价钱又偏贵，你的反应是：
A. "看你买的东西，你就不能聪明点？"
B. 你一句话都没有说。
C. "谢谢，你真的很关心我，我高兴。"

如果男性第一题选 C，女性第二题选 C，那么你们的关系一定甜蜜而稳定，因为这样的回答能够令女性感到温暖和关怀、肯定和尊重，能够让男性感到自己的能力、才华被认可和看重，自己的努力被感激。如果答案是 A 和 B，则要注意调整自己的言行，使之更积极和具有建设性。

【做一做】多夸奖少责备

(1) 不论事情大小，只要一方做得好，对方要及时给予肯定，使彼此感到爱人真的很在意自己，促使自己做得更好，进而形成婚姻生活的良性循环。
(2) 每当责备爱人 1 次后，要找机会赞扬 3 次或更多，让对方消消气，找到心理平衡点，还能让其感觉受到重视，加深感情。

(四)勇于忍让，相互宽容

著名词作家乔羽夫妇庆祝红宝石婚纪念日时，上百位亲朋好友前去祝贺。有位年轻人发问："乔羽先生，您和夫人历经 40 年的沧桑走到今日，婚姻仍甜美有加，秘诀是什

第五章 婚恋与性爱

么？"先生精辟地回答道，"仅一个字：忍！"夫人补上一句，"还有四个字：一忍再忍！"

[摘自：婚姻的密码. https://tieba.baidu.com/p/537767661?red_tag=2p76288527&traceid=]

金无足赤，人无完人。婚姻要和谐就需要忍让、宽容，双方不在小事上斤斤计较或对爱人横挑鼻子竖挑眼，尽量接纳对方的优缺点。但若出现类似婚外情(性)等原则问题时，冲突实在忍无可忍，则留有距离，小别几日，让双方都冷静下来，对各自进行分析，适当让步，明智取舍，反而可以加深情感。

【做一做】建立情感账本，寻求忍让、宽容的理由

(1) 和对方发生冲突，支出10分。
(2) 经过沟通相互谅解，和好如初，存入10分。
(3) 繁忙的时候，爱人主动帮忙做家务，存入10分。
(4) 激烈口角时，当场摔一个杯子，支出10分……

不要忽视这个不起眼的情感小账本，我们存入的是感情，支出的也是感情，而感情没有价格只有价值。

英国维多利亚女王与丈夫阿尔伯特虽相亲相爱，但由于社会角色不同，她成天出入社交场合，而丈夫对社交却不感兴趣，两人就偶尔有些小别扭。一天，女王独自参加社交活动，夜深才回寝宫，却见房门紧闭。女王上前敲门。房内，阿尔伯特问："谁？"女王答："我是女王。"门未开，再敲。又问："谁呀？"女王答："维多利亚。"门仍未开，她徘徊了半晌，又敲。仍问："谁呀？"女王温柔答道："你的妻子。"门开了，阿尔伯特热情地把女王迎了进去。

[摘自：深度地把女王拒在门外. https://baijiahao.baidu.com/s?id=1577658111p58800952&wfr=spider&for=pc]

沟通是相互传递感情、态度、事实、观点等以实现交流、理解的过程。婚姻中，无论身居何职、身价几何，都要保持一颗平常心，与对方进行真诚交流，巧妙沟通，加深理解，提升感情。

夫妻沟通的方式很多，可以通过语言来沟通，也可以通过行为来沟通。良性的夫妻沟通30%通过言语完成，而70%则通过表情、姿势、触摸等非言语来实现。沟通可以是一个留言、一条短信，也可以是一个鼓励的眼神、一个默契的微笑。

【做一做】巧用爱的"体语"

客厅沙发上，轻拍他(她)的肩；
下雨的街上，背他(她)走过积水深处；
寒冬的街上，用手温暖他(她)的手；
拥挤的公交车上，双肩护住他(她)；
发烧生病的时刻，用额头了解他(她)的体温。

(五)沟通有道，良性争吵

没有不良的婚姻，只有不良的沟通。

——卡斯特

卡耐基："推心置腹的争吵能使爱情进一步巩固，从不争吵的伴侣心里最清楚，他们之间的关系容易破裂。"

——卡耐基

婚姻中沟通不良，争吵就不可避免，但若吵架讲究艺术，反而会化解冲突，使夫妻情感更加稳固和坚实。

1. 在开战前 30 秒，问自己三个问题

(1) 究竟是什么惹我生气？

(2) 此事是否糟糕得只能通过吵架才能解决？

(3) 吵架就一定能解决问题吗？

回答完这三个问题后，你或许会发现，有些事根本就不值得争吵，从而避免一场危机。

2. 争吵时就事论事，不涉及其他

吵架时不要牵出大堆陈年旧事打击对方，否则战争将无限扩大，原本所想解决的问题却连影子都没了。

3. 争吵时善用良性言语

(1) 善用"我信息"，少用或不用"你信息"。如：善于运用"我做家务时间长，感觉很累，而你不帮忙，我觉得很难过"，而不是"你从来什么家务也不做""你总是和我大声喊叫""你难道不能……"。

(2) 禁说伤人自尊的话。比如："吵什么吵，你以为你是谁！""你可真是个窝囊废！""当初真是瞎了眼！"等话语，看似自己出了气，其实伤人自尊，适得其反。

(3) 争吵中学会"倾听"。努力倾听对方的话语并体会所蕴涵的意义，注意其手势、表情、声调、身体语言，对于听到和观察到的，要给予适当而简短的反应，如："原来如此……""是……"等，让对方知道你在听，感受到被尊重。

4. 不要把战线拉得太长

小时候和小伙伴发生矛盾时，大家都想赢，往往别人骂一句，自己还两句，或者别人轻微攻击，我们攻击得更厉害。夫妻发生冲突时由于冲动、不理智往往容易争个你输我赢，结果在争吵的过程中不满情绪越积越多，最后很容易说出一些过火或伤人的话。

当冷战爆发时，要注意尽量寻求机会打破冷战局面，冷战时双方都在不断地压抑自己的愤怒和不满，往往越压抑越严重，最终导致大战爆发。另外有些夫妻任由冷战延续，不主动打破僵局，这样的方式看起来好像对大家都好，但实际上这样做让双方都错失了处理差异和冲突的机会，慢慢地两人之间的感情就会受到影响。

所以不管是哪种形式的冲突，都要注意不要把战线拉得太长，能在 1 个小时解决的问题绝不拖到下 1 个小时，能在当天解决的问题绝不拖到第二天。

5. 注意对方发出的和解信号

冲突发生时，我们都希望能够尽快地结束冲突，也希望可以更好地处理冲突，那我们就需要特别注意对方发出的和解信号。夫妻吵架原因各不相同，和解信号也更是各种各样，有些人是主动打电话、发短信，有些是买对方喜欢吃的东西或者其他小礼物，有些直

接口头道歉，有些则是装作什么事没发生的样子主动说话。

要注意这些和解信号，别等着第三方来帮你们调解，因为第三方的调解使我们自己错失了提升解决冲突的能力，所以一旦对方发出和解信号，那么就赶快顺势而为吧。

吵架公约

1. 吵架不能当着孩子、父母、亲戚、邻居的面吵，违者罚洗碗一个月；
2. 吵架不可以离家出走，如果非要出走，只能在小区楼下长椅上等待对方来接，违者罚做家庭清洁一个月；
3. 吵架不能砸东西，实在气极只能砸10块钱以内的，违者10倍赔偿(从零花钱里扣)；
4. 吵架不能人身攻击，特别是不能牵涉家庭的其他成员，违者男罚一个月零花钱，女罚一个月不逛街。

[摘自：夫妻吵架公约 | 简单生活. https://www.yxt521.com/messy/1011.html]

五、反思体验

请你阅读"终身伴侣的10个秘诀"，思考和谐美满婚姻的秘密，祝愿你将来婚姻幸福。

终身伴侣的10个秘诀

1. 彼此是对方最好的朋友，不带任何条件，喜欢与对方在一起。
2. 彼此很容易沟通，互相敞开地坦白任何事情，不必担心被对方怀疑或轻视。
3. 有共同的理念和价值观，且对这些观念有清楚的认识与追求。
4. 认为婚姻是一辈子的事，且双方都坚定地愿意置身于这个长期的婚姻关系中。
5. 发生冲突或争执时，可以一起来解决，而不是等以后才发作。
6. 可以彼此逗趣，常有欢笑，在生活中许多方面都会以幽默相待。
7. 彼此非常了解，且接纳对方，知道对方了解你的优点和缺点，仍然确信你是被他所接纳的。
8. 能得到爱人的支持和肯定，而不是反对与讽刺。
9. 有时会有浪漫的感情，但绝大多数时候，你们的相处是非常满足而且自在的。
10. 有一个非常理性、成熟的交往，双方都感受到，在许多不同的层面上，你们是相配的。

[摘自：时效波. 人生宝典. 长春：吉林大学出版社，2010.08]

第六章 闲暇与网络

闲暇如诗，如诗般洒脱。休闲能使我们享受欢乐与自由，放任思绪翱翔，内心即会盈满怡然自得的欢欣。

闲暇如诗，如诗般自由。独处能荡涤内心的不安与躁动，恢复宁静与平淡，找回真实的自我。

科技的进步已经让每一个现代人的闲暇时光都离不开网络，虚拟与现实的交织，既让我们脑洞大开，也让我们迷恋、迷茫与迷失。

第一节 认识休闲

休闲是一种心无羁绊的状态，它可以使人保持内心的安宁与自由感。

——亚里士多德

一、身边的故事

小刘是一名大三学生，一直以来学习认真，成绩也一向不错，每次都拿一等奖学金，可谓"学霸"。这学期，小刘跟着专业课老师做一个科研项目，由于项目比较难，所以小刘把所有的空余时间都投入到了这个研究中，几乎没有了休息与娱乐的时间。经过一段时间的紧张奋斗，他发现效果并不明显。他感到压力很大，觉得焦头烂额，可又没有好的解决方法，于是小刘求助了学校的心理咨询师。在与心理咨询师的讨论中，小刘开始反思自己的生活—学业的平衡感，然后他决定重新规划自己学习与休息娱乐的时间。无论学业如何繁重，他都保证每天拿出半个多小时和同学去打羽毛球。经过一段时间的调节，小刘感觉到，体育运动不仅让自己得到了放松与锻炼，而且还有助于开阔思路，研究项目也逐渐有了新的进展。

学习是一种紧张的智力活动，用脑时间过长，容易造成脑部缺氧，产生疲劳，反应迟钝，记忆力下降，思维能力受阻。适当休息、娱乐是必要的。休闲能使处于紧张状态的大脑得以松弛，使原来兴奋的脑细胞受到抑制，加速血液循环，改善大脑血氧供应，使大脑功能迅速恢复，有利于提高学习效率。

"大脑罢工现象"

你是否曾经有这样的经历：明明正在认真地工作、学习、交谈，却突然间，大脑就像"短路"了一样，一片空白！不知道接下来要干嘛，思维瞬间就混乱了。其实，这是大脑在发出信号："你的脑力要透支了！"长期脑疲劳，会让你的身体出现各种突发状况，轻则免疫力下降，重则会导致脑梗塞而猝死！

信号1——无法集中精力

如果你经常走神儿，请不要以工作忙为借口！这是大脑"体力"下降所导致的注意力涣散，也是大脑疲劳最典型的信号。

信号 2——多梦

很多人会在半夜惊醒、多梦，这是大脑的生物钟系统开始发生混乱，无法安静下来。晚上难以入睡，会导致白天工作效率不高！

信号 3——经常丢三落四

有些人经常丢三落四，还总是煞有介事地说自己老了！其实，这只是说明你的大脑已经疲劳，细胞不再活跃，需要注入新鲜能量。

信号 4——经常困倦

你是否在下午 3 点、晚上 8 点，出现了极度困倦的现象？注意，这是你大脑神经系统的罢工状态。

信号 5——周期性偏头痛

大脑疲劳最严重的信号，就是出现周期性的偏头痛！这是大脑在各个工作系统的连接出了问题，此乃脑力下降的最明显标志。

二、判断鉴别

柏拉图说："休闲耕耘了心灵、精神和个性。"你喜欢休闲吗？请仔细阅读以下每一题，根据实际情况逐一回答每个问题，在右侧是或否上打"√"。

1. 休闲消费需量体裁衣，根据每个人的具体情况而定	是	否
2. 我感觉休闲生活充实有趣	是	否
3. 休闲使我心情愉快，精神焕发	是	否
4. 休闲完善了我的人格，使我对生活保持乐观	是	否
5. 休闲更多的是一种心态	是	否
6. 我每天用于休闲的时间在 1~3 个小时	是	否
7. 我的休闲方式多种多样，如下棋、运动、看展览、读小说……	是	否
8. 我对校内各种娱乐活动热情有加，积极参与	是	否
9. 课外我会忙于业余爱好，这是我生活的一大乐事	是	否
10. 假期我会把一部分时间用来休闲，放松自己	是	否

【评分与评价】

以上各题，凡选"是"得 2 分，选"否"得 1 分。

17 分以上：说明你的休闲生活丰富多彩、有情趣。

14~17 分：说明你是一个比较喜欢休闲的人。然而内心常常充满矛盾，既想放松自己，又怕影响学业。

10~13 分：说明在你的生活中，学习占的比重太大。生活单调乏味，平铺直叙。建议增加休闲娱乐的时间。

三、心理论坛

(一)休闲是一门哲学

"休闲"一词,既时尚又古老。"休",倚木而休,其意象为人倚着树木或人坐在树下消遣,强调人与自然的和谐;"闲",(繁体为閒)门闭而见月,其意象为家中一轮明月,或独处静思,或与友人相聚,引申为娴静、纯洁与安宁。在西方,休闲(leisure)一词是由拉丁词 licere 转化而来,可被视作 license(许可)和 liberty(自由)的合成词,亦即"被允许"(to be permitted),指的是摆脱劳动后的自由时间或自由活动,表达人们从容、宁静、忘却时光流逝的状态。

可以说,休闲是在可自由支配的时间内以自己的方式自由选择个人喜好的活动,从而创造性地实现自我、张扬个性,达到身心愉悦的目的。

(二)休闲的原则

(1) 宜乐。乐就是欢乐、快乐。休闲要趋乐避愁。

(2) 宜动。动就是运动、劳动、动手动脑。休闲最好动中求静、动静结合。

(3) 宜逸。逸就是闲逸舒适、恬静安逸。不过于劳心劳力,疲惫不堪、身心憔悴。

(4) 宜健。健就是身心健康。不打破生活规律,不张狂忘形、毫无节制。

(5) 宜宽。休闲应讲友谊、团结、和谐、礼貌、与人为善。

(三)休闲的方式

(1) 娱乐型。包括琴棋书画、吹拉弹唱、养花养鸟、钓鱼、书法等富有情趣的活动。这类活动轻松愉快、舒适,可舒缓身心、自得其乐。

(2) 体育型。包括各种体育项目,如打球、游泳、打太极拳、散步等。它们能提高体质,消除紧张情绪,解除身心疲乏。

(3) 文化型。包括阅读、听课等。能改变生活节奏,学习知识或技能,增长见识,启迪想象力。

(4) 收藏型。包括集邮、集币、剪报、藏书等。这是一种文化享受,能丰富生活情趣,提高文化修养。

(5) 旅游型。游览名山大川,或者在城市中游走。这能增长见识,锻炼体魄,开阔视野,陶冶情操,宽胸舒怀。

四、策略训练

策略一 学会忙里偷闲

我们常常抱怨学业压力太重,抽不出时间享受休闲,其实这只是推脱之辞。相信你不会比各国名人忙吧,看看他们是如何进行休闲的。

俄罗斯总统普京每天早上都要做 30 分钟体操,然后游泳 20 分钟,并在工作间隙花一个半小时从事各种体育运动。一次去日本访问,他还特意和日本柔道高手切磋技艺。

毛泽东一生酷爱游泳。"到中流击水,浪遏飞舟""自信人生二百年,会当水击三千

里""万里长江横渡，极目楚天舒"。这些脍炙人口的名句便是他在风雨中奋勇进取、劈波斩浪的艺术写照。此外，他还爱好读书，精通书法，喜欢散步、打乒乓球。

泰国国王普密蓬多才多艺，在音乐、绘画、体育上均有所长。体育方面，除积极提倡国民锻炼外，他还身体力行。他酷爱赛车、帆船和羽毛球，驾驶帆船是他的拿手好戏。

身经百战、戎马一生的共和国将军张爱萍除了每天坚持散步等活动外，还做"健身功课"——治印、练字，此外，他还精通诗词、摄影。

[摘自："自信人生二百年，会当击水三千里".
http://theorg.southcn.com/c/2013-12/12/contert 87106166.html]

在繁忙工作之余，这些名人总能忙里偷闲，抽出时间来娱乐消遣，你还有理由相信自己没空去享受惬意的休闲时光吗？不妨"偷得浮生半日闲"，运动、唱歌、绘画、下棋……放松思绪，点亮心情。在资讯发达、生活节奏加快的今天，我们如何忙里偷闲呢？

(一)学会时间分配，化忙为闲

可将要做的事情根据优先程度分先后顺序，根据价值大小分配时间。然后找出最重要的事情，将 80%的时间花在最重要事情的处理上，而将剩下 20%的时间，尽可能灵活安排，学会休闲与忙碌有机结合，自然可以化忙为闲。

(二)利用零碎时间，化零为整

零星的时间，如果能敏捷地加以利用，可成为完整的时间。

——卡耐基

可把每一天看作是由大量 10 来分钟的小时间单元拼凑而成的，姑且把这些时间小单元叫作"马赛克"时间块。当你做好了一件事情，接着干另一件事之前，注意留出 10 来分钟的"马赛克"时间块，休息与放松。如能灵活机敏地考虑时间安排，一天就能拿出多个放松身心的"马赛克"时间块。

策略二　找准合适方式

人人应花点时间享受一些特别的乐趣，哪怕每天花五分钟也好，去寻觅一朵美丽的花儿、云儿或星儿。

——海伦·凯勒

"幸福存在于休闲中。"休闲形式多样，不同的人定会有不同的选择。

(一)多样的休闲方式

1. 体育

"生命在于运动"。体育不仅能完善人体机能、增强体质，更能消除疲劳、调节情绪、磨炼意志、协调人际关系……对身心健康有重要作用。那么我们应该怎样进行体育锻炼呢？

(1) 根据性格类型选择运动方式。

① 自闭孤独。这种性格的人可参加足球、篮球、排球以及接力跑、拔河等集体项目，这些活动能帮你逐步改变孤僻习性，扩大交友范围。

② 腼腆胆怯。这种性格的人可参加游泳、溜冰、滑雪、单双杠、跳马、平衡木等活动，因为这些运动要求你必须不断克服害羞、胆怯心理，勇敢无畏，战胜困难。

③ 优柔寡断。这种性格的人可参加乒乓球、网球、羽毛球、拳击、跨栏、跳高、跳远等活动，进行这些活动时，任何犹豫、徘徊都会延误时机、遭到失败，长期锻炼能增强果断的个性。

④ 鲁莽急躁。这种性格的人可参加下棋、打太极拳、慢跑、长距离步行……这些运动能调节神经活动，增强自控力，稳定情绪。

⑤ 遇事紧张。这种性格的人可参加公开激烈的体育比赛，特别是足球、篮球、排球等运动，遇事就不会过分紧张，惊慌失措。

⑥ 自负逞强。这种性格的人可参加难度较大、动作较复杂的项目，或者给自己找几个对手，懂得"天外有天"的道理，逐渐克服骄傲情绪。

(2) 调整和控制运动量。

① 通过主观感觉来控制。如果在运动中或运动后总感觉精力充沛、心情愉快，虽有疲劳、肌肉酸痛之感，但经过适当休息，次日即可基本恢复的，说明运动量比较适中；如果在运动中或运动后出现头痛、食欲减退、恶心、气喘、胸痛、大汗淋漓甚至夜间盗汗，感到精神萎靡不振、倦怠或容易激动的，说明运动量过大。

② 通过次日晨脉来控制。晨脉指早晨醒后(不起床)的脉搏数。如果运动后，次日晨脉不变，说明身体状况良好或运动量合适；如果次日晨脉较以前增加 5 次/分以上，说明前一天的活动量偏大，应适当调整运动量；如果长期晨脉增加，则表示近期运动量过大，应该减少运动量，或暂时停止体育锻炼。

③ 通过出汗量来控制。一般来讲，进行锻炼达到刚出汗或出小汗的程度较为合适。不出汗说明负荷量不够，大汗淋漓说明运动量过大。

④ 通过学习效率来控制。通过体育锻炼，体质强健、记忆力增强、学习效率提高，表明运动量恰到好处；如果身体不适、精力不济、学习效率下降，则说明运动量掌握不当。

(3) 合理安排运动时间。

一般来说，下午和晚上锻炼效果较好。

① 下午锻炼。下午进行锻炼，运动强度可大一些，运动时间可在 1 小时左右。既可进行打篮球、踢足球、做健身操等各种集体活动，也可进行跑步、游泳等个人运动项目。

② 傍晚或晚上锻炼。运动的主要形式为散步，活动时间可长可短，但一般不超过 1 小时；运动强度不可过大，否则会影响胃肠道的消化吸收。同时，锻炼结束与睡觉的时间间隔要在 1 小时以上，否则会影响夜间休息和次日的学习。晚饭后不应马上锻炼，最好半小时后再活动。

2. 音乐

《史记》中有这样的描述："乐者，心之动也。耳乐钟磬，为之调协八音以荡其心。"人的感情会随音乐变化而相应变化，不同的音乐能使人或喜、或怒、或悲、或忧……这是因为音乐能直接作用于下丘脑和边缘系统等人脑主管情绪的中枢，调节情绪。节奏明快使人精神焕发，消除疲劳；旋律优美能安定情绪，增加注意力，增添生活情趣；节奏舒缓能缓解压力，镇静促眠；旋律激昂可振奋精神，排忧解愁……当然不同的心情，需要选择不同的曲子。

心　情	曲　子
心情浮躁，情绪紧张	《高山流水》《阳关三叠》《平湖秋月》《月光》第一乐章《e 小调钢琴协奏曲》《摇篮曲》《夜曲》
心情压抑，萎靡不振	《春江花月夜》《渔舟唱晚》《早晨》《哀格蒙特序曲》《匈牙利狂想曲》《卡门序曲》《b 小调弥撒曲》《圆舞曲》
自信心缺乏，抑郁	《阳春白雪》《彩云追月》《姑苏行》《a 小调协奏曲》《春之歌》《西西里与利戈顿舞曲》《辉煌的快板》
灵感缺乏，焦虑不安	《平沙落雁》《广陵散》《渔樵问答》《大海》《奏鸣曲》《那波里舞曲》《幽谷乐园》《幻想变奏曲》
喜新厌旧，得意忘形	《秋思》《二泉映月》《汉宫秋月》《爱之梦幻想曲》《吉卜赛之歌》《降 E 大调协奏曲》《伙伴》

3. 绘画

绘画包括欣赏和自由作画两方面。

赏画历来就是一种高雅的艺术享受。赏画时，心境因沉浸在艺术氛围中而受到熏陶，陶冶性情。我们还能从书画中吸取精神食粮，增长见识，排忧解闷，消除疲劳，提高审美能力和艺术修养。

除赏画外，作画也是适宜的心灵表达方式。作画时精力集中，宠辱皆忘，心平气和，灵活自如地运用手、腕、肘、臂，调动全身气血，调整体内各部分机能，大脑神经兴奋和抑制得以平衡，促进血液循环和新陈代谢，并使全身肌肉保持舒适状态。

作画时我们将自己的经验与感受，象征性或具体地展现在图画当中，作为一种陈述、回顾与整理，同时，在自我挥洒的过程中，可寄托情怀，提高智力，获得乐趣。

绘画疗法是用绘画来抒发情感，调整情绪，排惑解闷。因治疗目的不同，主要有以下 5 类。

(1) 宣泄性绘画。画的意境投射出内心冲突，排遣消极情绪。
(2) 消遣性绘画。临摹静物，转移注意，消除紧张。
(3) 娱情性绘画。通过野外写生等获取轻松自在的享受，激发积极情绪。
(4) 自我实现性绘画。通过组画或变体画以反映作画者的追求和理想，控制心理失衡，体现自我价值。
(5) 益智性绘画。通过简练的线条扼要地画出对象的形态和神态，开发智力。

此外，歌唱、书法、舞蹈等也是能"达其性情，形其哀乐"的休闲方式。

唱歌可使大脑皮层的抑制和兴奋过程相对平衡，体内激素和其他活性物质分泌增加，血液循环及神经功能调节处于良好状态，振奋精神，使人心情舒畅、乐观自信，有益身心健康，尤其对失眠症、忧郁症等有较佳的辅助疗效。

书法利于开发智力。心理学家桑代克根据实验得出，写字成绩与其他学科成绩相关度高达 0.80。生理学与心理学研究表明，手脑紧密联系，尤其是手部小肌肉的发达与人脑的发达密切相关。动手练字可将丰富的信息源源不断地反复刺激脑细胞，手越练越活，脑越动越灵，智力就愈加发达。

书法促进创新。书法创作中，有自由发挥的空间，产生强烈的创作欲望，陶心治性，渐入佳境，产生一些奇思妙想，迸发出灵感火花，直至把内心的创作意识表现出来。

"书，心画也。"书法也是心理的描绘，它以其特有的线条来表达和抒发心绪、情感的变化，传达心声，展现内心世界。

舞蹈是一项全身性娱乐运动，对参加者的身心很有好处，有明显的心理学价值。首先，舞蹈有较强的趣味性，在舞蹈当中，连贯的动作节奏很快，一整套动作连贯而流畅，整齐而有韵律感，对乐感、灵巧度的锻炼很有帮助。而它的趣味性容易让人集中和专注，忽略掉运动疲劳。学员跳舞时的表情陶醉而痴迷，没有一丝的刻意坚持，不少学员完全沉浸在自己的世界里，自己在品味和体会。其次，培养舞者气质，舞蹈能较好地改善练习者的协调能力。它也是一种极具表现力的运动，通过舞蹈课程，练习者在表现自己的同时培养了自信和气质。最后，舞蹈让人心情愉悦，舞蹈教练们都把舞蹈称为"带着笑容去训练的项目"。

(二)休闲方式的选择的原则

1. 因人而异原则

人各不同，休闲方式也不尽一样。而休闲更多的是精神上的愉悦和满足。我们的休闲可能仅仅是喝茶、看书、聊天，也可能是下棋、跳舞、看展览……只要"以欣然之态做心爱之事"，选择一种平凡而舒适的休闲方式，休而不"闲"，闲中有获，闲中有乐就好。

2. 适度适量原则

什么事情都有度，休闲也不例外。一是控制好时间。不要玩到忘了睡眠，这样反而影响健康，也影响学习。二是注意玩的强度。不能弄得精神疲惫，身心憔悴，得不偿失。三是消费合理。不能奢侈攀比，盲目跟风，不搞提前消费，量力而行，适可而止。

"健步走"已经成为很多人生活的一部分，而"晒步数"也成了微信朋友圈的一种流。为了拼排行，很多小伙伴日走万步甚至几万步！没有最高，只有更高！步行在很多时候确实有利于锻炼身体，维护健康，但也不是越多了越好！

前不久，杭州的刘先生想通过暴走减肥，每天走的步数都在20000步以上，没想到，不到一星期，就患上了膝关节滑膜炎！医生说，刘先生是走得太多了！属于过度运动，已经伤害到了身体！

[摘自：日行两万步真的好吗？https://www.sohu.com/a/114921062_46110p]

3. 安全第一原则

无论采用何种休闲方式，安全第一的原则无论何时都不能破。因此，在做任何休闲活动决定时，要多考虑一下安全因素，在有保障的情况下，再采取行动。

2014年5月24日，义乌小八都坑至水库大坝间的山道上，一辆丰田越野轿车滚落到落差40多米的山崖下。车上四名乘客都是浙江某学院的女大学生，其中一名因未系安全带，被甩出车外，重伤不治身亡。

[摘自：4名女大学生结伴自驾游. 车子翻下40米山崖.
http://travel.163.com/14/0526/12/pT5VGV6A00063JSA.html]

第六章 闲暇与网络

2017年12月31日7时许,北京林业大学经济管理学院9名大四女生结伴乘坐面包车从哈尔滨前往雪乡途中,发生交通事故,造成4人死亡,5人受伤。

[摘自:北京9名女生哈尔滨前往雪乡途中遇车祸4死5伤.
https://itern.btime.com/346jn5q5faj88spa10e71005ik9]

五、反思体验

【想一想】一般来说,休闲丰富而有趣,但有的人休闲起来反而觉得枯燥乏味,下面文章中的陈先生就是感觉休闲乏味的人,你能帮陈先生制订一个周末计划表,让他的闲暇不那么枯燥乏味吗?

陈先生是一名教师,他的周末就是在"消磨时光""打发日子"的心态下这么平淡地度过的。睡个懒觉,起来后收拾收拾屋子,中午去外面吃顿饭,回家继续睡觉,吃完晚饭后看看电视,周六就这样过去了。周日也差不多:打扫卫生、去超市采购、偶尔时间充裕再去逛逛街。

"没有什么特别的事情,感觉时间过得很快。"他说,"对我而言,周末不过就是休息和陪伴父母。"而对于爬山、健身、逛公园这样的休闲方式,张先生连连摇头,认为自己根本没有时间和精力来"应付"这些。

【读一读】阅读下面的文字,谈谈你的感受。

工作是一种方式,休闲是一个目的。

泡一杯好茶,远眺水面的浓妆淡抹,这是休闲;置身五光十色的舞厅,发泄心中的郁闷,这也是休闲……休闲并无定式,它是一种生活的态度,关键在于保持心态的放松。

既然休闲,就彻底轻松轻松,给心情放个假。"浮生难得半日闲",放下一切,去寻找本不该失去的乐趣!拥抱青山,就拥有了青山;涉足绿水,就得到了绿水。既然生命犹如花朵,何不尽情地享受花季的鲜艳呢?说白了,休闲就是讨一个好的心情。顺手折一朵鲜花留置于自己的心田,不好吗?

何谓休闲?答曰:就是离忧愁最远的那种心态。

[摘自:杭州离休闲之都有多远:商业迷雾下的休闲滥觞.
http://news.sina.com.cn/c/2006-05-10/1751p823097.shtml]

第二节 学会独处

把心静下来,才能打开内心的窗帘,看见世界的好风光。

——马克斯威尔·马尔兹

心灵有家才有路,和大自然独处,和生命独处。独处的人,心智才能成熟;心胸才能豁达;才能领悟生活的深邃。繁花落下后留在枝头的是果实胚胎,潮水退后留在海滩的是斑斓海贝。学会独处,给自己点一盏灯。

一、身边的故事

W 入学后，老师对她说的第一句话就是："不要把大学想得过于美好，你很快就会感到孤独，所以先要学会独处。"偌大的校园到处都是充满活力的年轻生命，在他们中间怎么会感到孤独呢？她听了十分奇怪，但不久就体会到这句话的真切含义。当好奇与新鲜感慢慢退去时，她遇到了许多从未遇到的事，发现了许多不知如何处理的问题，自己无法解决，又不好向别人倾诉。喧嚣背后那种无奈的孤独使她无法承受，有段时间她心烦意乱，无心做任何事。后来，她开始到处寻找答案。她阅读、写作、跑步……一个人的日子里，她找到了一个心灵居所，开始了一生中最长时间的独自思考，她慢慢适应了这种状态，甚至发现独处竟是一种难得的幸福。

探险家戴维尼尔说："独处的甜美经验是笔墨难以形容的。心灵和感觉在不断观察和反省的沉思中，发展出敏锐。"在独处中我们可以感悟心灵深处的脉动，沉淀尘世的喧嚣与躁动，滤净灵魂的蒙尘，让自己属于自己，自己解剖自己，自己鼓励自己，自己做回自己……这位同学从惧怕独处到享受独处，印证了这么一种说法："独处"是一杯酒，有人说它浓烈、辛辣，有人说它醇香、甘美，究竟何种滋味，决定于你如何去品尝它。

二、判断鉴别

著名艺术大师赵二呆曾说："谈人，生是非；论事，多争执；情浓，有麻烦；曲高，无知音，故人宜独处。"你的独处能力如何呢？请根据实际情况在相应的字母下打"√"。A 表示是；B 表示说不清楚；C 表示否。

1. 我顿觉放松了	A	B	C
2. 我感觉不安全	A	B	C
3. 我的生活更充实了	A	B	C
4. 我感到孤独无助	A	B	C
5. 提高了我的办事(学习)效率	A	B	C
6. 我无法静心学习(办事)	A	B	C
7. 我学会了安排生活	A	B	C
8. 我变得肆意妄为	A	B	C
9. 我学会了独立思考	A	B	C
10. 我的思路很混乱	A	B	C
11. 我思如泉涌	A	B	C
12. 我的想象力受阻	A	B	C
13. 我学会了品味生活	A	B	C
14. 我的生活一片迷茫	A	B	C

【评分与评价】

1、3、5、7、9、11、13 题，选 A 得 3 分，选 B 得 2 分，选 C 得 1 分；2、4、6、8、10、12、14 题，选 A 得 1 分，选 B 得 2 分，选 C 得 3 分。将 14 个题的得分相加。

28～42 分：说明你的独处能力很强，能够安心地做自己的事，并享受独处带来的乐趣。

15～27 分：说明你的独处能力居中，需学会计划自己的生活和学习。

14 分或以下：说明你需要好好学习如何独处，心平气和对你来说非常必要。

三、心理论坛

(一)独处是一种状态

独处是我们独自一人、没有与他人进行交流的客观状态，也就是和自己相处。独处可以不受时空限制，它只是一种状态。这种状态更多的是充实、自信、宁静、有力量……根本意识不到孤独，尽量做事情并在这些活动中有所收获。

(二)独处——孤独——孤僻——合作

现实生活中，由于外在表现的相似，一个人离群索居，独处一方，往往会被贴上孤独或孤僻的标签。其实这是只见树木，不见森林。

独处不是孤独。孤独是个体渴望人际交往与亲密关系或得到他人接纳、包容、安慰、肯定、认同等需要无法满足时而产生的无可奈何、无助、不愉快的情感体验。而独处则是有益的、充实的、调节身心健康的手段，它让人快乐、振奋、愉悦。

同样，独处更不同于孤僻。孤僻是个体经由自身生活经历而产生的对外部现实的恐惧和戒备，表现为一种消极的、不得已的、回避外界的自我封闭的行为方式。它让人空虚、抑郁、焦虑、沉闷，甚至使人结束生命。而独处则是一种主动的、有力的、积极的生活艺术，它使人欣喜、欢快、轻松，更好地体现自我意识，保持心智清醒。

独处与合作也没有矛盾。一般来说，善于独处的人独立意识较强，善于思考，遇事会做出冷静的判断，善于把握自己，自控力强，在处理人际交往的问题上，表现得十分理智。这些都为合作提供了重要保障。

(三)独处的功能

(1) 促进独立性的发展。独处时一个人面对、一个人处理、一个人承担，依靠自身力量和努力去克服和解决问题，这会增强独立意识，消除依赖心理。

(2) 促进创造性的发挥。独处能排除外界干扰，开拓思维，使人全神贯注地从事工作或学习，从而使创造成为可能。

(3) 反省吾身。独处能排除所有杂念，使我们认识自己、看清楚自己，反思自己言行的得失，在内心衡量自己与目标的距离，重新调整自己的心态，重新审视自己的生活、自己的一切。

(4) 冷静思考。独处使我们暂时不被各种繁多的信息充斥头脑，可以冷静地独立思考。人人都有思考的潜能，但思考并非说来就来，它需要宁静的处所和精心的孕育。

(5) 放松身心。独处时可以任意发泄紧张、沮丧等消极情绪，也可抛去一切烦恼，无拘无束地满足自己的兴致，悠然自得、其乐无穷。

四、策略训练

策略一　营造独处空间

我们必须保留属于自己的后厢房，自在地在这里营造我们真正的自由，以及我们的退隐和孤寂。

——散文家蒙田

每个人都应该有一个快乐、自由、舒适的独处空间，这些空间包括：
A. 宿舍　　B. 图书馆　　C. 花园　　D. 操场　　E. 机房　　F. 林间小径　　G. 其他

独处空间林林总总、多种多样。但宿舍这个小小的空间却是我们生活的主要场所，有时也是独处的天堂。与其他空间相比，宿舍环境可以改变。整洁的、赏心悦目的环境布置可以使人心情舒畅，从而使独处更加闲适、惬意。那如何才能营造一个适合独处的宿舍环境呢？

【做一做】宿舍设计

保持地面清洁，物品摆放整齐。这样会给人一种温馨、舒适、宁和的感觉。

装饰和变化一些小饰件，如剪纸、壁画。

向阳宿舍光线充足，可以选择湖绿色、浅蓝色、绿灰色等中性偏冷的色调。

背阳宿舍比较暗淡，可以选择奶黄、米黄、浅紫罗兰等偏暖的色调。

窗帘避免选择刺激强的颜色，一般选暖和、淡雅的中间色，如乳白、粉红、米黄等。

"室雅何须大，花香不在多。"不妨在阳台上养几盆花草，给房间增添幽静雅致的气氛，振奋精神。

【注意】但要特别注意的是，许多鲜花虽然美丽，但其芬芳却是有一定的毒性的，因而最好不要把鲜花养在卧室。

色彩的象征

红——热情、活力、温暖、希望；　　橙——兴奋、喜悦、活泼、华美；
绿——青春、朝气、平静、安逸；　　青——希望、坚强、庄重；
蓝——秀丽、清新、宁静、深远；　　黄——明朗、温和、光明、快活；
紫——高贵、典雅、华丽；　　　　　灰——平静、稳重、朴素、压抑；
金——光荣、华贵、辉煌；　　　　　褐——严肃、浑厚、温暖；
白——圣洁、天真、清爽；　　　　　黑——凝重、哀痛、肃穆、神秘。

除宿舍外，我们也总能在别处找到一个独处空间，如树影斑驳的林间小径、僻静的屋角、浓郁的老树下、清泉的岸边……总之，一个不被大家知道、不被别人打扰的地方，都可作为心灵栖息的屋宇，作为梳理心情的场所。

策略二　选择独处时机

当你感到疲倦、过于浮躁时，当你受委屈了、做错事了、犹豫了、悲伤了，那就躲避千万双敏锐的眼睛，寻找一片自我的天空，无所谓自我形象，尽情放纵，让独处——独

人、独语、独步、独笑、独思、独想,帮你净化心灵,走出迷茫。

当你需要在宁静角落倾听内心强烈的呼喊、平息烦躁的心灵、理清自己的事情、做回真正的自己、享受那份难得的轻松时,你尽可以对周围的人说"对不起,我想单独待会儿""我想一个人静一静",他们会理解你的。

策略三 享受独处乐趣

独处时你会:

A. 读书,看报纸、杂志 B. 运动 C. 欣赏大自然或艺术作品 D. 跳舞或练健身操
E. 反省思考 F. 上网娱乐(包括手机上网或打游戏) G. 绘画或做手工艺品 H. 其他

独处是自己支配的领域,是一个丰富多彩的世界。任你选择甚至创造喜爱的独处方式。

(一)读书

宋代尤袤形容读书:"饥读之以当肉,寒读之以当裘,孤寂而读之以当朋友,幽忧而读之以当琴瑟。"

读几本好书,尤其是中外名著,不仅能怡情,给予人生启迪,获取丰富的精神营养,增长阅历和智慧,而且能激发联想,修身养性,开阔眼界,健全心智。"读书破万卷,下笔如有神""书犹药也,善读之可以医愚""书籍是巨大的力量",这都说明了读书的乐趣和益处。

作家茅舍在《独处者的天堂》中写道:"读书时,可以隔开尘世的喧嚣,世事的繁杂,自由自在地与古人对话,与哲人神交。陶渊明的超脱隐逸,苏东坡的豁达乐观,辛弃疾的拍遍栏杆,范仲淹的心系天下,海瑞的拼死苦谏,鲁迅的钢筋铁骨,于谦的清风两袖,会把我带入一个高尚的精神境界。面对书页,我还能聆听但丁的神曲,走进雨果的世界,凝视奥特曼的圣火……古今中外的经典名作,开启着我的心扉,牵引我走进感知和灵魂的最深处。"

[摘自:独处者的天堂. http://blog.sina.com.cn/s/blog.4b58cd410100066n.html]

但是,在信息化如此发达的今天,电子书、电纸书、网络文学、微小说等多种形式的书籍琳琅满目,课外书籍浩如烟海,如何挑选合适的书籍,才能保障开卷有益呢?培根曾说:"书籍好比食品,有些只需浅尝,有些可以吞咽,只有少数需要仔细咀嚼,慢慢品味。"这就意味着,我们不仅要挑选好的书籍,更需要用不同的方式来阅读,才能够获取更多的评价。

(二)反躬自省

人生的第一件大事是发现自己,因此人们需要不时孤独和沉思。

——南森

自省是一种自我体验,其实质是正视自己、反思自己的思想和行为,完善人格,提高境界,促进自身发展的过程。独处时我们可以通过自省从内心深处对自己的所作所为进行反思、检查、总结,肯定优点、长处,找出缺点、不足,明确前进目标,给自己一个客观公允的评价。

(三)走进自然

当感到烦恼和忧愁时,到这儿来,敞开胸怀,拥抱大自然。你能从每一棵树,每一朵花,每一个有生命的东西里看到希望无所不在,你就会得到安慰和力量。

——弗兰茨

大自然的神奇功能有以下几点。

(1) 宣泄不良情绪,激发良好情绪。"鸢飞戾天者,望峰息心;经纶世务者,窥谷忘返。"当精神极度紧张、心理压力太大时,可到大自然中放开喉咙大喊大叫,让忧虑、苦闷、焦虑、抑郁随吼声飘散。而且大自然的一切常能震撼心灵,增添活力,让人心旷神怡,宠辱皆忘。

(2) 激发想象力和创造力。苏霍姆林斯基说:"大自然的美使知觉更加敏锐,能唤醒创造性的思维。"大自然的景物,丰富多彩、千变万化,是培养观察力、想象力、寻求灵感的理想大课堂。

(3) 消除身心疲惫。赏心悦目的大自然,能降低噪音,舒缓疲惫的神经。新鲜空气能调节中枢神经,改善大脑皮层的功能,使人神清气爽,提高身体素质和学习效率,同时还能防治多种疾病。

"兴来每独往,胜事空自知。"托尔斯泰晚年因家庭生活不快,心情凄苦。他每天踯躅田野,独自冥想,借大自然的灵动抒发胸中的郁结。

贝多芬热爱大自然中孕育的自由空灵,大自然纯净静谧,浑然天成,没有庸俗、造作、卑劣、丑恶,走进大自然,感情就得到净化、宁静。这一切使豪迈奔放的贝多芬产生无限向往。

柔石在《二月》中说,"我现在只觉得一个人游山玩水非常自由:你喜欢这块岩石,就可以在岩石上坐几个钟点;你喜欢这树下、或这水边,你就在这树下、水边过夜。"

欣赏大自然是"外供耳目之娱,内养仁智之性"的高雅文化活动,更是"读万卷书,行万里路"的求知方式。在大自然中,我们可以随心所欲:垂钓、登山、赏景……

登山是一种时尚运动,既可锻炼一个人的意志和体魄,又可饱览山光水色和呼吸新鲜空气。

垂钓动中有静,静中有动,涵养体力修身养性于无形、无为之中,磨炼个人耐性,将世俗浮华的焦虑、乖戾、浮躁之气消解在大自然的怀抱中。

赏景可令人耳目一新,修身养性,自得其乐。

大自然中的一切都是绝妙的,感觉全在你的体验中,不妨走进大自然感受一下!

[摘自:颂古十六首——游山玩水事寻常。http://www.wjszx.com.cn/youshanwanshuishixinchang-s.htm]

五、反思体验

阅读下面一段文字,谈谈你的感受。

那年九月,我离开雾霭朦胧的南国,怀着青春的冲动进入梦中的大学校园。似乎还是昨日,在父母温暖的臂弯里疯一样地盼望着成长。瞬间,生活的现实就摆在了面前。军

第六章　闲暇与网络

训、早操，拎着饭盒去食堂，和陌生的室友开始新的磨合，在流动教室寻找适合自己的座位……有时烦心事迫使我随时拨通了家里的电话，可那头传来的不再是"你必须……"而是"你认为……"，我开始蓦然醒悟——我该学会独处了！

我学着不再拒绝新环境带来的寂寞与孤独，成长的心告诉我怎样学会适应。于是，每一个夜阑宁静的晚上，我便把寂寞和孤独放在心里细细研读。我渐渐地学会了深刻、学会了思考、学会了忍让，开始接触人生的意义。用没有城府的思想思考人生、思考永恒与短暂，体会生活的珍贵与无奈。往事已随风散去，人生不能后退，只能向前。十八岁那年我似乎长大了。

[摘自：那一年，这一天. http://xingziyilan.blog.sohu.com/84372p42.html]

第三节　网络与休闲

网络已经成为我们生活不可或缺的一部分，我们是网络生活最积极的参与者，网络休闲也是我们休闲娱乐的重要组成部分，但由于网络的双面性，我们也面临着许多网络使用的问题。比如，网络成瘾、手机依赖等。我们只有充分地认识与应对这些问题，才能更好地运用网络，充实我们的生活。

毫无节制的活动，无论属于什么性质，最后也将一败涂地。

——歌德

网络世界新奇刺激、虚拟与现实相交融，在提供娱乐、休闲的同时，也在不断地吞噬着一个人的意志与时光。因此，我们必须增强自控，提高免疫力，充分发挥网络的强大功能与优势。但也要远离网络成瘾，学会控制运用网络的时间，成为网络使用的文明使者。

一、身边的故事

大二学生小 G 因为平时没有太多的兴趣爱好，读大学后，上网打游戏成为小 G 唯一的休闲方式，小 G 曾经说："我喜欢看着我的网络游戏人物逐渐成长，变得更强大，那种感觉真的好棒。"他沉迷网络游戏，不断 PK，不断升级。上课时精力无法集中，满脑子飞舞着游戏里疯狂的场景和动作，右手即使不握鼠标，食指也总是不停地有节奏地点击着。之后他病了，医生说他得了"网络成瘾症(Internet Addiction Disorder，IAD)"。

而游戏成瘾是当代大学生网络成瘾的重要影响因素，世界卫生组织(WHO)今年初宣布，该组织将在今年发布的第 11 版《国际疾病分类》(ICD-11)中，将"游戏成瘾"(Gaming Disorder)列为精神疾病(ICD 编码为 6C71)。

[摘自：游戏成瘾被世卫组织列入精神疾病今日起正式生效. http://hb.qq.com/a/20180619/021181.htm]

沉溺虚拟世界，无视现实生活，学业受阻，身体受损，精神失常，得不偿失。那么到底什么是网络成瘾症？网瘾者有何典型特征？哪些人属于网络成瘾的易感人群？

二、判断鉴别

下面的题目可以帮助你了解自己的网络使用情况。请根据你最近 1 个月的情况，在符

合你的数字上打"√"。(1 表示"没有";2 表示"极少";3 表示"有时";4 表示"经常";5 表示"总是")

1. 花在网上的时间比预期的长	1	2	3	4	5
2. 试图减少上网时间却无法做到	1	2	3	4	5
3. 因为上网宁愿失去重要的人际交往	1	2	3	4	5
4. 上网没有明确目的,但就是不愿停下来	1	2	3	4	5
5. 每天早上醒来,想做的第一件事就是用手机上网	1	2	3	4	5
6. 经常上网而影响学校功课及成绩	1	2	3	4	5
7. 经常放弃需要完成的事情用手机上网	1	2	3	4	5
8. 常对亲友掩盖上网的行为	1	2	3	4	5
9. 遇到生活中烦恼的事总会避开,转而去回想上网时的愉快经历	1	2	3	4	5
10. 只要有一段时间没上网,就会觉得好像少了什么	1	2	3	4	5
11. 没有网络的世界是沉默、空洞、没有生气的	1	2	3	4	5
12. 总觉得上网的时间不够	1	2	3	4	5
13. 如果有人打扰你上网,你会很不高兴	1	2	3	4	5
14. 常常在离线时想网上的事情想得出神	1	2	3	4	5
15. 不上网时感到情绪低落,上网后马上精神亢奋	1	2	3	4	5

【评分与评价】

每题所选择的数字就是该题所得分数,15 道题的分数相加。

15~29 分:说明你是一个正常的网络用户,能够理性控制自己,健康使用网络。

30~59 分:说明你会因网络产生情绪问题,需重新考虑网络对你的影响,合理使用网络。

60~80 分:说明网络已经明显占据了你的生活,要想办法积极面对并改善你的上网习惯。

三、心理论坛

手机娱乐休闲已经成为我们休闲娱乐的重要途径。调查数据表明,有近六成的大学生每天使用手机上网的时间超过 5 个小时,而每天使用手机时间少于 3 个小时的大学生仅占 9.8%。由于手机具有携带方便、网络连接方便、信息获取迅速、获取内容丰富等优势,使手机休闲成为大学生休闲娱乐不可缺少的组成部分。但从利用手机网络时间上看,有很大一部分大学生每天用手机的时间超过了全天时间的四分之一,存在着明显的手机依赖或网络成瘾的倾向。

如果一个人在无成瘾物质作用时,上网行为冲动失控、过度使用网络,导致明显的社会、心理功能损害,他(她)就网络成瘾了。临床上包括多种网络成瘾,如色情、网络社交(包括网络直播等)、网络游戏、强迫信息收集、成瘾等。一个网络成瘾者会表现出以下特点:

(1) 耐受性增强,要不断增加上网时间才能获得心理满足。

(2) 出现戒断反应，一段时间不上网，就变得焦躁不安。
(3) 上网频率和时间总比事先计划要高、要长。
(4) 企图缩短上网时间，却总以失败告终。
(5) 花费大量时间在有关网络的活动上。
(6) 上网严重影响了社交、学习、工作等。
(7) 虽然意识到上网带来的严重问题，但仍花大量时间上网。

一个人是如何慢慢成为网络成瘾者的呢？

网络成瘾者通常经历的是一个"尝试与试验——初尝甜头——将成瘾行为作为处理困境的手段——用成瘾行为维持正常生活"的复杂过程。

最初只是精神上的依赖——渴望上网，而后发展为躯体依赖，表现为每天起床后情绪低落、思维迟缓、头昏眼花、双手颤抖、疲乏无力、食欲不振，唯有上网才能恢复正常。

后来出现与生理因素无关的体重减轻、外表憔悴，一旦停止上网就坐卧不安、失眠焦躁、易发脾气、不愿上学等状况。

我们的生活虽然已经离不开网络，但网络成瘾会给一个人的发展或正常生活造成巨大的障碍，也就失去了网络带给我们的正面意义与价值，更失去了休闲娱乐的良好功能。所以，了解网络成瘾的原因及影响因素，对我们预防网瘾的出现大有裨益。那么，究竟哪些人群容易网络成瘾呢？

(1) 学习适应困难者。学习上处于劣势，得不到老师、同学、家长的关注，难以体会到成功的乐趣，就通过上网打游戏，获得虚拟奖励，宣泄学习不成功带来的压抑。

(2) 依赖成绩的"好学生"。对学习投入并非出于内在兴趣，而是依赖好成绩获得老师关注、家长奖励、同学钦佩等，进入大学后，成绩不再是评价一个人的单一标准，学习不能再满足自己，失去了原有的名次和位置，就一头扑进网络，寻求各种心理满足。

(3) 人际关系不良者。一般性格内向、心胸狭窄、猜忌心强、小心眼，碰到问题不能及时得到他人帮助而得以有效解决，就沉迷于网络逃避现实，寻求理解。

(4) 家庭不和谐者。家庭气氛凝固，孩子心理上没有安全感与归属感，去网络中寻求心理支持，获得情感归属；有的家长只是一味限制孩子，导致孩子逆反心理增强，抵触情绪严重，亲子关系紧张，网络就成为其最好去处。

(5) 社会适应不良者。自信不足，适应性差，在学习、生活和工作中经常受挫，埋怨他人，抱怨社会，易沉溺于网络求得心灵慰藉，久而久之而上瘾。

如何预防网络成瘾，合理利用网络，既能够充分发挥网络的优势作用，又能够充分发挥良好地休闲娱乐作用呢？可以从以下几个方面入手。

四、策略训练

策略一　变网控为自控

自我控制是最强者的本能。

——肖伯纳

网上信息广袤无边，琳琅满目，任意点击，随心冲浪，费时误事。因此选择上网环境和限时限量尤为必要。

(一)选择健康的网络环境

事物变化是由内外因共同作用的结果,网瘾也不例外,选择健康的网络环境有助于阻止网瘾的来临。

(1) 加强过滤,源头拦截。将电脑的功能和属性进行设置,过滤掉不良网络游戏系统和不健康信息网站;避免网上游戏、色情成瘾等危害。

(2) 在学校公共场合内上网。校园网络环境相对清洁,不良信息污染较少,且学校网络管理系统相对完善,上网时间可得到有效控制。

(3) 控制上网时间,远离刺激源。如果感觉自己已经有了网络成瘾的倾向而自己不能很好地控制时,要主动远离网络的刺激源。比如,把手机放在自己的书包或远离自己的地方,不能很方便地拿到。学会拒绝网络游戏同伴的邀请或打游戏的场所刺激,比如同学可能会在宿舍打游戏,如果想摆脱这样的环境刺激,最好离开宿舍,去其他地方学习。

(二)上网之前定目标

无目标的努力,有如在黑暗中远征。

——沃维纳格

每次上网前,请列出你的上网目标,并将之按重要性排序。要完成的具体任务列在纸上需要花几分钟,但这几分钟可为我们节省许多时间,有助于养成良好的上网习惯。

【做一做】有的放矢

(1) 列出上网的操作任务即上网目标。上网前,抽出几分钟时间静心想一想自己上网要做什么,比如:了解今天的新闻;查找作业的相关资料;发一封电子邮件……

(2) 将目标分层次。依据目标的重要程度和紧迫程度,将上面的任务清单排序。对于不紧迫、可做可不做的,就选择不做,避免随意浏览网页浪费时间。

(3) 即使是用网络来进行休闲娱乐,也要有一个时间的规划或限定,因为如果没有时间管理的话,很容易超时,甚至会耽误其他重要事情的完成。

(三)上网之前限时间

你热爱生命吗?那么请别浪费时间,因为时间是组成生命的材料。

——富兰克林

上网前,仔细观察列出的任务清单,粗略估计在网上操作所用的时间,有效控制任务进度。如果我们大约需1小时,就在半小时后用不同的方法提醒自己。

【做一做】外置调控

(1) 设置时间警示框。上网 30 分钟后,电脑上自动弹出"您已上网半小时,距离结束时间还有半小时,请及时调整您的网上任务进度"等样式对话框提醒自己。

(2) 设置手机闹铃。时间一半时用闹铃警示自己,看任务进行到哪里了,如果完成不到一半,就加快任务进展,有效调整网上操作进度。

(3) 电脑设置上网时间。自己预先限定的时间一到,电脑就自动关机,避免养成网上随意浏览的心理习惯,提高网上的操作效率。

策略二 变隐居网络为投身现实

当人们专注于某一事物时，对其他事物总有不同程度的忽视。

——冯·布鲁

22岁的小李同学说："我在学校唯一的一次集体活动，就是献血。"本该花在学习、活动的时间，他都耗在网吧里，除了网游，他对什么都不感兴趣。最后因为沉迷于游戏导致不断挂科，学业亮起了警灯。

21岁的小王同学任棒球队业余教练，每个周末都守着棒球场，不收一分钱，干得不亦乐乎。"受邀做教练，是对我能力的肯定，让我越做越开心。"因为小王踏实肯干，被一个知名教练看重，大学毕业后留球队当了教练助手，把自己的工作问题也解决了。

同样是热爱与着迷，小李缺乏活力和热情，沉迷于网络后不能自拔，脱离了与他人的正常交往不说，还耽误了学业的发展；而小王则热情洋溢、朝气蓬勃，把自己的热爱化为一种责任感，为大家义务服务而乐此不疲，最后得到的结果竟是如此不同。

(一)积极参与实践活动

小马是信息专业大三的学生，从中学开始就特别热衷于计算机知识的学习，原来也很喜欢上网打游戏，但随着专业知识的学习，小马觉得把时间浪费在打游戏上太没意思，借助于专业学习的优势，小马把学习之余的时间大部分都放在了对应用软件APP的研究上，而且小马很注意平时收集各种信息来充实自己的设计构想，经过一年多的研究，他研发了一款与旅游相关的APP，不仅促进了旅游信息的交流与共享，而且在现实中通过旅游认识了一群好朋友，可谓收获良多。

小马的故事告诉我们，只要对网络进行合理的运用，不仅可以起到休闲娱乐的作用，而且还可以实现自我的人生价值。

【做一做】积极参与社会实践活动，不仅体现自身能力，还能锻炼自己，一举两得，两全其美。

(1) 参加感兴趣的团体。在活动中体现自身优势，获得成就感；又可在多维社交中，满足交往的需要，避免去网络中寻求理解与支持。

(2) "招兵买马"自创团队。创造性地组织团队活动，举办同学较为关心的活动，让劳动和工作的成就使自己快乐。改善自己又服务同学，比起网络的虚拟更富有意义。

(3) 深入实习基地。努力创造机会，主动联系实践单位，做点事情让自己忙起来，转移闲暇时间里对网络的专注，又能使自己学以致用，以用导学，学用兼济。

(二)寻求其他爱好

兴趣是最好的老师，它带有明显的倾向性，吸引着我们的目光，引导着我们的行动。寻找新鲜、有趣、快乐的现实体验来取代网络虚拟的刺激，挖掘自我优势，找准自身亮点，打造理想自我，如果网络的使用已经超过了自身控制的范畴，已经丧失了休闲娱乐的意义与价值，那就要考虑学会用其他的兴趣爱好来代替上网。

(1) 阅读。阅读专业或感兴趣的书籍等，是确保心灵健康的秘诀。

(2) 运动。跑步、游泳等运动，强身健体，改善心情，淡化网瘾。

(3) 远足。闲暇时光，约上好友，外出爬山、品茶、钓鱼等，离开网络，开阔视野，陶冶情操，磨炼意志，增强抵抗力。

(三)网上网下和谐发展

在网络中投入的多了，面对现实却有了困惑，我们须把现实中的我和网络中的我有效统一起来，实现网上网下相互促进、和谐发展。

1. 将网络空间行为引入现实生活

在网上，因面临的是虚拟世界，有时候反而能够更加放开自我，发挥自身潜能，常常可能比起现实做得更好。比如，在现实交往中一个很内向、很不善于和他人交往的人，在网络上可能是一个能说会道，很善于沟通的人。这起码说明自己是有潜力可挖的。因此，我们不妨将网上的一些成功经验引入现实，增强生活的自信，促进现实中自我能力的发展。

我觉得自己长得很丑。	我蛮可爱的，很多网友都喜欢我。
我觉得社会缺乏关心。	遇到棘手的事，网友会很真诚地安慰我。
我觉得自己真的好笨。	很多网友得到过我的帮助，我一点都不笨。
……	……

2. 将真实生活中的行为引入网络空间

网络不仅仅是虚拟世界，也可以和现实世界相结合。在日常的学习与生活中，也可以把真实的生活，记录于网络，起到良好的分享、交流和相互促进学习的作用。比如，在闲暇之余发个微信朋友圈，记录自己的心情与生活的点滴。或者有什么学习心得体会，也可以在网络上与他人交流，既可以帮助他人，又可以实现自身的价值。

其实，网络世界固然精彩诱人，但现实生活亦是美妙绝伦，我们的目光不仅要眷恋网络更要留给现实。结交知心朋友，培养广泛兴趣，寻找快乐时空，丰富业余生活，让网络应用与现实相结合，而不是禁锢于网络之中，让亲情、友爱从我们的生活中消失。

策略三　克服网瘾

决心+恒心=成功；决心-恒心=零

(一)逐渐减量——脱敏法

冰冻三尺，非一日之寒。网瘾是长时间、无节制上网所致，企图一朝克服也是不可能的。然而，虽历时很长，但并非没有成效。没有拒绝不了的网瘾，只有运用不当的方法。

大三学生小 M 身陷网络，没有电脑的情况下也是手机不离手，一旦不能上网就会显得焦躁不安，自己也想摆脱这种状态，经过咨询后，决定用逐渐减量的方法，控制自己的上网时间。第一周，每天上 5 小时；第二周，每天 4 小时；第三周，每天 3 小时……超时惩罚，反之有奖！最后，他不仅有效驱除了网瘾，兴趣也转移到学习上了。当自己已经完全能够掌控上网时间后，他深切感悟到"我能顺利完成学业，网络只是我生活的一部分，并不是我的全部。离开网络，我还有很多事情可以做，让我的生活更加丰富多彩。"

引导网瘾者缓慢地暴露于因不能上网而导致的焦虑情境中,以放松的心理状态对抗由网络引起的焦虑情绪,按层次逐级消除对网络过敏的情绪反应。

【做一做】设立"个人账户",实行"小步子"计划

第一个月,每周累计上网不超过___小时,每超1小时扣10分,每少1小时加10分。
第二个月,每周累计上网不超过___小时,每超1小时扣20分,每少1小时加20分。
第三个月,每周上网累计不超过___小时,每超1小时扣40分,每少1小时加40分。
第四个月,巩固成果,并有人严格监督,一旦想上网,要受到严厉制止。

注:分值递增,巩固上个月控制上网时间的效果,更加靠近或远离预期目标,制造内心波折,促使严格控制自己,提高上网抵抗力,淡化网瘾冲突。

将克服网瘾划分为不同的子阶段,逐级减少上网时间,当预期目标实现,可以奖励一下自己。这个奖励要与上网无关并在一定程度上又可以实现。

(二)偷梁换柱——替代法

寻求替代内容,错开原来的上网时间,打乱原有的心理惯性。

【做一做】寻求替代

(1) 用疼痛阻断上网行为。在手腕上带一个橡皮筋,当抑制不住上网的冲动时,就把橡皮筋弹起,绷自己的手,将上网的快感转换为被橡皮筋绷弹的疼痛,使自己远离网络。
(2) 用业余爱好替代网络沉迷。业余爱好使自己填充上网时间,减少上网机会。
(3) 用现实交友替代网络交往。规定每天与朋友交流至少15分钟。
(4) 用关注家庭替代关注网络。多多关注自己的家境,体察父母的工作、生活状况,感受父母、老师对自己的期望,对比自己的上网状况,增加对未来的责任感,从网络的"快乐"空间里"拔"出自己。

(三)寻求他助

当网瘾袭击身心,我们自身无法克服时,走出自己的天地,积极求助于他人。

1. 寻求朋友、同学、老师监控

当我们需要外力帮助摆脱网瘾时,懂得向他人求助,在外力的作用下,帮助解决问题。届时,老师、同学、朋友都可能会出现在我们身旁,对我们的上网行为进行监督,帮助制止我们的网上耗时之举。

2. 向专业人员求助

勇敢走向专业人员,从调节心理入手,运用心理治疗技术,解开网络情结。

3. 向网络求助

网上有许多优秀的心理健康网站,可通过网上预约,"以其人之道还治其人之身",运用网络本身解决网瘾问题。

五、反思体验

请阅读以下材料,并对照自己进行思考:曾经在网络的虚拟世界里"辉煌"一时的网

迷们，凭着坚强的毅力，成功地克服了网瘾。而且能够学会适度地运用网络，学会控制，网络也会带来休闲与快乐。

恒心战胜一切

我曾奋战在网络的虚拟世界里不能自拔。痛苦的我关在房间里反复问自己：为什么我沉醉在虚幻世界里？什么也没得到，反而失去很多，值得吗？经过痛苦挣扎，我决心改变以往的生活方式，充满信心，持之以恒，成功摆脱了网瘾。现在的我觉得，活在精彩、真实的世界里真好！

张弛有度，快乐上网

曾经我是网迷，常光顾网吧玩通宵。直到我发现自己上网的钱本来是给母亲治病用的。父母以为我要钱是为了学习，就毫不犹豫地给了我。愧疚之余，我决定不再沉迷网络。路经网吧时，我对自己说："那个地方进去容易出来难。"同学邀请上网时，坚决说"不"，否则会前功尽弃。经过不懈努力，网瘾得以克服。网络只要学会控制，并不是洪水猛兽，现在空闲之余，我也会偶尔和同学们一起去网吧打游戏，用手机和朋友聊聊天，但经历了以前的教训，完全能够控制自己，网络的良好运用，不仅带给我知识的学习，而且带来了休闲与快乐，有网的世界，真美好！

[摘自："中学生网瘾"个案分析. https://wenku.baidu.com/view/55b17e44336cleb91a375]

第四节　网　络　文　明

文明是物我和谐的最高境界。

——逸文

如果道德败坏了，趣味也必然会堕落。

——狄德罗

人类创造了网络，网络改变了生活。我们要以积极的态度、创新的精神，恪守网络道德，遵守网络秩序，实现网络文明。

一、身边的故事

2015年北京某高校大三学生李某在淘宝网上盗窃马某的游戏充值卡11万余元，贱卖后非法获利6万余元供自己挥霍。自以为神不知鬼不觉的这名黑客很快就落入法网，被依法判刑10年，并处罚金2万元。

2011年1月至2017年8月，海珠区法院共审结涉网络犯罪案件249件，判决被告人507人。从案件数量看，以侵财类犯罪为主，居前三位的分别为：诈骗、盗窃、敲诈勒索，其中诈骗类的有86件，占全部涉网络犯罪案件总数的34.54%。

[摘自：珠海法院公布网络犯罪六大典型案例！这些套路你中过招吗？
http://mini.eastday.com/mobile/1711201p1553545.html]

第六章 闲暇与网络

计算机专业的技术优势得天独厚,但若利用技术做违法犯罪之事,必将会被绳之以法。

【想一想】

(1) 网络信息资源丰富,而对发布虚假信息,篡改真实信息的行为,你有何看法?
(2) 你是怎样看待网络文明的?
(3) 你认为我们应如何加强网络道德文明建设?

二、判断鉴别

文明上网是对大学生的一个基本要求,你是否遵循网络道德,文明运用网络?若以下说法符合你的实际情况,请在"是"或"否"下面打"√"。

1. 在网上很乐意帮助别人	是	否
2. 网上谁也看不见谁,相互欺骗很正常	是	否
3. 如果在网上受到伤害,就大发雷霆给予恶意攻击来挽回尊严	是	否
4. 尊重、信任网友并能够进行真诚交流	是	否
5. 在网上从不和多个人同时保持"恋爱"关系	是	否
6. 向他人发送大批的垃圾邮件或伪造电子邮件	是	否
7. 经常在论坛发泄私愤甚至散布谣言、制造绯闻等以侮辱他人为乐	是	否
8. 网上用语文明规范,从不故弄语言上的是非	是	否
9. 盗窃他人资料、智力成果等,网络虚拟,做什么都可毫无顾忌	是	否
10. 面对网络,有正确的自我意识,能够清醒地区分现实与虚拟	是	否

【评分与评价】

对于第 1、4、5、8、10 题,选择"是"各得 1 分,而第 2、3、6、7、9 题选择"否"则各得 1 分;反之各得-1 分。

如果得分为正,说明你能够控制并监督自己文明上网,请继续保持良好的网络习惯;
如果得分为负,说明你还需要加强网络道德行为自律,做个网络的文明使者。

三、心理论坛

网络世界里,现实的伦理道德规范约束力弱化,网络道德规范尚未明确建立,这为不道德、不文明、不健康的网络行为提供了可乘之机。网上虚假、黄色、反动内容逐渐增多;网上原创作品匮乏、格调不高;虚拟社区语言低俗,网上聊天交友不负责任,以及网络弥漫着颓废、消极、缺乏诚信的情绪;网络病毒、黑客攻击等违背道德伦理的事端时有发生,网络文明不容忽视,网络道德建设迫在眉睫。

所谓网络文明是以网络为基本空间,以优良的精神风貌、价值观念、道德行为、人际关系和文化氛围等为基本内容来呈现出的一种新型文明。包括下述几层含义。

(1) 在网上传播的信息是健康文明的(尤其网络直播盛行、网红遍天下的今天,务必注意网络传播信息的健康与文明)。

(2) 网络本身的运作是文明合法的，对社会无不良影响。

(3) 网民对网络资源的访问和使用符合社会道德规范。

那么，究竟怎样的网上行为才算是文明上网？标准有四个。

(1) 于己无害。网上任何行为，对自己的身心还是道德都不应该造成伤害。

(2) 于人无损。在网上骂人、骗人，损害别人的利益是不道德的。

(3) 于私有得。自己上网有所收获。

(4) 于公有益。有益于所有网民，至少对其无害，即遵守道德底线。

网络道德是以"慎独"为特征对网络行为进行规范的伦理准则，其中"慎独"则是在个人独处之际，没有任何外在监督和控制，在网上也能言行文明、遵守道德准则的理性体现。在计算机网络这一"虚拟的真实空间"里，网络道德起着规范我们的行为、调节人们利益的重要作用。这就意味着，在各种不同道德准则发生冲突时，我们可以做出最佳判断和选择，并采取合理行动；且面对不文明行为能够提出新的行为准则，即我们能以自己的道德鉴别、道德判断和道德选择力应对千变万化的网络生活，使人人都能成为网络的文明使者。

四、策略训练

策略一 讲究网络礼仪

网络交往作为一种新型人际行为，需要我们创设一种特殊的礼仪表达方式即"网络礼仪"。它便于网络交往且相对稳定，是判定网络行为是否文明、道德的重要依据。

一种在网络游戏中很能体现"爽"字的行为"风光"起来，这就是"代骂"！网络游戏中的谩骂之风令人发指，发生一点点摩擦，对方的祖宗十八代、各种身体器官就会受到巨细无疑的"问候"。

[摘自：网络游戏：别让"骂人"成职业. http://news.sina.com.cn/c/2005-02-03/0834503123os.shtml]

网络平等自由的"去个性化"情景，让有些人借助网络随心所欲，做出痛骂、报复等不道德行为来寻求感官刺激，达到心理的暂时平衡与满足。但是网络世界不能因为你的自由就伤害别人的权利。其实，网络世界越是无人监督，就越需要我们知礼明德，修心求美，践行网络新礼仪。

(一)不做网络"水军"

网络水军原来是应用在商业推广方面，后来被大面积地应用于微博恶意转发、恶意评论等方面。网络的虚拟性让很多网络行为肆无忌惮，很多言行并不符合实际，有的甚至恶言相向，污言秽语、大肆谩骂，有甚者恶意传播谣言毁人名誉，这都是违背网络伦理道德的不文明现象。我们要从多层面了解事实与真相，坚决不做网络"水军"，用实际行动维护网络文明。

(二)学会行为协调

在现实生活中遵纪守法，网上道德也理应自觉遵守，当面不能说的话在网上也不要说，网上网下行为要协调一致。因为电脑的那一端也是一个人！

网络礼仪是网络文明的标志和尺度，如同现实生活，又超越现实生活。注重网上礼仪，我们不仅可获得支持、理解和尊重，并且网上行为进而又可增强我们的现实适应力。

策略二 监控网上行为

网上行为因其具有匿名性质，我们容易失去对自己言行的控制，出现害人伤己的情况。因此，我们需要时刻监控自己，才可实现网络文明和谐发展。

(一)清醒面对网络信息

网上信息广袤，获取自如，可以提高生活质量。但同时网上大量垃圾、污秽、虚假信息危害着虚拟空间，我们须擦亮眼睛，正确甄别，合理消费。

1. 健康浏览，远离"霉"毒——不接触色情、暴力信息

根据国家互联网信息办公室网络社会工作局委托中国预防青少年犯罪研究会对我国未成年人网络保护进行的调查，关于未成年人对网络暴力、网络色情等不良信息容忍度的调查数据显示，对网络游戏中的暴力、色情场面，未成年人完全不能容忍的仅占 26.2%，43.9%的被调查未成年人则表示视情况而定或可以接受。调查还显示，网络色情借助"网络交友""网络联谊"的幌子泛滥，引诱未成年人浏览和着迷，使其上当受骗、误入歧途。

[摘自：快播不是技术中立而是滥用保护青少年需清除网上毒瘤.
http://news.youth.cn/gn/201601/t20160110_7510302.html]

网络是信息黄金地，又是信息垃圾场，充斥着大量色情、暴力等不健康信息，它们的横行和蔓延时刻都在污染着我们的心灵，吞噬着我们的灵魂，一旦接触，很难自拔。

有研究表明，当儿童玩了不到 10 分钟的暴力游戏后，就已经具有了激进心理特点和激进行为特征；而接触游戏中的暴力会增加青少年的攻击性想法和行为以及愤怒情感，减少他们的有益行为，增加对其不良心理的暗示。

【读一读】阅读下面的一篇外文文献的摘要，了解网络媒体对我们的影响。

2018 年发表在流行媒体文化研究心理学网站(Psychology of Popular Media Culture)上的有关女性物化的文章，题目是：从身体到责备：暴露于性物化媒体会增加对性骚扰的容忍。

其中，性物化媒体通常指的是视觉媒体传达一种观念：女性可以被缩小到性感的身体和身体的性的部位。性物化媒体影响着人们对女性和性的态度，会促使人更容易把女性视为性的对象(而非一个有内心世界的人)。

这篇文章研究了在现实生活情境下，对性物化媒体的接触是否会导致人们对女性遭遇性骚扰的容忍度升高。研究通过对 210 名大学在读学生进行分组，两组被试分别观看包含女性物化的视频剪辑内容(衣着相对暴露，强调有明显性或情色意味的身体部位)与不包含女性物化的视频剪辑内容(衣着正常，强调女性的面容)，观看后两组同时阅读性骚扰场景的文本，对其中受害者和犯罪者责任进行分配，探究长期暴露在物化的媒体文化下，人们对性骚扰行为容忍程度的变化。结果显示：

观看了物化视频内容的男被试与女被试比观看不包括物化内容视频的被试相比，在阅读性骚扰场景文本时，更多地指责了受害者存在的责任，对犯罪者的行为呈现更加包容的态度。可见，媒体传达的性物化内容很可能会影响人们对女性遭受性骚扰的看法，无论是男性还是女性对性骚扰行为的容忍程度都会增加。

[摘自：BernardP, Legrands, Klein O. FromBodies to Blame: Exposure to SexBually objectifying Media Increaces Tolerance Toward Sexul Harassement [J] 2016, 7(2)]

2. 甄别"诱饵"，莫存侥幸——不轻信、迷信网上信息

2016 年 3 月 19 日，某高校学生吴某某报警称：昨天(18 日)下午 3 时许在宿舍用手机上网，看到一条兼职刷单的广告，与对方 QQ 联系，对方声称每单返 8%的佣金，就打开对方发来的网址，在这个网址用支付宝刷了 320 单，共刷了 15000 元，对方没有返回本金和佣金，发现被骗。

[摘自：在校大学生上当受骗的案例. http://baouc.bbc.edu.cn/s/66/t162/a95e/info43358.htm]

2017 年 4 月 11 日下午 2 时许，在福建泉州城东一高校旁的学生街某宾馆，熊先生的女儿、厦门华厦学院大二在校女学生如梦(化名)，因卷入校园贷，不堪还债压力和催债电话骚扰，选择烧炭自杀。

[摘自：厦门大二女生在泉州一宾馆自杀身亡，竟然又是这个…….
http://www.sohu.com/a/13416055p_401283]

在网络的世界里，一时的贪恋，会让我们付出惨痛代价；一时的幻想，也可能让我们走上不归路。对于网上看似"利好"的信息，应仔细推敲其可信度，向相关专业人士咨询并帮助认证，确保自己所获信息准确无误，尤其是私人金融信息，更不要轻易在网上泄漏，谨防网上迷人的信息诱惑而付出惨痛代价。

(二)自觉遵守网络行为道德

网络的虚拟状态和匿名性质给不正当、不道德行为披上了绝妙的隐身衣。因此，我们要增强自觉性，提高自控性，自觉遵守网络规范，严格控制自己的网上行为，使自身利益免受伤害的同时，自己的网络行为也不侵害他人。

1. 传播文明，肃清恶源——不发布虚假、污秽信息

某大学的一位副教授发现自己被指名道姓地在私人博客上辱骂。他便与总部设在杭州的中国博客网联系，却被告知该文章不能删除。2005 年 11 月，他向南京市鼓楼区人民法院递交了诉状，成为"中国博客第一案"。

[摘自：中国博客第一享. http://www.docin.com/p-1716865350.html]

网络平等开放，任何人都可涉猎自己所需信息，若肆意散布虚假、污秽信息，存心打击报复，很不利于我们的道德培养和身心健康。这就要求我们自觉主动，发布信息，传播文明，而不是蓄意捏造，了结怨恨，寻求刺激等。

网络已不再只是虚拟世界的代称，也不是"游戏"人生的地方，更不是情绪无度宣泄

的场所。无论是现实世界还是虚拟网络，都要对自己的言行负责，而虚假、污秽言语对网友没有益处，同时对自己的灵魂也是一种污染与侵蚀，最终受害的还是发布虚假信息者本人。

因为网络上的信息良莠不齐，真假难辨，在网上浏览到一些重要的信息时，都需要大家有一个明辨是非的头脑与追求真相的信念，不要轻易地就相信片面之词或虚假信息。真正做到不信谣，不传谣，做到明辨是非，追求真理。

2. 理智面对伤害，保他人之尊严——不侵犯他人的网上隐私

2017年12月，一篇题为《一位92年女生致周鸿祎：别再盯着我们看了》的文章称，安装在餐厅、网吧、健身房的多个360摄像头，在用户不知情的前提下，在360旗下的"水滴"直播平台，把用户的一举一动进行直播，水滴直播平台侵犯个人隐私，引起社会的广泛争议。

[摘自：92年女生致信周鸿祎：别再盯着我们看了；360回应了.
http://www.sohu.com/a/210103432_640191]

通过网络肆无忌惮地收集汇总并发布私人信息，揭穿他人现实身份，侵犯个人隐私，致使网民向受害者大肆开战、群起攻之，留给对方的只有伤害，其家人、朋友也会无辜受损，实为失德！这样的行为不仅要受到道德谴责，而且还会受到法律的惩治。

3. 资源获得，取之有道——不盗用他人网上资源

小王曾在学术刊物上发表过一篇专业论文，但是有一天想扩充文章观点，就去网上查询，打开了一家收费的私人网站，他却惊奇地发现有篇文章和自己的一模一样！他刻苦得来的智力成果竟成了别人赚钱的私有财产！

网络"财产"虽然虚拟，但却是网民投入了时间、精力和金钱后获取的劳动成果，属于特殊的私有财产，我国也将其列入了法律保护之列。盗用他人网上资源，不仅仅为道德不许，也易使自己产生网络依赖，思维倦怠，认知下降，久而久之，不劳而获的思想就会左右自己，所以不要企图在网上通过"高明"手段来求得非分之财。

4. 网络赌博，德法不容——不利用网络"谋"取暴利

2016年5月至11月间，某高校大三学生黄某染上了网上赌球的恶习，前后输掉8万多元，因借高利贷无法偿还，最后跳楼自杀。

[摘自：校园贷. https://baike.so.com/doc/24771641_256p0p12.html]

俗话说"君子爱财，取之有道"，任何不劳而获或走捷径的财富来源都可能会是陷阱，甚至会让你跌入冒犯法律的深渊。

没有道德约束的网络就像一株罂粟，摇曳着绚烂与丑恶，吸引一些人越陷越深，以致丧失自我。众所周知，现实社会，赌博活动于人于己，有害无益，社会不容，但把现实视角伸进虚拟网络来牟取暴利，同样也会受到道德与法律的谴责与惩罚。我们应加强网络道德自律，增强网络法制和伦理道德观念，以自觉与主动为基础进行自我监控，增强社会责任感，使网上行为符合法律法规和社会公德要求。

5. 检验"水平"，良知为本——不破坏网络系统

遭美国起诉的罗马尼亚黑客福尔的父亲称，他儿子的确入侵美国政府机构电脑网络，但他之所以这样做，别无他图，一是为了找出对方系统的缺陷；二是为了证明自己在电脑上的能力，希望有朝一日成为某家国际知名信息技术公司的雇员。

[摘自：罗马尼亚黑客入侵美国政府网络·只为求职. https://news.qq.com/a/20061203/000926.htm.]

不论出于何种目的，破坏网络系统已在社会上造成了消极影响，损害了网络健康文明的发展。尤其是网络病毒、黑客等对网络侵袭所造成的危害更是有增无减。

随着黑客攻击技术不断发展，对网络安全威胁也越来越大，而社会对网络的依赖性越来越高，我们需从自身做起，不在网上验证自己的网络技术"水平"，更不能蓄意破坏网络，遇到黑客活动敢于拿起法律武器，维护网络安全。若自己拥有网络技术，一旦发现网络漏洞，要及时给网络打软件补丁以预防黑客攻击。

【想一想】

假设你遇到黑客或垃圾网站等不健康网络现象干扰了正常的网络运行秩序，你会怎么做？

A. 肯定举报　　B. 肯定不举报　　C. 看情况而定

D. 其他(请写出)

6. 网络暴力，莫涉现实——不威胁他人人身安全

当选秀活动进入最后 PK 争霸的冲刺阶段时，选手们的粉丝(即歌迷、支持者)团在网络上的留言也越来越具有攻击性，选秀引发的"网络暴力"一触即发。评委对选手的一句点评惹来网上"杀身之祸"，让其"小心回家被砍"。

网络不是一个为所欲为的福地洞天。它就像一面镜子，折射着我们的整体素质和道德风貌。不论我们来自何方、属于什么阶层，只要主动进入网络、喜好网络、实践于网络，聚合在一起都是网络文明建设的有生力量。不求最佳，但求用心；不求一律，但求宜人；不求完美，但求有益；不求名利，但求利民。不为言语纳用，尽心竭力而已。我们要努力构建法治社会基本的网络文明，使网络成为"年来日日春光好，今日春光好更新"的场所。

五、反思体验

1. 网络伦理道德

网络婚恋是一种通过互联网传递电子信号来交流双方感情的婚恋方式，但既然网络是一种游戏，现实的道德要不要去约束网络中的游戏行为？请阅读以下材料并作答。

一女大学生跳河自杀，被救上来后问其原因，才得知是在网上认识名为"酷呆了"的网友，网婚后，就在网络社区建立了他们的"家庭"，还"生"了一小孩。可这时"酷呆了"却在网上另有所爱，提出"离婚"。她想不开，就跳河以求解脱。

[摘自：访谈聚焦：构建网络道德是推进社会道德的需要. http://www.110.com/ziliao/article_120287.html]

【想一想】

(1) "酷呆了"要不要对自己某种游戏的行为负道德责任？

(2) 如此而导致的与传统道德观念相悖的网络不文明现象，将会带来一系列社会后果和法律问题。那么，我们应该怎样避免类似事件的发生？

2. 网络犯罪

阅读以下材料，并思考后面的问题。

一个大学生坐镇兰州，凭一台电脑、几部手机，通过网络在全国各地组织发展多个"下线"，发帖说只要向该集团缴纳一两千到上万不等的费用，他们就可提供"枪手"，代考英语四六级、考研、公务员等 22 种考试，或提供试题答案，并保证通过。但当按照其指定账户缴纳一定费用后，不是假答案就是该集团再也没了音讯。诈骗金额 170 余万元，受骗人不计其数。

[摘自：大学生网络犯罪的主要表现形式. http://china.findlaw.cn/bianbu/fanzuileixing/dxsf/1281502.html]

大学生运用网络敛财犯罪，道德何在！但在被骗的背后，意味着有不少人准备找替考或买答案，这足以引起我们的深刻反思：我们学习的目的究竟是什么？一个抽象的分数？一纸文凭？还是一个人的能力？更或是能够成为一个有责任感、有素养的现代社会人？

第七章 职业准备

　　人无远虑，必有近忧。规划先行，谋定后动。没规划的人生叫拼图，有规划的人生叫蓝图；没目标的人生叫流浪，有目标的人生叫航行。著名作家柳青说："人生的道路虽然漫长，但紧要处却常常只有几步"。

　　人与人之间的差异，其实很简单：你在赖床，他在锻炼；你在应付工作，他在用心工作；你在完成今天的计划，他在策划明天的计划。假期总比期待的短，但现在的努力都是为了将来毫不费力。

第一节 职业规划

　　今天你如果不生活在未来，那么明天你将生活在过去。

——彼德·伊利亚德

　　你所从事的事业，必须是所有可能的事业中你最能胜任的。

——奥利森·马登

　　纵观古今中外，世上一切伟人与凡夫俗子的最大区别就是：前者懂得先规划自己的一生，后者则不懂或不愿意计划自己的人生。要想铸造辉煌灿烂的职业未来，我们离不开职业规划。

一、身边的故事

　　小江大学毕业进入一家能源公司工作，收入比较丰厚稳定，刚开始他工作劲头很足。但三年来，他一直默默地做着单调的质量监控工作，压力也很大，久而久之，小江失去了工作兴趣，感觉没有什么价值。他后悔毕业时选择这个公司太草率、太缺乏理性，只考虑能源行业效益好，收入高，没想到工作环境、工作任务和职业目标都与自己的期待不符。他觉得自己更喜欢研究性的工作，所以想复习考研，辞职继续攻读硕士和博士。但是，俗话说"跳槽穷三月，转行穷三年"，小江又担心，几年后的选择会不会又走入另一个不适合自己的职场？

　　职业与我们的人生休戚相关。职业是人生的一部分，人生包含了一个人的职业，职业又反过来塑造了我们的人生。虽然职业如此重要，但调查表明，一半以上的大学生觉得所学专业跟自己的兴趣能力不贴合；近一半大学生不知道将来适合从事什么职业；除非到了毕业找工作的那一刻，没有多少人真正考虑过要去全方位了解社会职业情况，对于未来职业发展的方向和目标更是无从谈起。

二、判断鉴别

　　你了解自己当下生涯发展的现状吗？请采用生涯规划学者金树人教授的"生涯九宫

格"自我评估表评估一下，看自己生涯发展是"合格""优秀"还是"卓越"？

生涯九宫格测评表

学习进修（ 分） 1.课程表上要求的课程有哪些？ 2.除了课表内容，你还需学什么？ 3.针对未来的目标职业，你需要积累什么？ 4.你的学习习惯怎么样？	职业发展（ 分） 1.你理想的职业有哪些？ 2.你为此可以做哪些准备？ 3.你现在做的怎么样？	人际交往（ 分） 1.哪些人令你感觉难以应对？ 2.那些场合让你感到不自在？ 3.为了将来更好地适应社会，你打算从改善与哪些人的关系开始？
个人情感（ 分） 1.你怎么看待爱情、友情等？ 2.你建立并维系亲密关系的能力如何？ 3.重要他人对你的影响有哪些？	身心健康（ 分） 1.你有没有坚持运动的习惯？ 2.适合你的运动方式有哪些？ 3.你如何保持自己的心情愉悦？ 4.你如何处理焦虑、压力、沮丧等负性情绪？	休闲娱乐（ 分） 1.你有哪些兴趣爱好？ 2.你业余时间会做哪些事情让自己感受那种创造和成就感？ 3.除了学习工作之外，你做什么来愉悦自己？
财务管理（ 分） 1.你每月的生活费如何管理？ 2.你是否了解过个人的理财知识？ 3.你是否尝试过为自己增加收入？ 4.财富在你未来的生涯发展中比重如何？	家庭生活（ 分） 1.你跟父母的关系怎样？ 2.是否从内心接纳与尊重父母？ 3.父母对你是影响还是掌控？ 4.你和父母的关系是如何影响你今天的人际交往的？	服务社会（ 分） 1.你是否参加过志愿服务？ 2.你怎样理解一个大学生的社会责任感？ 3.你怎样看待社会公益组织？

[摘自：林奇清. 大学生职业生涯规划与管理——我的生涯，我做主. 北京：科学出版社，2016]

【评分与评价】

对每项进行打分，最满意为 100 分。

如果你将第一行的三格，即学习进修、职业发展与人际交往三项最基本的事情都做到 60 分以上，则你的生涯发展等级为"合格"，若这三个任何一个都不到 60 分，总评即为"不合格"；

第二行个人情感、身心健康、休闲娱乐是提升我们生活品质的保障，它们与第一行的三方面都达到 60 分以上，你的生涯发展现状可评为"优秀"等级；

第三行财务管理、家庭生活及服务社会这三项与前六项事情全部做到 60 分以上，你在大学阶段的生涯发展现状就可达到"卓越"等级。

三、心理论坛

(一)什么是职业生涯

职业(occupation)是我们为谋生和发展而从事的相对稳定的、有收入的、专门类别的社会劳动。职业不同于职位。职位是和分配给个人的一系列具体任务直接相关的，有多少参与工作的个人，就有多少个职位；职业也不同于工作，工作是由一系列相似的职位所组成的一个特定的专业领域；职业更不代表生涯。

职业生涯是一个人的职业经历，指我们一生中所有与职业相联系的行为与活动，以及相关的态度、价值观、愿望等连续性经历的过程，也是我们一生中职业、职位的变迁及工作、理想的实现过程。

(二)什么是职业生涯规划

职业生涯规划(career planning)是对职业生涯乃至人生进行持续的、系统的、计划的过程。职业生涯规划是个人在生涯发展历程中，对个人各种特质以及职业与教育环境资源进行生涯探索，掌握环境资源，以逐渐发展个人的生涯认同，并建立生涯目标；在面对各种生涯选择时机时，针对各种生涯资料和机会进行生涯评估，以形成生涯选择或生涯决定；进而以择其所爱、爱其所择的心情进行生涯选择，承负生涯角色，以达到生涯适应和自我实现。

(三)怎样进行职业生涯规划

职业生涯规划是一个系统性、长期性的过程，遵循一定的科学流程，包括下述七个步骤。

(1) 生涯觉醒：开始思考自己的未来，开始追寻自己的理想和目标，认识到未来发展对自身的意义。

(2) 自我探索：对自己的认识和评估。包括与职业生涯发展有关的兴趣、能力、价值观、性格等方面的自我了解和探索。

(3) 职业探索：了解职业信息，认识工作世界和环境及社会资源。

(4) 职业选择与决策：在自我探索和职业探索基础上，对职业目标进行初步定向。

(5) 路径规划：根据职业目标，探索实现目标的路径，制订短期、中期和长期等阶段性计划。

(6) 规划执行：实现各阶段目标的行动方案，包括学习教育、技能培训、实习实践、习惯养成、职场交往、合理休闲、经验积累等。

(7) 评估调整：根据规划执行反馈的情况以及自我和环境的变化，及时对规划进行评估、调整、修正和完善。

四、策略训练

策略一　自我探索

自我探索是职业生涯规划的开端。在生涯规划理论的指导下，通过正式与非正式的职业测评，对自己的职业兴趣、职业能力、职业价值观、性格特点进行评价和分析，从而全面、客观地认识自己，为职业规划确定良好的基础。

(一)探索你的职业兴趣

职业兴趣，是我们在职业选择和职业行动方面表现出来的兴趣，是我们对某种职业活动具有的比较稳定而持久的心理倾向，它往往可使我们对某种职业非常向往并给予优先注意。

第七章 职业准备

【测一测】 兴趣岛测试

有六个不同的美丽岛屿,你将选择其中一个作为你一生生活的地方。

R 岛:自然原始的岛屿。岛上的自然生态保持良好,有各种野生动物。居民以手工见长,自己种植花果蔬菜、修缮房屋、打造器物、制作工具,喜欢户外运动。

I 岛:深思冥想的岛屿。有多处天文馆、科技博物馆及图书馆。居民喜好观察学习,崇尚和追求真知。常有机会和来自各地的哲学家、科学家、心理学家等交流心得。

A 岛:美丽浪漫的岛屿。岛上遍布美术馆、音乐厅、街头雕塑和街边艺人,弥漫着浓厚的艺术文化气息。居民保留了传统的舞蹈、音乐与绘画技能。许多文艺界的朋友都喜欢来这个地方找寻灵感。

C 岛:现代、井然的岛屿。岛上建筑十分现代化,是进步的都市形态,以完善的户政管理、地政管理、金融管理见长。岛民个性冷静保守,处事有条不紊,善于组织规划,细心高效。

E 岛:显赫富庶的岛屿。居民善于企业经营和贸易,能言善道。经济高度发展,处处是高级饭店、俱乐部、高尔夫球场。往来者多是企业家、经理人、政治家、律师等。

S 岛:友善亲切的岛屿。居民个性温和、友善、乐于助人,社区均自成一个密切互动的服务网络,人们重视互助合作,重视教育,关怀他人,充满人文气息。

依次写下你最想去的三个岛屿:1._____ 2._____ 3._____

你最不想去的岛屿是:_____

A、C、E、I、R、S,6 个岛分别代表了 6 种职业类型,你的选择体现了你最显著的职业兴趣特征、最喜欢的活动类型以及最喜欢或者最适合的大致职业范围。具体如下所述。

A 岛——艺术型(Artistic)

总体特征:属于理想主义者,具有独创的思维方式和丰富的想象力,直觉强烈,感情丰富。

喜欢活动:喜欢创造和自我表达类型的活动,如音乐、美术、写作、戏剧。

喜欢职业:总体来讲,喜欢"非精细管理的创意"类和创造类的工作。如:音乐家、作曲家、乐队指挥、美术家、漫画家、作家、诗人、舞蹈家、演员、戏剧导演、广告设计师、室内装潢设计师等。

C 岛——常规型(Conventional)

总体特征:追求秩序感,自我抑制,顺从,防卫心理较强,追求实际,回避创造性活动。

喜欢活动:喜欢固定的、有秩序的活动,如组织和处理数据等。愿意在一个大的机构中处于从属地位,并希望确切知道工作的要求和标准。

喜欢职业:总体来讲,喜欢有清楚的规范和要求的、按部就班、精打细算、追求效率的工作。如:税务专家、会计师、银行出纳、簿记、行政助理、秘书、档案文书、计算机操作员等。

E 岛——企业型(Enterprising)

总体特征:为人乐观,喜欢冒险,行事冲动,对自己充满自信,精力旺盛,喜好发表意见和见解。

喜欢活动：喜欢领导和影响别人，或为达到个人或组织的目的而说服别人，成就一番事业。

喜欢职业：总体来讲，喜欢那种需要运用领导能力、人际能力、说服能力来达成组织目标的职业。如：商业管理者、市场或销售经理、营销人员、采购员、投资商、电视制片人、保险代理、政治运动领袖、公关人员、律师等。

I 岛——研究型(Investigative)

总体特征：自主独立，好奇心强烈，敏感，并且慎重，重视分析与内省，爱好抽象推理等智力活动。

喜欢活动：喜欢独立的活动，比如独自去探索、研究、理解、思考那些需要严谨分析的抽象问题，独自处理一些信息、观点及理论。

喜欢职业：总体来讲，喜欢以观察、学习、探索、分析、评估或解决问题为主要内容的工作。如：实验室工作人员、物理学家、化学家、生物学家、工程师、程序设计员、社会学家等。

R 岛——实用型(Realistic)

总体特征：个性平和稳重，看重物质，追求实际效果，喜欢实际动手进行操作实践。

喜欢活动：愿意从事事务性活动，如户外劳作或操作机器，而不喜欢待在办公室里。

喜欢职业：总体来讲，喜欢与户外、动植物、实物、工具、机器打交道的工作内容。如：农业、林业、渔业、野外生活管理业、制造业、机械业、技术贸易业、特种工程师、军事工作等。

S 岛——社会型(Social)

总体特征：洞察力强，乐于助人，善于合作，重视友谊，热情关心他人的幸福，有强烈的社会责任感，总是关心自己的工作能对他人及社会做多大贡献。

喜欢活动：喜欢与别人合作的活动，帮助别人解决困难。

喜欢职业：总体来讲，喜欢帮助、支持、教导类工作。如牧师、心理咨询员、社会工作者、教师、辅导员、医护人员、其他各种服务性行业人员等。

[摘自：张惠琴，李璞，杨德祥. 大学生职业生涯发展规划实操手册. 北京：高等教育出版社，2013]

(二)探索你的职业能力

能力，是我们成功完成某种活动所必须具备的心理特征。职业领域将能力称作技能，主要包括专业知识技能、可迁移技能和自我管理技能。

【测一测】职业技能测试

请按照以下标准对表格内的表述进行自我评分。

5 分=强　　4 分=较强　　3 分=一般　　2 分=较弱　　1 分=弱

题目一	得分	平均分
1.善于表达自己的观点		
2.阅读速度快并能抓住中心内容		
3.清楚地向别人解释难懂的概念		
4.对文章中的字、词、段落和篇章的理解、分析和综合能力		

续表

题目一	得分	平均分
5.对于词汇能快速理解和应用		
6.高中时你的语文成绩		
题目二	得分	平均分
1.做出精确的测量(如：测长、宽、高等)		
2.解算数应用题		
3.笔算能力		
4.心算能力		
5.使用计算工具(如使用excel、高级计算器)的计算能力		
6.高中时你的数学成绩		
题目三	得分	平均分
1.美术素描画的水平		
2.画三维度的立体图形		
3.看几何图形的立方体感		
4.想象盒子展开后的平面形状		
5.玩拼版(图)游戏		
6.高中时对立体几何题的理解及解题能力		
题目四	得分	平均分
1.发现相似图形中的细微差别		
2.识别物体的形状差异		
3.注意到多数人忽视的物体或图形细节		
4.精细地检查或核对物体或流程的细节		
5.观察图案是否正确		
6.学习时细心，善于找出作业中的细小错误		
题目五	得分	平均分
1.快速而正确地抄写资料(如姓名、数字等)		
2.阅读中发现错别字		
3.发现计算错误		
4.在图书馆很快查找编码卡片		
5.发现图片中的细小错误		
6.自我控制能力(如较长时间做抄写工作)		
题目六	得分	平均分
1.很容易学会开车或操纵机械		
2.玩电子游戏或瞄准打靶		
3.在体操、广播操一类活动中身体的协调能力		
4.球类活动时姿势标准流畅		
5.打字比赛或算盘比赛		
6.闭眼单脚站立的平衡能力		

续表

题目七	得分	平均分
1.灵巧地使用手工工具(如榔头锤子)		
2.灵巧地使用很小的工具(如镊子、缝衣针等)		
3.弹乐器时手指的灵活度		
4.动手做一件小手工品		
5.很快地削水果(如苹果、梨子)		
6.修理、装配、拆卸、编制、缝补等一类活动		

题目八	得分	平均分
1.善于在陌生的场合发表自己的意见		
2.善于在新场所结交新朋友		
3.口头表达能力		
4.善于与人友好交往,并协同工作		
5.善于帮助别人		
6.擅长做别人的思想工作		

题目九	得分	平均分
1.善于组织单位或班级的集体活动		
2.在集体活动或学习中,时常关心他人		
3.在日常生活中能经常动脑筋,想出别人想不到的好点子		
4.冷静果断处理突然发生的事情		
5.在你做过的组织工作中,你认为自己的组织能力在哪一水平		
6.善于解决同事或同学之间的矛盾		

通用能力与职业推荐

能 力	得分	适宜从事的职业
一、语言能力:具有对词、句子、段落、篇章的理解能力,以及善于清楚而正确地表达自己的观念和向别人介绍信息的能力		外销员、商务师、推销员、导游、演员、导演、编辑、播音员、节目主持人、教师、律师、审判员等
二、数理能力:能迅速而准确地运算,并具有在快速准确地进行计算的同时,进行推理、解决应用问题的能力		会计、银行职员、保险公司职员、税务员、审计员、统计员、自然科学家、计算机工程师等
三、空间判断能力:具有对立体图形以及平面图形与立体图形之间关系的理解能力,包括能看懂几何图形、对立体图形的三个面的理解能力,识别物体在空间运动中的联系,解决几何问题		技术员、工程师、服装设计师、艺术家、家具设计师、建筑师、摄影师、家电维修专家、自然科学家、军官、司机等

第七章 职业准备

续表

能　力	得分	适宜从事的职业
四、觉察细节能力：对物体或图形的有关细节具有正确的知觉能力，对于图形的明暗、线的宽度和长度能作出区别和比较，可以看出其细微的差别		技术员、工程师、咨询师、运动员、教练员、导演、图书馆员、会计、银行职员、保险公司职员、审计员、统计员、编辑、播音员、自然科学家、计算机工程师等
五、文书能力：对词、印刷品、账目的细微部分正确知觉的能力，善于发现错字和正确地校对数字的能力		教师、公务员、社会科学家、秘书、打字员、编辑、银行职员、咨询师、经理、记者、作家等
六、运动协调能力：眼、手、脚、身体能够迅速准确和协调地作出精确的动作和运动反应，手能跟随着所看到的东西迅速行动，并具有正确控制的能力		运动员、教练员、演员、服装设计师、美容师、电工、司机、服务员、导游、医生、护士、警察、战士等
七、动手能力：手、手指、手腕能迅速而准确地活动和操作小的物体，在拿取、放置、调换、翻转物体时手能精巧运动，腕能自由运动		医生、护士、药剂士、运动员、教练员、自然科学家、技术员、工程师、服装设计师、家具设计师、艺术家、美容师、售货员、服务员、保育员、摄影师、演员、导演、战士等
八、社会交往能力：善于进行人与人之间的相互交往、相互联系、相互帮助、相互作用和影响，具有协同工作或建立良好的人际关系的能力		采购员、推销员、公共关系人员、外销员、商务师、编辑、调度员、经理、服务员、导游、咨询师、银行信贷员、税务员、审计员、保险公司职员、演员、导演、教师、社会科学家、公务员、秘书、警察、律师等
九、组织管理能力：擅长于组织和安排各种活动，有协调人际关系的能力		调度员、导游、教练员、导演、编辑、教师、经理、公务员、商务师、保育员、咨询师、税务员、秘书、律师、警察等

我的能力排序：

　　1.＿＿＿＿＿＿＿＿＿　　2.＿＿＿＿＿＿＿＿＿　　3.＿＿＿＿＿＿＿＿＿

　　4.＿＿＿＿＿＿＿＿＿　　5.＿＿＿＿＿＿＿＿＿　　6.＿＿＿＿＿＿＿＿＿

　　7.＿＿＿＿＿＿＿＿＿　　8.＿＿＿＿＿＿＿＿＿　　9.＿＿＿＿＿＿＿＿＿

未来10年职业世界，你必须拥有这4种新的核心能力

新的世界需要新的技能。我把未来的核心技能分成了四个大的系列。

高效能和自控力——是高效能，不是高效率！！而自控力，所有90后都可以学学。

影响力——网络时代沟通成本接近于0，尴尬的不是沟通，而是沟通完根本不打动。

自赏——不理解什么让自己伤，怎么让自己爽，什么是自己的意义，再大影响力和效能又有什么用？

整合与共创——每个人都是合伙人，为自己工作。好的领导者，其实就是整合共创了

一个故事的人。看到未来、整合共创是一个未来领导者的核心技能,甚至比服务心态、自律这些能力更重要。

[摘自:http://blog.sina.com.cn/s/blog.4b09eac00102w3k4.html]

(三)探索你的职业价值观

价值观,是我们用来区分好坏标准并指导行为的心理倾向系统。即我们对于什么是好的、对的、有价值的事物总的看法。职业价值观是我们从事满足自己内在需要的活动时,所追求的工作特质和属性,是价值观在职业问题上的反映。

舒伯在其《工作价值观量表》中把职业价值观体系归纳为三个方面。

(1) 内在价值:包括智力激发、利他主义、创造发明、独立自主、美的追求、成就满足、管理权力。

(2) 外在价值:包括工作环境、同事关系、上司关系、多样变化。

(3) 外在报酬:包括声望地位、安全稳定、经济报酬、生活方式。

【做一做】价值观澄清

在你的生命历程中,影响最深的事情是什么?你觉得最值得做的事情是什么?

请完成下面12个句子,你将会为你的价值观找到一些答案。

1. 如果我是个亿万富翁,我将会_____
2. 我听过,读过的最好的理念是_____
3. 在这个世界上,我最想改变的一件事是_____
4. 我一生中最重要的事物是_____
5. 我在下面这个情况表现得最好_____
6. 我最关心的事是_____
7. 我幻想最多的事是_____
8. 我的父母最希望我能_____
9. 我生命中最大的喜悦是_____
10. 我是一个怎样的人_____
11. 熟悉我的人认为我是_____
12. 我相信_____

职业价值观会随着时代和环境的变化而变化,在为自己做职业生涯规划之前,要清楚和明确自己的价值观和职业价值观。价值观和职业价值观决定了哪些因素对你是重要的,哪些是不重要的;哪些是你应优先考虑和选择的,哪些不是。在职业价值分析和测定过程中,必须处理好职业价值观不同要素之间的关系,并根据不同时期、不同情况明确自己的职业核心需求,以便合理制定自己的职业生涯规划和相关策略。

(四)探索你的职业性格

性格是人对现实的稳定态度和习惯化行为方式的总和。职业性格是在长期的特定的职业环境、职业生活中形成的与职业联系紧密的稳定的心理特征。MBTI(迈尔斯-布里格斯类型指标)是应用最广泛的职业性格测评工具。

第七章 职业准备

【做一做】MBTI 测试

(1) 请仔细阅读以下 4 个方面的特征表述，选择每个方面中符合你的描述，并写下其代表的字母，形成有 4 个字母构成的组合(比如 ISTJ、ESTP 等)。

MBTI 的四维八极

维度一：E-I 维度，即能量倾向的维度。你从何处获得及发泄心理能量？	
外倾(E)(Extroversion)	内倾(I)(Introversion)
注意力和能量主要指向外部世界的人和事，从与人交往和行动中得到活力。 ①关注外部环境 ②喜欢用谈话的方式进行沟通 ③通过谈话形成自己的意见 ④用实际操作或讨论的方式能学得最好 ⑤兴趣广泛 ⑥好与人交往，善于表达 ⑦先行动，后思考 ⑧在工作和人际关系中都很积极主动	注意力和能量集中于自己的内心世界，从对思想、回忆和情感的反思中得到活力。 ①关注自己的内心世界 ②更愿意用书面形式沟通 ③通过思考形成自己的意见 ④用思考、在头脑中"练习"的方式学得最好 ⑤兴趣专注 ⑥安静而显得内向 ⑦先思考后行动 ⑧当情境或事件对他们具有重要意义时会采取主动
维度二：S-N 维度，即接受信息的维度。你如何接收信息？	
感觉(S)(Sensing)	直觉(I)(Intuition)
用自己的五官来获取信息，喜欢收集实实在在的、确已出现的信息。对周围所发生的事情观察入微，特别关注现实。 ①着眼于当前的实际情况 ②现实、具体 ③关注真实的、实际存在的事物 ④观察敏锐，并能记住细节 ⑤经过仔细周详的推理一步步得出结论 ⑥通过实际运用来理解抽象的思维和理论 ⑦相信自己的经验	通过想象、无意识等超越感觉的方式来获取信息。喜欢看整个事件的全貌，关注事实之间的关联。想要抓住事件的本质，特别善于看到新的可能性。 ①着眼于未来的可能 ②富于想象力和创造性 ③关注数据所代表的模式和意义 ④当细节与某一模式相关时才能够记得 ⑤靠直觉很快得出结论 ⑥希望在应用理论之前能对之进行澄清 ⑦相信自己的灵感
维度三：T-F 维度，即信息处理的维度。你是如何做决定的？	
思考(T)(Thinking)	情感(F)(Feeling)
通过分析某一个行动或选择的逻辑后果来作出决定，会将自己从情境中分离出来，对事件的正反两方面进行客观的分析。从分析和确认实践中的错误并解决问题中获得活力。目标是要找到一个能应用于所有相似情景的标准或原则。 ①好分析的 ②运用因果推理 ③以逻辑的方式解决问题 ④寻求一个合乎真理的客观标准 ⑤爱讲理的 ⑥可能显得不近人情 ⑦公平意味着每个人都能得到平等的待遇	喜欢考虑对自己和他人来说什么是重要的，会在头脑中将自己放在情境所牵涉的所有人的位置上并试图理解别人的感受，然后在此基础上根据自己的价值判断作出决定。从对他人表示赞赏和支持中获得活力。目标是创造和谐的氛围，把每一个人都当作独特的个体来对待。 ①善于体贴他人、感同身受 ②受个人价值观的引导 ③衡量决定对他人产生的后果和影响 ④寻求和谐的气氛和积极的人际交往 ⑤富于同情心 ⑥可能会显得心肠太软 ⑦公平意味着每个人都被作为独特的个体来对待

续表

维度四：JP 维度，即行动方式维度。你如何与外部世界打交道？

判断(J)(Judging)	知觉(P)(Perceiving)
喜欢将事情管理得井井有条，过一种有计划的、井然有序的生活。喜欢作出决定，完成后继续下面的工作。生活常会比较有规划、有秩序，喜欢把事情敲定下来。照计划和日程安排办事对她们来说很重要。从完成任务中获得能量。 ①有计划的 ②喜欢组织管理自己的生活 ③有系统，有计划 ④按部就班 ⑤喜欢制订短期和长期计划 ⑥喜欢把事情落实定 ⑦力图避免最后一分钟才做决定或完成任务的压力	喜欢以一种灵活、自发的方式生活，更愿意去体验理解生活而不是去控制它。详细的计划或最后决定会使他们感到被束缚。愿意对新的信息和选择保持开放，直到最后一分钟。足智多谋，善于调节自己适应当前场合的需要，并从中获得能量。 ①自发的 ②灵活 ③随意 ④开放 ⑤适应，改变方向 ⑥不喜欢把事情确定下来，以留有改变的可能性 ⑦最后一分钟的压力会使他们感到活力充沛

(2) 根据你形成有 4 个字母构成的组合(比如 ISTJ、ESTP 等)，在下表中找出你对应的职业性格倾向。

MBTI 的 16 种性格类型的职业倾向

ISTJ	ISFJ	INFJ	INTJ
管理者、行政管理、执法者、会计或者其他能够让他们可以利用自己的经验和对细节的注意完成任务的职业	教育、健康护理(包括生理、心理)、宗教服务、其他能够运用自己的经验亲力亲为帮助别人的职业，这种帮助是协助或辅助性的	宗教、咨询服务(包括个人、社会、心理等)、教学/教导、艺术、其他能够促进情感、智力或精神发展的职业	科学或技术领域、计算机、法律、其他能够运用智力创造和技术知识去构思、分析和完成任务的职业
ISTP	ISFP	INFP	INTP
熟练工种、技术领域、农业、执法者、军人、其他能够动手操作、分析数据或问题的职业	健康护理(包括生理、心理)、商业、执法者、其他能够运用友善、专注于细节的相关服务的职业	咨询服务(包括个人、社会、心理等)、写作、艺术、其他能够运用创造和集中于他们的价值观的职业	科学或技术领域、其他能够基于自己的专业技术知识独立、客观分析问题的职业
ESTP	ESFP	ENFP	ENTP
市场、熟练工种、商业、执法者、应用技术、其他能够利用行动关注必要细节的职业	健康护理(包括生理、心理)、教学/教导、教练、儿童保育、熟练工种、其他能够利用外向的天性和热情去帮助那些有实际需要的人的职业	咨询服务(包括个人、社会、心理等)、教学/教导、宗教、艺术、其他能够利用创造和交流去帮助促进他人成长的职业	科学、管理者、技术、艺术、其他能够有机会不断承担新挑战的工作
ESTJ	ESFJ	ENFJ	ENTJ
管理者、行政管理、执法者、其他能够运用对事实的逻辑和组织完成任务的职业	教育、健康护理(包括生理、心理)、宗教、其他能够运用个人关怀为他人提供服务的职业	宗教、艺术、教学/教导、其他能够帮助别人在情感、智力和精神上成长的职业	管理者、领导者、其他能够运用实际分析、战略计划和组织完成任务的职业

[摘自：互联网的下一幕：我的未来是还有工作？http://tech.china.com.cn/it/20160628/2345co.shtml]

策略二 职业探索

互联网的下一幕：我们未来是否还有工作？

百度创始人、董事长兼 CEO 李彦宏认为："以人工智能技术为核心的互联网第三幕即将到来，这是一个比移动互联网更加值得想象的大时代。"《人工智能时代》著者，斯坦福大学人工智能与伦理学教授杰瑞·卡普兰(Jerry Kaplan)预测，人工智能将加速技术型失业，低技能工人会越来越少，因为机器人的成本更低，效率更高。而劳动力结构的变化会给社会就业带来新的压力和问题，人类会因此有更多精力做更多技能性更高的工作，新的工种也会出现。创新工场创始人兼 CEO 李开复表示，未来 10 年内，人类面临最大的问题是大量人口失业，重复性工作被快速取代。比如 10 年后，人工智能将取代世界上 90% 的以下职业：客服、助理、会计、销售、保安、司机、交易员、保姆、翻译、记者……但同时，这也会带来的巨大商机。

[摘自：互联网的下一幕：我的未来是否还有工作？http://tech.china.com.cn/it/20160628/234500.shtml]

(一)多渠道了解社会职业

当今社会，发展迅速，日新月异。社会职业可谓种类繁多、形形色色。欲从中找到适合自己的职业，需进行全面调查了解。

【想一想】下列职业信息收集途径，你想到了哪些？
A. 就业指导机构　　　B. 老师、同学、朋友　　　C. 父母、亲属
D. 网站　　E. 微信　　F. 报纸　　G. 其他_____
上述信息途径中，你最可能运用的有：_____。
对你来说，最可靠的途径是_____，因为：_____。
尽可能地创造条件使自己通过多种渠道收集社会职业的信息。

(二)认识社会大环境

人是社会的人，任何一个人都不可能离群索居，都必须生活在一个特定的大环境中，环境为我们提供了活动的空间、发展的条件、成功的机遇，同时我们也受环境约束。

小乔学的是新闻专业，本科毕业时因成绩好、能力强，有几家不错的单位向她发出邀请，但他选择了读研。读完研究生后，再找工作的小乔感到无奈："现在就业市场中博士、海归非常普遍，硕士更是遍地都是，想进理想的单位，压力山大。"看着眼前穿梭着找工作的人群，小乔说自己根本就没有胜券在握的"筹码"。

在二十世纪八九十年代，高学历人才备受关注。不仅国家包分配，而且学历越高待遇越好，起点职称越高。学历改变命运的现象在那个年代体现得尤为显著。但是，进入 21 世纪，学历普遍都在提高，经验和能力在人才评价中的地位越发重要，学历渐渐成了一种参考标准。社会在发展，对人才的衡量标准也在变化。

【想一想】
(1) 你了解当前社会政治、经济发展的现状与趋势吗？
(2) 你了解社会热点职业门类分布及需求吗？

(3) 你所感兴趣的行业在未来社会发展中将处于什么样的地位？
(4) 社会发展对你自己可能会有怎样的影响？在哪些方面？
(5) 你研究过所中意的组织在本行业中的地位、市场占有及发展趋势吗？

(三)开展生涯人物访谈

通过与你人际网络中的职场人士进行交流，了解你感兴趣行业和职业的情况。

职业生涯人物访谈记录单

访谈目的：

访谈对象：　　　　　　　性　别：　　　　　　　年　龄：

毕业院校：　　　　　　　所学专业：　　　　　　毕业时间：

工作单位：　　　　　　　现任职务：

访谈内容

您是如何找到这份工作的？招聘方最看好您哪些方面？

您的岗位职责和工作内容是什么？

要从事您这样的工作需要什么样的技能(品质、素养、资历)？

您工作上最满意和最不满意的是哪些方面？

您职业发展的轨道如何？晋升发展的机会是什么？

您这一行业同一岗位的薪酬水平如何？

您工作以来，继续提升自己的渠道有哪些？

您工作的氛围是什么样的？

根据您了解的情况，我所学的专业可以从事哪些工作？

对想进入这一行业工作的人，您会提供什么样的建议和意见？

……

访谈总结：

(四)发掘适合自我职业发展的组织环境

亚马逊是一家极致推崇"用户至上"的公司。有一次，亚马逊的客服接到了客户反馈，说买了一本畅销书，中间有两页是粘在一起的。公司检查后，发现那一批书基本都有这个问题。于是负责商品管理的基层员工马上做了决定，将这本书下架了，由此造成了公司百万损失。这位员工的上级，当时刚来亚马逊不久，听闻这件事后非常生气，认为员工的自作主张给公司带来损失，将这件事报告到了总部，要求回收基层员工的相关权限。总部随即做了答复。他们认为，员工的做法是非常正确的，因为"最大限度地保证了用户的感知"。

[摘自：MBA职场：企业为什么喜欢说"企业文化"．
http://edu.sina.com.cn/bschool/2018-09-05/doc-ihiixzkm4434745.shtml]

"你选择了一个组织(单位)，就是选择了一种生活"。你工作时间的长短、酬劳，与工作伙伴的相互关系，工作和生活的平衡关系，你怎么努力，办公室的环境，着装习惯等。组织文化会渗透并深深影响上述的点点滴滴。在选择适合你的组织时，需要考虑以下因素。

(1) 组织领导人的能力与抱负。
(2) 组织文化、规章制度建设情况。
(3) 组织的工资福利制度。
(4) 是否重视员工再教育。
(5) 自己对组织文化、规章制度及发展战略的认同程度。

【做一做】

你期望未来的工作团队有什么样的特点？把你的期望列出来。

_____。

选择企业的大小，不如选择适才适所；选择气派的办公室，不如选择良好的企业文化。选择钱多钱少，不如选择一技之长；选择公司，更要选择一位值得追随的老板。

策略三 职业决策

职业决策是在求职择业和生涯发展中做出的在多项选择之间权衡利弊，以达成最大价值的历程。广义的职业决策是为确定职业所进行的提出问题、收集资料、确定目标、撰写方案、分析判断、最后选定、检查监督等一系列认知活动。

(一)了解你的决策风格

开学了，室友王刚和李强相约去手机店买新手机。他们都想买同一品牌的手机，但是两人购买效率不一样。王刚很快看中一款，和营业员简单交流后就付钱购买了。李强则在几款手机中反复比较，反复倾听营业员对手机的介绍，还通过手机网络搜索了解几款手机的特征对比。经过几小时的仔细斟酌后，李强终于购买了他想要的手机。

两位室友购买手机的表现，反映了两个人不同的决策风格。决策风格是我们在做决策时表现出来的比较稳定的决策态度、习惯、方式等综合特征。

最早研究决策风格的是丁克里奇(Dinklage)，他将人的决策分为八种类型。

八种类型决策风格

决定类型	说　明	行为特征	优　势
计划型 (planning style)	做决定时较理性，会对自我条件和外界因素进行充分的考虑，以作出适当且明确的选择	一切操之在我，我是命运的主宰，是自己的主人	主动积极地解决问题
冲动型 (impulsive style)	遇到第一个选择就抓住不放，不再考虑其他选择或进一步收集信息	先决定，再考虑	比较节约时间
直觉型 (intuitive style)	基于"感觉是对的"来做决定，但不能说明原因	就是觉得这个好	比较简单省事
顺从型 (compliant style)	倾向于顺从别人的计划而不是独立作出决定	只要他们觉得好，我就觉得好	维持表面和谐
宿命型 (fatalistic style)	自己不愿做决定，把决定的权利交给命运或机会	船到桥头自然直。时也、运也、命也	不必自己负责任，减少焦虑
痛苦型 (agonizing style)	收集了大量的信息，反复询问比较却迟迟难以作出决定	我就是拿不定主意，该怎么办	资料搜集的充分完整

续表

决定类型	说　明	行为特征	优　势
推延型 (paralysis style)	知道问题所在，但经常迟迟不做决定，或者到最后一刻才作出决定	急什么？过两天再说吧	延长做决定的时间
瘫痪型 (paralysis style)	可能在理性上接受了应该做决定的观念，但无法开始决策过程	一想到这个事我就害怕	可以暂时不做决定

[摘自：吴彦宁. 大学生职业发展与就业指导. 北京：科学出版社，2015]

【测一测】决策风格类型测试：根据你的情况，选择符合你的答案。

情景陈诉	符合	不符合
1. 我常仓促做草率的判断		
2. 我做事情时不喜欢自己出主意		
3. 碰到难做的事情，我就把它放到一边		
4. 我会多方收集做决定所必须个人及环境材料		
5. 我常凭一时冲动行事		
6. 做事时我喜欢有人在身以便随时商量		
7. 遇到需要做决定的情况，我就紧张不安		
8. 我会将收集到的材料加以比较分析，列出选择的方案		
9. 我经常改变我所作出的决定		
10. 发现别人的看法与我的不同，我就不知怎么办		
11. 我做事总是东想西想，下不了决心		
12. 我会权衡各项可选择方案的利弊得失，判断出此时此地最好的选择		
13. 做决定之前，我从未做任何准备，也未分析可能的结果		
14. 我很容易受别人意见的影响		
15. 我觉得做决定是一件痛苦的事情		
16. 我会参考其他人的意见，再斟酌自己的情况来作出适合自己的决定		
17. 我常不经慎重思考就做决定		
18. 在父母、师长或亲友催促做决定之前，我不做任何决定		
19. 为了避免做决定的痛苦，我现在不做决定		
20. 经过深思熟虑之后，我会明确决定一项最佳的方案		
21. 我喜欢凭直觉做事		
22. 我常让父母、师长或亲友为我做决定		
23. 我处理事情经常犹豫不决		
24. 当决定了所选择的方案，我会展开必要的准备行动并全力以赴做好它		

请对一下表述作出"符合"与"不符合"的选择。

记分方式：将同一类型的得分(符合的得1分)计入测试结果表，哪种类型得分最高，可能你就属于哪种决策类型。

题号组	1.5.9.13.17.21	2.6.10.14.18.22	3.7.11.15.19.23	4.8.12.16.20.24
得　分				
决策类型	冲动直觉型	依赖性	逃避犹豫型	理性型

[摘自：张渤，宁焰. 职业生涯与发展规划. 西安：西北工业大学出版社，2010]

(二)生涯决策平衡单

当人们面临多种选择时,每种选择都会产生不同的影响,决策平衡单可以协助我们在一个统一的框架内系统地分析每一个选择的利弊得失,然后依据各个选择在利弊得失上的加权计分,排定各个选择的优先顺序,以执行利益最优先或最偏好的选择。

职业生涯决策考虑要素		重要性权数(1~5倍)	第一职业方案()	第二职业方案()	第三职业方案()
自我精神方面	1.适合自己的能力				
	2.适合自己的兴趣				
	3.适合自己的个性				
	4.符合自己的价值观				
	5.未来有发展空间				
	6.其他(写下来)				
自我物质方面	1.较好的社会地位				
	2.符合理想的生活状态				
	3.适合目前个人处境				
	4.其他(写下来)				
外在精神方面	1.带给家人的声望				
	2.有利于择偶和建立家庭				
	3.其他(写下来)				
外在物质方面	1.优厚的经济报酬				
	2.足够的社会资源				
	3.其他(写下来)				
加权后合计					
加权后得失差数					

请使用以上生涯决策平衡单对自己的生涯决策进行评估。评估方法如下:

1. 在第一栏"职业生涯决策考虑要素"中,根据你对职业选择的重要性和迫切性的认识,给这些要素赋予权数,权数范围为 1~5 倍,填写到"重要性权数"一栏中。其中 5 代表"非常重要",权数越高,说明你越看重该要素。

2. 根据职业生涯决策要素给每个职业方案评分,每个方案的得分或失分,可以根据该方案具有的优势(得分)、劣势(失分)或优劣的程度大小来回答,积分范围为1-10分。注意每个方案的得分或失分只能填写一项。

3. 将每一项的得分或失分乘上权数,得出加权后的得分和失分,并分别计算出加权后合计。再把加权后的"得失差数"算出来,即每个方案加权后的得分减去失分。据此做出最终决定。得分越高,该职业方案越适合你。

4. 通过职业生涯决策平衡表的测评,你可以大概评估出你职业生涯决策能力的强弱。

[摘自: 许湘岳. 黄东斌.职业生涯规划.北京: 人民出版社, 2017]

(三)理清非理性信念

【测一测】请选出你赞同的观点。

(1) 正确而适当的生涯选择,对我来说甚为重要,因为我不想出任何差错。
(2) 我现在就应该选择确定自己最适合的职业,万一选错了职业,恐怕会后悔一辈子。
(3) 如果我的职业生涯不能依照原来期望的方式发展,就意味着我失败了。
(4) 在我选择要从事的工作领域中,我必须成为专家或领导者,并得到他人的敬重。
(5) 一些朋友早已确定了他们的志向,我却到现在还犹豫不决,必定是我哪里不对劲。
(6) 我的某些特质,可能是我选择职业、从事工作的致命伤。
(7) 一个经常改变工作的人,不会有成功的生涯。
(8) 一个人如果害怕当众演讲,就不适合担任律师、教师、推销员等需要好口才的工作。

这是一些职业生涯的非理性信念,非理性信念就是我们内心不现实的、不合逻辑的、站不住脚的信念。即那些绝对化的、过分概括化的、极端化的思想认识。你赞成的题目越多,就表明你存在的非理性信念越多,对生涯的不适应性越强。

1～2,表明对生涯选择保持完美或绝对的预期,认为工作应该满足各方面的需求。

3～4,表明对个人未来的生涯发展或生涯选择抱过高的期望,并认为不成功就是失败。

5～6,表明对自己的特质、能力缺乏信心,总以为自己不如别人。

7～8,表明认为生涯决定结果是不可改变的和永久的。

【做一做】重构非理性信念

先写下你以前关于生涯发展、求职择业的旧的看法和观念,尝试用更理性和更具有建设性的思维方式来重构。比如:

旧的生涯信念:我没法从事任何与我能力、专长不匹配的工作。

新的生涯信念:人的能力和专长是不断发展的,只要学习,就能获得长足的进步。

旧的生涯信念:我选择的职业必须让我的家人感到满意。

新的生涯信念:职业选择最终是让自己得到发展和获得幸福,实现自我价值和社会价值。

请用下表转化你的不合理信念。

生涯信念转化表

旧的生涯信念	新的生涯信念

策略四 合理规划

(一)我有一个梦想

从福特公司到迪士尼乐园,从华为到阿里巴巴,世上几乎每一个杰出的成就都从梦想开始。但是,你需要明白,在你的内心深处,到底什么才是你真正想要追求的目标。我们可以通过下列问题将其明确化。

假如你的生命时间只剩下两年。这两年你的身体仍然健康,有收入而不必工作,你可以随意支配时间,那么:

你希望自己的生活过得像谁那样?
你觉得他们的生活哪些方面让你欣赏?
你会如何度过这两年?
你在紧迫感的支配下会追求什么?
你最想做的是什么?
你为什么觉得这些事重要?
你会以怎样的心情对待这仅有的生命时间?
你希望熟悉你的人们如何记着你?

人梦想的实现来源于生涯目标的实现。生涯目标是对自己职业领域所设立的短期、中期和长期目标。制定生涯目标的需要遵循SMART原则。

(1) Specific,目标是明确、清晰的。比如2020年考取研究生,2030年成为公司人力主管。

(2) Measurable,目标是量化、可以测评的。比如托福考试达到100分,每天跑步2公里等。

(3) Attainable,目标通过努力是能实现的。比如努力学习,期末考试均分达到85分以上;积极工作,提升能力,获得优秀干部荣誉。

(4) Relevant,目标要与职业发展的长期目标想联系。比如想要成为一名律师,大学阶段就要扎实学好专业课程,努力考取律师资格证。

(5) Time-bound,目标要有实现的期限。比如"这个学期""毕业前""工作5年内"等。

【做一做】重塑你的职业目标

运用SMART原则设立你的职业发展目标。
你头脑中关于职业发展的初步计划是什么,请写下来。
初始目标:_____
运用SMART原则对初始目标进行具体化、可操作性的设计。

(二)我的行动计划

现实是此岸,理想是彼岸,中间隔着湍急的河流,行动则是架在川上的桥梁。

——克雷洛夫

我们要想象着通向目标之路上所有细小的步骤,并为每一步骤规定切实可行的期限。把遥远的理想目标分成几个可以实现的小目标,这些通过努力奋斗就能实现的小目标,是"跳起来能够摘到的桃子",在前进的道路上不断跳起来摘桃子,这样你就可以从一开始就尝到桃子的滋味了。

【做一做】

再次明确:今生今世,你想干什么?想成为什么样的人?想取得什么成就?
想成为哪一专业的佼佼者?

今后 10 年大计：你希望自己成为 _____。
　　　　　　　我的事业 _____。
　　　　　　　我的收入 _____。
　　　　　　　我的生活 _____。
制订 5 年计划：_____
制订 3 年计划：_____
制订明年计划：_____
制订下月计划：_____
制订下周计划：_____
制订明日计划：_____
反思：我所定的目标是否有利于我的理想实现？是否具有实现的可能性？
_____。
还有什么需要改进和调整的 _____

　　研究发现，那些成功的人往往都是有长期时间观念的人。他们在做每天、每周活动规划时，都会用长期的观点考量。他们会规划 5 年、10 年，甚至 20 年的计划。社会心理学家也研究发现，善于给自己的生活做出计划的人往往比较勤奋、进取，擅长思考，对生命成长的每一个阶段都能谨慎把握，一般都能主宰自己的命运，成功也就自然和他们有缘。

五、反思体验

　　请阅读下面的材料，并思考人工智能时代，我们如何规划自己的职业发展道路。

　　2016 年 3 月 15 日，Google 围棋计算机 AlphaGo 与世界著名棋手李世石进行最后一轮较量，AlphaGo 获得比赛胜利，最终人机大战总比分定格在 1∶4，AlphaGo 以压倒性胜利，成为第一个战胜围棋世界冠军的机器人。这个事件标志着一个新的时代——人工智能时代的开始。仅仅几年时间，人工智能不仅改变了人类的日常生活习惯，也对职业世界产生了深远的影响。

[摘自：AlphaGo 最终局战胜李进石人机大战总比分 1∶4.
http://sports.sina.com.cn/go/2016-03-15/doc-ifxqhmvc2488039.shtml]

第二节　成 功 求 职

　　一个人就算能力再高，如果不懂得表现或拙于表现，则其职位随时可能被能力较差且能言善道的人所取代。这种例子在社会上屡见不鲜。

——玛西达·芳·赫

　　大步走出学校，阔步迈入社会，获得职业发展的良好起点，实践自己的职业规划，离不开职海征程的第一步——成功求职。

第七章 职业准备

一、身边的故事

毕业生的包装成本逐年看涨，今日包装讲究"软""硬"包装一齐上。硬包装包括通信设备和外观设备，如手机、职业装、皮包、皮鞋、化妆品以及拍"艺术型"报名照。而置齐这套"包装"，轻轻松松就要花去1000多元。软包装也不可少，上至简历、证书，下至求职名片，一应俱全。此外，身体先天"不足"者还需要额外包装……

北京某高新技术企业的人力资源部经理坦言，我们不希望毕业生完全"本色"地来应聘，那种胡子拉碴的邋遢样公之于众的确有碍观瞻。但我们也不鼓励大学生过分包装，毕竟应聘的大学生还是学生，学生就应该真实而朝气蓬勃。

[摘自：毕业生包装弊大？利大？http://edu.anhuinews.com/system/2005/11/08/001386182.shtml]

求职实质上是一个自我推销的过程。如何恰如其分地推销自己，以获得就业机会，是我们必须细致、全面考虑的问题。

二、判断鉴别

有关求职就业，你有过什么样的思考？做过什么样的准备呢？
请根据你的实际情况，对下面各项进行选择。
A 表示符合；B 表示难以回答；C 表示不符合。

1．我从来就没有关注过就业信息	A	B	C
2．只要个人能干，不了解就业信息也没什么	A	B	C
3．求职简历越厚越好	A	B	C
4．简历上不要写明求职意向，这样选择的范围更大些	A	B	C
5．求职信不是特别重要，不必花费太多精力	A	B	C
6．复制很多份简历撒大网求职就可以了	A	B	C
7．不管什么求职方式都要去试试看	A	B	C
8．面试的时候，衣着合身就好	A	B	C
9．在面试官面前，语言要表现得非常积极	A	B	C
10．面试后发致谢信完全没必要	A	B	C

【评分与评价】

选A得1分，选B得2分，选C得3分。把10道题的得分相加，就得到你的职业思考的总分。

如果你的总分远高于20分，说明你对求职就业正在做着各方面的准备；若远低于20分，则说明你对求职就业方面的问题还比较迷茫。

三、心理论坛

成功求职对大多数大学生来说是大学阶段的重要目标。成功求职不仅能让我们在社会中找到立足之地，还能带来极大的心理满足感、效能感和成就感。

但是，我们也经常可以看到这样的现象：一些专业技能和综合能力都很强的大学生，却屡屡在求职场上惨遭"滑铁卢"；而一些知识才能并不十分突出的大学生，却能凭借自己的独到之处，找到自己想要的工作。许多人把这种现象归结于运气或偶然因素，然而，纵然是千里马，如果在马群中没有办法引起伯乐的注意，往往也只有"祗辱于奴隶之手，骈死于槽枥之间，不以千里称也"。

可见，影响一个人求职成功的因素除了具备职位所需的能力外，还有其他的关键因素，包括：对就业信息的把握程度、简历制作的有效程度、个人特点和求职方式的匹配程度、面试的发挥程度等。所以，充分了解就业形势，做好充足的求职准备，掌握良好的求职技巧，是我们在大学阶段必须做好的功课。

这是一个充满机会和挑战的时代，也是一个充满激情与无限可能的时代。就业求职是一个双向选择的过程，社会竞争异常激烈，我们在选择组织，同时组织也会考核我们。我们如果能够用自己有限的能力获得尽量好的就业机会，那么，主观上就会觉得有成就感、效能感，感到自己的内在价值得到了认可和最大发挥；客观上我们在工作中能够获得更好的发展和提高。

要实现这种理想愿望，我们需要在以下方面都有足够的准备。

(1) 全面有效地调查就业信息。在明确求职意向的基础上，有目的、尽可能多渠道地收集相关的就业信息，旨在明确了解就业机会。

(2) 制作富有成效的简历。以满足用人单位的需求为简历制作的出发点，以便于招聘人阅读为制作的理念。

(3) 选择适合自己的求职方式；求职方式多种多样，关键是与你所求职位的特点、你的个人特点相符合的方式更能使你有上佳表现。

(4) 面试中尽力表现自己最佳的状态。它们能够极大地烘托和凸显你所具有的关键能力，让你在求职中有最佳的表现。获得面试的成功，要注意个人形象和语言表达，最重要的是，能够从面试官的角度思考问题，并根据面试官个人风格的不同而表现出相对不同的应答方式，在举手投足之间传递出这样的信息：我正是那个你们所需要的人。

四、策略训练

策略一　收集和分析就业信息

成功求职的先决条件是通过各种渠道广泛收集和分析就业信息，谁能及时获取信息，谁就获得了求职的主动权。

(一)全方位了解就业信息

就业信息主要包括下述各点。

(1) 就业政策方面的信息。在求职过程中，应该注意收集、掌握和正确运用国家就业方面的政策以及地方政府执行国家就业政策的具体规定。

(2) 就业法律法规方面的信息。有关大学生就业工作中，政府、学校、中介机构的职责，用人单位、毕业生的权利和义务等方面，都属于就业相关的法律法规信息。

(3) 社会经历发展信息。包括宏观经济形势、产业走向、企业投资状况、市场供求等，这些信息有助于大学生合理选择就业的行业。

(4) 社会职业变化信息。随着经济社会的发展和科技的进步，职业的构成和内涵不断变化。旧职业逐渐消亡，新职业不断产生。了解职业变化信息，能帮助我们发展职业兴趣，探索新兴职业。

(5) 用人单位信息。包括：单位性质、业务内容、主要产品、知名度、岗位需求、薪酬福利、地理条件、工作环境等。这些信息能帮助我们进行职业决策。

(6) 招聘岗位信息。职业岗位的名称、岗位数量、职业工作内容、职业待遇；对从业者的知识、能力、年龄、性别、身高、体能、相貌等条件的要求；应聘程序、联络方法、考核内容、面试与录用程序等。掌握这些信息有助于我们选择理想的职业。

(二)就业信息的收集渠道

(1) 高校大学生就业指导机构。学校就业指导机构每年会与各用人单位联络，发布毕业生需求信息，并组织各种形式的毕业生招聘会，为我们提供大量有针对性的就业信息，是获取就业信息的主渠道。

(2) 大众传播媒介。用人单位会通过报纸、杂志、广播、电视等大众传播媒介发布人才需求信息。虽然这种信息传播面广，竞争性强，时效快，能发现一些潜在的信息，但对我们的针对性没有前者强。

(3) 网络与新媒体。包括与就业有关的招聘网站、手机客户端、微信公众号等。这是目前最热门、最快捷的就业信息获取渠道。

(4) 社会关系网络。包括父母、亲戚、朋友、乡邻、同学、校友、辅导员、专业课教师以及其他有人际交往的人群。

(三)就业信息的分析和处理

将符合自身就业需求的信息，按照单位性质、招聘岗位、招聘专业、联络信息以及招聘会的有关信息进行汇总，建立个人就业信息数据库，通过对数据库的分析，筛选出最切合自身实际的就业信息。

个人就业信息库

单位名称	单位性质	招聘岗位	需求专业	招聘人数	招聘条件	招聘方式	招聘时间	招聘地点	联系方式

策略二　打造就业"敲门砖"

简历能够从容地将你介绍到用人单位面前。一份简历的所有内容和形式都需要满足目标雇主的需要。

《绝世简历》的作者吉姆·布莱特和乔安娜·厄尔访谈了许多企业的专职招聘主管，询问他们怎样筛选简历。他发现，招聘主管挑选简历的三个要点是：版式设计、丰富的相关工作经历、专业素质和资质。

一份优秀的个人简历是简洁、有力和具体的。以下是一份标准简历的基本要求。

(1) 突出重点，与申请的工作无关的事情尽量不写，而对申请的工作有意义的经历和

经验绝不能漏掉。

(2) 不要太长，确保招聘者在 30 秒之内看完即可判断出你的价值，并且决定是否对你感兴趣。

(3) 内容一定要真实。

(4) 要写上谋求的职位；不写对薪水的要求。

(5) 形式上的要求：不要出现文字、排版、格式上的低级错误；不必花哨。

另外还要注意以下几点。

(1) 不同的目标雇主有不同的需要，制作个人简历也各不相同。

(2) 即使你不用电子邮件发送你的简历，你也应使其便于电脑查阅。

(3) 电子简历保存为纯文本文件，以便多种识别软件读取内容。

策略三　成功面试

面试是求职过程中的关键。可以毫不夸张地说，面试就像面试者进行的一场显露自我才能的表演，演得好则可以获得工作机会，演得不好只得黯然退场、重新开始。不过，台上一分钟，台下十年功，面试是一种表演，但也是在既有素质基础上的表演。素质不能短时间内提高，而表演却能。

(一)塑造个人形象——让形象说话

恰如其分的自我包装能提升应聘者的个人魅力和应聘的成功率。

【想一想】在面试时，你认为塑造良好的个人形象应该注意哪些方面？下面所提到的你想到了哪些？

A. 衣服、裤子、鞋　　B. 头发(发型、清洁度)　　C. 妆容
D. 表情、手势、姿势　　E. 个人卫生　　F. 微笑
G. 礼仪　　H. 自信　　I. 积极肯定的反应
J. 忌数落人　　K. 忌说谎　　L. 忌邀功
M. 忌迟到　　N. 其他

最容易让你想到的三个方面是：_____。
最容易让你忽视的三个方面是：_____。
以上哪些方面属于言语的内容：_____
哪些方面属于非言语内容(既表达过程)：_____。

据有关研究证实，两个人交流得到的印象，有 65%是建立在非语言交流的基础上。形象不仅仅是衣着、打扮，还表现在你的举手投足之间。

(二)"投其所好"地说话

"投其所好"不是溜须拍马、阿谀奉承，而是知己知彼，从用人单位或面试官的角度出发，对面试问题进行思考并回答。

【做一做】反思以下问题。

你思考过怎样与不同类型的面试官过招吗？

下表应对不同类型面试官的策略中

第七章 职业准备

你擅长的是：_____。

你不擅长的是：_____。

需要长时间练习才可练就的是：_____。

面试官类型	类型特征	应对策略
青涩型	招聘岗位新人，业务经验不足，遵从硬性指标，喜欢第一感觉	切忌掉以轻心，诚心诚意回答。保持乐观自信，强调自身优势，突出核心能力
老练型	经验丰富，思维严谨，有礼有节，不喜形于色，不轻易表态	回答问题思路要清晰，表达要诚实具体，最好用案例说话，切勿夸夸其谈。注意礼节，保持自信
伙伴型	热情民主，喜欢倾听，注重鼓励引导，面试经验丰富	积极回应、照实回答，点到即止，切勿王婆卖瓜、自卖自夸
攻击型	态度生硬，问题尖锐，施加压力，咄咄逼人	保持自信与风度，切忌硬碰硬。就主要问题阐述自己的核心观点，加强与对方交流

(三)提问与回答都重要

面试中，提出问题与回答一样重要。一个好的问题可以让这场面试往好的方向推进。

【想一想】一般情况下，面试官通常会这么结束面试："你还有什么想说的吗？"或者"你还有什么问题吗？"以下的问题通常是面试者可以选择加以提问的，思考一下，下面的问题更适合在哪些情况下提出？为什么？

您对我寄予了什么样的期望？

您的管理风格是什么？

您能描述一下这儿一天的生活吗？

在这份工作上有没有您认为特别重要的职责和义务？

我的第一个工作任务会是什么？

我能接受哪种类型的培训？

您能告诉我这一职位为什么空缺吗？

您最希望下一位雇员与以往相比有什么不同？

通常在面试以后多久，一位雇员可以开始新的工作？

我能去这个部门实地参观一下吗？

基于我的情况，您不认为我能满足您对这个职位的要求吗？

您认为我最大的长处和弱点是什么？

(四)讨价还价

工作本质上是一种经济交换行为，是我们为获得报酬而付出劳动的交换行为。所以进入劳动力市场需要了解自己的市场价值，以及如何与用人单位交流报酬议题。那么，怎样与用人单位协商薪酬呢？求职者需要注意以下几点。

(1) 面试前了解该行业薪酬福利和职位空缺情况。薪资水平会在平均水平的 20%以内浮动。如果确实对对方的薪酬体系不了解，当对方问你对薪资的要求时，可以坦诚地问公司相应职位的薪酬范围，以及薪酬是固定的还是有协商余地的。绝大多数公司(尤其是非外资公司),应届生薪酬都有固定规范的体系。总之,薪水协商所要达到的目的仅仅是收集信息,以便确定双方是否有继续下去的必要。

(2) 切勿盲目主动提出希望的薪酬数目,除非用人单位已明确表态要用你,否则不必讨论薪酬。

(3)《一生的资本》的作家奥利森·马登说:在入职之初,不必太顾虑薪水的多少,而一定要注意工作本身所给予的回报,比如发展专业技能、增加经验、被人尊重等。

小琳和丈夫大伟都是某大学国际贸易的毕业生。两人毕业后都在大城市打拼。大伟毕业后跨专业进入喜欢的 IT 行业,小琳则去了外企。90 年代末,大伟在外企拿到相当高的工资。小琳跳了三家公司,月薪翻了几倍还是远远低于大伟。这几年,大伟没有换过工作。后来小琳辞去工作读 MBA,大伟还是以前的工作。小琳 MBA 毕业后,进了一家新公司,月薪开始比大伟高了。之后,小琳辞掉了年薪 30 万的工作去大学念管理学博士,丈夫大伟还在原来的单位工作,但他对妻子的决定大力支持。

在小琳和大伟看来,薪酬当然重要,但一个人的成长与发展,绝对不仅仅只看薪酬。小琳很感激自己的第一份外企工作。她说,这份工作薪酬虽然不高,但它帮助她打开了眼界,在后来不断地学习和成长中,更影响着她的发展方向、对社会的思考方式,以及对自己的职业规划。

所以,身在职场,不要仅仅盯着眼前利益,不能只看金钱和待遇。

五、反思体验

请阅读下面的材料,并思考问题:就业歧视对你有什么样的影响?面对就业歧视现象,你会如何应对?

《京华时报》的一篇新闻报道称,有企业在招聘员工时曾发布歧视性招聘要求,说明以下五类人不要:简历丑的;研究生博士生;开大众的;信中医的;黄泛区及东北人士。消息一出,引发舆论的轩然大波。一些网友指责该企业涉嫌就业歧视。

在法律条款和规定之下,隐藏的就业歧视依然在行业间盛行,成为毕业生就业面临的一大挑战。对此,中国高校传媒联盟面向来自 100 余所高校的 605 名应届毕业生进行问卷调查,结果显示,75.7% 的受访者表示曾在找工作时受到过不公平的对待。

[摘自:应届毕业生遭遇"花样"就业歧视.中国青年报(2017 年 06 月 05 日 11 版)]

第三节 职业适应

明白事理的人使自己适应世界,不明事理的人想使世界适应自己。

——肖伯纳

对于刚刚走上工作岗位的大学毕业生而言,首先面临的问题就是职业适应问题。面对新的环境、新的人际关系、新的岗位职责,职场新人都需要去了解和适应。职业适应也伴随人职业发展的一生,不仅关系到每个阶段的工作现状,更关系到是否取得职业成功。

第七章 职业准备

一、身边的故事

小 H 七月份成功完成了从大学生到职场人的转变，但是这一转变却让他无法马上适应。从事销售工作的他常常感到时间紧张、压力很大。因此只要有空闲的时间他就会回到母校，或是看书，或是打篮球。在校园里也有很多学弟成为他的"铁哥们"，他在学校感到了从未有过的轻松。"我觉得学校的休闲生活可以很快地缓解工作带给我的紧张节奏。正是这点原因让我很怀念学校的校园生活"，小 H 如是说。

[摘自：职场新人如何快速适应职场. http://www.seebon.com/zhuanti/syzc/index.htm]

像小 H 这样处在从学校毕业进入社会、进入适应期的人很多。一般而言，学生从毕业到走入职场必须经过 2～3 年的迷茫期和适应期，在这段时间内，职场新人们应当尽快看到自身素质和工作要求的客观实际，从中不断获得体验和思考。同时必须积极调整自己，克服种种不适应，尽快进入工作状态。

二、判断鉴别

职场新人对职业的适应是其社会适应能力水平的反映。社会适应能力指的是一个人在心理上适应社会生活和社会环境的能力。社会适应能力的高低，从某种意义上说，也反映出一个人的职业适应程度。请根据你的实际情况，对下面各项进行选择。

A 表示是；B 表示不确定；C 表示不是。

1. 我最怕换地方，每到一个新环境，我总要经过很长一段时间才能适应	A	B	C
2. 每到一个新的地方，我很容易同别人接近	A	B	C
3. 在陌生人面前，我常无话可说，以至感到尴尬	A	B	C
4. 我最喜欢学习新知识或新学科，它给我一种新鲜感，能调动我的积极性	A	B	C
5. 每到一个新地方，我总是睡不好，就是在家里，只要换一张床，有时也会失眠	A	B	C
6. 不管生活条件有多大变化，我也能很快习惯	A	B	C
7. 越是人多的地方，我越感到紧张	A	B	C
8. 在正式比赛或考试时，我的成绩多半不会比平时练习差	A	B	C
9. 我最怕在班上发言，全班同学都看着我，心都快跳出来了	A	B	C
10. 即使有的同学对我有看法，我仍能同他(她)交往	A	B	C
11. 老师在场的时候，我做事情总有些不自在	A	B	C
12. 和同学、家人相处，我很少固执己见，乐于采纳别人的看法	A	B	C
13. 同别人争论时，我常感到语塞，事后才想起该怎样反驳对方，可惜已经太迟了	A	B	C
14. 我对生活条件要求不高，即使生活条件很艰苦，我也能过得很愉快	A	B	C
15. 有时自己明明把课文背得滚瓜烂熟，可在课堂上背的时候，还是会出差错	A	B	C
16. 在决定胜负成败的关键时刻，我虽然很紧张，但总能很快地使自己镇定下来	A	B	C
17. 我不喜欢的东西，不管怎么学也学不会	A	B	C
18. 在嘈杂混乱的环境里，我仍然能集中精力学习，并且效率较高	A	B	C
19. 我不喜欢陌生人来家里做客，每逢这种情况，我就有意回避	A	B	C
20. 我很喜欢参加社交活动，我感到这是交朋友的好机会	A	B	C

[摘自：《社会适应能力诊断量表》北京师范大学心理学院郑日昌教授编制]

【评分与评价】

1. 计分情况：单号题：A：-2 分；B：0 分；C：2 分双号题：A：2 分；

2. 得分对照，了解自己的社会适应能力情况。

35~40 分：社会适应能力很强，能很快地适应新的学习、生活环境，与人交往轻松、大方，给人的印象极好，无论进入什么样的环境，都能应付自如，左右逢源。

29~34 分：社会适应能力良好。能较好地适应周围的环境，与人关系融洽，处事能力较强。

17~28 分：社会适应能力一般，当进入一个新环境，经过一段时间的努力，基本上能适应。

6~16 分：社会适应能力较差，依赖于较好的学习、生活环境，一旦遇到困难则易怨天尤人，甚至消沉。

5 分以下：社会适应能力很差，在各种新环境中，即使经过一段相当长时间的努力，也不一定能够适应，常常困惑甚至与周围事物格格不入而十分苦恼。在与他人的交往中，总是显得拘谨，羞怯，手足无措。

如果你在这个测评中得分较高，说明你社会适应能力较强。但是，如果你得分较低，也不必忧心忡忡，因为一个人的社会适应能力是随着年龄的增长、知识经验的丰富而不断增强的。只要你充满信心，刻苦学习，虚心求教，加强锻炼，你一定会成为适应社会的成功者。

三、心理论坛

职业适应是个人与某一特定的职业环境进行互动、调整以达到相互协调并保持和谐关系的过程和结果。职业适应一般包括职业角色适应、职业心理适应、生理适应、人际适应、思维适应、岗位适应、工作技能适应等方面。

大学毕业生的职业适应主要包含以下几个方面。

(1) 社会角色的适应。从学校到社会，从大学生到工作者，是社会角色的一次重要转变。大学生角色是学习者和成长者，主要任务是学好专业知识，掌握专业技能，培养良好品质，主要以思想道德水平、掌握知识多少、能力培养程度为评价依据。而职业角色是以特定的身份去履行自己的工作职责，是从岗位和社会的角度来对角色进行要求和加以评判。如果大学毕业生不能将两者很好地加以区分，就容易产生角色冲突或角色模糊，从而影响其职业适应的进程。

(2) 人际关系的适应。大学毕业生刚进入职场，交往的对象、交往的方式、交往的范围和要求都发生了很大的变化。大学阶段，人际关系主要是发生在与同学、师生、亲友之间，是一种非常单纯而简单的人际关系。而在职业环境里，通常会涉及上级、前辈、同级、下级、客户等多种人际关系。大学毕业生只有具备人际关系转变的心理准备和处理技巧，才有利于促进其职业适应。

(3) 职业能力的适应。虽然大学毕业生在择业前都经过正规的学习和培训，拥有一定的专业知识和技能，基本能达到所从事职业的要求。但当今科技发展迅猛，新技术日新月异、层出不穷，职业岗位对人提出的要求越来越高，初入职场的知识和技能已有相当一部分不能适应工作岗位的要求。同时，由于目前大学专业分得过细、课程设置不合理等因素，致使大学毕业生相关知识面过窄、理论与实际脱节等，这都需要大学毕业生在工作实践中不断提高自身的职业能力，以尽快与职业要求相适应。

一般而言，大学毕业生的职业适应大致可分三个阶段。

(1) 新异与困惑阶段。对于初入职场的大学毕业生而言，面对新的工作环境、新的生活内容大都会感到新奇和刺激，他们对职业生涯寄予厚望，工作热情很高，能够严格遵守工作制度，认真完成工作任务。但当他们遇到实际工作中的复杂性和不可预料性，在理想被现实打破时，往往又会感到困惑、苦闷和压抑。

(2) 调适与动荡阶段。随着职业认识的不断加深，大学毕业生自己所处的工作环境和程序积累了一定的感性经验，能逐渐融入职业活动中。但由于每天相同的工作内容和紧张忙碌的工作节奏，又可能使他们对工作感到疲劳和厌烦，工作热情和积极性降低，对自身的职业活动产生情绪上的波动。

(3) 稳定与胜任阶段。在经过对职业活动和自己的不断调节后，大学毕业生已经逐步适应了职业活动，形成了较为稳定的职业态度。这时，他们能够把自己的能力发挥出来，并能够充分利用各种工作环境所给予的条件施展自己的才华，具有了因胜任工作而产生的成就感和自豪感，自身与职业达到了一定程度的和谐。

职业适应是职场新人的第一重考验，大学毕业生要根据职业要求，在熟悉了解职场环境的基础上，积极调整自身的角色，掌握新的人际沟通方法，提升自己的职业素养，不断积极主动地调整自己，提高自身的职业适应性。

四、策略训练

策略一　认识职场环境

快速认识职场环境，能促使职场新人明确自身在职场的位置，了解与自身工作密切相关的信息，帮助他们更快地转变角色。

(一)认识职业模式

大学和职场是两种不同的环境，具有不同的模式和特点。

大　学	职　场
1.学生要遵守学生守则和管理规定	1.员工要遵守组织制度、适应组织文化
2.注重知识的获得、理解和记忆	2.注重知识的应用、能力的运用
3.强调思考和发现问题	3.强调问题的解决和决策制定
4.自由支配时间较多	4.自由支配时间较少
5.看重学习成绩和综合素质	5.重视社会效益和经济效益

传统的职业模式与现代的职业模式已经悄然发生了转变，分析自己所处的职业模式，能帮助个人更好地适应职业、融入职场。

问　题	传统职业模式	现代职业模式
环境特征	稳定性	动态性
职业选择	在职业早期选择一次	在不同发展阶段多次选择
主要职业责任	组织	个人
工作地点	一个组织	多个组织
工作时间	长期	短期
雇主期望	忠诚和义务	责任感、灵活性、适应性
雇主给予	工作安全保证	工作技能的获得
流程标准	任期长短决定升迁	根据结果和知识获得晋升
成功标志	在等级阶梯中获得升迁	内心的成就感
培训	正式程序，培养通才	根据工作性质、公司的特殊需要而定
价值观	忠诚、稳定、家长式作风	个体差异、多重功能性

(二)熟悉组织环境

组织环境主要包括组织结构、组织制度和组织文化。具体如下所述。

(1) 工作单位的性质、发展历史与现状、发展使命与前景等。

(2) 工作单位的组织架构，机构设置、人员构成和管理模式。你需要了解单位的部门构成及负责人，上下级请示汇报关系，自己的直接上司和具体工作的联络同事。

(3) 组织制度，包括管理制度、财务制度、人事制度以及工资福利待遇等，也包括具体的工作规程、操作流程、执行标准等。组织制度是组织中全体成员必须遵守的行为准则，它规定了组织指挥系统，明确了人与人之间的分工和协调关系，并规定了各部门及其成员的职权和职责。

(4) 组织文化，包括价值观念、行为准则、团队意识、思维方式、工作作风、心理预期和团体归属感等群体意识、核心价值观、用人理念等。组织文化是组织在长期的生存和发展中所形成的为组织所特有的、多数成员共同遵循的最高价值标准、基本信念和行为规范。

(三)明确岗位职责

(1) 了解自己岗位的性质、意义和价值，明确自己的工作任务、职责和权限，对一些非常规性的、职责界限模糊的工作，可以先请示上级后再做，以免好心办错事。

(2) 掌握自身岗位工作需要的业务知识和基本技能。

(3) 认清自己的主管部门、直接上司和需要联络的同事，这有助于你在工作中有目标地朝着搞好整体协作的方向去努力，避免南辕北辙。

(4) 了解单位和上司对你的工作期待，包括所期待的工作态度、工作要求、工作标准、价值观、行为方式等。

策略二　顺应角色转变

(一)调整角色认知

从学校到职场，由学生到工作者，角色发生了根本变化，对角色的认知转变决定着职

场适应的水平。角色转变具有四种导向性变化。一是从个人导向转变为团体导向。在职场强调的是团队精神，要服从团队意志，保留个性。二是从情感导向转为职业导向，进入职场后，必须有一种职业化的思维、意识和习惯，学会用职业要求来规范自己的工作。三是从思维导向转变为行动导向，职场强调的是问题解决和行动力。四是成长导向转变为责任导向。学校主要任务是获取知识经历，获得成长发展，职场强调岗位职责、经济效益和社会责任。

【想一想】结合自己所处的职场环境，思考一下自己的位置和角色，回答以下问题。
(1) 我在哪里？这是什么地方？
(2) 为什么大家会来这里？这些人是谁？他们扮演着什么角色？
(3) 我为什么来这里？对我来说，什么是最重要的？
(4) 对群体中的其他人而言，我该扮演什么样的角色？
(5) 对我的单位(公司)而言，我该扮演什么样的角色？

(二)树立"空杯"心态

古时候一个佛学造诣很深的人，听说某个寺庙里有位德高望重的老禅师，便去拜访。老禅师的徒弟接待他时，他态度傲慢，心想：我是佛学造诣很深的人，你算老几？后来老禅师十分恭敬地接待了他，并为他沏茶。可在倒水时，明明杯子已经满了，老禅师还不停地倒。他不解地问："大师，为什么杯子已经满了，还要往里倒？"大师说："是啊，既然已满了，干嘛还倒呢？"禅师的意思是，既然你已经很有学问了，干嘛还要到我这里求教？访客恍然大悟。

[摘自：张振宗. 归零心态[M]. 中国石化出版社，2011]

"空杯"心态也叫"归零心态"，"空杯"心态并不是否定过去，而是要怀着否定或者说放空过去的一种态度，去融入新的环境，对待新的工作，新的事物。初入职场者，要树立"空杯"心态，心平气和地摆正自己的位置，以新的学习者、实践者的身份面对职场，虚心学习请教，这样才能真正收获经验和技能，不断取得职业发展的进步和成功。

(三)给工作赋予意义

初入职场，工作往往是一些基本、琐碎、单调、技术含量低的事务性工作，如收发文件、复印文件、会务准备、处理客户电话等。大学毕业生可能会觉得做这些事情无法体现自身的价值，认为自己被"大材小用"，由此产生种种负面情绪。其实，职业生涯发展的道路上没有空白点，每一种环境、每一项工作都是一种锻炼。从琐碎、单调的工作中可以学习各领域知识，积累各方面经验，培养随机应变的能力，表现我们的才能，为职业发展做好准备。

任何工作都可以是一座宝贵的钻石矿，只要全力以赴就会挖到属于自己的钻石。如果我们能够从单调、琐碎、缺乏技术含量的工作中挖掘出机会，就能够从中寻找到乐趣。

让工作变得有趣

帕特里克·费希尔先生年轻的时候，是一个看管旋钉子机器的工人，每天从早到晚所接触的都是钉子，他天天在钉子堆里打滚，工作对他来说真是枯燥透顶。他想，世界之大，为什么要把一生都消磨在钉子堆里呢？何况这无情的工作永无出头之日，做出一批制品，另一批制品便又接连而来。费希尔先生满腹牢骚，怨言不断。在他身旁工作的另一位工人听了，认为他的话正好说出了自己想要说的心里话，不知不觉地也一同抱怨起来。

费希尔想：难道没有办法把工作改成有趣的游戏吗？于是他开始研究怎样改进工作和增加工作乐趣。他对同事说："我们来一场比赛，你负责做旋钉机上磨钉子的工作，把钉子外面一层粗糙磨光，我负责做旋钉子的工作，谁做的最快谁就赢了。"他的提议立即得到同事的响应，他们开始竞争，工作效率竟提高一倍，大受老板夸奖，不久便升迁了。费希尔后来升为休斯敦机器制造厂厂长，因为他懂得对待工作与其勉强忍耐，不如用游戏的态度去做。

[摘自：孟慧等. 职业心理学[M]. 中国轻工业出版社，2009]

【做一做】如何给单调的工作赋予意义，可以借鉴下面的例子。

我的专业是商贸英语，可是每天做的工作只是给上级复印合同，起草文稿	赋予意义	1.复印时可以学习合同的书写格式 2.起草文稿可以学习上级的工作思路 3.把小事做好，可以给上级留下踏实肯干的印象 ……

策略三　提升职业技能

(一)掌握职场沟通技能

职场人际关系相对复杂，职场新人必须面对不同的交往对象，如何进行良好的人际沟通，不仅关系到自身工作的效率和质量，更会影响到职场晋升。

【做一做】使用"人员清单"进行人际沟通

第一步：列出你工作中需要经常打交道的关键人员，并把他们分别归入以下类别中：你直接或间接汇报工作的上司、团队内部的同事、团队外部的同事、向你汇报工作的人员、外部合作伙伴或客户。

第二步：逐一审视这些人员。对照你列出的每个人，回答以下问题。

(1) 人员：这个人是谁？对于你和你的工作，此人扮演什么角色？据你所知，此人的口碑很好吗？你对这个人的评价如何？

(2) 原因：在工作中，你和此人打交道的首要原因是什么？促使你和此人打交道的外部环境是什么？有哪些条件？你和此人打交道希望实现什么？你想达成什么目标？

(3) 内容：你需要和此人沟通什么？从沟通中，你需要得到什么？对方需要从你这里得到什么？你需要实现哪些信息互换？要如何表达？

(4) 方式：你通常如何和此人沟通？你问问题吗？提要求吗？会讲清细节吗？内容具体还是模糊？直接还是委婉？你认为对方更倾向于怎样的沟通方式？

(5) 地点：如果见面谈，你们通常在什么地方见？如果不见面，会通过什么方式交流？电话？电子邮件？短信？微信？还是其他媒介？一对一？还是开会？你认为对方会更倾向于在什么地点见面？

(6) 时间：你通常在什么时间与此人沟通？哪些日期或者时段？多久沟通一次？你认为对方会更倾向于选择哪些时间？

对于你需要定期沟通的人，这一工具能帮助你更好地适应他们。你可以随时使用这一工具，从而更好地了解你的沟通对象，掌握对此人有效的沟通方式。

第三步：将以上六类问题汇总形成一个表格。

人 员	原 因	内 容	方 式	地 点	时 间

在"人员"这列写上你所打交道关键人员的姓名，然后回答并记录"对于你和你的工作，此人扮演什么角色"的内容。而后，对应此人，完成其余五类问题并在和姓名同一行的相应单元格内做好记录。回答并记录清单上每个人的六类问题。这张表格就是你的"人员清单"。

第四步：每周周一做一张"人员清单"。画出表格，列出本周你要打交道的关键人员，比如领导、同事、客户等。对每个人回答以上六类问题并做好记录。这会帮你在这一周里成功地与人沟通。

第五步：进一步深化这一工具。你可以将它转化为另一种版本，直接访谈清单上的人员，让他们说出它们喜欢的沟通方式。例如：①人员：你在这里扮演什么角色？据你看来，我对你有怎样的作用？②原因：据你看来，我们打交道的首要原因是什么？你和我打交道希望实现什么？我们的目标是什么？③内容：我们需要沟通的内容是什么？我应该从沟通者得到什么？你需要从我这里得到什么？你需要从我这了解哪些信息？我要如何表达？④方式：你希望我们怎样沟通？你希望我问问题还是只回答问题？你希望给我提要求吗，还是需要我提出要求？你想知道细节还是只想了解大概？⑤地点：如你更喜欢面谈吗？如果是，你喜欢在什么地方见？如果不喜欢面谈，你希望如何沟通：电话？电子邮件？短信？微信？还是其他媒介？一对一？还是开会？⑥时间：哪些日期或者时段你最方便？你觉得我们需要多久沟通一次？

请你花时间采访你所有需要打交道的关键人员，将访谈作为一次学习和与他人探讨人际沟通的过程和机会。

(二)掌握高效工作技能

高效工作是职业适应的一个最重要体现，也是职业化的必然要求。初入职场之人，要掌握高效的工作方法，《麦肯锡卓越工作方法》为我们提供了重要参考。

1. 掌握条理化的工作秩序

清理	把办公桌所有与正在做的工作无关的东西清理干净。必须确保你现在所做的工作是此刻最首要的工作
规范	在你筹备好办理其他事情以前，不要把与此无关的东西放到办公桌上。所有的工作项目都应当在档案中或者抽屉里有规定的位置，并把有关的东西放到相应的位置上

续表

专注	力戒有吸引力的干扰或者因你厌倦了手头上的工作,而放下正在做的事情去干其他呼声较高的工作。要保证你在结束这项工作以前,采用了所有应当采用的处理措施
核查	按规则把已处理完毕的东西送到规定的地方。再核查一下剩下的重点关注,然后再去开始进行第二项最重要的工作

2. 掌握多样化的工作方法

综合	即在同一时间内综合进行多项工作。运用系统论、运筹学等原理进行。把工作单方向一件一件依次进行的办法,叫作垂直型工作。就像站着一大排人,一个一个地传递砖头,这样做效率低。如果把各项工作综合起来统一安排,效率就会大大提高
结合	把若干步骤结合起来。例如有两项或几项工作,它们既互不相同,又有类似之处,互有联系,实质上又是服务于同一目的的,因而可以把这两项或几项工作结合为一,利用其相同或相关的特点,一起研究解决。这样自然就能够省去重复劳动的时间
重新排列	改变步骤的顺序,也就是要考虑做工作时采取什么样的顺序最合理,要善于打破自然的时间顺序,采取电影导演的"分切""组合"式手法,重新进行排列
变更	改变工作方法。一种是"分析改善方式",即对现行的手段方法认真、仔细地加以分析,从中找出存在的问题,即找出那些不合理和无效的部分,加以改进,使之与实现目标要求相适应。一种是"独创改善方式"。即不受现行的手段、方法的局限,在明确的目的基础上,提出实现目的的各种设想,从中选择最佳的手段和方法
穿插	尽可能把不同性质的工作内容互相穿插,避免打疲劳战,如写报告需要几个小时,中间可以找人谈谈别的事情,让大脑休息一下;如上午开会,下午去调查研究
代替	把某种要素换成其他要素。如能打电话的就不写信,需要写信的改为写便条,需要每周出访的改为隔周一次,在不出访的那一周里,可用电话来代替出访
标准化	用相同的方法来安排那些必须时常进行的工作。比如,记录是使用通用的记号,这样一来就简单了。对于经常性的询问,事先可准备好标准答复

3. 掌握简明化的工作内容

在检查分析每项工作时,首先问一问以下六个问题。

(1) 为什么这个工作是需要的?是根据习惯而做的吗?可不可以把这项工作全部省去或者省去一部分呢?

(2) 这件工作的关键是什么?做了这件工作之后会获得什么过去没有的新效果?

(3) 如果必须干这件工作,那么考虑在哪里干?既然可以边听音乐边轻松地完成,还用得着待在办公桌旁冥思苦想吗?

(4) 什么时候干这件工作好呢?是否要在效率高的宝贵时间里干最重要的工作?是否为了能"着手进行"重要工作,用了整天的时间去使工作"条理化",结果把时间用完了,而所料理的只不过是些支离破碎的事情?

(5) 谁干这件工作好呢?是自己干还是安排别人去干?

(6) 这件工作的最好做法是什么?是抓住主要矛盾使之迎刃而解,收到事半功倍的效果?还是应采取最佳方法从而提高效率?

然后在对每一项工作分析检查之后,再采取如下步骤。
(1) 省去不必要的工作。
(2) 使工作顺序合理,干起来得心应手。
(3) 两件或两件以上的工作能够合并起来做的就联系起来做。
(4) 尽可能使杂七杂八的事务性工作简单化。
(5) 预先订好一项工作的程序。增强工作预见性,走一步,看两步,想三步,提高决策的效率和准备性,减少决策过程的时间并使决策无误。

策略四 培养职业精神

(一)培养敬业精神

敬业精神是人们基于对一种职业的热爱而产生的一种全身心投入的精神,是社会对人们工作态度的一种道德要求,其核心是责任意识和奉献意识。

敬业员工是单位和企业不可或缺的人力资源,作为职场新人,优势能力尚未形成,敬业是获得组织认可的有效途径,如何提升自己的敬业精神,可以从以下几个方面去培养。

1. 保持严谨的工作态度	2. 热爱本职工作	3. 积极主动
4. 有责任心	5. 不拖延怠工	6. 提高自己的约束能力与管理能力
7. 反应快捷,善于解决问题	8. 善于学习	9. 勇于创新,不断提高

但员工的敬业精神与公司如何对待员工、如何与员工互动有关。美国民意调查公司盖洛普开发了对员工敬业度和工作环境的测量 Q12(12 个问题)。收集了 12 个不同行业、24 家公司 2500 多个经营部门的数据,并对 105 000 名不同公司和文化的员工态度进行分析,发现以下 12 个关键问题最能反映员工的稳定性、利润、效率和顾客满意度这四个硬指标。

我们可以测量一下,以便了解在哪些方面我们需要得到公司的支持,并在这些不足的方面加以改进。

测评题项	非常不同意	不同意	不清楚	同意	非常同意
1.我知道公司对我的工作要求					
2.我有做好我的工作所需要的材料和设备					
3.在工作中,我每天都有机会做我最擅长做的事					
4.在过去的七天里,我因工作出色受到表扬					
5.我觉得我的主管或同事关心我的个人情况					
6.工作单位有人鼓励我的发展					
7.在工作中,我觉得我的意见受到重视					
8.公司的使命/目标使我觉得我的工作很重要					
9.我的同事们致力于高质量的工作					
10.我在工作单位有一个最要好的朋友					
11.过去六个月内,单位有人和我谈及我的进步					
12.过去一年里,我在工作中有机会学习和成长					

[摘自:许湘岳,黄东斌. 职业生涯规划. 北京:人民出版社,2017]

(二)培养团队精神

大雁在飞行时总是结队为伴,队形呈"一"字、"人"字。大雁为什么要编队飞行呢?

原来,大雁编队飞行能产生一种空气动力学作用,一群编成"人"字队形飞行的大雁,都会从前面的伙伴身上借力,同时又为后面的伙伴提供助力,这样要比具有同样能量而单独飞行的大雁多飞 70% 的路程,也就是说,编队飞行的大雁能够借助团队的力量飞得更远。同时,大雁的叫声能给同伴鼓舞,大雁用叫声鼓励飞在前面的同伴,激励飞在后面的队友,使团队保持前进的信心。

队伍中最辛苦的是领头雁。当领头的大雁累了,会退到队伍的侧翼,另一只大雁会取代它的位置,继续领飞。当有大雁生病或受伤时,就会有两只大雁来协助和照料它飞行,日夜不分地伴随它的左右,直到它康复或死亡,然后再去追赶队伍。

大雁结伴飞行给人类的启示是什么?那就是团队精神,任何一支团队,成员之间必须团结一致,心往一处想,劲往一处使,才能无往而不胜。

[摘自:李慧波. 团队精神:纪念版[M]. 北京:机械工业出版社,2015]

团队精神是大局意识、协作精神和服务精神的集中体现。团队精神能推动团队运作和发展,能培养团队成员之间的亲和力,有利于提高组织整体效能。对职场新人来说,快速融入团队,树立团队合作意识,积极合作共事是职场适应与发展的关键。

【做一做】与他人良好协作、配合、合作。

第一步:思考团队合作的维度:为共同目标与他人协调、配合、合作;并列出工作中你需要与之协调、配合、合作的人员。

第二步:思考列出的每位人员,对每个人,回答以下问题。

(1) 此人在公司使命中的角色作用是什么?

(2) 你为什么需要在工作中依托此人?

(3) 具体在哪些工作上,你需要与其协调、配合、合作?再思考你需要在哪里、什么时候、怎样做来与其配合合作或协调;并考虑合作、协调或配合时还涉及哪些人?会发生什么?

(4) 你需要此人如何改进?你需要此人做哪些改变以满足你的需求?

第三步:再次思考列出的每位人员,对每个人,回答以下问题。

(1) 此人在公司使命中的角色作用是什么?

(2) 此人为什么需要在工作中依托你?

(3) 具体在哪些工作上,他需要你与其协调、配合、合作?他需要在哪里、什么时候、怎样做来与你配合、协调或合作?过程中还涉及哪些人?会发生什么?

(4) 你需要如何改进?你需要做哪些改变以满足他的需求?

第四步:与你的上司、同事探讨你在这个练习中的收获。

五、反思体验

阅读下面的材料,请思考,面对人工智能的新浪潮,你如何适应新时代的职业环境和

第七章 职业准备

职业要求，做好充分的职业准备？

人工智能时代，新的浪潮、新的机遇往往都是被有准备的人抓住的。马云说过：面对新的机遇，很多人都经历了四个阶段：看不见，看不起，看不懂，来不及。不管接下来的时代浪潮是什么，我们都应该保有以下3个能力。

1. 时刻保有危机感

现在处于互联网第一梯队的巨头们，也丝毫不敢放松警惕，时刻保有危机感，不断进行产业优化、升级，力图打造行业生态布局。

2. 提高自己的快速学习能力

在职场，当一个人从30岁开始不再学习时，他已经"死"去了。一份工作从陌生到掌握可能需要1年甚至几年时间，但是一旦成为熟手，那么继续重复也就意味着学习停止了。你可能工作了20年，但是你的经验也许就只停留在开头的那3~5年。

社会发展越快，意味着我们要学习和接收的信息越多。面对新知识、新潮流，快速学习能力意味着我们能用最快的速度掌握新技能，并成为领跑者。

3. 想办法开发自己的斜杠能力

斜杠这个词近几年非常流行。简而言之就是除了你的正职工作以外，你还须具备其他才能和身份并从中获得收入。

想成为斜杠人士，最重要的是开发自己的优势。如果你在某些方面有优势，你不断地开发它，并成为这个领域的专家，那么你的斜杠身份就能建立。

[摘自：如何规划好人工智能时代的职业发展. https://www.sohu.com/a/138269397_675504]

第八章 情感管理

人非草木，孰能无情？情绪就像空气一样在我们身边，无处不在；又像颜料一样，使我们的生活多姿多彩。它每时每刻都能渗透到我们的学习、工作和生活中，它直接影响着我们日常生活中的感受和心理健康状况。

一个人情绪好时，山含情，花含笑；一个人情绪不好时，花溅泪，鸟惊心。从某种意义上说，情绪管理是健康的"护航者"，是智力活动的"激发器"，是良好人际关系的"润滑油"，是良好性格的"塑造者"，是生命健康的"指挥棒"。学会情绪的识别、表达与管理，是我们的必修课。

第一节 认识情感

美好的心情，比十副良药更能解除生理上的疲惫和痛楚。

——马克思

你的大脑控制着你的情绪，你的情绪决定着你的未来。

——佚名

每个人都有喜、怒、哀、惧情绪的变化，在每个人的心里也都有一个舞台，舞台上的乐队经常为我们演奏各种旋律的情绪交响曲。您内心的旋律是什么呢？现在让我们携手走上舞台认识并品味它们吧！

一、身边的故事

《儒林外史》中的范进，多年考不中举人，直到 50 多岁时，终于金榜题名，"喜极而疯"。

范进中举，本是高兴的事情，"高兴"本是快乐、积极的情绪，但却带来心理疾病。可见，情绪，无论消极还是积极，都可能有好有坏。

二、判断鉴别

心理学家对符合心理健康的情绪状态，提出四个标准，请对照你的状况，看看是否符合。
A 表示从不这样；B 表示偶尔这样；C 表示有时这样；D 表示经常这样。

1. 情绪基本稳定，情绪有起伏，但不是大起大落	A	B	C	D
2. 情绪的基调积极、愉快、乐观	A	B	C	D
3. 不良情绪能够转换、调节、控制	A	B	C	D
4. 情绪的反应适度	A	B	C	D

【评分与评价】

A、B、C、D 分别代表 1、2、3、4 分。

12～16 分：说明情绪稳定，性格成熟，能面对现实。通常能以良好的态度应付现实中的各种问题，有勇气，人际关系良好。

8～12 分：说明情绪基本稳定，能沉着应付生活中的一般性问题。但在大事面前，有时会急躁不安，注意调节才会有意外收获。

4～8 分：说明情绪极端体验较多，易烦恼，情绪波动较大，反应强烈或持久。较难应付生活中遇到的阻挠和挫折，易受外界影响，尤其是只得到 4 分时，特别要注意掌握技巧调控情绪，在有条件的情况下可以求助于心理咨询。

"人非草木，孰能无情"，一般的情绪起伏和波动是正常的。100%的时间都保持良好、稳定的情绪，既不现实，也不是一个好的内在状态。遇到挫折，这时出现短暂的情绪波动，如伤心悲痛、抑郁消沉、愤怒烦躁等，都很自然，只要这些负性情绪反应适度，持续时间不长，能够调节而恢复，都算正常范围。反之，则会影响到我们的身心健康。

三、心理论坛

(一)感情、情绪、情感

不同于认知活动，感情(affect)是指有特定主观体验和外部表现，同人的特定需要联系在一起的感性反应的统称。其中，与生物需要相联系而产生的感情反应称为情绪，把受社会规范制约的感情状态称为情感。

其中，情绪(emotion)来自拉丁文 e(外)和 movere(动)，意思是从一个地方向外移动到另一个地方。在文学、物理、政治和社会活动中，用情绪一词来表示鼓动、扰动、动乱、骚动、搅动。后来，用在描述精神状态激烈扰动的过程上。现在，情绪已不再用在其他领域，而专指精神、心理的变化状态了。

(二)情绪的基本成分

情绪是人对客观事物是否符合自身需要而产生的态度体验，是生理与心理多水平结合的产物，由生理唤醒、情绪体验、外部行为三部分组成，三者缺一不可。三者相互影响，其关系均是交互的。

(1) 生理唤醒：人在产生情绪反应时，常会伴随着一定的生理唤醒。比如激动时血压升高，愤怒时浑身发抖，紧张时心跳加快，害羞时满脸通红……。脉搏加快、肌肉紧张、血压升高及血流加快等生理指数，是一种内部的生理反应过程，伴随不同的情绪产生。

(2) 情绪体验：情绪的主观体验是人对自己情绪感觉的察觉。比如对朋友遭遇的同情、对恶人的仇恨、成功的欢乐、失败的懊恼等、这些主观体验只有自己内心才能真正感受到或体验到。比如我知道"我很快乐"，我意识到"我很痛苦"，我感受到"我很内疚"等。

(3) 外显行为：当我们产生情绪时，还可能会出现一些行为，这一过程也是情绪外显的表达过程。比如人悲伤时的痛哭流涕，激动时的手舞足蹈，高兴时的开怀大笑等。情绪所伴随出现的这些相应的身体姿态和面部表情，就是情绪的外部行为。

这些看得见的表现经常成为人们判断和推测情绪的外部指标。但由于人类心理的复杂性，有时人们的外部行为会出现与主观体验不一致的现象。表里不一，言不由衷。比如明明不赞同一个观点，还要表示同意；在人面前演讲时，明明心里紧张，表面看起来是镇定自若的样子等。

(三)基本情绪和复合情绪

情绪可分为基本情绪与复合情绪，每一种情绪都有进化意义，具有独特的适应性。六种基本情绪包括：惊奇、悲伤、厌恶、愉快、愤怒、恐惧。在高等动物身上我们均能够看到基本情绪的延伸。在遇到刺激之后，我们通常第一反应是惊讶，随后可能会产生积极情绪(如，喜悦、满意、得意、开心、感恩等不同程度的愉悦情绪)，或者不同程度的消极情绪(如，愤怒、厌恶、恐惧、悲伤)。这六种基本情绪包含了我们在处理内外世界刺激时可能引发的几乎所有的情绪反应。而情绪和表情之间有着直接的本能的联系。

而复合情绪则是随着个体的社会化而来的复杂情绪，例如：爱与依恋等。爱与依恋是多种情绪的复合。通常是各种复杂情绪同时出现，可能在心里出现"一言难尽"的复杂感受，也可能呈现复杂的难以言说的表情。

(四)情绪与健康

情绪是生理、心理以及社会因素相互影响的动态过程，这些动态关系是很多躯体疾病、心理疾病及心身疾病发生的重要原因。情绪与健康的相互关系集中于两点：情绪既是疾病的诱因；又是疾病的产物。情绪与健康的关系是双向的，情绪可以作为致病的条件发挥作用，如抑郁情绪可能导致抑郁症；疾病的产生也可能导致情绪的出现，如精神病性抑郁症可能使个体产生抑郁情绪，但其发病更多与基因遗传有关。无论正性还是负性情绪，适宜的情绪都有益于我们的身心发展，而过度的情绪体验，尤其是负性情绪，则容易导致情绪失调与适应不良。

有关研究指出，积极乐观的情绪与免疫功能的提高有关，抱有积极情绪的人更愿意进行有关提升健康水平的活动，从而更容易保持健康。而愤怒、压力等，会使个体血压升高、心率加快并释放应激激素，这些生理反应长此以往更加容易导致慢性病，如慢性高血压等。消极的情绪，如临床可诊断的抑郁也与免疫力降低关系密切。有学者指出，当情绪的正常通道被阻碍时，情绪可能通过生理疾病表现，因此无论积极或消极的情绪，我们都需要接纳与正确释放。

四、策略训练

策略一　修正有关情绪的误解

【测一测】关于情绪，以下看法你认同哪些？

消极情绪(低落、伤心、难过、愤怒、厌恶等等)是不好的，积极情绪(快乐、感兴趣、兴奋等等)就是好的；

有负面情绪不要表达出来，放在心里就好了，只要我不说出来，就不会影响别人；

如果我把对人不满的情绪说给对方听，就会破坏关系，因此要学会忍；

不能发脾气，发脾气的人很粗野，不是文明人，因此我们要掩饰自己的愤怒；

第八章 情感管理

如果与人发生了矛盾产生了负面情绪，最好的办法就是把这一页"翻过去"，不去提它，就好像没有发生一样；

不要把情绪带回家，不要把负性情绪传染给家人，那样会让家人也不快；

当别人状态不好的时候，我们要想办法让对方开心起来，比如提一些开心的事来转移对方的注意力。

以上句子都是人们关于情绪的误解。如果大部分你都认同，那么，可能你正在错误的方向上理解和调控情绪。

这是因为，消极和积极的情绪之间，有辩证的关系。

首先，积极情绪不一定带来好的影响，消极情绪也不一定只有坏的影响。有时积极情绪也有可能使我们产生一种盲目的自信，对于自己的决策或选择过度相信。有时消极情绪也是我们前进的动力，例如在中等程度的压力所带来的焦虑情绪下，我们的工作效率最高。有的时候，痛苦的情绪是我们反思人生的推动力，缺乏痛苦，成长的动力也许会消失。而愤怒，在某些时候可让我们确认自己，产生力量感。

其次，情绪也会影响我们的认知。情绪不只是主观的体验，我们的注意、记忆、决策等认知功能都会受到情绪的影响。我们对痛苦的、负面的情绪往往记忆更加深刻，以便提高生存的概率；而愉快的体验似乎能够增加我们的注意广度。我们按捺下去、不予理会的那些负面情绪，表面上看是"翻篇儿"了，但实际上只是郁积在心，并没有消化，更没有成为我们成长的养分而被吸收，这些负面情绪会影响我们的思维，使我们的学习和工作效率降低。更重要的是，它会越积越多，直到我们再也承受不了，就会"爆炸"伤人伤己。

【做一做】情绪与记忆

在30秒以内记忆以下词语，然后合上书尽量写下记住的词：

服务 兴奋 水杯 空调 沮丧 厌弃 纸袋 火车 狂喜 羞耻 电灯 后悔

数一数你记住了几个与情绪有关的词？其中有几个中性词呢？负性情绪的词汇记忆是否更加深刻呢？

【读一读】痛苦的功能

(1) 痛苦的表情能够得到他人的同情和帮助。人是社会性的动物。表情是一种强烈的信号，通过表情，我们发出信号，让他人知晓我们的内心正处于怎样的状态。当我们攻击他人的时候，他人痛苦的表情被我们看到，就可能会激发我们的同情，进而中断攻击行为。婴儿通过哭、笑以及咿呀语等信号行为来吸引成人的注意以得到成人的关爱和保护。婴儿的哭声和痛苦的表情比其他信号更显著地提高绝大多数成人被试的心率、血压和皮肤电阻。使成人处于应激反应状态之中，这样就能保证成人对哭泣婴儿快速地采取看护措施的生理准备，进而促使他们接近哭泣婴儿并采取看护措施。

(2) 痛苦可以促使我们改善现状。任何情绪都具有推动力，恐惧的体验可激发我们躲避恐惧来源。而痛苦这种情绪推动我们主动改善境遇，促使我们采取补救办法以消除痛苦来源。前提是，我们对痛苦体验敏感，就会推动我们思考，想办法去应对。而如果我们消极被动地忍受痛苦，就会逐步把痛苦压抑到无意识中，从而感受不到痛苦，进而无法改善现状。

(3) 痛苦有利于人和人的联结。在进化过程中，人与人集结成群，这具有维持人类社会生存的作用。当人们感到痛苦、失望、沮丧或悲伤的时候，就趋向于在与他人的联结中得到理解、安慰、同情和支持。而与群体分开，被群体孤立和排斥，会给我们带来痛苦。为避免痛苦，我们趋向于保持相互之间的联结。

"世界上如果没有痛苦将会如何？"多数的回答是，那将是一个没有快乐、没有爱、没有家庭、没有朋友的世界。

——Tomkins

因而，如何对待自己和他人的情绪(积极的和消极的)，我们需要秉持这样的态度：

首先，对于积极情绪我们不能一味地放任，对于消极情绪也不能一味地抗拒，只有在积极情绪和消极情绪之间保持平衡，才是较为健康的状态。

其次，我们要意识到，一定程度上的痛苦是可以忍受的。在忍受痛苦的同时，还可以保有思考的能力，去想办法消除痛苦，为痛苦赋予意义，这才会带来心理的成长和现实际遇的改善。

最后，对于体验到痛苦的人施以惩罚或训斥会加剧其痛苦，进而使人独自忍受挫折，长期这样会导致消沉和低落，产生无助无望的感受，对人失去信心，变得离群索居、忍气吞声或者爆发极端行为。而单纯的同情和安慰会让痛苦的人更多地依赖他人而失去克服困难的主动性。

策略二 静观内心、觉察自我内在世界

觉察指的是不加评价地去体会、观察、感觉外部世界和内部世界。

我们和其他人的内心世界时时刻刻都处在感觉、情绪和想法之中。外部世界也是时时刻刻在发生着变化。但是如果不去觉察，是意识不到自己和他人的内部世界的，也可能会忽略内部世界细微而重要的信息。

当觉察自我的时候，我们需要将注意力聚焦到以下三个方面。

(1) 身体的感觉：比如说热、冷、辣、烫、肌肉紧张、身体绷紧等。

(2) 情绪情感：指的是心里的感觉和体验。有六种基本情绪：喜、怒、哀、厌、惧、惊；以及很多复杂情绪，如后悔，羞耻等。

(3) 意图、想法、打算、动机等：指的是我们的意见、看法、思想、思维和思考的内容，以及行为的目的、方向。

觉察自我就是去体会自己当下的内部世界的状态，不去评价，任由内心世界自由自在地被体会到。这样，我们没有意识到的内部世界就被意识到了。

【做一做】觉察躯体感觉

随着依次注意身体的各个部位，尽自己的最大可能发现以前被忽略的感觉。

舒适坐着，闭上眼睛。

调整呼吸，让自己完全放松下来。

注意力转向各个感官的感觉。

将自己的注意力放在躯体感觉上，尤其是躯体和凳子接触的感觉。

第八章 情感管理

将注意力集中在小腹上,运用腹式呼吸,感觉呼吸的变化。

深呼吸,吸气、呼气时鼻腔的感觉,感觉气体在身体中的流动。

【读一读】情感觉察的层次

情绪情感在心理出现,并不一定会被觉察到。有的情感太过于微弱,低于我们感知觉的阈限值,因而非常难觉察到,强度足够的情感,如果我们长期防御,久而久之,也觉察不到。情感呈现有以下几个层次。

(1) 情感出现,但未被觉察到。

(2) 情感出现,只有部分被觉察到。

(3) 情感出现,没被转化为语言。

(4) 情感出现,被转化为语言。

(5) 情感出现,被转化为语言,知道引发的缘由。

【做一做】记录内在世界

每天在日记上记录当下的情绪状态,写下"此时此刻"的身体感觉(冷热,紧张或放松等),情绪状态(包括基本情绪与符合情绪),意识状态(动机、意图、目标、思考的内容等)。

当察觉到随着思想涌现的情绪时,将其记录下来,并反思为何产生这样的情绪。

策略三 对人的内在世界有好奇心

人之所以为人,是因为我们具有一种基本的能力:能够构想自我和他人的心理状态,这是一种需要想象能力参与其中的心理活动,是指我们有意地猜测自己和他人的心理状态(如需要、愿望、感觉、信念、情绪、目标、意图和动机、幻想),无意识地或者有意识地理解和解释自己和他人的行为意义。正因为我们具有这样的能力,人和人之间才能相互沟通、理解,才能预期他人的反应,才能较好地生存、发展。

这样一种能力需要我们具有一些基本的看待人的立场和态度。

(1) 把人当人看,人是具有内在心理世界的主体(有感觉、情绪、想法)。

(2) 人的行为和他/她的内心世界是相互关联的,每个人的外在行为都是由内部推动的,人的行为是可以预测的、有意义的、可以被理解的。

(3) 人的内部世界与我们所处的外部世界是有关联的,二者是相互影响的,但又是分开的。

(4) 他人与我们自己的内部世界是有区别的。

(5) 人的内心世界是不透明的、是模糊的、是变化的。

(6) 正因为人的内心不透明,所以我们不一定知道他人内心的真实情况如何。

(7) 但我们有好奇心、有兴趣去了解自己和他人的内心世界。

当人们不能、不愿以这样的立场和态度来看待人的时候,人们之间的交流就会出问题。例如,一个在工作中过于透支的员工,回到家对孩子不耐烦、大吼大叫。他已经被烦躁的情绪装满了,失去了对孩子内心的关注和好奇,因而除了宣泄情绪以外,已经不能注意到孩子的心理状态。或者,当一个人过分确定自己的想法是对的,认为自己对别人的理解就一定是真实的,也就丧失了理解别人真实内心世界的兴趣。

在另一些具有更严重的心理问题的人之中(如自闭症、重度抑郁、吸毒成瘾、精神病发作等)，他们看待人的基本立场态度和能力受损，无法关切自我与他人的内心世界。还有一些人，虽然没有严重的心理疾病，但具有错误的观念，如：把女性看作性的工具、生孩子的工具，把孩子看作实现自我理想的工具，他们也没有能力体验、理解和关切人的内心世界。这些情况都会导致人际关系出现问题。

【做一做】用"不知道，但愿意去了解"的态度与人交流

不这样说："我的体验和你一样""我明白你的意思"

而是这样说(真诚、诚实、直接、尊重和有礼貌地)：
- "是这样吗？我不是很明白你的意思，可不可以多说一点？"；
- "我的感受是这样的……你的感觉是什么呢？你怎么想？"
- "让我更多了解你一些，你所说的感觉是什么？"

策略四 提高表情识别能力

对于喜怒哀乐厌惧惊这六种基本情绪来说，我们能够比较轻易地通过表情来识别他人的情绪体验。

【做一做】识别下面图片中人物的表情

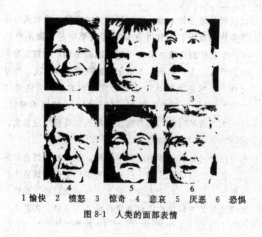

1 愉快 2 愤怒 3 惊奇 4 悲哀 5 厌恶 6 恐惧

图 8-1 人类的面部表情

(摘自：http://image.baidu.com/)

我们对他人的内心世界，尤其是情绪情感的认知，是通过观察对方的行为表现(如：眼神、表情、身体姿态、语气语调、语言的内容等等)进而推测对方的内部世界是怎么样的。

【做一做】观察和想象他人的内心世界

请一位朋友与你一起来做以下练习。
- 无声交流：进行几分钟的无声交流，你们轮流尝试去推断对方的情绪和感觉。
- 共情式倾听：一方讲述自己的一段经历。结束后，倾听者讨论在听的时候他自己的想法和情绪，以及他对对方经历的理解。诉说者评论倾听者的理解和他在述说过程中的情绪体验。
- 重演困难的互动：一方回忆一段自己经历过的有压力的人际交往情境，并与另一

方进行角色扮演。结束后，双方反馈在这个过程中自己的情绪、感觉和想法，以及对对方情绪感觉和想法的猜测。

一个人言行一致、内外统一时，我们很容易通过对他/她的声音、表情、身体动作的观察来快速判断其内心状态。但很多时候，在社会生活中，人们会因为各种原因掩饰自己的真实心理感受，会"装"和"演"，使得内外不一。但无论怎么装和演，一个人的微细反应是不受意识控制的，因而也是有意识地"装"不出来的，微细表情就是微反应中的一种，它体现的是人们的内心真实状态。对于微表情来说，要识别它们就没那么容易了。

微表情是指在持续时间上特别短暂的表情，它们泄露了人们试图压抑隐藏或存在于无意识中的真实情绪。学习识别微表情，能够更好地了解他人的内心，在犯罪心理学、消费心理学、心理咨询治疗等领域有十分重要的作用。

微表情往往发生在说谎的时候，说谎者愉悦性较低，音调变高，更多的下巴上扬，出现紧咬嘴唇等紧张动作，眉毛下垂或上扬，微笑时嘴唇伸张等的幅度大于正常表情，这些短暂的微表情可能出现在故意镇定的"扑克脸"，因此仔细观察与敏锐捕捉是微表情识别的基础。对于没有经过专业训练的人而言，抓住微表情是困难的，但是通过反复观看社交环境中的微表情，我们就能够提高识别能力。例如：我们可以观看微表情视频，发现自己无法捕捉微表情时，放慢播放速度，再次观看，直至发现人物微表情变化，经过多次的练习，我们的识别能力就可以得到提高。

【做一做】识别他人的微表情

人们能够轻易地识别基本的表情，但是对于微表情的识别却是较为困难的，没有经过训练的人识别微表情的正确率只有 50%左右，因此我们可以训练自己的微表情识别能力。METT (Micro Expression Training Tool)是广泛用于服务业、海关、警察等多个领域的微表情训练工具。

(1) 前测：观看微表情特点与识别技巧讲解视频。
(2) 练习：采用掌握的技巧进行微表情识别练习，并获得结果反馈。
(3) 复习：继续学习微表情识别技巧，提高微表情的识别率。
(4) 后测：统计识别的正确率，比较前后差异作为微表情识别能力提高的量化指标。

第二节 表达情感

怒不过夺，喜不过予。

——荀子

情感有多种呈现形式，用语言表达只是其中的一种。除此以外，人们还可以通过动作、表情、象征、行为甚至躯体疾病等方式呈现出来。情感的表征有层级，在不同的层级水平，对应不同的身心健康状态、生活质量以及人际关系状态。

无论是积极的情绪还是消极的情绪，跟人的生存质量、人际关系、职业工作都有关，是一个关乎自我和他人的双向的过程。如何恰当地表达让自己和对方都感到舒适并且有利于身心健康是我们需要学习的，选择什么样的情绪表达方式能够获得最好的沟通效果与调节效果也是我们需要了解的情感表达艺术。

一、身边的故事

一对儿情侣，因为一些事情有误会，双方有这样一段对话。

甲：你真烦！

乙：怎么啦，我做了什么让你觉得烦？

甲：你就没考虑过我的感受！？

乙：莫名其妙，你的感受是什么？

甲：不聊了！我感受不舒服！

乙：你不说，我怎么知道你不高兴什么。你动不动就生气，又不说明原因。谁知道你气啥！

甲：烦！不聊了！

【想一想】你身边有这样进行交流的人吗？你认为这样的交流方式会带来什么问题？如何改善？

2013年4月16日，南京航空航天大学金城学院两学生发生冲突，一学生致死。据警方初步调查，案件起因竟是一学生回宿舍时敲门，正在玩游戏的舍友没有及时开门而导致两人口角和肢体发生冲突，其中一人用水果刀刺向另一人胸部并致其死亡。

[摘自：南京航空航天大学金城学院杀人事件.
https://baike.baidu.com/item/4.16南京航空航天金城学院杀人事件/2122p3p?fr=aladdin]

【想一想】悲剧貌似突然发生的，但悲剧真的是突然产生的吗？

悲剧看似顷刻爆发，但导火索却往往是负面情绪，尤其是愤怒情绪的累积。当我们无法用某种恰当的方式表达情绪的时候，可能就会付诸行动，做出伤人害己的事情。

当我们在人际关系中感到不愉快时，拒绝交流的方式构建不了好关系。不交流只会使负面情绪郁积于心，如果我们的目的是想让对方带给自己好感觉，仅仅是宣泄负面情绪，发脾气不交流，是达不到目的的。

二、判断鉴别

亲爱的朋友，你的情感表达能力怎样？你能够准确适当地表达自己的情绪吗？

下面是一份述情量表，能够测量你的情绪表达能力。请根据自己的真实情况作答。1=非常不符合，2=比较不符合，3=不确定，4=比较符合，5=非常符合，在符合自己的选项上打"√"。

题 项	1	2	3	4	5
1. 当我心烦意乱时，我不知道究竟是害怕、悲伤还是愤怒					
2. 我觉得人与人之间情感的沟通和交流不是很重要					
3. 我不善于说服或安慰别人，尽管有时我觉得很有道理					
4. 我经常搞不清楚自己心里到底是什么样的感受					

续表

题 项	1	2	3	4	5
5. 我觉得和别人聊自己的心里感受或态度毫无意义					
6. 我难以表达清楚对别人的感受					
7. 我不知道自己内心在发生些什么样的变化					
8. 当我心情不好时,我不会去思考产生这种感觉的原因					
9. 我不知道怎样和别人谈心、交心					
10. 我经常不知道自己心里是怎么想的					
11. 我认为对事情没有必要寻求更深刻的理解和领悟					
12. 我觉得表达清楚自己的心里感受是一件很困难的事					

【评分与评价】

总分如果在 35 分以上,说明你可能在表达自己的情感情绪方面存在一些困难;总分在 27~34 分,说明你的情感情绪表达能力中等;总分在 27 分以下,说明你的情感情绪表达能力较强,较能识别情绪表达。

若题项 3、8、11、12 项中选择 5 分的题目较多,说明你在与人互动过程中存在描述和表达情绪或情感的困难。

若题项 1、4、6、9 项中选择 5 分的题目较多,个体存在识别自己或他人情绪情感的困难。

若题项 2、5、7、10 项中选择 5 分的题目较多,个体缺乏对自己内心世界的关注,拘泥于外部世界的细枝末节,注重结果,轻理解。

三、心理论坛

(一)情感表达的分类

情感表达指的是在不同情境下,通过某种途径或方式呈现自己或他人的内在情感情绪。情绪表达可以分为生理表达与心理表达,也可以按照情感表征的层次分为心智化与非心智化的情绪表达。在这些分类方式中,都包括了外显和内隐的情绪表达行为,我们将需要个体努力、有意识、受控制的称为外显的情绪表达,把无须个体努力的、无意识、不受控制的称为内隐的情绪表达。

(1) 生理表达。以生理的形式进行的情绪表达。如心率、血压、呼吸、平滑肌节律、内分泌,及各种内脏感受器等的表达;愤怒时血压上升;焦虑时肌肉紧张、呼吸急促、心跳加快等。这些受植物神经系统支配,一般不由意识直接控制,也不会在意识上发生清晰的感觉,不能主观控制和调节。一般来说生理的表达属于内隐情绪表达,是我们无意识、无须努力,自动进行的情绪调节,通过生理方式无意识地表达个体的情感体验。

(2) 心理表达。在心理层面将情绪表达出来,如通过认知、表情、言语、行为等表达。这既可以是无意识的表达,也可以是有意识地进行主观调节和控制的表达。例如积极地进行自我觉察或与人沟通,就是外显的情绪表达,需要我们的意志努力,并非自动进行。而口误、噩梦等,我们无法控制,是无意识状态下做出的表达,则为内隐的情绪调节

策略。

按照情感表征的层次,还可以分为心智化的情感表达与非心智化的情感表达。

(1) 心智化情感表达。包括象征化、言语化的情感表达。象征,指的是替代此物的彼物,用一个物体或意象来代表另一个事务或意象。象征化就是指用象征的模式来表达内在情感状态,比如隐喻、想象、梦等。言语化指的是用言语将自己的内在情感状态表达出来,并理解其原因。言语化指的是用语言表达自己的情感,通过语言直接或间接表达自己的内心感受。

(2) 非心智化情感表征。指的是,这些情感与富有意义感和情感体验与个体自我内在状态之间失联了,个体体验不到情感是来源于自己的,或者其情感不能通过言语和象征化表达出来。这样的情况下,个体会觉得自己的内心世界是贫乏的、不可知的、空洞的,甚至对自己的内心有一种陌生感和孤立感。非心智化的情感表征包括躯体化、行动化。躯体化指用身体来表达内心的冲突或表达压抑的情感,比如,头痛、肩膀痛、胃肠不适等没有器质性问题的躯体不适,或者心血管疾病、癌症等心身疾病。行动化指的是用外在的行为来表达自己的内在情感状态。比如,儿童多动症、青少年暴力攻击、自伤自残等。

(二)情感表达的对象

(1) 向自我表达。将情绪提到意识层面,使我们意识到情绪的性质、特点和产生原因等,它是情绪表达的关键和基础。当我们对自己的情绪有清晰的意识时,才有可能将其清楚地表达出来。有时,由于不能意识到情绪的变化,或虽能觉察到情绪,但对情绪的起因、性质、特点等了解不清,难以做到情绪向自我表达。

(2) 向客体表达。客体指的是与我们自己相对的对象,包括人、动物、物体或环境。将情绪向周围的人表达出来,让他人认识我们的情绪,它是情绪表达的主要方式,也是人们最熟悉的方式,包括言语表达和非言语表达两种形式。通常,表达的对象是引发我们情绪的人,如当朋友送你礼物时,用拥抱、高兴的表情及言语表达喜悦;受到伤害时,用抗议、指责等表达不满与愤怒……

(3) 向客观环境表达:将情绪在客观环境中表达出来,如到空旷的操场上奔跑、在安静的房间里哭泣等。

(4) 升华表达:超越表达对象,将情绪的能量指向更高层次的社会需要,并为高层次需要的满足提供能量。歌德在《少年维特之烦恼》的编著中表达失恋的痛苦,贝多芬在《命运》的谱写中表达命运的感伤。现实生活中,平凡的我们可以"化悲痛、愤怒为力量",进而追求人生的理想。

(三)情感表达的意义

我们作为社会人要顺利生存,情绪的表达影响我们自身的身心健康,也影响我们与他人的关系,同时,通过关系,影响与我们接触的人的身心健康。

尤其是负性情绪的表达不良时,我们的生理表达相应增强,就会破坏躯体内环境的平衡,引发躯体疾病。研究表明,经常克制强烈情绪,不善于表达愤怒和不满的人容易患癌症、冠心病、高血压、哮喘等身心疾病。

情感表达就要以不伤害别人、不伤害自己等符合社会规范的方式表现之,否则纾解了原来的负面情绪,却又因为不符合社会规范遭受到规范执行者的惩罚,或者因为表达的方

式会伤害到他人而引发对方新的负面情绪,这对于缓解我们自己的情绪不但没有帮助,还有可能恶化了关系,更增加了负面情绪。因此,学习使用恰当的情绪表达方式,是我们的人生要务之一。

四、策略训练

任何人都会生气,这没什么难的,但要能适时适所,以适当方式对适当的对象恰如其分地生气,可就难上加难。

——亚里士多德

策略一 暂停和反思

有位父亲丢了块表,他愤怒地抱怨着四处翻找,可半天也找不到。等他出去了,儿子悄悄进屋,不一会找到了表。父亲问:你是怎么找到的?儿子说:我就安静地坐着,一会就能听到滴答滴答的声音,于是表就找到了。

[摘自:94 趣味段子,个个蕴含深刻哲理. http://www.sohu.com/a/7524170_372853]

生活中很多事情或问题,我们越是焦躁地想要去处理,越是困难。越是困难就越容易产生负面情绪,情绪一上来,还容易把话说死,特别伤人。因为,当我们被情绪淹没时,就不能够理性思考。

这时,不妨先暂时脱离那个环境或者强迫自己闭口,并默念数字,让自己的情绪冷却下来;平静下来后,听一听自己内心的声音,觉察一下我们此时此刻的内在状态。然后,弄明白自己当下的身体感觉、情绪情感、意图、想法、打算、动机等。

【做一做】自我反思

刚才发生了什么事?

我产生了什么情绪?我有什么感觉?我产生了什么想法?

这些内心状态(情绪、感觉、想法)是什么导致的?

假如按照自己的想法、打算去实施之后,可能带来什么样的后果?

哪些想法可能会带来好结果,哪些带来坏结果。

之后,再来体会和思考别人的内在状态。

【做一做】思考他人

他/她的眼神传递着什么样的情绪情感,是愤怒、好奇、轻视,还是其他?

他/她的面部表情和身体姿势中,通过观察这些表情和姿势,我可以解读的对方的感觉和情绪情感是什么?

推测一下,发生了什么让他/她产生这样的感受和情绪?

我可以预测一下,对方处于那样的心理状态中,可能会做什么?自己可能会做什么来回应对方?这样做的效果如何?

策略二 给情绪命名

拥有丰富的情绪词汇,有利于给情绪正确命名,这是准确识别不同情绪的必要条件,

也是清晰表达情绪的基础能力。当我们把某一种情绪给识别出来时，也正是给情绪正确命名之时。

不妨在闲暇之时，制作自己的情绪词典，增加个人情绪词汇。比如先列出概括基本情绪的词汇；再写出代表该情绪不同体验程度的形容词；然后再比较和讨论所写的情绪形容词，增加对情绪理解的深刻性。

【做一做】制作情绪词典

以六大基本情绪"喜、怒、哀、厌、惧、惊"为出发点，在表格中的横线上填写相应的形容词。

喜	开心　愉快　欢乐　欣喜　满足　称心　高兴　知足　甜蜜　舒心
怒	气恼　气愤　生气　盛怒　愤怒　七窍生烟　勃然大怒　怒不可遏　恼羞成怒
哀	悲哀　悲怆　伤心　伤感　悲痛　痛心　痛苦　辛酸　凄惨　肝肠寸断　黯然神伤
惧	紧张　慌乱　惊愕　害怕　心悸　后怕　担心　不寒而栗　大惊失色
厌	
惊	

【做一做】撰写情绪日记

请记录一天当中引发情绪的事件，情绪日记一般包括以下几点。

(1) 发生的主要事情。
(2) 事情引发的情绪。
(3) 过去是否有过类似的情绪体验。
(4) 在这样的情绪中，行为反应如何。
(5) 为什么会产生这样的情绪？

这是觉察情绪并对其进行梳理进而命名情绪的过程。

坚持记录，并对情绪的周期及变化原因作分析总结，不仅能够增加情绪的觉察与识别能力，而且能够洞悉情绪与事件、想法之间的因果关系。

例如：今天你只是隐约地感到不舒服、不愉快，至于那个"不舒服"是什么，却说不上来。就可以用撰写日记的方式来挖掘自己的真正情绪。

今天发生的主要事情：＿＿＿＿＿＿＿＿＿＿＿＿＿＿＿＿＿＿＿＿＿＿＿＿＿。
哪件事情让我感觉到不舒服：＿＿＿＿＿＿＿＿＿＿＿＿＿＿＿＿＿＿＿＿＿＿。
这种不舒服是愤怒、悲伤、挫折、害怕、羞耻、罪恶感还是其他？＿＿＿＿＿＿。
我对这些情绪的解释是：＿＿＿＿＿＿＿＿＿＿＿＿＿＿＿＿＿＿＿＿＿＿＿。

策略三 保有哭泣的能力

适度的情绪宣泄是理性表达，能把不良情绪释放出来，使心情趋于平静。

哭泣是人类常用来排泄悲伤和苦恼最自然的方法，对人的心理起着有效的保护作用。哭能排除人情绪紧张时所产生的化学物质，从而把身体恢复到轻松的状态，缓和紧张情绪。该哭就哭，才能得到快乐和幸福。人在极度痛苦或过于悲痛时，让我们"当哭则哭"吧！痛哭一场，往往能防止痛苦越陷越深而不能自拔，产生积极的心理效应。因此，男生应摒弃那种"男儿有泪不轻弹"的观念，因为"不哭"并不是坚强的表现，而只是压制情绪的表现。坚强指的不是"不哭"，指的是可以面对挫折和困难，努力改进自我。

【读一读】眼泪的作用

美国圣保罗·雷姆赛医学中心专家认为：眼泪可以缓解人的压抑感。人体排出眼泪，可以把体内积蓄的导致忧郁的化学物质清除掉，从而减轻心理压力，保持心情舒坦。测试发现，正常人的泪水是咸的，糖尿病人的泪水是甜的，而悲伤时流出的眼泪，含有更多的荷尔蒙等。人们遇到悲伤的事情时，如果能放声痛哭一场，流泪后的心情往往会好受许多，这是由于悲伤引起的毒素，通过眼泪已得到排泄之故。

[摘自：美国：强忍眼泪等于自杀.
https://www.ixueshu.com/document/d54f17e548d9f783318947aL8e7Fp386.html]

策略四 用艺术形式来表征情感

关于情感表达与艺术作品之间的关系，符号主义美学学者通过对绘画、雕塑、建筑、音乐、舞蹈、诗歌、戏剧、电影等的全面考察，指出，人类情感符号的创作即为艺术。在这种情况下，人们把内心的情感通过某种方式象征性地外化出来，使其他人可以用五官感受到，就能够与他人相互交流自己的内心世界，这样表达出的情感，就已经是在象征层面表达的情感，是对现实的表征而不完全是那个具体真实的情感本身。而且，我们也知道，我们通过舞蹈、音乐、歌唱、绘画、摄影、电影、雕塑、心理剧、戏剧、手工作品、文学作品等等方式表达的情感，是在扮演、不是真实。这就与具体的内在世界拉开一定的距离，使我们可以用第三者的眼光来观察、欣赏、理解和解读这些情感。

运用这些方式表达情感，是人的一种能力，人们可以将自己心里的不愉快和压力以艺术符号的方式进行表达，进而具有管理情感的功能——保持、修正、减少或增强这些情感的状态，从而达到疏解情感的目的。

通过艺术作品表达情绪，是对情绪的升华，由感性的情绪到理性的创作的过程，这一过程还能够使大众产生共鸣。很多艺术作品都是在表达作者的情绪，例如贝多芬广为流传的《月光奏鸣曲》，相传就是在表达贝多芬恋爱失败后的痛苦心情。

【做一做】情绪绘画

请简单画出今天引发不同情绪的事件，并观察和思考以下问题，以便体会情绪的艺术性表达和与他人共鸣的感受，了解艺术表达与情绪的关系。

(1) 发生的主要事情。
(2) 画面的大小。

(3) 画面的色彩的丰富性和色相、明度。
(4) 完成画作后的心情。
(5) 请他人观看画作，并谈谈画作带给他们的感受。

跳出自己的内心，站在旁观者的位置看待自己内心意象的视觉呈现，这样做，可以增加对自己内心世界的理解。

【做一做】黏土雕塑

思考"你为何成为现在的自己"这个主题。然后，使用超轻黏土，把它做成一个三维的雕塑。做好之后，把这个雕塑放在自己面前，看着它，问自己以下问题。
(1) 我看到了什么？
(2) 我在雕塑的过程中冒出了哪些感觉、情绪和想法？
(3) 如果这个雕塑可以说话，它会说什么？
(4) 这个雕塑与我脑海里的自己有什么相似与不同之处？

神经生物学认为，黏土工作需要用到两只手，因此会用到左右两个半脑，其中右半脑被描述为是储存早期潜在记忆的地方。同时刺激两个半脑关注于一个具体的事物时，会激发两个半脑的记忆并且引发大脑的整合加工，这能够促进情感的表达和心智的发展。

策略五 善用"我信息"

学校将要检查宿舍卫生，今天轮到小芳同学值日，她正在打扫宿舍，糟糕的是时间快到了，宿舍还没有整理干净，她忙得一塌糊涂。这时室友下课回到宿舍坐着休息，看着室友悠哉地坐着，小芳会说……

【想一想】假如你是小芳，怎么表达才能"一箭双雕"，获得既不伤和气，又让室友乐意帮忙的效果呢？

【读一读】愤怒的功能的变迁

愤怒是我们常常都会产生的一种负性情绪。在愤怒这一谱系的情绪里，有各个强度级别的情绪，从低到高依次为：不满、生气、愤怒、敌意、狂怒。只要我们的强烈愿望受限或受阻都会导致愤怒产生。在人际关系中受到侮辱、误解、被欺骗、被干扰、被迫使，都能诱发人产生愤怒情绪。愤怒情绪具有进化意义，它推动人主动出击，去打击和防止被侵犯，它与搏斗和攻击联系在一起。但在文明社会中，愤怒导致的攻击多数时候会被道德和法律所规范。因而，愤怒的功能已经逐步从攻击(尤其是躯体攻击)转化为表达自己的反抗意愿和态度，这样方能构建良好的人际关系，也是人类文明的体现。

[摘自：孟昭兰. 情绪心理学. 北京大学出版社, 2005]

针对小芳遇到的情况，有两种可供选择的说法。

A："没看到我忙前忙后的，你怎么不快点过来帮帮忙，你想累死我呀。"

B："待会就要检查卫生了，还有好多事情要做，我担心做不完，可以帮我一下吗？我们一起打扫宿舍。"

A 属于"你信息"，是一种以"你"打头的语言，它给人的感觉不是分享，而是指责、批评或抱怨。

第八章 情感管理

B 是一种以"我"打头的表达。突出了此情此景下"我"的真实感受，又向对方提出了"我"的要求。这种方式没有指责。

也许两种说法都可以让室友来帮忙，但是 A 方法可能会让室友做得心不甘情不愿，而 B 方法可能会使室友乐意为小芳分担辛苦。因此，善用"我信息"，不仅能够让对方感受到对事不对人，可以清楚合理地表达自己的真实感受，而且还会促使对方自我反省，有效增进情感交流。

情绪不是一种需要被修补的、有问题的错误反应，而是一种能够反映人们在意的需要与目标的指针，即"情绪=我希望自己生活中更多获得……"。因此我们交流的是我们自己的感受，而非判断对方的对错。

【做一做】请再次感受"我信息"与"你信息"的差别

情境：当你非常疲惫地走到宿舍后，很想睡觉，可你的舍友却还在大声说话。

我信息：我[疲惫]→情绪表达我信息→我好累→舍友接收到的信息→你累了→体谅你→安静或小声说话→同学关系融洽

你信息：我[疲惫]→情绪表达你信息→你别大声说话行不行→舍友接收到的信息→她很烦人→对着干→我就大声说话，看你能怎样，谁怕谁→同学关系分分钟闹崩

【做一做】"我信息"言语训练

当……时候(陈述引发你情绪的具体事件或言行)，如"当你告诉我你不能和我一起去看电影的时候"。

我觉得……(陈述你的感受)，如"我觉得好失望噢"。

因为……(陈述引发你情绪的理由)，如"因为我好期待可以有多一点时间和你相处"。

"当……时候，我觉得……，是因为……"这是一个简单的公式，我们可以依自己的说话方式加以改变，但在句子中多以第一人称"我"来表达自己内心的感受，这样很容易让别人接受我们现有的情绪，利于沟通目标的达成。

五、反思体验

对于战场上的士兵而言，爆炸导致的脑部损伤会给他们带来难以言说的伤害，很多士兵无法表达内心的痛苦，而这些伤害，因其无法言说，也无法被看到，从而无法被排解。他们的余生将在梦魇中度过，那些恐怖的画面将一直在他们的脑海中回放，使他们在和平的日子里，依然生活在战争的痛苦之中。他们可能出现许多认知与情绪的问题，严重影响了他们的生活与工作。而心理治疗师可以帮助这些士兵用"艺术"来表现、治疗这种伤害，让受伤士兵能够表现出他们的感受，帮助他们回归正常生活。在士兵们制作面具雕塑的过程中，他们将自己无法言说的内心痛苦用视觉的、立体的雕塑形式表征出来，用以疏解不为人知的伤害带来的情绪问题。这些代表了创伤的面具，帮助士兵重回生活。

[摘自：TAD 演讲. https://www.bilibili.com/video/av7982854/]

通过艺术象征的手法，内隐地表达了自己的情绪，为这些受到创伤的士兵寻找了一个情绪的出口，情感不被压抑，才能更好地生活。因此，善于利用艺术化的情绪表达方式，

不仅可以为自己的情绪提供宣泄口，也能够帮助别人走出情绪的困境。

第三节 调控情感

能控制好自己情绪的人，比能拿下一座城池的将军更伟大。

——拿破仑

人生路上，最大的困难并不是缺少机会，也不是资历浅薄，而是缺乏对自己情绪的控制。愤怒时，不能制怒，使周围的合作者望而却步；消沉时，放纵自己的萎靡，把许多稍纵即逝的机会白白浪费。情绪调控如此重要，几乎成为我们生活质量的基石。

一、身边的故事

一次罗斯福家中遭窃了，丢失了很多东西，一位朋友闻讯后，忙写信安慰他，劝他不必太在意。罗斯福看了之后，给朋友写了一封回信，他是这么说的："亲爱的朋友，谢谢你来安慰我，我现在很平安，感谢生活。因为，第一，贼偷去的是我的东西，而没伤害我的生命；第二，贼只偷去我的部分东西，而不是全部；第三，最值得庆幸的是，做贼的是他，而不是我。"

[摘自：乐商：一个比智商和情商更能决定命运的因素.
http://www.psychspace.com/space/viewnews-57362-pag-2.html.]

对任何一个人来说，失窃绝不是幸运的事，但罗斯福并没有因此沉浸在消极情绪中，而是用积极乐观的方式来看待这种失意与不幸，免去了很多烦恼。对待同一个事件，人们可以有不同的反应，但管理好我们自己的情绪，用乐观的认知方式、积极的处世态度来应对，有利于收获欣欣向荣的生活，乃至蓬勃向上的幸福人生。

二、判断鉴别

你是情绪管理的高手吗？下面的题可以帮助你了解自我。请仔细阅读每道题，选择符合你的答案。

1. 我能妥善处理好生活、学习和工作中的不愉快，多数时间保持乐观心态	符合	不符合
2. 当我担心某件事时，晚上总是失眠	符合	不符合
3. 当陷入忧郁时，我总是任其发展，甚至无所作为	符合	不符合
4. 遇到紧急情况，我常常大脑出现空白，不知所措	符合	不符合
5. 当感到十分自卑时，我会重新审视自己，而不是一味地自我否定	符合	不符合
6. 取得了好成绩，我在高兴之余会告诫自己要戒骄戒躁，继续努力	符合	不符合
7. 不知为什么我常与人发生争吵，发很大的脾气	符合	不符合
8. 当与他人的意见不一致时，我能及时采取措施，避免冲突升级	符合	不符合
9. 在做出一个决定后，我会担心它是否正确而不敢实施	符合	不符合
10. 考试遇到难题，我会很快调整好心态，认真对待后面的题	符合	不符合
11. 家人对我寄予厚望，使我感到压力太大，无法承受	符合	不符合

第八章　情感管理

【评分与评价】

选"符合"得 1 分,"不符合"得 2 分,其中第 1、5、6、8、10 进行反向计分,即选"符合"得 2 分,"不符合"得 1 分。

17 分以上,表明人生观较积极,心理健康,自制自主。情绪低落时,没有被情绪淹没,而能有效管理情绪,与他人和谐相处。

16 分以下,需要关注情绪,适时采取积极措施管理情绪,以保持好的精神状态和维持良好的人际关系。

三、心理论坛

(一)情绪情感的管理

情绪管理是对情绪进行控制和调节的过程,即通过一定的策略,使情绪在生理活动、主观体验和表情行为等方面发生一定变化,以建立和维护良好的情绪状态。

有效的情绪管理是对强烈感受和过高生理唤醒情绪的削弱、掩盖过程,也是对较低强度情绪的维持和增强过程,使人大部分时间能保持良好心境。

被情绪淹没时,极容易失控

我们可能产生抑郁、焦虑、烦躁、愤怒、绝望、委屈、内疚、恐惧等情绪。

被情绪淹没,就容易产生冲动行为。在过分强烈的情绪、欲望驱使下,采取某些不当行为,这些行为是社会规范所不容或给自己造成危害的,冲动行为的目的只是满足自己的欲望,或者解除内心的强烈情绪。

我本以为冲动的行为可以解决我生活困境,我原以为冲动行为是缓解焦虑的唯一方式。但实际上,一旦冲动地行动了,我不仅不能解决困难,还要承受因为冲动而带来的严重后果——给自己的身心带来更大的伤害、失信于爱我们的人、使事情一发不可收拾。

这样一来,我就"失控"了。失控会给我带来巨大的精神痛苦,甚至可能带来严重后果损害社会,触发法律被惩罚。

[摘自:吴明霞. 社区戒毒人员心智化干预的理论与实务整理. 北京:科学出版社,2018]

(二)情感情绪管理的意义

(1) 有效的情绪管理是健康的"护航者"。它可使我们较少体验消极情绪,保持心境良好,情绪的波动起伏不大;促使情绪的生理唤醒处于适度水平,保证内分泌适度平衡,全身各系统、器官的功能运作协调、健全,有利于身心健康。

(2) 有效的情绪管理是智力活动的"激发器"。轻松愉悦的心情能提高认知水平和脑细胞兴奋水平,使大脑处于最佳活动状态,促使认知、思维过程中的信息得到积极加工,思路开阔,容易出现灵感,智力活动效率提高,促进学习和工作。

(3) 有效的情绪管理是良好人际关系的"润滑剂"。能促使我们保持乐观的生活态度,给别人积极向上、宽宏大度的感觉,为人际交往拓宽道路,因为没有人愿意和一个终日愁眉苦脸或是乱发脾气的人打交道。

(4) 有效的情绪管理是良好性格的"塑造者"。在管理情绪的过程中,我们学会了宽

以待人，不苛求别人，也不为难自己，适时妥协，这有助于培养乐观向上、积极进取、百折不挠的良好品质。对自己情绪的管理和对他人情绪的理解有助于培养真诚友好、宽厚大度、善解人意等良好品德。

四、策略训练

策略一　识别管理情绪的误区

情绪管理，是指个体能够掌握自我，调节情绪，能够积极且适可而止地排解矛盾和冲突等压力事件引发的不适，及时有效地缓解心理不适。对于管理情绪，人们有一些错误的看法，以下就是关于管理情绪常见的3个误区。

(1) 管理情绪≠见风使舵。

有不少老油条，揣摩人心、做事精明、见风使舵、两面三刀。这种类型的人并不是情商高。与他们相处，我们并不觉得世界是美好的。相反，他们如果没有任何利益或目的，也不希望与人维持关系。管理情绪不是为了讨好别人或者利用关系，而是站在双方的立场上，进行的心理调节。

(2) 管理情绪≠隐藏情感。

有些人喜怒不形于色。这只能说明他们善于隐藏或压制情感，不让情绪表现出来。很多心理问题，就是由于不能觉察、表达和调控情感造成的。情绪管理并不是不表达情绪，而是恰如其分地表达，对情绪的压抑可能带来更多的情绪障碍，因此表达情绪是心理健康的需要。

(3) 管理情绪≠忍气吞声。

有些人认为管理情绪就要压抑自己的负面情绪，实际上，无论是正面还是负面的情绪，都需要我们适当地表达。压抑自己的负面情绪表面上看起来并没有受到情绪困扰是对于自己的欺骗。掌握自己的情绪也包括接纳并且消解负面的情绪，而非逃避压抑情感。

策略二　监控抑郁

抑郁症非常常见，以持续明显的低落抑郁心境为特征，每次发作至少持续两周以上，严重者可能发生幻觉、厌世、自杀行为等症状。抑郁症的患病率在我国约为5%，大多数情况下，我们可能存在抑郁心境，其时间长度和强度也许不足以诊断为抑郁症，但仍然值得重视。

当出现抑郁心境时，要及时察觉并积极疏解。当出现以下症状时，就表明你出现了抑郁心境。

(1) 心境低落。具体表现为闷闷不乐、兴趣减退、无愉悦感，症状晨重晚轻，严重时厌世、自责、有无望感、无助感与无价值感，甚至产生自杀的念头，否定活着的意义。

(2) 思维迟缓。具体表现为难以做出决策，思考速度慢，反应迟钝，思路闭塞，严重时交流困难。

(3) 意志活动减弱。以往感兴趣的事物都不再具有吸引力，行动被动且减少，不愿意做事和与人交流，甚至可能不顾个人生活，生理需求与个人卫生也不管不顾。

(4) 认知功能受损。包括反应时间长、记忆力下降、注意力无法集中、学习困难等，

严重者可能出现空间知觉、协调功能受损。

(5) 躯体症状。包括失眠、体重和食欲的大幅变化、性欲减退、心慌、身体任何部位的疼痛。抑郁患者多出现早醒并无法继续入睡的症状。

当情况较为严重或持续时间较长时,就需要求助于精神科医生和心理治疗师。无论是否达到诊断标准,都可以与心理咨询师讨论自己的问题,或将痛苦告诉关心自己的人,和他们一起想办法帮助自己摆脱困境。

如果觉得情况危急、心情不好、情绪起伏很大,难以自控地想要自杀,要立刻拨打当地的自杀危机干预免费热线。

若有自伤或自残行为,应立刻停止,如果身体受到伤害,应紧急就医或拨打120求助。

策略三 情绪放松法

情绪放松有很多种方法,如:复式呼吸放松法、想象放松、渐进式肌肉放松、运动放松等。放松技术作用于情绪的生理指标,会带来生理过程的改变,降低血压、心率、肌肉紧张度和胆固醇含量等,进而调节情绪。

1. 腹式呼吸放松法

人的一呼一吸承载着生命的能量,呼吸与自律神经间有着密切关系,若呼吸总是浅短急促则会使身体感到疲惫,累积更多的压力,腹式呼吸通过缓慢且深沉的呼吸,可以使副交感神经取得平衡,易使人达到平静、自然的最佳状态。因此,腹式呼吸是最重要且简便的放松方法。

腹式呼吸是有控制的深度呼吸,吸气时横隔肌会下降,把脏器挤到下方,增加腹压,让更多的氧气进入肺部,这时若把手放在肚脐上,感觉肚子会膨胀,而非胸部膨胀;呼气时横膈膜将会比平常上升,挤压肺部,也容易吐出更多停滞在肺底部的二氧化碳。这种呼吸技巧已被广泛地应用在分娩、缓解慢性疼痛等训练课堂,作为缓解压力、治疗失眠、焦虑、抑郁、慢性疼痛等的辅助手段。

腹式呼吸放松法要求在呼吸时注意呼吸的每一个环节。每次呼吸包括四个独特的阶段。

阶段一:吸入,通过嘴或鼻腔将空气吸入肺部。

阶段二:呼之前的暂停。

阶段三:呼出,通过嘴或鼻腔将空气从肺部释放出去。

阶段四:在下一个呼吸循环开始之前的暂停。

【做一做】腹式呼吸放松指导语

首先,做几个缓慢的深呼吸放松,一只手放在胃部,用鼻子慢慢吸气,用嘴慢慢呼气。

感受你胃部随着呼吸的起伏,想象你的肚子随着吸气像气球充气,呼气时又瘪了下去。

感觉吸进的气流通过鼻孔,呼气时通过嘴唇。

当你呼吸时,留意身体的感觉,体会你的肺被空气充盈,随着每一次呼吸,感觉你身体不断地放松。

通过缓慢深长的呼吸延长呼吸循环，最大限度地体验这种感觉。练习这些技术时，试着去分别感受这四个过程。记住在每个阶段都不要憋气，而要学着通过控制呼吸循环的各个步骤调整呼吸。

呼吸越轻缓、放松、深入则越舒适。人体最放松的时刻是呼吸的第三个阶段呼出。这一阶段胸部和腹部区域得到放松，这种感觉进而传递到全身各处，且它不需要任何努力。所以，当你注意呼吸时，请感受呼气时身体的放松，尤其是胸部、肩膀和腹部区域。

腹式呼吸放松法要求呼吸者注意力集中。刚开始学习时要求全神贯注，若你察觉到了杂念，摒除它们，重新把注意力放在呼吸上。另外建议是可让这些杂念随呼气排出体外。

2. 想象放松法

想象放松法主要是利用心理意象和可视化的技术来达到放松的目的。这是最常用的放松技术之一，通常还可结合暗示、联想等方法，引导自己有意识地创造具有使身体恢复平静和康复效应的意象，如常用的安静的自然场所，热带海滩、草原、森林小道等，并进入这些舒适、惬意、放松的环境，给身心放松减压。

【做一做】想象放松指导语

现在摆个舒服的姿势坐着或躺着，轻轻闭上眼睛，随着音乐(可放轻音乐)，让心情慢慢平复，让身体慢慢放松……放松……现在我已经完全放松了，我内心平静自然，心无杂念。

此时此刻，我来到一片风景优美的草地上。这是一个初夏的午后，我迎着微风，缓缓走在这一望无际的绿油油的草地上，草地上有星星点点的小花，随着轻风微微点着头。

我感觉有一种身心舒适的感觉在身体里蔓延开来。

我席地而坐，慢慢地躺在柔软的草地上，闭上眼睛，享受美妙时刻。

我深深吸了一口气，略带花草香味、清新的空气一直渗入到我的心里，渗入到我的身上的每一个细胞，我整个身心都慢慢地、慢慢地融入着美丽的大自然之中。

此时我的一切烦恼、忧愁、恐惧、沮丧，在这阳光的照射和微风的吹拂下都一去不复返了，我感到自己的身心非常放松，非常安逸，非常舒适。

3. 渐进性肌肉放松法

渐进性肌肉放松法是一种逐步使肌肉先紧张后放松的方法，通过两者的对比而更加细致地感受到放松感，使操作者从上到下有序放松。在放松过程中要求仔细体会肌肉的变化，将注意力集中在自身。该放松方式不仅能够放松身体，更有助于自我觉察的练习。

【做一做】肌肉放松指导语

摆一个舒服的姿势，坐、倚、靠或躺。在安静的环境中，光线不要太亮。

(1) 深呼吸，慢慢地、深深地吸气，慢慢地吐气。

(2) 放松的顺序：手臂→头部→躯干→腿部。

(3) 放松的方法：集中注意——肌肉紧张——保持紧张——解除紧张——肌肉松弛。

(4) 放松的步骤：

手臂部的放松：(由别人以较慢的节奏念出，也可自己默念)

"伸出我的右手，握紧拳，使劲儿握，就好像要握碎什么东西一样。注意手臂紧张的

感觉……"(集中注意和肌肉紧张)

"……坚持一下,……再坚持一下(保持肌肉紧张)……好,放松……现在我感到手臂很放松了……"(解除紧张和肌肉松弛)

同样进行左手臂的放松。

躯干部的放松:"耸起我的双肩,使肩部肌肉紧张,非常紧张,注意这种紧张的感觉……坚持一下,……再坚持一下,好,放松……非常放松……"

同样进行胸部、背部和腹部肌肉的放松。

腿部的放松:"伸直双腿,绷紧成一条直线,像踮起脚尖走路那样腿部肌肉非常紧张,注意这种紧张的感觉……坚持一下,……再坚持一下,好,放松……非常放松……"

当各部分肌肉都放松之后,"现在我感到很安静、很放松……非常非常安静、非常放松……全身都放松了……"

然后从 1 数到 50,再睁开眼睛。

4. 运动缓解情绪法

行动、运动、活动是人终身都在使用的调节情绪的方法。运动有助于释放激动、强烈或持久的不良情绪带来的能量,为积压的情绪提供一个合理的发泄渠道。尤其是针对悲伤情绪,运动的方法十分有效,运动能给人以情感支持和温暖。

研究发现,体育活动的效果与抗抑郁药和抗焦虑药的药效基本上是一样的。因为身体还会分泌多巴胺,多巴胺被认为是一种抗抑郁剂。

【读一读】运动可以带来的益处

(1) 缓解消极情绪,提升积极情绪,具体来说可以降低抑郁焦虑症状。
(2) 提高人体内内啡肽活性,减少疼痛,带来愉悦感受。
(3) 代谢皮质醇,保护内脏器官。
(4) 增强心肺功能,增加活力、使精力充沛。
(5) 降低血压,带来更好的睡眠。
(6) 增加自尊、自信感。

但运动、行动和活动的方法并不利于愤怒情绪的疏解。因为,这些方式是一种反应性的调节,而不是针对情绪所产生的原因的调节。而愤怒情绪的疏解,需要针对愤怒来源进行改造,或者调整认知方式,才能降低愤怒。

【做一做】动起来

每天十分钟的体育锻炼就能产生积极的效果,三十分钟产生理想的效果。

选择适合自己的运动项目吧,每天进行 30 分钟中等强度的体育活动,每周至少运动 3~4 天,最好还约上一两个同伴。

当你被不良情绪困扰时,不妨试试以下运动:慢跑、快走、爬山、游泳、骑自行车、做健美操、跳舞等,让消极情绪带来的能量在运动中释放。

5. 冥想放松法

冥想是一种从精神到肌肉的放松技术。它可以让人产生一种特殊的脑电波，实现对自己注意力的控制，以使我们能选择注意的对象，而不是受制于不可预测的外界环境变化。然而，冥想虽然可以让人放松，但又不同于其他放松方式(如阅读、看电视、睡觉)引起的变化。它是通过冥想引起了有益于人体健康的特定生理反应，即"放松反应"，有助于我们整合认知与情绪，进而有效管理情绪。

有研究发现：冥想者更少焦虑，更重要的是，人可以通过练习冥想来缓解他的焦虑。在经过18周的冥想训练之后，学生们减轻了对考试的焦虑，甚至那些经历过考试焦虑的学生也发现，冥想能让他们更放松。

研究还发现，冥想与内部控制点、更好的自我实现、更积极的感受(遭遇压力源后)、睡眠的改善、吸烟的减少、头痛的减轻以及积极的心理健康状况有关。冥想甚至对饮食障碍也有积极的作用。一项对18位肥胖妇女的研究发现，这些妇女在学习了如何冥想之后，食欲增加了，焦虑也减轻了，自我控制能力也增强了。

另外，冥想能提升同情心，帮助人学会理解和关怀他人，同时自己还不被卷入；冥想还能减轻人们的恐惧反应。

[摘自：《青少年冥想训练原理解析》整理. http://blog.sina.com.cn/s/blog_813e4a2f0102w48a.html]

【做一做】冥想练习

摆一个舒服放松的姿势，坐下或躺下。

轻柔地闭上眼睛。用一点时间注意自己的呼吸，特别注意吸气和呼气，注意每次呼气的全程直到呼气结束。在每次呼气时，让自己的身体柔软地放松。在每次呼气时，都带走压力和紧张。

现在扩展自己的注意力，注意整个身体，注意身体里面升起的各种感觉。用一点时间，平静地注意感觉的纹理——愉快的感觉，不愉快的感觉，还有中性的感觉。

把自己的注意力带到身体中受伤痛苦或者有疾病的部位——可能是心脏，后背或任何正在受苦、需要关照的部位。集中注意各个身体部位，注意有什么情绪或者意象随之升起。注意有没有害怕，愤怒，紧张，抵抗的情绪产生。注意这些情绪如何影响身体。呼吸可能变得急促了，肩膀、胃或者下巴可能收紧了。

把注意力温和地引入触发情绪的身体部位，不作任何判断，只是简单地认出这种情绪。简单得就像"这是鼠标"或者"这是楼房"。在身体里面探索这种情绪，观察它的迁徙流。不作任何判断，也不想用任何方法去除这个情绪。

当看到愤怒、害怕、忧惧或者批判的情绪是由自己的身体感觉引发的。看看能否接受这个情绪，按照它本来的样子接受它，与它握手言和。

如果记忆、思想或者批判的洪水开始漫过自己的意识，就要回到自己的呼吸，用几分钟来注意吸气和呼气。当觉得恢复了宁静，就再次注意，慢慢离开冥想姿势。

【温馨提醒】冥想注意事项

(1) 充分享受这个过程。

(2) 冥想时如果有不舒服或头晕的感觉，或者脑海中出现了幻觉或干扰形象，那么睁

开眼睛停止冥想即可。

（3）冥想结束后，给身体一定的时间恢复到正常状态。慢慢睁开双眼，先盯着房间里的某一个物体看，然后再把视线转向其他物体。

（4）不要设定闹钟。我们的身体里就像有一个内置闹钟，会知道什么时候结束。

冥想就是冥想，充分享受这个过程吧！别担心，你的问题不会跑，冥想结束后你又会重新面对它们，你不会失去它们。但不同的是，在冥想后，你不会再把它们看得那么令人头疼，情绪也会轻松很多。

策略四　倾诉法

大一女生小金，期末考试成绩班里第二，却只得了三等奖。而另一个成绩不如她的同学却得了二等奖。这令她非常生气，觉得世道不公平、老师对她有偏见，却又不敢找老师理论，只好压制自己，把怨气往肚子里咽。近几天来觉得心口堵得慌、想吐又吐不出来，非常难受，便找高中同学倾诉，说出来后感觉好多了。后来，小金的同学又建议她找心理咨询师说说，经过一段时间与咨询师的探讨，她变得更加舒畅而自信了。

快乐有人分享，就会加倍；痛苦有人分担，就会减半。当有情绪时，朋友们聚一聚，一壶清茶，一杯咖啡，倾诉一番，有利于自己情绪的表达。

因此，建立自己的社会支持系统，从现在起，打开自己的手机通讯录，看看自己的微信、QQ 好友等，哪些是在自己遇到困难时，不论何时何地，都可以不假思索打电话得到帮助的？如果没有，从现在起，开始建立或培养这样的社会支持系统。

但在某些情况下，我们很难将心事向熟人述说，我们可能担心被人评价或得不到好的回应和引导，或者，有的内心冲突太过于强烈，想要探讨的内容是令人羞耻的或太过于隐私，或者超出了街坊邻居亲戚朋友所能理解的范围，这时候我们就需要专业人士的专业帮助。专业的心理咨询师作为一个稳定的好客体，具有以下功能。

（1）能够提供一个宽广的心理空间，你可以在这个空间里打开自己隐秘的一面，呈现真实的自我。

（2）在你失去关照自己的动力与功能的时候，可以照顾你(心理上)。

（3）可以和你形成安全稳定的依恋关系，开启你被重新养育的过程。

（4）能够和你一起探索你内心的混乱，和你一起梳理你的内心，扩展你对自我的理解和觉知。

（5）能够以第三方的眼光，客观地看待和理解你自己，进而你可以学会从新的角度看待自己。

（6）可以帮助你内化一个好客体，在你以后需要心理支持的时候，能够自我支持和疗愈。

五、反思体验

男孩脾气很坏，父亲给他一袋钉子，说："想发脾气的时候，就在围篱上钉一颗钉子。"第一天，男孩钉了 40 颗。慢慢地，不再乱发脾气，钉下的钉子也少了。父亲又

说："当你能控制脾气时就拔出一颗钉子。"男孩终于把所有的钉子都拔出来了。父亲说："你做得很好，但看看那些坑、洞，这些围篱将永远不能恢复到从前的样子，生气时说的话就像这些钉子一样，会留下难以弥补的伤疤。"男孩懂得了管理情绪的重要性了。

[摘自：钉子的故事. http://camiao.blog.soho.com]

南非总统曼德拉曾被关押 27 年，受尽虐待。他就任总统时，邀请了三名曾虐待过他的看守到场。当曼德拉起身恭敬地向看守致敬时，在场所有人乃至整个世界都静下来了。他说：当我走出囚室、迈过通往自由的监狱大门时，我已经清楚，自己若不能把悲伤与怨恨留在身后，那么我仍在监狱中。

[摘自：个人图书馆. http://www.360doc.com/content/13/1207/15/2036792_335227479.shtml]

不能管理自己的情绪会给自己和他人带来困扰，就像故事中无法弥补的伤疤；能管理并控制自己的情绪能体现广阔的胸怀，就像南非总统早已自由的内心。情绪的漩涡往往能够扰乱我们的生活，给自己或他人带来麻烦，学习做自己情绪的主人才能真正掌握自己的心灵自由。当我们被情绪淹没，察觉到这种失控并且通过正确的方式走出负面情绪的大海，甚至更好的升华利用他们获得自我成长，是我们情绪管理的目标所在。

第九章　压力与挫折

没有河床的冲刷，便没有钻石的璀璨；没有挫折的考验，就没有不屈的人格；没有压力，就没有进步。挫折和压力是普遍存在的，正因为有挫折，才有勇士与懦夫之分；正因为有压力，潜能才能够得到最大限度的发挥。

我们如果能辩证地看待挫折和压力，把它们看作前进过程中不可避免的事情，坦然面对、积极克服，自我激励，战胜它、从中吸取教训，增长经验，锻炼意志，相信"黑夜过去是黎明"，把压力和挫折看作成功和胜利的前奏曲，就能在跌倒之后爬起来并满怀信心地继续前进。

第一节　压力应对

鸡蛋，从外打破是食物，从内打破是生命。人生亦是，从外打破是压力，从内打破是成长。

——李嘉诚

钻石是煤炭在压力下形成的珍品。

——Henry Kissinger

我们身处我国社会经济高速发展的时代，每个人都会有压力，过度的压力会危害人的健康，但适度的压力有助于提高学习和工作效率、帮助我们提高心理功能，进而促进我们内在品质的成长。"压力是人生的燃料"，学会驾驭生活中的各种压力，学会开发压力的有利因素，让它成为我们成长的动力。

一、身边的故事

武汉理工大学材料科学与工程学院无机非金属材料工程专业 2008 级本科生赵云龙，本科期间先后在 Nature Communications、PNAS、Nano Letters 等刊物上发表 SCI 论文 10 篇，申请国家发明专利 4 项，于 2011 年在全国第十二届"挑战杯"竞赛中获得全国特等奖。2012 年，赵云龙以年级第一的综合成绩保送研究生，并获得直博生资格。

赵云龙在大一下学期时报名参加科研课题组，期间本科课业繁重，但他仍坚持每天下午课后去实验室做实验，经常忙到晚上 11 点多。假期里，他经常连续十几天都待在实验室，反复做实验和测试。初期的外文文献阅读令赵云龙苦不堪言，一看到大量生僻专业词汇就望而生畏，但为了提高阅读英文文献的水平，他硬着头皮坚持大量阅读，在有了基本的积累以后，读起英文资料来就轻松多了。当被问到做研究苦不苦时，赵云龙说，"做研究工作本来就是一个很辛苦、很煎熬、压力很大的过程，但只要做成了，那些苦就不足为道了。"

[摘自：百度百科.https://baike.baidu.com/item/%E8%B5%B5%E4%BA%91%E9%BE%99/2025324?fr=aladdin]

想一想：在大学期间，当你感受到学业压力大时，是如何应对的？赵云龙是怎么应对压力的？

二、判断鉴别

你的压力管理能力如何？当面对压力时，你会怎么样反应？下面的测试会帮助你认识自己的抗压能力。

请仔细阅读每一条，假想当你面对有压力的或时间紧迫的情境时，你会怎么做？根据你的实际情况，在右侧相对应的数字上画"√"。其中 1 代表"非常不同意"；2 代表"不同意"，3 代表"稍有不同意"，4 代表"稍有同意"，5 代表"同意"，6 代表"非常同意"。

1. 我会采用有效的时间管理方法，诸如保留时间花费的记录，制定要完成的任务清单和每个任务的优先级	1	2	3	4	5	6
2. 我会保持适当的、有规律的锻炼的习惯	1	2	3	4	5	6
3. 我会和一个能够分担我的挫折的人保持一种开放的、可信赖的关系	1	2	3	4	5	6
4. 我知道几种放松技巧并会加以练习，诸如深度呼吸和肌肉放松	1	2	3	4	5	6
5. 我经常确定哪些是我优先要处理的事务，这样不重要的事就不会影响重要的事	1	2	3	4	5	6
6. 在工作之外，我有各种兴趣爱好，这样来保持生活的平衡	1	2	3	4	5	6
7. 我有一个作为我的指导者或建议者的好友或长辈	1	2	3	4	5	6
8. 我能够寻求到他人的有效帮助来完成工作任务	1	2	3	4	5	6
9. 当我遇到问题时，我鼓励自己亲自找到可行的解决方案，而不是完全让别人帮我解决	1	2	3	4	5	6
10. 我努力将困难和问题视为提高自己的机会	1	2	3	4	5	6

【评分与评价】

选 1 得 1 分，选 2 得 2 分，以此类推，将 10 道题得分相加即可得到你压力管理能力的得分。

得分在 50 分以上，说明你的压力管理能力很好，能够很好地运用管理压力的方法与技巧；

得分在 35～50 分，说明你的压力管理能力中等，知道管理压力的方法与技巧，但不能全部灵活运用；

得分在 0～35 分，说明你的压力管理能力较差，需要掌握一些管理压力的方法与技巧，要重视提升自己的压力管理能力。

三、心理论坛

压力是指人感受到外界刺激而产生的心理负荷，即我们对知觉到的(真实存在或想象中的)对自身的心理、生理、情绪及精神威胁时的体验，会导致一系列生理、心理和行为反应。

第九章 压力与挫折

(一)压力反应

1. 重复的、模式化的、适量的压力可带来积极的反应和成长

我们的人生都会遇到压力。我们都期望面对压力之后，我们的忍耐力、感受性、身体机能和心理功能都变得更加强壮。达到这样的目的的前提是：无论是逼着自己新学一门语言，还是强迫自己锻炼肌肉，这些压力都需要是适量的、可预期的、模式化的、稳定长期重复的，限定在我们的能力可以达成的范围之内的。那么，经历过这样的挑战，我们的压力系统也就受到了适当的激发，进而才能造就有弹性和灵活的压力应对本领。

当你觉得自己因这次对抗压力的经历变得更好了，这就是压力的积极反应和作用，压力可以促进人的身心成长，促进最佳表现。

(1) 免疫力提高。短期压力，会让人体开启防御模式；人体会产生额外的调节免疫系统的白介素。白介素是一种调节免疫细胞的淋巴因子。它与压力和免疫细胞的关系是：压力→白介素增加→免疫细胞增加。短期压力能促进人体免疫细胞的产生，提高机体免疫力，抵御感染。研究人员通过动物实验佐证了这一点，专家们为小白鼠创造了轻微压力环境，随后这些小白鼠体内的多种免疫细胞数目都发生了显著变化。

(2) 学习或工作效率及能力提高，当我们将压力转化为正面能量和动力时，压力会帮助我们进入一种"流畅"的状态，让人高度清醒、高度集中地参与到某个事情中去，比如工作事务、运动比赛、艺术创造等。

(3) 环境适应力增强，学会了如何处理压力之后，将来再碰到类似状况就能应对自如了，身体和心理的承受力也能得到提升。研究发现，超负荷的慢性压力促进氧化损伤 DNA 和 RNA，但中等水平的日常压力似乎会抑制氧化损伤，加强细胞的"精神生物学适应性"。

(4) 生活乐趣增加，压力会让生活更加有趣，接受挑战，面对并战胜已知恐惧，接触从未见过的人，学习全新事物等，这些迎接挑战的过程会帮助我们增加成就感，感到自信且快乐。

2. 超负荷的、突如其来的、触发早年创伤的、长期而极端的压力会带来消极反应和创伤

持续时间长或压力过大，一旦超出了我们所能忍受的范围，就会使我们警觉起来，进而带给我们高度的焦虑感、威胁感、恐惧感。当我们在安全的情况下，我们依靠大脑皮层来思考，做计划，安排生活。但一旦处在警觉、焦虑、恐惧的状态中，大脑皮层(思考的功能)就下线了，而皮层下的区域(大脑中低等和更快速反应的区域)则上线开始运作。我们就会自动做出"攻击""逃跑"或"僵住"的反应。或者产生解离的状态，比如，产生白日梦、睡眠中断或者失眠，或者精神恍惚、麻木无感觉的状态。这样一来，超负荷的、突如其来的、长期而极端的压力就扰乱了人的生理和心理功能，损害人的身心健康，压力体验就变成了创伤体验。而有些当前的压力事件与我们童年时期经历的创伤事件相关或相类似，虽然强度不大，但可能因为触发了过去未解决的痛苦和冲突，也可能再次带来创伤。

具体来说，不适当的压力会带来以下消极反应。

(1) 躯体不适。压力过度会引发躯体不适，如过敏、厌食、胃肠不适、头晕等，造成内环境紊乱，各器官、系统的协调失常、稳态破坏，机体免疫力下降，易感染疾病。

(2) 消极情绪。压力通常伴随着一系列的情绪体验，如愤怒、焦虑、怨恨、嫉妒、恐惧、耻辱、内疚、自责、忧伤、悲伤、绝望等。

(3) 认知效率降低。由于大脑皮层下线，所以压力过大的情况下，我们的思维能力受到干扰，认知能力降低，记忆能力减退，容易形成错误判断，还可能导致注意力涣散、多动。

(4) 行为消极。压力过大会产生攻击行为。攻击可以直接指向带来压力的人或事物，嘲笑、谩骂、毁物，甚至打人杀人。当攻击的目标过分强大，惹不起或不能攻击时则转向软弱的对象，找替罪羊。除了攻击，压力过大还会产生抑制或逃避行为，比如活动减少、自我封闭、退缩、逃避现实，放弃目标等。

(二)压力的应对方式

在社会生活中，每个人都会遇到各种压力，但同样的压力对不同的人影响是不同的，区别在于应对方式的不同。我们对压力的应对可归为以下六种类型。

(1) 解决问题。在面对压力时，能够通过思考，采取相应的策略去改变困境。

(2) 求助：在自己不能缓解压力或解决问题时，会主动通过面谈、电话或网络等手段向他人传达自己的求助信息，以获得帮助。

(3) 退避：我们意识到压力或困境的存在，希望逃避或抑制而采取的既不合作，也不维护自身利益，一躲了之的办法。

(4) 自责：我们将压力或挫折的存在归于自己的缺点或错误所导致，而感到内疚谴责自己。积极的自责既是一种对他人的道歉，也是一种自我心灵的解脱，消极的自责常常表现为过度责备自己，进而产生沮丧、悔恨、郁闷、绝望等情绪，影响身心健康。

(5) 幻想：不愿意面对和承认现实，因而通过虚而不实的想象来自我安慰，以逃避现实。

(6) 合理化：找理由为自己开脱，得到自我安慰，以减轻内心痛苦。

我们每个人在面对不同的压力时，可能会采取不同的方式去应对，但总体而言，每个人的应对行为方式的组合具有一定的风格和倾向性。

成熟型就是其中比较健康的风格，能采取"解决问题"和"求助"等方式面对困境。而不成熟型在生活中常以"退避""自责"和"幻想"等应对方式应对，较少使用"解决问题"这类积极的方式。混合型则主要以"合理化"方式占主导地位。

四、策略训练

良好的压力应对能力，能够助人从压力和逆境中"反弹"，这不是只有少数人才拥有的"先天禀赋"，而是一种后天练就的能力，称为心理弹性或者心理韧性。

强大的心理弹性能使我们积极面对压力，恰如弹簧，充满韧性，不仅能在压力与逆境后恢复如初，身心机能还得到了锻炼和增强。这样的能力如何获得呢？

策略一 给自己适度的挑战

1. 模式化地坚持做一件带来适量压力的事

长期稳定的、重复的压力，会强化我们的大脑，提升我们的身心功能。

模式化指的是使事情按照一种既定的设置和要求来开展。模式化和重复的行为传递了

这样的信息：你会按照这样的模式来运作。比如，为了锻炼肌肉，重复的行为必须被模式化，比如跳绳练习，每天在相对固定的时间跳绳，要求在 1 分钟内跳绳至少 150 次，跳 1 分钟休息 1 分钟，一共跳 3 轮，3 轮为一组，共跳 3 组。这样就会使肌肉更加强健。但如果你在一周内随意跳绳，每次跳 150 下，虽然总的次数一样，但如果没有这样一个稳定的模式，那么传递给肌肉的刺激是不连续、混乱和不充分的，不足以使肌肉变得强壮，你的肌肉也不能"有效地记忆"这些刺激，因而也不可能获得好的效果。

要想强化自己的功能，无论是身体的功能，如灵活性、柔韧性、肌肉力量，还是心理的功能，如心理的韧性、坚持性、抗压力，我们都需要坚持做一些可以锻炼自己的事，这些事必须是模式化的、有预见的、有规律的、有控制感的、稳定重复的，每天坚持做这件事，并且把这件事做好，你的身心功能也就能在这个模式化坚持的过程中锻炼出来。

但需要注意的是，我们所做的事，应该是压力适量的、可预期的，这样才能达到锻炼身体或者心理功能的目的。但如果一开始就做一件压力很大的事，那么，很可能你没有锻炼自己的身心，反而拉伤了肌肉，让自己挫败。超负荷的模式化的事，都会造成破坏和紊乱。

2. 做一些挑战自我现有能力、自我加压的事情

1) 挑战"我不行"

只有不敢攀登，没有永不被超越，做一些自认为做不到做不好的事，挑战自己现有的能力。

【做一做】找出那些自认为做不到做不好的事情，列举在下面。

(1) _____

(2) _____

(3) _____

积极行动起来很重要，只有在行动中我们才能够体验到努力、投入、兴趣、奋斗，得到完成、自我肯定、荣耀等内在感受，才能不断地感知自我能力，挖掘自我潜力，压力也将变成动力，迈向成功。

过高的目标可让人望而却步，连迈出第一步的勇气都会丧失。既然如此，不如先追求看起来可以实现的目标，例如：你想要写出一篇好论文却觉得完全没有思路，因此肯定自己做不到，这时不如先从每天坚持阅读并读透一篇优秀论文做起，有一天你会觉得一篇论文已经没有了难度而开始每天看两篇，再有一天你会发现你的脑中已经清楚地勾画出了自己想要的论文的轮廓。

2) 探索新环境、尝试新活动

熟悉的环境可能让我们安于稳定，怯于向未知的高度突破，从而无法看到自己的能力。那么，何不趁着年轻时光，在新的环境发现自己所不了解的能力？

以下方面的事情都可以帮助你探索新环境，尝试新活动。

(1) 科技下乡、文艺下乡、支援教育、帮助农民脱贫致富。

(2) 参加青年志愿者活动。

(3) 从事社会调查。

(4) 进行家教和教学实习模拟。

(5) 参加讲演竞赛和各种文艺活动。

(6) 积极参加学校定期组织的远足、野营、登山、拉练、军训等专题实践活动。
(7) 军事训练、挂职锻炼等。

策略二　识别消极思维方式

要想将消极的压力转化为积极的压力，首先需要识别出我们习惯性的一些非理想的消极思维。只有意识到我们有这些消极思维，才能有意识地改变它。

一个美好的晚上，庶务官伊凡·德米特里·切尔维亚科夫坐在剧院观看轻歌剧，突然间，他打了个喷嚏。令他慌张起来的是，他发现他的喷嚏溅着坐在前一排的三品文官布里扎洛夫将军。切尔维亚科夫连忙探向前去，凑着将军的耳朵小声道歉请求原谅，将军接受了道歉，也并没有责怪他，继续看戏。但切尔维亚科夫担心极了，再三恳求将军的原谅。这引起了将军的反感，不耐烦说："够了，我已经忘了，你怎么老提呢？"他看到将军面露凶相的样子，更担忧了。翌日，他专程去将军家里请罪，对方笑着宽慰他。而他又反复道歉、乞求原谅，将军受不了了，让他"滚出去"。他沮丧地走回家，躺在床上死了。

[摘自：[俄]契诃夫. 一个官员之死[J]. 语文天地，2001(6)]

无论事情本身是什么样的，人们对它的认知都可能被扭曲和放大，甚至可能完全背离其本来面目。压力相关行为是由知觉造成的，而那种自我击败的知觉是可以改变的。

——艾利斯

常见的消极思维包括下列各点。
(1) 消极主义，对绝大多数情况只看其最坏的一面。
(2) 灾难主义，把事情引向最糟糕的境地。
(3) 责备，把责任转移到他人身上而非自己承担。
(4) 完美主义，将完美的标准强加到自己身上。
(5) 极端思维，把任何一件事都看成极端的状态(好的或坏的)，没有中间状态。
(6) 应该思维，认为自己应该为出错的事情负责。
(7) 夸大，即把事情放大，尤其是负面信息。

当你发现自己在消极思考的时候，可以通过以下方式调整。
(1) 中断负性思维。打断意识进程，告诉自己"停止这种想法"，尝试从新的角度或有利视角来看待此事件，并找出其中的积极因素。反复练习，平衡情绪。
(2) 打破消极思维模式，与压力"化敌为友"。例如：将"我应该考个好成绩"转换为"我希望能考个好成绩""即使这次考试失败，没关系，因为我也尽力了，我看到了自己知识掌握的不全面，学习方法的不足，好好总结，下次进步的空间将更大"；将"失恋让我无法忍受""失恋让我觉得我没人爱"转换为"失恋让我感受到了痛苦""我能够从这次失恋中认识到自己的情感需要和交往模式，下段恋爱会更愉快"。

两个刚退休的老人坐在窗边的凉椅上，一只蝴蝶误飞进来。它锲而不舍地向窗上的玻璃撞去，一而再，再而三，直到筋疲力尽栽倒在窗台上。不久它又挣扎着爬起来，继续去撞窗上的玻璃。因为在它的想象世界里不存在玻璃。它没有发现紧挨着窗的阳台门是敞开的。一个老人想，我退休了，没有什么用了，就像那只蝴蝶，永远冲不出玻璃！另一个则想，退休只是窗上的玻璃，我可以继续从阳台上飞出去。

[摘自：[德]诺斯拉特·佩塞施基安. 克服紧张[M]. 北京：社会科学文献出版社，2002]

策略三　为压力赋予积极的意义

研究显示，在过去一年承受极大压力的人，死亡的风险增加了 43%，但这结果只适用于相信压力对健康有害的人。其他承受极大压力但不认为压力对健康有害的人的死亡率，甚至比承受一点点压力但认为压力对健康有害的人还低。

哈佛大学研究者 Kelly 发现这个研究结果之后，开始思考，改变人们对压力的看法是否可以使人们更健康？他进行了社会压力测试，研究人们对压力的态度怎样影响身体的抗压能力的机制。结果发现，学习到压力反应有助于自身表现的被试在压力情境下会感受到较少的压力，甚至变得更自信。这一看法的转变也导致了抗压反应生理状态的变化：血管的收缩由对健康有害的紧张态变为了健康的放松态。

可见自身对压力态度的改变，能从实际上改变自身的状态。

[摘自：壹心理：如何用心理学把压力变成朋友. http://www.xinli001.com/info/100352686]

当我们改变对压力的看法时，对于压力的反应也会改变。因此，我们不需要想尽办法摆脱压力，而是要想办法驾驭压力。

当面临失败、被人误解、好友决裂、天灾人祸等压力源以不同类型、不同形式和强度出现在我们的生活中时，如果我们将这些情境知觉为积极、正面的，就会降低我们感觉到的压力强度，进而促进我们的成长；如果将这些情境知觉为消极的、负面的，那么这些消极压力将阻碍我们的成长。

五、反思体验

请阅读下面的故事，你收获了什么？

几个学生向美国心理学家弗洛姆请教：心态和情绪会对人产生什么影响？他笑而不答，把他们带到一间黑暗的房子里。在他的引导下，学生们很快就穿过了这神秘的房间。接着，弗洛姆打开灯，在昏暗的灯光下，学生们看清楚房间的布置，不禁吓出一身冷汗。

原来，房子的地面是一个很深很大的水池，池子里蠕动着各种毒蛇，有好几条毒蛇正高昂着头，朝他们吱吱吐着芯子，水池上面有一座桥，刚才他们就是从这座桥上通过的。

弗洛姆看着他们，问："现在，你们还愿意再走这座桥吗？"大家你看看我，我看看你，都不做声。

过了片刻，终于有三个学生犹犹豫豫地站了出来。他们战战兢兢、如临大敌，好不容易通过了桥。

"啪"，弗洛姆打开了房内另外几盏灯，学生们这才发现在木桥下方安着一道安全网。

弗洛姆问："你们当中有谁愿意现在就通过这座桥？"学生们没有做声，谁也不敢上前。"现在看到了安全网，为什么反而不愿意过桥了呢？"弗洛姆问道。

"这张安全网的质量可靠吗？"学生心有余悸地反问。

弗洛姆笑了："我可以解答你们的疑问，这座桥本来不难走，可是桥下的毒蛇对你们造成了心理威慑，于是，你们就失去了平静的心态，乱了方寸，慌了手脚，表现出各种程度的恐惧情绪。其实水池里那些蛇的毒腺早已经被除掉了。"

[摘自：王耀廷，王月瑞. 改变生活的68个心理学经典故事[M]. 湖南人民出版社，2010]

第二节　认识挫折

天将降大任于斯人也，必先苦其心智，劳其筋骨，饿其体肤，匮乏其身，行弗乱其所为，所以动心忍性，增益其所不能。

——《孟子》

我在学校里接受过教育，但令我受益匪浅的学校叫"逆境"

——卢梭

人生不可能万事顺利，都会遇到困难和挫折。无论是你身边的朋友，还是那些大人物，他们看似风光的人生，都不可或缺地经历过许多挫折，没有一个人的一生是一帆风顺、尽在自己掌控中的。任何时候、任何地点，你都可能遭受挫折。让我们一起揭开挫折的面纱，认识它原本的样子。

一、身边的故事

在学习、人际交往、恋爱、就业、家庭和健康等方面我们常常会遭遇挫折。以下是典型的挫折案例，请你仔细阅读后思考：自己有无类似的情形？

A 说："我以前是高中的佼佼者，到了大学里，好像每个人都比我强，我发现自己就好像巨人堆里的矮子，老觉得自己不行。"

B 说："我适应不了大学老师的讲课风格，虽然很努力，但上学期我考了最后几名，为什么付出的努力与获得的成绩不相符，我都失去信心了！"

C 说："我一点都不喜欢现在学的专业，但又无法改变现状，很无奈。在人才招聘会上看见单位要求党员、奖学金什么的，我一个都没有，就觉得自己无望。现在我上课不能集中精力，书也看不下去。"

D 考研总分排名专业第一，心情相当不错，一门心思选一个好导师。他与心仪的导师联系，当导师说"导师与学生的双向选择不在这个时间，下学期再说"，B 内心产生了挫败感。

F 昨天和室友吵了架，他不明白为什么自己真心付出却换不来室友的理解，他觉得没有知心朋友，感到很沮丧。

你遭受过什么样的挫折？面对挫折，你的感受是什么？你怎么看待挫折？

二、判断鉴别

在生活中，我们难免会遇到挫折。下面一些挫折情境可能是我们曾经遇到过的，请根据自己的实际情况，选择符合你的挫折感等级。

题目	没有挫折感	有点挫折感	一般	较多挫折感	极大的挫折感
1. 被人误会或错怪	1	2	3	4	5
2. 考试失败或成绩不理想	1	2	3	4	5
3. 与老师关系紧张	1	2	3	4	5
4. 学习负担重	1	2	3	4	5
5. 恋爱不顺利或失恋	1	2	3	4	5
6. 丢失心爱的东西	1	2	3	4	5
7. 当众丢面子	1	2	3	4	5
8. 受人歧视或冷遇	1	2	3	4	5
9. 家长不理解	1	2	3	4	5
10. 其他事件	1	2	3	4	5

【评分与评价】

将你选择的等级分数相加求和。

10～20：遇到挫折不一定会给你带来很大的精神压力，这可能是因为你有较好的抗挫折能力。也可能是因为你许多事情都满不在乎，这也未必是件好事。因为，没有体验到痛苦，或许也无法利用挫折而促使自己成长和进步。

21～40：在挫折面前，你会感到紧张和忧虑，但不会对自己能力达不到的目标太较真。

41～50：你比较敏感，对自己要求甚高。遇到挫折，可能感到强烈的不安，甚至会觉得天都要塌下来了。

三、心理论坛

挫折就是俗话说的"碰钉子"，当目标和需要遇到阻碍而不能实现或不能满足时，就会体验到紧张、焦虑、愤怒、失落等情绪反应。

挫折包括三个方面。①挫折情境：当需要不能获得满足时的情境状态，既可能是实际遭遇的挫折，也可能是想象中的挫折。②挫折认知：对实际遭遇的挫折情境或想象中的挫折情境的认识和评价。我们对挫折的看法影响着后续对挫折的反应。③挫折反应：需要不能得到满足时产生的情绪和行为反应，如愤怒、焦躁、躲避、攻击等。

(一)挫折的三个特征

1. 普遍性

俗话说："不如意事十之八九。"人人都会遇到诸如顺逆、成败、荣辱、利害、苦乐及至生死等境况。挫折是人生常态。在学步时期摔跤，到青年时期在学业、就业、社会交往时遭受的困境，中年时期在职场与生活中遭遇的挫败，及老年时期在身体机能、重大疾病等方面的衰弱。世界上不论是谁，在一生中都会遇到挫折与痛苦。有人专门研究国外293个著名文艺家的传记，发现有127人生活中遭遇过重大挫折。"一帆风顺""万事如意""心想事成"等，只是美好期望而已。可以说，挫折与痛苦，是真实人生不可避免的组成部分。

2. 两面性

挫折既会给人以打击，带来烦恼和痛苦，同时又能磨炼人的意志和性格，提高解决实际问题的能力，使人变得更加坚强。因此我们在看到挫折消极面的同时又要看到其积极面，任何使人获得成功的能力都是在逆境和坎坷中磨砺出来的。美国著名导演伍迪艾伦曾说过这样一句诙谐但又充满哲理的话，"如果你不是经常遇到挫折，这表明你做的事情没有很大的创新性。"

3. 暂时性

挫折只是代表我们在实现目标的过程中遇到了一些障碍，并不意味着我们已经彻底失败。挫折并非不可战胜，遭遇挫折后所产生的不良情绪只是暂时的，如果我们能及时进行自我调整，就能够重新树立起信心，摆脱不良情绪的困扰。美国优秀小说《汤姆叔叔的小屋》中汤姆叔叔的原型乔·塞·亨森原是一名黑奴，他在历尽曲折道路、战胜重重逆境而获得自由和经营上的成功后，坎特博雷主问他"先生，你是从什么大学毕业的？"亨森回答道："逆境大学。"

(二)挫折的四个功能

1. 挫折是机会

"疾风知劲草"，挫折不仅是很好的锤炼，而且是有价值的发现，是转败为胜的契机。毛泽东说："错误和挫折教训了我们，使我们逐渐聪明起来，事情就办得好些。"

2. 锻炼人的意志

轻度的挫折是"精神补品"，人的生命似洪水奔腾，不遇到岛屿和暗礁，难以激起美丽的浪花。每战胜一次挫折，就能为下一次应对挫折提供更加强大的精神力量。

3. 提高自我认知与评价的能力

正确地认识和评价自己，确定合理的抱负和期望值，可以减少挫折感，从而避免评价不当所引起的自满与自负两种现象，维护心理健康。

4. 增强情绪调控能力和解决实际问题的能力

正所谓"吃一堑，长一智"，独立面对挫折时，我们会从中学到很多人生智慧，能够提高分析问题、解决问题的能力。

(三)创伤后成长

压力和挫折是人生的常态。在日常生活中，无论什么人都难免会面临超出了控制范围灾害事件，这些事件会在某些时候突发地、无情地闯入我们的生活之中，如自然灾害、意外事故、亲人离世、严重疾病、战争或政治迫害、性虐待和强奸，我们将其称为创伤性事件。这些挫折事件给我们带来过大的冲击，会让我们形成心理创伤。除了以上不可控的天灾人祸外，还有长期存在的恶性际遇，如童年期的性骚扰性虐待、情感和躯体虐待、情感和躯体忽视，以及遭受暴力、袭击等虐待性经历。这些经历，虽看似并未危及生命，但却成为慢性的负性情感积累，会导致身心部分或全面的慢性疾病，如创伤后应激障碍、人格

障碍、神经症或者精神病。它可以在创伤数天、数月或数年后发生。

不过，苦难和挫折既可能令人痛苦，也暗含着成长和成功的可能。创伤之后既可能出现"创伤后应激障碍"(post traumatic stress disorder)，也可能获得"创伤后成长"(post traumatic growth)，"创伤后成长"指我们在与具有创伤性的事件或情境进行抗争后所体验到的心理方面的积极变化。创伤后成长是我们的主观感知。任何一件事，无论严重程度如何，都有可能被感知为成长，只要创伤信息与事发前个体所持的有关自我和世界观念不相符或相互冲突，并有可能动摇其事发前的假设，成长就有可能发生。

创伤后成长主要表现在以下方面：觉知到更丰富深度的自我、人际关系和生活哲理发生改变，还包括物质获得、娱乐价值、工作上有更好的表现、工作条件改善及法律政策的改变以及对他人同情和信任的增强、助人能力的提升、更为成熟地处理未来将至的创伤、终止酒精与毒品伤害以及邻里之间的互助合作等。创伤后成长不仅发生在个体水平上，它也能发生在群体或国家、甚至世界水平上。历经压力或创伤能使婚姻关系、家庭机能、邻里关系、组织士气发生变化，甚至能使国家和地区内产生社会变革和文化变动。

我们每个人都会以独特的方式对心理创伤做出反应。我们在创伤后表现出的成长与我们的心理痛苦，甚至与我们的心理问题共存。也就是说，创伤后成长与创伤后痛苦相伴相生。可以说，痛苦是我们成长的动力，能够推动我们去反思、去行动、去改变自我。所以，我们并不是必须立刻减轻自己的内心痛苦或去掉自己的心理问题。而是不被痛苦淹没，不沉溺于痛苦，而能够持续地思考，从创伤中找到新的意义。否则，当痛苦结束时，成长也可能就终止了，因为我们立足于想办法让自己感觉不到痛苦，这反而可能会起到间接终止成长发生、发展的负向作用。

研究发现，拥有更多社会支持的人会体会到更多的成长，而拥有良好认知方式的人也拥有更高水平的成长，善于情绪表达和情绪加工的个体拥有更大的获得心理活力的能力。倘若你认为创伤给你带来的只有负性变化，那么请不要吝啬于向他人，尤其是心理专业人员寻求帮助，助你成长。

四、策略训练

策略一 挫折常在

"人生逆境十之八九，顺境十之一二。"挫折是普遍存在的，天天得意、处处顺手、事事成功只是人们的美好憧憬，在人生发展过程中，不可能总是一帆风顺，尽如人意。

【做一做】

请你根据下面的内容，将人物及其挫折经历和成就进行连线。

人　物	挫　折	成　就
马　云	考重点小学挂了 2 次、升中学挂了 3 次，大学考了 3 次，找工作被拒绝了 30 次，申请哈佛被拒了 10 次，连续 4 次创业失败，曾经梦想去酒店做服务员，应聘警察、肯德基，所有应聘者唯有他没被录用	华语论坛最具有影响力的音乐人物之一

续表

人物	挫折	成就
周杰伦	出生于南非，大学毕业申请工作被公司忽略而拒，自主创业，曾投入数亿美元研发的火箭试飞多次失败，公司多次濒临破产	如今坐拥市值2253.77亿美金的阿里巴巴
埃隆·马斯克	高中毕业在餐馆做服务生，报名参演某娱乐节目演砸，但因乐谱工整复杂而被吴宗宪看中录用为助理，买盒饭和打杂同时坚持音乐创作，几乎一天一首，但因音乐风格怪异多次被拒，后来10天创作50首音乐	著名美国创业家，2017年度全球50大最具影响力人物榜单第43位，创建SpaceX、Solar City、Neuralink等多家公司，并开启了太空运载的私人运营时代

【做一做】

找5个自己最羡慕、最敬仰的人，了解他们的经历，包括曾遇到过哪些挫折，付出过什么样的代价，是怎么从挫折中突破自己的。

策略二 一分为二

世界上的事情永远不是绝对的，结果完全因人而异，教训对于天才来说是一块垫脚石，对于有才干的人是一种财富，对于弱者是万丈深渊。

——巴尔扎克

不幸是一所最好的大学。

——拜伦

挫折和磨难，并不都是坏事。我们享受平静、安逸、舒适的生活，也能面对挫折和磨难的考验，提高功能。挫折在给人以打击，带来损失和痛苦的同时，能使人奋起、成熟，并从中得到锻炼。遇到挫折，顺应自己的消极情绪来应对，这于事无补。只有用积极的方式来看待和应对挫折，才能跨越它。

安德里亚，是一位25岁的管理者。她认为自己是一个幸运儿。7岁的时候，她的母亲去世了。这对于一个小女孩来说，是一件非常糟糕的事情。很长一段时间内，安德里亚也是这样认为的。但后来她的想法变了，她开始认为母亲的死，是上天对她的一种奇特的庇佑。因为她失去了母亲，所有的老师都觉得应该对她好一点，于是不厌其烦给予她额外的辅导和帮助；她的邻居们、亲戚们，也都尽自己的最大努力向她提供支持和帮助。

因此，小小年纪的安德里亚就产生了这样一种看法，大人们是善良的、友好的、富有同情心的。这种看法让她相信陌生人，有胆量并喜欢跟陌生人接触。这让她拥有很多幽默、有能力、有活力的朋友，也让她有自信和能力去任何一个城市，走进任何一家公司申请合适的工作。即使发生了不幸的、意外的事情，她也相信事情可以顺利解决，并最终成功地将事情顺利解决。

[摘自：孙科炎.自助力——激发无限潜能[M].中国铁道出版社，2014]

幼年丧母这样的不幸，很多人会将它看成一种灾难，对来自他人的帮助也是以一种消极的情绪对待。但是，安德里亚却看到了积极的一面，并内化了这种看法——认为人是坦

率、友善、有同情心的。这种看法让她对人们最好的一面抱有期待。于是，相应地，人们以一种积极的方式回应她。

安德里亚的生活态度是很多人都羡慕的。而一个人能否成为像安德里亚那样幸运的人，关键在于他能否从不幸中看到幸运。如果你能从不幸中看到幸运，从挫折中看到积极的一面，始终相信自己是一个幸运儿，是可以成功的，那么你迟早都会获得成功。但，最困难的不是拥有积极的信念，而是在人生低谷时能够保有积极的信念。

挫折的"自白"

我不是戏弄人的流氓、恶棍，
我是棒打不散的成功的情人。
我能斩断你不醒的梦，
让你在痛苦、彷徨中猛醒。
我喜欢探索、追求的人，
总让他在锲而不舍的阵痛中"分娩"着才智和聪明。
我究竟是谁呢？告诉你吧：
我是失落，也是选择；
我是考验，也是挑战；
我是成熟，也是再生；
我是挫折，伴你人生远行。

策略三　挫折暂存

暴风消逝时，晴空必然出现；冬雪融化时，生机必然展现，挫折只是暂时存在的。面对挫折的挑战，我们会经受严峻考验，只要有克服困难的决心和勇气，加上不懈的努力，挫折迟早都会过去的。

不过，只有困境解除了，挫折才是暂时存在的，否则困难会一直存在。困境解除可能是我们主动克服困难产生的结果，也可能是其他外在因素使困难得到了转化。如果困境没有被转化，就会一直都存在困扰，而且也可能随着年龄增加，更加困扰。

身材矮小的李某从事仓储职员的工作，因工作努力得到同事领导的认可，被提拔为副领班。但问题也随之而来，他发现工人都不服从他的管理。他认为，工人一定是因为他一米六五的身高才轻视他的。于是买了增高鞋，把头发竖起一公分，但是工人仍然不服从他的管理。他悲观地认为自己的身材可能会使自己一辈子都无法获得想要的尊重。朋友告诉他，世界上有许多个子矮小的人都可以成就一番伟业，只要努力提升能力，大家依然会心服口服的。他不但没有被鼓舞反而更加自怨自艾，更加悲观畏惧，不久他重新回到了原来的职位，工作状态越来越差。

中南民大经济学院少数民族经济专业博士生李军，他的"寻梦历程"令人唏嘘。李军来自贫困山区，中考前夕因病错失考试，导致初中肄业，但他向校长争取读书机会，高中因家庭贫困而四度辍学。2007年考上淮北师范大学因交不起学费再次辍学，四处打工，先后从事卖猪肉、当保安、做搬运工等多个工种，期间自修专、本科，顺利通过了50多门考试，以超过80分的平均成绩拿到了自学专科、本科毕业证和学士学位证。2010开始备考研究生，考研期间因病再次考试失利，2012年再次备考，考上中南民族大学的研究生，但他不满足于现状,于 2014 年又考上了博士。李军在求学路上忍饥挨饿,战胜病魔,不倦追求,终破茧成蝶,梦圆博士。

[摘自:人民网. 第十一届中国大学生年度人物候选人李军事迹.
https://stu.people.com.cn/n1/2016/0428/c402103-28312p37.html]

成功路上没有坦途,贫穷中也有快乐,痛苦中也有领悟,生活给了我们苦难,但梦想带我们超越苦难。

五、反思体验

请阅读下面这段材料,并思考它对你有什么启发?

朱力亚,一个出身贫寒但性格坚强、踏实勤奋的女孩,读中专时用两年的时间学完了三年的课程,被保送到大学读书。后来由于男友的原因染上了艾滋病,她曾一度消沉,但后来却能勇敢地正视自己,是中国艾滋病群体中,目前唯一有勇气公开自己病情的在校女大学生。

她在日记中写道:"我珍惜我的每一天,珍惜生活中的一草一木。如果讲我的故事,得到的只是同情和怜悯,这是我拒绝的。我需要人们对我的勇气和魅力的尊重。事实上,我有面对生命的勇气,但我很难面对自己。说实话,我最大的敌人不是病毒,我曾经没有把握好自己,踏入了生命的死胡同。但生活毕竟是自己的选择,就算全世界都抛弃了我,我也不能抛弃自己。"

[摘自:朱力亚的故事,发人深省——艾滋女生日记. https://www.wenjiwu.com/doc/glioni.html]

第三节 承 受 挫 折

在人生的道路上,谁都会遇到困难和挫折,就看你能不能战胜它。战胜了,你就是英雄,就是生活的强者。

——张海迪

一个人的成功,关键在于能否战胜命运中的挫折;成功的过程,就是战胜挫折的过程。

——拿破仑·希尔

挫折是人生的机遇,挫折是人生的财富,挫折是生命的营养。现代社会是一个充满竞争、挑战、风险、机遇的社会,掌握应对挫折的策略进而提高挫折的应对能力,及时有效地应对挫折是我们每个人必须认真思考、努力实践的任务,学会在逆境中,踏刃起舞,提高挫折容忍力,健康发展自己,是我们的必修课。

一、身边的故事

"我不是你们天然的励志榜样,如果你们能从我身上学到许多,我希望你们并不是去意识到自己的人生有多幸运,而是从我身上学到面对困难的态度和对人生的见解。"

——邵镇炜

第九章　压力与挫折

邵镇炜在1岁时被诊断患有"进行性脊肌萎缩症",肢体一级残疾,生活不能自理,衣食住行都得依靠家人的照顾。他的胳膊如儿童般纤细,甚至手部力量还比不上婴儿,不要说从书包中取书了,甚至连翻阅课本都很吃力。但因为对知识的渴求,这个身体瘦弱的男孩,努力克服因身体缺陷带来的种种不便,坚持学业。起初同桌会主动帮忙翻书,后为了不麻烦同学,他上课索性不看课本,除了专心听,就是努力记。2017年高考,考取了644分,超出浙江省一本线67分,以第一名的成绩被杭州电子科技大学计算机专业录取。一时间,邵镇炜成为人们励志的榜样,"中国版霍金""少年版霍金"等的励志称号纷至沓来,对此,邵镇炜却说:"如果说我的高考成绩值得被称赞,我希望并不是因为我先天不足,而是因为我后天足够努力。"

[摘自:青春励志人物少年版霍金邵镇炜.
中国青年网. http://qclz.youth.cn/znl/201709/t20170925_10777277.htm]

【想一想】 在贫困中求学,在艰辛中自强。请你把自己遭遇的挫折与邵镇炜的挫折作比较,谈谈自己的感受。

二、判断鉴别

当你遇见烦恼和痛苦的事情,如学习失利、人际关系处理不好、失恋或其他不顺心的事,你会怎么处理?测一测你应对挫折的水平。

请仔细阅读每一条,根据你的实际情况,在右侧对应的字母上画"√":A表示常常这样;B表示偶尔如此;C表示没有或很少时间是这样。

	A	B	C
1. 觉得自己没有办法解决这些困难	A	B	C
2. 能随机应变采取相应的措施去对付这些困难	A	B	C
3. 会很长时间情绪低落,陷入紧张或混乱的状态	A	B	C
4. 能冷静地分析原因,修改和调整方案	A	B	C
5. 尽管事情过去很长一段时间,心里还是有阴影	A	B	C
6. 向有经验的亲友、师长寻求解决问题的办法	A	B	C
7. 不知道该怎么办,常会依赖父母、朋友或同学来解决	A	B	C
8. 常对自己说:这个困难是上天给我的锻炼机会	A	B	C
9. 常常幻想自己已经解决了面临的困难	A	B	C
10. 从有相同经历的人那里寻求安慰	A	B	C

【评分与评价】

第1、3、5、7、9题,选A得1分,选B得2分,选C得3分;第2、4、6、8、10题,选A得3分,选B得2分,选C得1分。将9道题的得分相加即可得到你应对策略的得分。

得分在20～30分之间,说明你的挫折感较低,知道一些应对挫折的技巧;
得分在10～20分之间,说明你的挫折感适度,知道少许应对挫折的技巧;
得分在0～10分之间,说明你的挫折感较强,需要掌握一些应对挫折的技巧。

三、心理论坛

(一)挫折反应

在遭受挫折后,最初一般都会紧张焦虑。但由于每个人的性格、经历、修养不同,采取的方式也不同。人们遇到挫折后通常会产生两种反应:理性反应和情绪性反应。

(1) 理性反应:遭受挫折后,不失常态、审时度势,采取积极进取的态度应对挫折,这样的反应就是理智反应。常见的表现形式如下。

① 替代:用新的目标取代原来的目标。包括"升华"和"补偿"。

升华即将因受种种因素制约而无法实现的目标或不能为社会所接受的目标加以改变,用高尚的、富有创造性和社会价值的目标取而代之,从而减轻挫折带来的痛苦。补偿即因主客观条件的限制而无法实现既定目标时,以新的目标代替原来的目标,以现在的成功体验弥补失败的痛苦,找回失去的东西或自尊,达到"失之东隅,收之桑榆"的目的。

"升华"表示人能主动调节个人的欲望与社会要求之间的矛盾,能对主客观条件进行重新估计,这就为避免再次遭受挫折创造了条件;而"补偿"是通过自身努力,扬长避短,以成功的做法替代失败的行动,这是潜在力量的发挥,是一种较好的适应生活环境的方式。但这种作用是相对的,因为人的目标有高尚和庸俗之分,若是用庸俗、低级的目标代替高尚的目标,就会危害自己和社会。

② 幽默:遭遇挫折、身处逆境,或面临尴尬局面时,使用比喻、夸张、寓意、双关语、谐音、谐意等手段,以机智、婉转、风趣的方式来表达自己的意图或意见,从而达到化解矛盾、摆脱困境之目的,这就是幽默。

(2) 情绪性反应:情绪性反应指失常、失控,甚至对自己、他人和社会造成危害的情绪行为。常见的有以下几种。

① 攻击:当遭受挫折后,常常会愤怒,产生敌视心理,甚至怒不可遏,为了将愤怒的情绪发泄出去,可能对使自己产生挫折的人或事物直接进行攻击,以寻求心理平衡。当个体觉察到引起挫折的真正对象不能直接攻击时,可能迁怒于与造成挫折无关的人或事物。当个体对自身缺乏信心或悲观失望时,甚至会把攻击的对象转向自己,这就是自我折磨、自我虐待。

② 冷漠:冷漠与攻击行为相反。指当个体遭受挫折时,表现出无动于衷、漠不关心的态度。表面显得冷漠退让,内心深处往往隐藏着很深的痛苦,是一种受压抑的情绪反应,对身心危害通常比攻击更大。一般情况下,对挫折的冷漠反应是由于一个人长期遭受挫折,感到没有希望消除困境时产生的。

③ 退行:在受到挫折时表现出与自己年龄和身份不相称的幼稚行为,以求得别人的同情和照顾。或表现为无理取闹,或表现为盲从,易受人暗示,毫无主见。退行是一种由成熟向幼稚倒退的现象,这种情况往往当事人并不能清醒地意识到。如,有的人考试不及格后蒙头大睡或离校出走,等等。这些都是常见的退行行为。退行不但不能有效地应对挫折,反而会使人的认知水平下降,甚至使人缺乏主见,盲目相信别人、跟从别人。

④ 固执:我们在遭遇挫折后,仍然采取刻板的方式盲目重复某种无效行为,结果往往使我们失去改变困境的机会,在挫折中越陷越深。固执的特点是,没有冷静反思和吸取

教训，坚持用原来的方法，盲目地解决已经变化了的问题，行为呆板无弹性，没有被更适当的行为反应所取代。

⑤ 幻想：幻想又称白日梦，指一个人在遭遇挫折时企图以想象的虚幻情境来应付挫折，借以逃避现实，在想象中寻求满足。通过幻想，人们可以暂时脱离现实，在虚构的情境中使自己的需要和欲望得到满足。偶尔为之，并非坏事。暂时的幻想可以使人在一定程度上缓解挫折情绪。但只要遇到挫折就沉迷于幻想而不着手解决问题，脱离现实，想入非非，则有害身心。一个人如果长期依赖幻想不能自拔，严重的会导致精神疾病。

⑥ 合理化：指我们寻找种种理由为不够好的自己辩护。这些理由是不合逻辑的，但我们却能以此安慰、说服自己，并感到心安理得。"阿Q精神""酸葡萄""甜柠檬"心理等都可起到合理化作用。这种方式虽然可以暂时缓解心理困扰，但长期使用就变成了自我欺骗和自我麻痹。

⑦ 轻生：这是最为消极的挫折反应。是在遭遇挫折后，挫折打击如果大大超出自身承受能力，烦恼和苦闷发展到一定程度，就会对事态产生恐惧、对生活失去信心、对现实感到绝望，尤其是将自己作为迁怒的对象时而发生的自杀行为。

(二)挫折承受力

挫折承受力是一个人在遭遇挫折时，经得起打击和压力，摆脱和排解困境而使自己避免心理与行为失常的一种耐受能力，即我们适应挫折、抵御和对付挫折的能力。

1. 挫折承受力与挫折排解力

挫折排解力是遭遇挫折后，对挫折进行直接的调整和转变，积极改善挫折情境，解脱挫折状态的能力。挫折承受力和排解力既有联系又有区别。两者的联系在于它们都是对挫折的适应能力，共同组成挫折的承受力。承受力是适应的前一阶段，是对挫折消极被动地适应，表现为对挫折的负荷能力，为排解力提供基础；排解力是适应的后一阶段，是对挫折的主动适应，表现为对挫折情境的改造能力，是对承受力的进一步发展。承受力是接受现实，能够减轻挫折情绪反应的强度；排解力是改变现状，促使需要的满足和目标的实现。

2. 挫折阈限VS挫折承受力

由于每个人的生活经历不同，所以各自的心理意志品质也不同。挫折阈限也称为心理承受临界点，是指个人能够忍受心理打击的阈限。一般来说，挫折阈限可随着年龄的增长而提高，成年后逐步趋于稳定。挫折阈限具有积累性、差异性、阶段性、相对稳定性、警示性、模糊性等特征。挫折承受力与挫折阈限成正比，挫折阈限越低，则人对挫折越敏感，越容易引起挫折反应，因而就使挫折承受力越低；而阈限的值越高，则人对挫折越不敏感，越不容易产生挫折反应，因而挫折承受力也就越高。

四、策略训练

聪明的人永远不会坐在那里为损失而哀叹，而情愿去寻找办法来弥补损失。

——莎士比亚

遭遇挫折，只有积极地面对才能转换困境。挫折是不可避免的，只有通过增强自身有效应对挫折的能力，丰富有效应对策略，才能提高自身适应挫折的水平。

策略一　正面看问题

亲爱的同学：你在下图中看见了什么？是一位年老体衰的妇女？还是年轻貌美的姑娘？

这正如生活中的挫折，同样的情景，不同的看法，可产生不同的心情。

苏格拉底原先和几个朋友住在一间只有七八平方米的房子里，有人认为他的居住条件太差了，他说："朋友们住在一起，随时可以和他们交流感情，是值得高兴的事啊。"

几年后，他一个人住，又有人说他太寂寞了，他又说："我有很多书啊，一本书就是一个老师，我和那么多老师在一起，怎么不高兴呢？"之后，他住进楼房的一楼，有人认为一楼的环境差，"你不知道，一楼方便啊，进门就到家，朋友来方便，还可以在空地上种花、种菜什么的。"后来，他又搬到顶楼，有人说住顶楼没好处，"好处多啊，每天爬楼锻炼身体，光线也好。头顶上没干扰，白天晚上都安静。"

[摘自：保持乐观心态生活就是美. http://xuewen.cnki.net/CJFD-ZXZZ2003Z2030.html]

生活中的很多事情都没有想象的那么难，人之所以退缩，并不是困难真的无法克服，而是被自己的无力感所淹没。在平和的心态下，困难就只是困难本身而已；在慌张、忙乱、低落的心态下，困难会被放大，原本不起眼的小问题，也会变得困难重重。

不幸的故事每天都在上演，不过，同样的不幸，在不同人的眼里却会呈现出完全不同的结果。有的人，总会在灾难中看到希望，有的人则在希望中看到灾难。因此，当你在学习和工作中遭遇挫折时，请记得这样对自己说：

(1) 我感激生命中遇到的挫折，因为它让我不断进步、不断改变，并持续在进步。
(2) 即使挫折带给我沮丧、焦虑，但我相信它让我不断成长。
(3) 挫折就像一块石头，让弱者却步不前；对于强者来说却是垫脚石，使你站得更高。
(4) 挫折、磨难能锻炼意志和增强能力，它是人生的老师，通过苦难，走向欢乐。
(5) 我相信：大海里没有礁石激不起浪花，生活中经不起挫折成不了强者。
(6) 面对挫折是需要勇气的，战胜挫折需要顽强的毅力。
(7) 我感激伤害我的人，因为他磨炼了我的心志；我感激欺骗我的人，因为他增进我的见识；我感激遗弃我的人，因为他教导我应自立；我感激绊倒我的人，因为他强化我的能力；我感激斥责我的人，因为他助长我的智慧。

策略二　合理归因

不同的归因倾向，会给人们的心理和行为带来积极或消极的影响。能力、努力、兴趣、方法等是内因；任务难度、运气、环境条件、人际关系等是外因。能力、任务难度等是稳定因素，努力、运气、身心状况等是不稳定因素。根据内外因的可控性把行为成败归结为努力等可控因素，把运气、他人支持等归结为不可控因素。当遭遇失败和挫折时，我们应尽量寻找自身内在、可控的和不稳定的原因。

第九章 压力与挫折

	稳　定	不　稳　定
内因	我很笨(不可控) 我缺乏自信(可控)	我最近的状态不好(不可控) 我这次努力不够(可控)
外因	这个任务太难(不可控) 老师、同学对我有偏见(可控)	我最近运气不好(不可控) 老师、同学没有给我提供指导与帮助(可控)

一位将军在率兵打仗之前，当着全体将士进行了一次占卜，抽签的结果说："神将帮助你们赢得战争的胜利！"全体将士欢呼雀跃。将军率领他的军队取得了一个又一个胜利。在庆功会上，将士们纷纷说："如果没有神，我们将不可能取得胜利，让我们为神而干杯！"听了将士们的提议，将军微笑着拿出所有的签来，所有的签上都写着同样的话。看着惊呆了的众位将士，将军激动地说："勇敢的将士们！你们才是赢得这项胜利的决定力量，没有什么神帮助我们，我们完全靠的是自己！让我们为自己干杯吧！"

[摘自：学做自己的主人．https://wenku.baidu.com/view/2p00fa0a580216fc700afdb7.html]

归因对人的行为有重要作用。成败的关键是内因，如果士兵们没有战略、战术、打仗的勇气和必胜的信念，再有神相助也不可能取得胜利。一味强调外因，就会忽视自我的力量，失去自信和责任心，导致失败。

松下幸之助曾说："当我成功时，我告诉自己是运气好，这样我就不会骄傲；当我失败时，我告诉自己是努力还不够，这样我就不会气馁。"

——松下幸之助

归因时须遵循"三要与三不要"原则。
(1) 要客观分析影响成败的原因，不要主观臆断。
(2) 要先从自己内部找原因，激发自我责任感，而非一味埋怨环境，或一味自责。
(3) 尽量找自己可以改变的因素，不要过多归因于不可改变或太难改变的因素。

策略三　选择应对方法

面对不同的挫折，我们会采用不同的方法来应对。选择恰当的应对方式有助于我们暂时缓解挫折所带来的不良情绪，并成功地解决问题。如当挫折刚产生时若我们无法理性面对，可暂时回避挫折，通过宣泄释放痛苦情绪后，再来重新面对挫折，或用幽默的方式化解尴尬，或设置新的目标替代无法完成的目标，降低挫折感受，达到心理平衡。

(一)幽默法

当你遭遇挫折，或身处逆境，或面临尴尬局面时，可以使用比喻、夸张、寓意、双关语、谐音、谐意等手段，以机智、婉转、风趣的方式来表达自己的意图或意见。

有一次，英国著名作家萧伯纳，在大街上被一个骑车人撞倒在地。那个人急忙下车扶起他，并不住地向他道歉。萧伯纳很幽默地说："不，先生，您比我更不幸，要是您再加点劲，那您就可以作为撞死萧伯纳的英雄而永远名垂史册啦！"

255

幽默是风度、魅力、美德和智慧的结晶，是知识和能力的体现。

(二)替代法

俗话说："失之东隅，收之桑榆。"我们可以设置新的目标代替原来的目标。

德国著名作家歌德少年时候失恋，他把自己对于朋友之妻的爱升华成一部不朽的传世之作《少年维特之烦恼》。可见，只要学会替代，挫折便会变成财富。

[摘自：百度百科. 歌德. https://baike.baidu.com]

苏联作家奥斯特洛夫斯基在卫国战争中被炸致残，丧失了生活能力，陷入绝望之中，甚至想到过死。心情平复后，他认为应使自己"无用"的生命成为有用的，《钢铁是怎样炼成的》就是这样创作出来的。

[摘自：百度百科. 奥斯特洛夫斯基. https://baike.baidu.com]

设置目标时应做到"四注意"。
(1) 注意选择高尚的、明确的、具体的目标，拒绝庸俗的目标。
(2) 注意合理评价自己的实际能力，在正确认知的基础上，设置新的目标。
(3) 注意新的目标，经过努力是可以实现的。
(4) 注意新的目标设立后，绝不轻易放弃和改变。

(三)回避法

常见的回避有如下三种：暂时离开现场、换一个话题、把注意力转移到其他的事情上。回避可以暂时缓解心理冲突，但现实的挫折不会因为回避而消失，可以以暂时的回避调整心理状态来更好地解决问题。如果一件事情终将面对，那么长时间的回避只会不断积蓄面对问题的那一刻所带来的痛苦。

英国著名网球明星吉姆·吉尔伯特小时候跟着妈妈去看牙医，原本很小的事情让她看到妈妈竟然死在牙科的手术椅上！这个阴影在她的心中一直存在着，她没有想到要看心理医生，她能做的就是回避、回避、永远回避，在牙痛的时候从来不敢去看牙医。后来她被牙病折磨得实在忍受不了，就请牙医到家里来，正当牙医在一旁整理手术器械、准备手术的时候，一回头，吉姆·吉尔伯特已经死去。

[摘自：于丹. 《论语》心得[M]. 中华书局，2006]

(四)宣泄法

当抑制自己表达不良情绪时，心中会逐渐积累负性能量，进而引发梦魇、抑郁、焦虑。此时，必须找一个出口以释放不良情绪，才能恢复内在平衡。"把烦恼告诉别人，可以减少一半痛苦；把喜悦告诉别人，可以增加一倍快乐。"因此，可将心中的悲伤、烦恼向同学、朋友、老师、父母倾诉；或者把心中的郁积通过哭泣、写作、呐喊、运动等形式宣泄出来。

(1) 倾诉宣泄法：向关心和理解自己的人倾诉。如志同道合的朋友、亲密友人、父母老师等，他们会倾听，会尽力帮助你卸下心灵的包袱。

(2) 哭泣宣泄法：大哭一场，当自己找不到人来倾诉的时候，可以找一个没有人的角落，自己痛痛快快地哭一场，让心里所有的委屈与愤怒都随着眼泪排泄出来。

(3) 写作宣泄法：写日记，写小说，写朋友圈。将自己每天的心情通过写作的形式表达出来，把一切烦恼随着自己的笔迹都写出来，也是一种不错的发泄情绪的方式。

(4) 呐喊宣泄法：大声地呼喊。一个人爬到没有人的山顶对着大山大声地呼喊，一个人在海边或江边对着海水或江水大声地呼喊，将自己心里所有的不愉快都随着自己的呐喊声宣泄出来。

(5) 运动宣泄法：跑步、游泳、瑜伽、健身等。也可以去一些娱乐场所打打沙袋或者捏捏橡皮球，通过运动的方式将心中的不愉快宣泄出来。

(6) 其他方式：采取听音乐、阅读、睡觉等方式，使心中的不愉快得以舒缓。

宣泄时应注意以下三点。

(1) 宣泄不是"想说就说""想做就做""想打就打""想骂就骂"的"尽情发泄"。

(2) 宣泄不是以损害他人、集体和社会的利益为代价的，需在合乎社会规范的情况下进行。

(3) 宣泄不是放纵自己的感情、任性胡闹，也不是随便地发脾气、耍脾气。

上面的每一种方法都有一定的合理性，效果不是绝对的，我们要根据不同的挫折情景选择不同的方法应对，没有绝对最佳的方法，只有相对更好的方法。

策略四　积极寻求社会支持

"人"字的结构是相互支撑的，遭遇挫折后从各种社会关系中所获得的精神上和物质上的支持就是社会支持。社会支持包括：物质支持，指的是物资和金钱的支持，主要来自父母和亲友；情感支持，指他人给予的情感上的安慰；信息支持指从他人那里获取知识以及解决问题的建议和指导，从而顺利地解决问题；自尊支持指能力和才华得到他人的重视和赞赏，从而感觉到自己有能力、有成就和有信心。在生活中每个人都可能遇到逆境、困难，良好、健康而完备的社会支持系统是我们走出困境的重要资源，从而在"山重水复疑无路"的困境中，步入"柳暗花明又一村"的境地。

作为大学生，正值心理成长阶段，在走向成熟过程中出现心理困扰和矛盾在所难免，如果能够被主动关注、及时调节、加以引导，这些成长中的问题是可以克服的。且多项研究表明，社会支持是促进健康的一个显著性因素。每个人都有归属和爱的需要，当这个需要通过关心、爱和支持得到满足时，个体对压力、挫折和担忧的忍耐性会有所增强。因此，当我们遭遇挫折后，可通过以下方法获得社会支持。

(1) 从老师、父母处寻找支持力量：我们可以直接向老师、父母求助，他们经历比较多，生活经验丰富，能帮助我们冷静地分析问题，一番深思熟虑之后，往往能够提出周全的解决办法。

(2) 从同学、朋友处寻找支持力量：俗话说"当局者迷，旁观者清"，也许当前面临的挫折在别人看来根本不算什么，但我们总是夸大其消极后果，可以向他们说说感受，或许他们可以换一个角度看问题，也可以宣泄不良的情绪。

策略五　寻求专业的心理服务

1. 消除误解

由于社会文化负面成见的影响，许多人误认为接受心理帮助的人是有"精神病"的，因此本该接受专业心理帮助的人羞耻感和心理压力较强，怕被贴标签和招致嘲笑，故使本该接受帮助的人错过了得到及时心理帮助的机会。

每个正常人，在生活中都会面对各种现实的问题和挑战，有时候可以很好地应对，有时候难以应对，这时则需要寻求专业人士的支持，专业心理咨询师将给你理解、关心和专业上的指导，指导你更好地处理好发展过程中遇到的各种具体问题。

首先，精神疾病与躯体疾病一样，不可耻，不是品质问题，不是道德问题。

其次，精神疾病需要在医院精神科由精神科医生进行诊断和治疗。

再次，心理治疗的主要对象是有心理疾病的人，而心理咨询的主要对象则是正常人。

2. 各取所需

助人的方法、途径和机构多种多样，根据心理困扰或心理问题的严重程度，可以寻求不同类型的帮助。通常的困扰，在亲朋好友街坊邻居的沟通交流中，就可以得到处理，而程度更重一些时，就需要社工的介入。下图是我们通常的寻求心理帮助的路径。

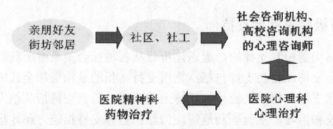

(1) 心理疾病需要去当地的三甲医院或者精神科专科医院，如市精神卫生中心。

(2) 一般心理问题请选择社会心理咨询机构、高校心理咨询中心。请注意，在咨询前，需要先了解该机构心理咨询师是否接受过系统的训练和督导。

(3) 可拨打全国免费心理咨询热线。如北京：8008101117(固话)，010-82951332(ip电话，分机号码，手机)；北京24小时免费心理危机咨询热线：010-82951332。

3. 选择专业的心理咨询师

要胜任某一项工作，就需要有相应的一套知识理论、技术技能、态度伦理价值观，这是任何行业的从业者胜任力的三大核心内容。心理咨询、心理治疗是科学，但很多人不觉得，很多人觉得，会说话就会咨询，咨询就是做思想工作，咨询就是上课，咨询就是心理暗示，咨询就是催眠，咨询就是疏导疏导、安慰安慰。而这些事情，邻居、亲戚、同事、陌生人都会做。实际上，我们应该把心理咨询当作如同医生、飞行员等需要"系统科学"为基础的系统培训。

在选择咨询师时，要仔细了解咨询师的受训背景，要深入了解对方到底受了哪些训练，多长时间的训练，培训体系的专业度如何。要注意区分不靠谱、不专业的咨询师，并注意以下类型的不专业的咨询师：

(1) 杂家(比如，那些宣称自己接受过精神分析、格式塔、认知行为、萨提亚、沙盘等等多种多样培训的集大成者的咨询师)。因为很多学派从基本视角和理念的角度是非常对立的，一个人如何在内心整合和容纳那么多的对冲的理念而不感到冲突难受呢？

(2) 冠以"心理学博士""著名的心理学家""心理学教授"的心理学人士。因为心理学是个很大的学科，心理咨询是其中应用心理学的一个小分支，如果对方是研究心理的神经科学的、实验类的、社会心理学、发展心理学的，貌似跟心理咨询是一家的，实际上失之毫厘谬以千里。就算是心理咨询这一方向的博士、教授，也分为是做心理咨询的研究还是做实践应用，还是把二者结合起来三种类型。那些只做心理咨询理论研究的硕士博士、教授，并不一定能够做咨询的工作。

(3) 在淘宝或者其他网络平台上开店，宣称自己是做强迫症、焦虑症、疑病症的心理医生的人。因为，新的精神卫生法明确规定，心理咨询人员不得从事心理治疗或者精神障碍的诊断和治疗。心理咨询师没有相应的受训背景，不具有治疗这些心理疾病的资质。精神科医生，也不应在医院以外的场地为病人进行诊治。

(4) 将自己的受训背景介绍得含糊其辞的咨询师，例如用"系统、深入地接受过训练"却不具体说明系统训练情况是什么。

(5) 宣传自己能够包治百病的全能咨询师。

策略六　提升挫折阈限

日本学者田口英子研究了 168 位科学家发现：优秀的意志品质是助他们走向人生峰巅的关键因素。意志坚强的人挫折承受力较高，在挫折面前我们要主动磨炼意志。

中国人民大学财政金融学院博士研究生路蒙佳，因得了神经元性肌无力症只能坐在轮椅上"行走"，身体上的缺憾注定她每取得一点成绩，都要比常人付出更多的汗水和艰辛。为了坚持上完每一节课，她绑上带钢板的特制护腰支撑着不堪重负的腰部。7 年间，无论烈日当头还是大雨倾盆，无论寒风凛冽还是大雪纷飞，她都坚持上课，以优异的成绩完成了大学和硕士研究生学业，以惊人的毅力攻读博士学位。

"保留对生活微笑的权利，这是我享受青春的方式。"路蒙佳常常这样激励自己，她以顽强的毅力战胜挫折，用爱心和快乐感动着同学、老师和社会。

[摘自：百度百科. 路蒙注.
https://baike.baidu.com/item/%E8%B7%AF%E8%92%99%E4%BD%B3%3377329?fr=aladdin]

生活像海洋，若意志坚强就能到达彼岸，坚强的意志可以通过自找苦吃、参加社会实践、现场体验等办法来培养。

1."自找苦吃"

有意识地创设挫折情境，经受自制的磨难，提高挫折阈限，方能经受住更大的挫折。如印度学生的"饥饿日"等。

德国法律规定：为了让孩子有更强的适应性，更好地磨炼意志，孩子六岁开始必须做家务。英国的伊顿中学，毕业生几乎 100% 考入牛津大学，经验之一就是让学生吃苦，冬天学校不设暖气，让学生只盖一条毛毯睡觉，洗澡只用冷水，这就是刻意"苦其心志，劳其筋骨，饿其体肤"。

[摘自：崔华芳. 挫折教育：让孩子在逆境中成长. 北京：中国时代经济出版社，2003]

2. 做个"不倒翁"

日本人把"不倒翁"称为"永远向上的小法师"。因为重心在下，无论你如何推它，只要一松手，它马上弹起来。这正如生活中的挫折，一个毅力坚定、谦虚的人，不论遇到何种苦难，跌倒多少次，他都能重新站起来。

一手创立了"谢瑞麟"(TSL)珠宝王国、专卖店开遍东南亚、香港内地的谢瑞麟，只读过两年小学，凭自己的努力白手起家，从3000元借款开始，巅峰时坐拥身家20亿。他的一生可谓大起大落。1971年靠3000元借款建起庞大珠宝王国，于1987年正式上市，2000年因投资地产失败，被法院颁令正式破产；后回归珠宝业，2004年达成债务重组安排，提前解除破产令；随后，又因涉嫌向旅行社提供非法回扣而被香港廉政公署拘捕；现公司业绩稳步上升，不亚于同行的市盈率。

谢瑞麟先生用他的人生，完美诠释了创业家精神，并打造了一个珠宝界的辉煌传奇，可谓创业届的"不倒翁"。

策略七　学会激励

在遭遇挫折后，寻找自己美好的一面，增强自信，有利于保持乐观的心境，激励自己去解决问题。

1. 自我激励

努力发掘自己的优点，并逐点用笔记录下来激励自己。如个人专长、曾做过的有益的事、别人对自己的称赞、受过的教育和培训等。

请你列出自己的优点或者找出几件自己成功的事。

我学习比较勤奋，看过很多书，_____

2. 他人激励

通过请你身边熟悉的同学、朋友列出你的优点来激励自己。

3. "誓言"激励

"誓言"能在不知不觉中改变心态，影响行为，开发潜能。

使用誓言时要注意以下几点。

(1) 用第一人称"我"。
(2) 用肯定的语气。
(3) 以个人的目标为导向，并且要明确、具体。
(4) 要表达实现目标后的感觉。

你可以按下面的来做。

(1) 每天早晨一起床和晚上睡觉前，对着镜子大声地把"誓言"说出来。如"我一定

行,我一定可以战胜生活中的挫折。"

(2) 将誓言写在小卡片上,贴在浴室的镜子上面、装在衬衣口袋里及放在任何时候都能拿到或随时都能看到的地方。

(3) 将你的"誓言"与别人一起分享,讲给亲朋好友听,和他展开讨论等。

五、反思体验

三种情景,三个结果,你想到了什么?

一只鸡蛋落在地上,它悲伤地哭道:"我完了,我这只倒霉蛋。"接着就粉身碎骨,壮烈"牺牲"了。

一块石头落在地上,它愤怒地大叫:"谁敢跟我作对?你硬,我比你更硬!"它把地面砸了个坑,但它也永远待在那个坑里出不来了。它气急败坏,但无能为力。

一只皮球落在地上,它轻巧地换了一个姿势,在地上打了个滚,就又蹦蹦跳跳地走了。

[摘自:陈晓东,车文博. 挫折应对与大学生心理健康[M]. 科学出版社,2006]

参 考 文 献

[1] (西汉)刘向. 战国策[M]. 北京：中国文联出版社，2015.

[2] 毕淑敏. 人生五样[M]. 北京：中国青年出版社，2006.

[3] 别雪君. 物理学发现中灵感的特征与类型[J]. 华中农业大学学报，1997，16(5).

[4] 蔡登山. 人间四月天 名人的爱情故事[M]. 北京：作家出版社，2000.

[5] 蔡静. 职业生涯过渡模式与大学毕业生职业适应[J]. 中国成人教育，2011(9).

[6] 蔡秀玲，杨智馨. 情绪管理[M]. 合肥：安徽人民出版社，2001.

[7] 曾建敏. 爱情心理测试[M]. 珠海：珠海出版社，2002.

[8] 曾仕强，刘君政. 人际关系与沟通[M]. 北京：清华大学出版社，2005.

[9] 陈安之. 陈安之全集[M]. 北京：中国科学文化出版社，2015.

[10] 程葵. 大学生情绪的调节与指导[J]. 常德师范学院学报，2002.

[11] 楚天广，杨正东，邓魁英，等. 群体动力学与协调控制研究中的若干问题[J]. 控制理论与应用，2010，27(1).

[12] 崔华芳. 挫折教育：让孩子在逆境中成长[M]. 北京：中国时代经济出版社，2003.

[13] 崔丽娟，刘琳. 互联网对大学生社会性发展的影响[M]. 心理科学，2003(1).

[14] 董焕敏，李智军，陈张壮. 大学生学习倦怠的团体动力学分析[J]. 山西青年职业学院学报，2017，30(3).

[15] 段鑫星，赵玲. 大学生心理健康教育[M]. 北京：科学出版社，2005.

[16] 俄契诃夫. 一个官员的死[J]. 语文天地，2001(6).

[17] 樊富珉，郑洪利. 大学生心理素质训练教程[M]. 上海：上海交通大学出版社，2005.

[18] 菲利普·麦格劳(Phillip C. McGraw). 重塑自我[M]. 卢苇译. 北京：中国社会科学出版社，2002.

[19] 冯克勤. 让华罗庚教授的教育思想发扬光大[J]. 高等数学研究，2006，9(6).

[20] 高薄超，高桐宣. 刺猬法则[M]. 武汉：湖北人民出版社，2004.

[21] 高希庚，孙颖. 大学生心理健康的理论与实践[M]. 天津：天津大学出版社，2004.

[22] 管向群. 中国传统和谐思想探源[M]. 光明日报，2005.

[23] 郭成，黄爽. 自我设限及其影响因素和对策[J]. 西南大学学报(社会科学版)，2007，33(1).

[24] 韩洪涛. 大学生心理学概论[M]. 武汉：华中师范大学出版社，2004.

[25] 和仁. 夫妻关系 15 堂课[M]. 北京：中国盲文出版社，2005.

[26] 贺淑曼. 大学生心理优化辅导[M]. 北京：高等教育出版社，2005.

[27] 赫尔曼·艾宾浩斯. 记忆的奥秘[M]. 北京：北京理工大学出版社，2013.

[28] 侯立华. 自我和谐与幸福人生[M]. 浙江日报，2007.

[29] 胡近等. 实用大学生心理咨询指南[M]. 郑州：河南医科大学出版社，1997.

[30] 胡凯. 大学生心理健康概论[M]. 长沙：中南大学出版社，2004.

[31] 华利平. 心理健康和大学生素质培养[J]. 中国健康教育杂志，2014.

[32] 黄红清. 大学心理健康课程需求的调查及启示[J]. 黑河学刊，2013.

[33] 黄维仁. 窗外依然有蓝天：婚姻关系的经营与医治[M]. 南昌：江西人民出版社，2010.

[34] 黄希庭, 张志杰. 青少年时间管理倾向量表的编制[J]. 心理学报, 2001, 33(4).

[35] 黄希庭. 心理学导论[M]. 北京: 人民教育出版社, 1991.

[36] 吉红, 王志峰. 大学生心理健康与调适[M]. 北京: 中央编译出版社, 2006.

[37] 季羡林. 季羡林读书与做人[M]. 北京: 国际文化出版公司, 2009.

[38] 贾晓明, 陶勑恒. 大学生心理健康——走向和谐与适应[M]. 北京: 北京理工大学出版社, 2005.

[39] 李进宏. 当代大学生心理解读[M]. 武汉: 武汉理工大学出版社, 2003.

[40] 李维青. 心理健康与自我调适[M]. 乌鲁木齐: 新疆人民出版社, 2001.

[41] 李文辉. 最熟悉的陌生人: 大学生宿舍人际冲突个案研究[J]. 黑龙江高教研究, 2018(3).

[42] 林崇德. 心理和谐: 心理健康教育的指导思想[J]. 西南大学学报(社会科学版), 2012, 38(03):5-11+173.

[43] 林蕙瑛. 成熟的爱与性[M]. 北京: 中国友谊出版公司, 2004.

[44] 林奇清. 大学生职业生涯规划与管理——我的生涯, 我做主[M]. 北京: 科学出版社, 2016.

[45] 刘海燕, 宁淑芬. 大学生心理健康教育课程教学需求的调查与思考[J]. 思想理论教育导刊, 2010.

[46] 刘江, 刘华. 恋爱心理自测与咨询[M]. 杭州: 浙江人民出版社, 1999.

[47] 刘玉梅, 徐建军. 论大学生的情绪管理[J]. 长沙铁道学院学报, 2004.

[48] 柳建营, 刘晓明. 青年心理健康教程[M]. 北京: 北京工业大学出版社, 2002.

[49] 龙建成. 大学生心理健康向导[M]. 西安: 西安电子科技大学出版社, 2004

[50] 卢一鸣. 相约在微博——弗洛姆爱的艺术[M]. 西安: 太白文艺出版社, 2015.

[51] 罗伯特·凯根. 发展的自我[M]. 韦子木译. 杭州: 浙江教育出版社, 1999.

[52] 罗晓路. 大学生心理健康教育的现状与对策[J]. 教育研究, 2018.

[53] 马红霞, 杨绍清, 王晓一, 等. 高校大学生心理健康课程体系改革及探索[J]. 河北联合大学学报(医学版), 2013.

[54] 马建青. 大学生心理卫生[M]. 杭州: 浙江大学出版社, 2003.

[55] 麦基卓, 黄焕祥. 懂得爱: 在亲密关系中成长[M]. 易之新译. 深圳: 深圳报业集团出版社, 2009.

[56] 孟慧等. 职业心理学[M]. 北京: 中国轻工业出版社, 2009.

[57] 孟昭兰. 情绪心理学[M]. 北京: 北京大学出版社, 2005.

[58] 南怀瑾. 老子他说[M]. 北京: 东方出版社, 2014.

[59] 诺斯拉特·佩塞施基安. 克服紧张: 一种积极的方法与途径[M]. 北京: 社会科学文献出版社, 2002.

[60] 乔纳森·布朗. 自我[M]. 陈浩莺等译. 北京: 人民邮电出版社, 2004.

[61] 乔纳森·布朗. 自我[M]. 陈浩莺等译. 北京: 人民邮电出版社, 2006.

[62] 冉超凤, 黄天贵. 高职大学生心理健康与成长[M]. 北京: 科学出版社, 2005.

[63] 邵洪宇. 大学生寝室人际关系冲突及应对策略——以某大学生寝室真实事件为例[J]. 课程教育研究, 2018(2).

[64] 石伟, 黄希庭. 自我设限及其研究范型和影响因素[J]. 心理科学进展, 2004, 12(1).

[65] 时振涛, 曾建潮. 基于Agent的企业人际关系网络的演化模型[J]. 太原科技大学学报, 2014, 35(1).

[66] 司继伟, 张庆林. 自我意识的心理学研究理论进展[J]. 西南师范大学学报(哲学社会科学版), 1999(03): 63-68.

[67] 孙科炎. 自助力: 激发无限潜能[M]. 北京: 中国铁道出版社, 2014.

[68] 索阿娣, 钟盎, 周之艳. 大学生性观念调查报告[J]. 青年研究, 2004.

[69] 谭小宏. 时间管理能力培养与青少年成才[J]. 青年探索, 2003.

[70] 谭兆麟. 情绪影响力[M]. 深圳: 海天出版社, 2005.

[71] 陶国富, 王祥兴. 大学生社会心理[M]. 上海: 华东理工大学出版社, 2005.

[72] 陶国富, 王祥兴. 大学生网络心理[M]. 上海: 立信会计出版社, 2004.

[73] 田淑梅, 黄靖强, 巴兴强. 大学生健康心理学[M]. 哈尔滨: 东北林业大学出版社, 2004.

[74] 田园, 等. 2004—2013年中国大学生人格变迁的横断历史研究[J]. 心理发展与教育, 2013.

[75] 涂阳军, 郭永玉. 创伤后成长: 概念、影响因素、与心理健康的关系[J]. 心理科学进展, 2010, 18(1).

[76] 王玲等. 大学生心理手册[M]. 广州: 暨南大学出版社, 2000.

[77] 王路. 我的情绪我做主[M]. 北京: 海潮出版社, 2005.

[78] 王娜. 基于团体动力学理论的远程教育学习小组研究[J]. 湖北大学成人教育学院学报, 2011(4).

[79] 王群, 王浩. 互动体验式大学生心理健康课程效果探究[J]. 高校教学. 2018.

[80] 王群. 大学生心理健康教育[M]. 上海: 复旦大学出版社, 2005.

[81] 王石. 生命在高处[M]. 广州: 广东旅游出版社, 2003.

[82] 王滔, 张大均, 陈建文. 大学生心理素质量表的编制[J]. 西南大学学报(社会科学版), 2008.

[83] 王耀廷, 王月瑞. 改变生活的68个心理学经典故事[M]. 长沙: 湖南人民出版社, 2010.

[84] 吴甘霖. 思路决定财路[M]. 北京: 东方出版社, 2005.

[85] 吴彦宁. 大学生职业发展与就业指导[M]. 北京: 科学出版社, 2015.

[86] 夏欣欣. 调节心态的智慧[M]. 上海: 上海古籍出版社, 2004.

[87] 肖永春, 齐亚丽. 成功心理素质训练[M]. 上海: 复旦大学出版社, 2005.

[88] 谢炳清, 伍自强, 秦秀清. 大学生心理健康教程[M]. 武汉: 华中科技大学出版社, 2004.

[89] 辛自强, 等. 大学生心理健康变迁的横断历史研究[J]. 心理学报, 2012.

[90] 忻雨. 爱情坐标 婚恋心理测试[M]. 上海: 上海科学普及出版社, 2003.

[91] 徐海华. 比尔·盖茨给青少年的9个人生哲理[M]. 北京: 群言出版社, 2004.

[92] 许湘岳, 黄东斌. 职业生涯规划[M]. 北京: 人民出版社, 2017.

[93] 许燕. 自我和谐是构建心理和谐的基础[J]. 北京社会科学, 2006(S1): 60-64.

[94] 俞国良, 侯瑞鹤. 论学校心理健康服务及其体系建设[J]. 教育研究, 2015.

[95] 约翰·格雷著. 男人来自火星, 女人来自金星2: 恋爱篇[M]. 白莲译. 北京: 中华工商联合出版社, 2015.

[96] 詹启生. 成功心理学[M]. 天津: 天津大学出版社, 2005.

[97] 张大均, 冯正直. 大学生心理素质教育[M]. 重庆: 西南师范大学出版社, 2004.

[98] 张大均, 郭成. 教学心理学纲要[M]. 北京: 人民教育出版社, 2006.

[99] 张大均, 吴明霞, 刘衍玲. 大学生心理健康教育[M]. 北京: 科学出版社, 2010.

[100] 张大均. 教育心理学[M]. 2版. 北京: 人民教育出版社, 2011.

[101] 张大均. 教育心理学——"十五"教材[M]. 北京: 人民教育出版社, 2005.

[102] 张大均等. 大学生心理健康教育[M]. 重庆: 西南师范大学出版社, 2004.

[103] 张鹤. 和焦虑保持距离[M]. 北京: 经济管理出版社, 2004.

[104] 张金健. 大学生心理健康课程体验式教学探索[J]. 黑龙江教育(高教研究与评估), 2015.

[105] 张小小. 职场生存智慧[M]. 呼和浩特: 内蒙古文化出版社, 2004.

[106] 张旭东, 车文博. 挫折应对与大学生心理健康[M]. 北京: 科学出版社, 2005.

[107] 章明明, 冯清梅, 韩励. 大学生心理发展与教育[M]. 广州: 暨南大学出版社, 2004.

[108] 赵冬梅. 心理创伤的治疗模型与理论[J]. 华南师范大学学报(社会科学版), 2009(3).

[109] 赵建. 马云传[M]. 北京: 中国画报出版社, 2008.

[110] 赵宁. 办公室哲学[M]. 北京: 地震出版社, 2005.

[111] 赵文明. 职场智慧168[M]. 北京: 机械工业出版社, 2006.

[112] 枕戈. 于丹《论语》心得[J]. 审计月刊, 2006(12).

[113] 郑洪利, 樊富珉. 大学生心理素质训练教程[M]. 上海: 上海交通大学出版社, 2005.

[114] 郑洪利. 大学生心理素质教程[M]. 上海: 上海交通出版社, 2005.

[115] 郑洪利. 大学生心理素质训练教程[M]. 上海: 上海交通大学出版社, 2005.

[116] 郑小兰. 改变一生的60个心理学效应[M]. 北京: 中国青年出版社, 2009.

[117] 郑雪, 严标宾, 邱林. 幸福心理学[M]. 广州: 暨南大学出版社, 2004.

[118] 周鸿. 创新教育学[M]. 成都: 四川大学出版社, 2001.

[119] 周家华, 王金凤. 大学生心理健康教育[M]. 北京: 清华大学出版社, 2004.

[120] 朱光潜. 朱光潜精品集[M]. 上海: 华东师范大学出版社, 2017.

[121] 朱建军, 邓基泽. 大学生心理健康[M]. 北京: 中国农业大学出版社, 2004.

[122] 子尤. 谁的青春有我狂[M]. 北京: 少年儿童出版社, 2005.

[123] 邹涛. 学会时间管理[J]. 秘书之友, 2003.

[124] [美]布鲁斯·D.佩里, 迈亚·塞拉维茨. 登天之梯: 一个儿童心理咨询师的诊疗笔记[M]. 曾早垒译. 重庆: 重庆大学出版社, 2012.

[125] [美]布鲁斯·图尔甘. 职场生存课: 高效提升职场新人软技能[M]. 贾晓萌, 左俐俐, 张玲译. 北京: 电子工业出版社, 2016.

[126] [美]盖瑞·查普曼. 爱的五种语言[M]. 南昌: 江西人民出版社, 2011.

[127] [美]盖瑞·查普曼. 但愿婚前我知道: 12件预备婚姻的大事[M]. 孙为鲲译. 南昌: 江西人民出版社, 2011.

[128] [美]盖瑞·查普曼. 愤怒, 爱的另一面[M]. 谭臻译. 北京: 世界知识出版社, 2009.

[129] [美]汉姆菲特·米勒. 爱是一种选择[M]. 王英译. 北京: 中国轻工业出版社, 2006.

[130] [美]霍妮. 婚姻心理学[M]. 徐淑贞译. 北京: 中国华侨出版社, 2014.

[131] [美]卡耐基. 人性的优点[M]. 李志敏译. 北京: 机械工业出版社, 2004.

[132] [美]勒斯·帕罗特, 莱斯利·帕罗特. 让婚姻赢在起跑点[M]. 文洁译. 南昌: 江西人民出版社, 2009.

[133] [美]罗伯特·斯滕伯格. 爱情心理学[M]. 北京: 世界图书出版公司, 2010.

[134] [美]马斯洛. 动机与人格[M]. 许金声, 等, 译. 北京: 中国人民大学出版社, 2013.

[135] [美]马斯洛等, 林方. 人的潜能和价值[M]. 北京: 华夏出版社, 1987.

[136] [美]帕蒂·霍威尔, 拉尔夫·琼斯. 世界级婚姻——与伴侣亲密相处的法则[M]. 罗小卫, 黎荆译. 重庆: 重庆出版社, 2003.

[137] [美]莎伦·布雷姆等. 亲密关系[M]. 郭辉, 肖斌, 刘煜译. 北京: 人民邮电出版社, 2010.

[138] [美]苏珊·海特勒. 爱就是彼此珍惜[M]. 黄维仁改写, 李淑烟译. 南昌: 江西人民出版社, 2014.

[139] [美]索甲仁波切. 西藏生死之书[M]. 郑振煌译. 北京: 中国社会科学出版社, 1999.

[140] M.艾森克. 心理学——一条整合的途径[M]. 上海: 华东师范大学出版社, 2000.

[141] 艾丽希·弗洛姆. 爱的艺术[M]. 李建鸣译. 上海: 上海译文出版社, 2011.

[142] Cook Counseling Center's (CCC) Study Skills Inventory. (EB/OL) http://www. ucc. vt. edu/stdysk/stdyhlp. html.

[143] Cook Counseling Center's (CCC) Study Skills Inventory. (EB/OL) http：//www. ucc. vt. edu/stdysk/stdyhlp. html.

[144] Kleck, R. E., & Strenta, A.Perceptions of the impact of negatively valued physical characteristics on social interaction.Journal of Personality and Social Psychology.1980, 39(5), 861.

[145] Kleck, R. E., & Strenta, A.Perceptions of the impact of negatively valued physical characteristics on social interaction.Journal of Personality and Social Psychology.1980, 39(5), 861.

[146] Peter Fonagy, György Gergely, Elliot L. Jurist, Mary Target. Affect Regulation, Mentalization, and the Development of the Self. Karnac Books Ltd, U.K.,2004.

[147] Peter Fonagy，György Gergely，Elliot L. Jurist，Mary Target. Affect Regulation，Mentalization，and the Development of the Self. Karnac Books Ltd，U.K.，2004.

[148] Zoellner T, Maercker A. Posttraumatic growth in clinical psychology—A critical review and introduction of a two component model.[J]. Clinical Psychology Review, 2006, 26(5):626-653.

[149] Zoellner T，Maercker A. Posttraumatic growth in clinical psychology--A critical review and introduction of a two component model.[J]. Clinical Psychology Review，2006，26(5):626-653.